LA CAMPAGNE

CONTRE LA

PRÉFECTURE DE POLICE

1829-80. — Corbeil. Typ. et stér. Crété.

LA CAMPAGNE

CONTRE LA

PRÉFECTURE DE POLICE

Envisagée surtout au point de vue du Service des mœurs

PAR

C.-J. LECOUR

ANCIEN CHEF DE LA 1re DIVISION DE LA PRÉFECTURE DE POLICE
ANCIEN MEMBRE DU CONSEIL SUPÉRIEUR DES PRISONS

Quand on veut le torrent, on déteste les digues.

PARIS

ASSELIN ET Cie, LIBRAIRES DE LA FACULTÉ DE MÉDECINE
PLACE DE L'ÉCOLE-DE-MÉDECINE

1881

AVANT-PROPOS

Ce travail est le complément du livre que j'ai publié, au commencement de 1877, sur la prostitution à Paris et à Londres (1), et dans la préface duquel j'exprimais la conviction que les attaques dirigées à cette époque contre la Préfecture de police entraveraient son action, en même temps qu'elles développeraient les scandales de la prostitution publique.

Depuis lors, ces attaques ont continué de se produire avec une extrême violence, et elles ne se sont pas arrêtées devant la constatation écrasante du mal social qu'elles ont causé.

Pour réagir efficacement aujourd'hui contre le mal, il faudra fortifier l'action de la Police. On parle d'études faites dans ce but et même d'un projet de loi destiné à donner à la réglementation

---

(1) P. Asselin, éditeur. Paris, 3ᵉ édition.

de la prostitution une consécration nouvelle qui en augmenterait l'autorité.

L'examen de cette question, porté dans des régions plus hautes et plus sereines, échappera aux déclamations faites pour des lecteurs faciles à égarer, mais il n'en aura pas moins pour conséquence inévitable, de faire lire, citer et revivre tous les articles de la *Lanterne*, qu'on a pris soin de convertir en brochures (1) et qui n'ont jamais été contredits.

Dans cet état de choses, il m'a paru utile d'exposer ce qu'est la Préfecture de police, son organisation, ses attributions complexes et si tutélaires, que la masse du public ignore; comment s'est faite et a pu se faire la campagne dirigée contre elle et quelles en ont été les complications et les conséquences.

J'étais trop pénétré de ce qu'avaient de délicat certains côtés d'un pareil travail pour ne pas y apporter la plus scrupuleuse réserve. Je me suis abstenu, autant que cela était possible, de mettre en jeu des noms propres, alors même qu'ils figuraient dans les attaques dont il me fallait parler. Quant aux documents que j'avais à appré-

---

(1) *La police des mœurs*, lettres adressées au journal *la Lanterne* par un ex-agent des mœurs et un médecin, 1879.
La Préfecture de police, par un vieux petit employé, 1879. Administration du journal *la Lanterne*, rue Coq-Héron, n. 5.

cier ou à citer, au lieu d'en faire l'analyse, ce qui offre prise au reproche d'inexactitude, je les ai, en majeure partie, reproduits textuellement. Ces citations sont nombreuses. Je me suis borné à les commenter.

C'est donc moins un livre qu'un dossier que je soumets au lecteur. Il jugera.

Novembre 1880.

NOTE

L'impression de ce livre était terminée lorsque, dans sa séance du 28 décembre 1880, le Conseil municipal de Paris vota, par 33 voix sur 45 votants, la délibération suivante :

Le Conseil, considérant que l'institution actuelle de la police des mœurs est attentatoire à la liberté individuelle sans produire les résultats qu'elle devrait fournir au double point de vue de la diminution des maladies syphilitiques et de la surveillance des délits de droit commun contre l'ordre public et des attentats aux mœurs;
Délibère :
1° L'administration municipale est invitée à présenter dans le plus bref délai un projet d'installation de services médicaux et pharmaceutiques gratuits destinés à combattre les maladies syphilitiques ;
2° A étudier un système d'organisation qui substitue les gardiens de la paix aux agents actuels de la police des mœurs, pour ce qui concerne la police d'ordre public à l'égard des femmes qui se livrent à la prostitution;

3° Les délits et contraventions contre l'ordre public et les attentats aux mœurs ne seront plus soumis à l'arbitraire administratif, mais déférés à la justice régulière;

4° La conséquence de cette réorganisation devra être la suppression de la brigade spéciale de la police des mœurs à partir du 1er janvier 1882.

Un membre du Conseil avait déposé un amendement conçu en ces termes : « Le Conseil invite M. le Préfet de Police à étudier une réglementation nouvelle de la police des mœurs et, au besoin, *à provoquer une loi nouvelle sur la matière.* »

M. Andrieux s'était rallié à cet amendement qui fut écarté.

Je mentionne ici, en raison de l'intérêt qu'ils présentent, ces renseignements dont la véritable place serait à la fin du chapitre VI.

LA CAMPAGNE
CONTRE
LA PRÉFECTURE DE POLICE

CHAPITRE PREMIER

LA PRÉFECTURE DE POLICE, SES POUVOIRS, SON ORGANISATION, SON ACTION.

L'œuvre de police. — Tableau de Paris à ce point de vue. — Origines de la préfecture de police. — Sa création. — L'arrêté du 12 messidor an VIII. — Extension des pouvoirs des préfets de police. — La direction de la sûreté générale. — Liste des préfets de police. — La préfecture de police pendant le siège. — Organisation intérieure. — Le secrétariat particulier. — Le cabinet, ses bureaux, ses attributions. — Le secrétariat général, ses attributions. — Comptabilité, personnel, matériel, archives. — La 1re division, ses attributions. — Les crimes et délits. — La prostitution. — Le chantage. — Les prisons de la Seine. — La surveillance légale. — La 2e division, ses attributions. — Les commissaires de police, leurs attributions. — La police en 1770. — La police municipale, son organisation, son personnel, son recrutement. — Les officiers de paix. — Les brigades centrales, le service actif de la sûreté, des mœurs, des garnis, des jeux, des voitures, des halles, des recherches. — Les services spéciaux. — L'action actuelle de la préfecture de police en matière de sûreté publique.

C'est une œuvre ingrate que l'administration de la police. Elle lutte contre tous les ennemis de la sûreté publique, et ceux qu'elle a la périlleuse mission de protéger, la laissent attaquer et frapper sans la défendre. Il faut, en outre, qu'elle se résigne à cette amertume de n'être jamais critiquée et même louée en connaissance de cause.

Plus une institution de police a d'importance et de moyens d'action, plus ses devoirs, ses difficultés, ses services, son expérience, son habileté, ses notions utilisables s'accroissent. A ces divers titres, la préfecture de police de Paris peut revendiquer la première place comme administration de police. L'étranger l'étudie, la vante et l'imite. Dans notre pays, au contraire, beaucoup la méconnaissent et la dénigrent. Ce dénigrement, lorsqu'il reste dans certaines limites, est facile à expliquer; mais, depuis quelques années et notamment en 1878, il a pris les proportions d'une véritable hostilité dont il y a intérêt à examiner la portée et le caractère. Avant d'aborder cet examen, il est indispensable de se rendre compte de l'organisation et du fonctionnement de la préfecture de police.

A la surprise que cause à tout nouveau venu la variété des tableaux qu'offre la grande cité parisienne, se mêle une sorte d'effroi, ou, tout au moins, d'inquiétude causée par le mouvement continuel de piétons, de voitures, d'omnibus énormes, de wagons de tramways circulant partout à pleines rues, n'importe à quelle heure du jour et jusqu'à une heure avancée de la nuit. Cette première impression ne dure pas. On s'aguérit vite sous l'aiguillon de la curiosité. D'ailleurs, la population de Paris, avec son allure inégale, pressée où il n'y a rien à voir, et flâneuse attentive à la moindre bagatelle, est d'un exemple contagieux. On s'habitue donc aisément à vivre au milieu de cette tourmente pleine d'attraits et que l'on finit par croire moins dangereuse qu'elle ne l'est en réalité. Mais, lorsqu'on réfléchit à ce fait que si Paris est un centre exubérant de vie intellectuelle et artistique, c'est, en même temps, la ville des ressources extrêmes, le théâtre des derniers expédients, le refuge de tous les déclassés en guerre avec la hiérarchie sociale, le suprême recours des non-valeurs de tous genres, qui viennent de partout y poursuivre la revanche de leurs défaites, et que c'est, par excellence, le lieu où se produisent ces entreprises trompeuses dans lesquelles s'engloutissent à la fois l'honneur et la fortune ; que, comme dans la mêlée d'un combat, on s'y coudoie sans se voir, on s'y voit sans se connaître ; qu'on ne s'y connaît souvent que dans le jour présent sans se soucier de la veille ni du jour à venir, et qu'enfin dans ce milieu agité se cache la foule des misérables et des criminels accourus de tous les points de la France et de l'étranger, on demeure frappé de la grandeur de la tâche de surveillance et de protection qui y est dévolue à l'administration publique.

Mettre et maintenir l'ordre dans ce mouvement

sans règles ; garantir, sous toutes ses formes, la propriété qui, dans la sphère commerciale surtout, se montre imprudemment tentatrice (la fable de Tantale n'a pas vieilli) ; sauvegarder la sûreté individuelle menacée par des périls de toute nature ; contenir, réprimer, assainir la prostitution, cette lèpre inguérissable des grandes villes ; être toujours prêt, la nuit comme le jour, à intervenir et à pourvoir efficacement, qu'il s'agisse d'un écroulement, d'un incendie, d'une catastrophe, d'un événement quelconque : c'est là son œuvre, œuvre immense qu'elle doit accomplir en poussant son dévouement pour la quiétude générale jusqu'à dissimuler le plus possible son action.

Issue des Bailliages, des Prévôtés et des Lieutenances générales de police de la monarchie, aussi bien que des commissions administratives et du Bureau central de la première République, la préfecture de police a été constituée par la loi du 28 pluviôse an VIII (17 février 1800) qui l'a investie pour Paris des pouvoirs de police confiés aux corps municipaux par les lois des 16-24 août 1790 et 19-22 juillet 1791.

Un arrêté du gouvernement en date du 12 messidor an VIII (1er juillet 1800) a déterminé, d'une manière précise, les fonctions du préfet de police.

On a contesté au premier Consul le mérite de la constitution de la préfecture de police, au moins quant à l'étendue et à la nature de ses attributions et on a invoqué ce fait que, sauf certains pouvoirs qui ont fait retour à l'autorité judiciaire, elles sont identiquement les mêmes, que celles des prévôts de Paris et des lieutenants généraux de police. Il ne pouvait en être autrement. Tout groupement de civilisés a pour première préoccupation et pour premier devoir de donner satisfaction à ses besoins légitimes d'assistance, de protection et de sûreté. Les matières de police, en quelque temps qu'on l'exerce, ne se choisissent pas, elles s'imposent. Il n'y a donc rien à changer à la définition de la police telle qu'on la trouve dans l'Édit de 1667 (1) : « *La police consiste à assurer le repos public et des particuliers, et à purger la ville de ce qui pourrait causer des désordres* (2). »

Le conseiller Delamarre, dans son *Traité de la police* (livre I, titre I, page 2), s'inspirant de Platon et d'Aristote, l'appelait : « le bon ordre, le gouvernement de la ville, le soutien de la vie du peuple et le plus grand des biens ». C'était en 1722. On ne songeait pas alors à faire campagne contre elle.

(1) Voir *La police de Paris en 1770*, travail très intéressant publié par M. A. Gazier dans les *Mémoires de la société de l'histoire de Paris et de l'Ile de France*, 1879, t. V, chez Champion, libraire, Paris.

(2) La loi du 14 décembre 1789 attribue au pouvoir municipal le devoir : « de faire jouir les habitants des avantages d'une bonne « police, notamment de la propreté, de la salubrité, de la sûreté « et de la tranquillité dans les rues, lieux et édifices publics. »

Les attributions du préfet de police sont très nettement déterminées par l'arrêté du 12 messidor, dont il suffira d'indiquer les principales dispositions. Nous y reviendrons indirectement lorsque nous aborderons les détails de fonctionnement du service. Passons d'abord rapidement en revue cette charte des pouvoirs et des devoirs du préfet de police :

Art. 1er. Il exerce ses fonctions sous l'autorité des ministres avec lesquels il correspond pour les objets de leurs départements respectifs ;

Art. 2. Il publie, de nouveau, les lois et règlements de police et rend des ordonnances pour en assurer l'exécution ;

Art. 3. Il délivre les passeports à l'intérieur et à l'étranger, vise ceux des voyageurs ;

Art. 5. Il accorde des permis de séjour aux voyageurs qui résident à Paris plus de trois jours (1) ;

Il fait exécuter les lois sur la mendicité et le vagabondage ; délivre des secours de route aux indigents ;

Art. 6. Il est chargé de la police des prisons, maisons d'arrêt, de justice, de force et de correction de la ville de Paris ;

Art. 7, 8, 9. Il veille à l'exécution des lois et règlements concernant les cabarets et débits de boissons (2), hôtels garnis, les maisons de jeu et les maisons de débauche ;

Art. 10. Il prend les mesures propres à prévenir ou à dis-

---

(1) Cette mesure, abandonnée dans la pratique d'une manière générale, s'applique encore, d'une façon spéciale, aux étrangers placés sous le coup d'un arrêté d'expulsion (Loi du 3 décembre 1849) et aux surveillés dont le séjour dans le ressort de la préfecture de police n'est que provisoirement toléré.

(2) Ordonnances de police des 6 novembre 1778, 8 novembre 1780 et 21 mai 1784. — Décret du 29 décembre 1851. Ce décret, qui imposait l'autorisation préalable aux cabarets et débits de

siper les attroupements, les coalitions (1) et les réunions tumultueuses ;

Art. 11. Il assure l'exécution des lois sur l'imprimerie, la librairie, les offenses faites aux mœurs et à l'honnêteté publique ;

Art. 12. Il est chargé de la police des théâtres pour la sûreté des personnes et les précautions à prendre afin de prévenir les accidents et d'assurer le maintien de l'ordre au dedans et au dehors ;

Art. 13. Il surveille la distribution des poudres et salpêtres ;

Art. 17. Il surveille les lieux où l'on se réunit pour l'exercice des cultes ;

Art. 18. Il délivre les permis de chasse ;

Art. 19. Il fait rechercher les militaires ou marins déserteurs et les prisonniers évadés ;

Art. 20. Il fait observer les lois et arrêtés sur les fêtes ;

Art. 21. Il est chargé de ce qui a rapport à la petite voirie, à l'ouverture des boutiques, étaux de boucherie et de charcuterie, à la démolition ou réparation des bâtiments menaçant ruine ;

Art. 22. Il procure la liberté et la sûreté de la voie publique, la fait éclairer, balayer, arroser, etc. (2) ;

Il empêche qu'on y laisse vaguer des furieux, des insensés (3), des animaux malfaisants ou dangereux ;

---

boissons, a été abrogé par la loi du 17 juillet 1880, laquelle supprime cette formalité, la remplace par une simple déclaration et limite les cas où la fermeture d'un établissement de ce genre peut être ordonnée.

(1) Attributions modifiées par la loi du 25 mai 1864.

(2) Certaines de ces attributions, de même que celles applicables au curage des égouts, à la vidange, aux permissions pour établissements en rivière, aux traités, tarifs concernant les voitures publiques et les voitures d'approvisionnements, aux tarifs et à l'assiette des perceptions des droits municipaux dans les halles et marchés, à la boulangerie, aux approvisionnements, etc., sont passés à la préfecture de la Seine par décret du 30 novembre 1859. Toutefois le préfet de police doit toujours être consulté sur ces matières.

(3) La loi du 30 juin 1838 a réglé les pouvoirs et les obligations du préfet de police en ce qui concerne les aliénés.

Art. 23. Il assure la salubrité de la ville en prenant des mesures pour prévenir et arrêter les épidémies, les épizooties et les maladies contagieuses, etc., etc. ; en empêchant d'établir dans l'intérieur de Paris des ateliers, manufactures, laboratoires, etc., qui doivent être hors de l'enceinte des villes ;

Art. 24. Il prend les mesures propres à prévenir ou arrêter les incendies, l'effet des débordements ou débâcles et à faire donner des secours aux noyés ;

Art. 25. Il a la police de la Bourse et des lieux publics où se réunissent les agents de change, courtiers, échangeurs, etc. ;

Art. 26. Il procure la sûreté du commerce en faisant faire des visites chez les fabricants et les marchands pour vérifier les balances, poids et mesures, et en faisant inspecter les marques des matières d'or et d'argent ;

Art. 27, 29, 31. Il fait observer les taxes légalement faites et publiées, assurer la libre circulation des subsistances, saisir les marchandises prohibées ;

Art. 32. Il fait surveiller les foires, marchés, places publiques, marchands forains, revendeuses, commissionnaires, les rivières, les chemins de halage, les bains publics, les abreuvoirs, puisoirs, fontaines, pompes, porteurs d'eau, les places de voitures, cochers, etc., les encans, maisons de prêts, mont-de-piété, fripiers, brocanteurs, les bureaux de nourrices, nourrices et meneurs (1) ;

Art. 33. Il veille à l'inspection des marchés, des ports, des lieux d'arrivage des comestibles, boissons, denrées, des marchés de Sceaux, Poissy, etc. ;

Art. 34. Il veille à ce que personne n'altère ou dégrade les monuments et édifices publics appartenant à la nation ou à la cité ;

Art. 35 et 36. Il a sous ses ordres les commissaires de police, les officiers de paix, les autres préposés ou agents

---

(1) La loi du 23 décembre 1874, pour la protection des enfants du premier âge, a élargi, en ce qui touche les nourrices, les attributions du préfet de police.

de la préfecture de police et à sa disposition, pour l'exercice de la police, la garde nationale et la gendarmerie ; il peut requérir la force armée ;

Art. 38. Le préfet de police et ses agents pourront faire saisir et traduire aux tribunaux de police correctionnelle les personnes prévenues de délits du ressort de ces tribunaux ;

Art. 39. Ils pourront faire saisir et remettre aux officiers chargés de l'administration de la justice criminelle les individus surpris en flagrant délit, arrêtés à la clameur publique ou prévenus de délits qui sont du ressort de la justice criminelle.

Art. 40, 41 et suivants. Il ordonnance et règle, sous l'autorité du ministre de l'intérieur, les dépenses de réparation, d'entretien de l'hôtel, du balayage, de l'enlèvement des boues (1), d'incendies, de débordements, de secours aux noyés ; le traitement des employés ou agents placés sous ses ordres, dont il fixe le nombre, sauf la limite déterminée par les lois.

Les articles 35 et 37 sont applicables aux pouvoirs des commissaires de police et aux arrestations pour crimes ou délits. L'examen en sera fait plus loin.

Quant aux questions du personnel et à l'ordonnancement et au règlement des dépenses auxquels s'appliquent les articles 40, 41 et suivants, ils ont subi des modifications successives et ils sont aujourd'hui réglés par la loi du 18 juillet 1837, sur l'organisation du conseil général et des conseils d'arrondissement de la Seine et l'organisation municipale de la ville de Paris, et par la loi

(1) Voir, sur ce point, les modifications apportées à l'article 22.

du 24 juillet 1867 sur les conseils municipaux. Les dépenses du service des prisons sont à la charge de l'État et elles figurent au budget du ministère de l'intérieur.

Le vote des dépenses de la préfecture de police par le Conseil municipal de Paris a donné lieu à des difficultés, de principe et de fait, qui ont, à diverses reprises, soulevé la question de faire passer ces dépenses du budget de la ville au budget de l'État.

En 1871, pendant la Commune, lors de la discussion par l'Assemblée nationale, à Versailles, de la loi sur les élections municipales (Loi du 14 avril 1871), après le rejet d'un amendement de M. Brisson, amendement dont l'art 1er supprimait la préfecture de police, MM. Léon Say, Richier, Perrot, Lefèvre-Pontalis, Féray, Delsol, Tallon. le baron de Barante, Reverchon, Beau, Voisin, Balsan, Max-Richard, Farcy, Paul Besson, Cordier, Morel, Broët, Glas, proposèrent un autre amendement qui donnait au préfet de la Seine seul et non au préfet de police le droit d'assister aux séances du conseil municipal de Paris et qui rattachait le budget de la préfecture de police à celui du ministère de l'intérieur.

A cette occasion, M. Léon Say s'exprimait ainsi :

« Nous avons considéré que l'action de la pré-
« fecture de police était le plus souvent et pou-
« vait être entravée par l'immixtion du conseil

« municipal dans le budget de la préfecture de
« police..... Nous créons un corps municipal sans
« avoir nettement défini auparavant quelles
« seront ses attributions.... Il y aura, peut-être,
« et pour ma part, je le crois, à faire une légis-
« lation particulière d'attributions pour la muni-
« cipalité parisienne. »

Cet amendement fut combattu par M. Mettetal
et rejeté. M. Mettetal, ancien chef de la 1re division de la préfecture de police et alors représentant du département du Doubs, revendiqua pour
le conseil municipal de Paris le droit de régler
le budget de la préfecture de police et pour le
préfet de police le droit de le discuter devant lui.
Il reconnut que « cela ne serait pas aussi com-
« mode de discuter ce budget avec le conseil élu
« par le suffrage universel qu'avec un conseil
« municipal nommé par l'Empereur ; mais,
« ajouta-t-il, il faut s'habituer à vivre avec le
« nouvel état des choses. » Toutefois, il demandait la restitution à la préfecture de police des
attributions dont elle avait été dépouillée par le
décret de 1859.

La question s'est représentée en 1879. A cette
époque et à la suite des graves complications
créées par la campagne dirigée contre le service de la police des mœurs, M. de Marcère et
M. Albert Gigot, dans la dernière phase de leurs
fonctions de ministre de l'intérieur et de préfet

de police, indiquèrent comme impérieusement nécessaire la mesure que M. Léon Say avait tenté d'introduire incidemment dans les prescriptions de la loi de 1871.

De son côté, dans sa séance du 6 novembre 1880, le conseil municipal de Paris vient de voter, à l'état de vœu, un projet d'organisation municipale qui lui attribue le pouvoir d'organiser et de diriger les services et le personnel de la police communale.

Depuis l'institution des préfets de police diverses dispositions légales en ont successivement accru les pouvoirs et les attributions.

Un arrêté du 3 brumaire an IX (art. 1er) a placé sous leur autorité les communes de Saint-Cloud, Meudon et Sèvres du département de Seine-et-Oise, en ce qui concerne les fonctions à eux dévolues par les articles 5, 6, 7, 10, 11, 13, 14, 19, 23, 24, 26, 32 et 33 de l'arrêté du 12 messidor an VIII qui viennent d'être analysés.

Pareille mesure a été prise à l'égard de la commune d'Enghien (art. 4 de la loi du 7 août 1850) (1).

---

(1) Mentionnons, parce qu'il s'agit du département de Seine-et-Oise et à titre de note ayant un intérêt historique, que pendant la Commune un arrêté du chef du pouvoir exécutif, en date du 22 mars 1871, avait étendu au département de Seine-et-Oise, les attributions du général Valentin, délégué à la préfecture de police, et lui avait donné la faculté d'attribuer, par délégation, dans ce département, aux commissaires de police et aux autres

Les fonctions attribuées au préfet de police pour Paris par l'arrêté des consuls ont été, en 1853 (loi du 10 juin), étendues à toutes les communes du département de la Seine (1). Le préfet de police avait autrefois sous ses ordres les sous-préfets de Sceaux et de Saint-Denis pour ce qui concernait la police générale de ces deux arrondissements. (Ces deux sous-préfectures ont été supprimées en 1880.)

Il est membre du Conseil de surveillance de l'administration générale de l'assistance et du Mont-de-piété.

Ajoutons à cette longue énumération ce renseignement que, de même que les préfets de départements, mais avec de plus fréquentes occasions d'en faire usage, le préfet de police a le droit, en vertu de l'article 10 du Code d'instruction criminelle, de faire personnellement, ou de requérir les officiers de police judiciaire de faire les actes nécessaires à l'effet de constater les

---

agents les pouvoirs et attributions qu'ils avaient dans le département de la Seine.

(1) La loi de 1853 a réservé toutefois aux maires de ces communes, sous la surveillance du préfet de la Seine, tout ce qui concerne la petite voirie, la liberté et la sûreté de la voie publique, l'établissement, l'entretien et la conservation des édifices communaux, cimetières, promenades, places, rues et voies publiques, ne dépendant pas de la grande voirie, l'éclairage, le balayage, les arrosements, la solidité et la salubrité des constructions privées, les mesures relatives aux incendies, les secours aux noyés, la fixation des mercuriales, l'établissement et les réparations des fontaines, aqueducs, pompes et égouts, les adjudications, marchés et baux.

crimes, délits et contraventions et d'en livrer les auteurs aux tribunaux chargés de les punir.

Rappelons enfin qu'à diverses époques le préfet de police a été chargé de la direction de la sûreté générale. Cette mesure, prise par décret du 30 novembre 1869, abrogée de fait lors des événements de 1870, reprise le 17 février 1874, sous l'administration de M. Léon Renault, qui réorganisa ce service, et abandonnée le 9 février 1876, constitue une combinaison dont la mise en pratique réalise, dans une large mesure, sans le titre, la création d'un ministère de la police.

Ce sont les attributions de la direction de la sûreté générale, laquelle fait aujourd'hui partie du ministère de l'intérieur qui, sous le premier empire comme sous le second, ont servi à former le ministère de la police, duquel relevait naturellement la préfecture de police (1).

Comme on le voit, les pouvoirs du préfet de police sont en rapport avec l'importance de sa mission et elles lui créent dans la hiérarchie gouvernementale un rôle et une situation considérables.

La liste des préfets de police a commencé avec le siècle. Elle comprend 41 noms (2). Les voici avec des dates indiquant la durée des fonctions pour chacun des préfets :

(1) Le dernier ministre de la police a été M. de Maupas. Son ministère, créé le 22 janvier 1852, fut supprimé le 10 juin 1853.
(2) 42 si on y ajoute le nom de M. Sobrier qui fut, avec M. Caussidière, délégué à la préfecture de police pendant quatre jours.

1° M. le comte Dubois, membre du bureau central, préfet de police du 8 mars 1800 au 14 octobre 1810 ;
2° M. le baron Pasquier, du 14 octobre 1810 au 13 mai 1814 ;
3° M. Beugnot, du 13 mai 1814 au 3 décembre 1814 ;
4° M. d'André, du 3 décembre 1814 au 14 mars 1815 ;
5° M. de Bourrienne, du 14 mars 1815 au 20 mars 1815 ;
6° M. Réal, du 20 mars 1815 au 3 juillet 1815 ;
7° M. Courtin, du 3 juillet 1815 au 9 juillet 1815 ;
8° M. Decazes, du 9 juillet 1815 au 29 septembre 1815 ;
9° M. le comte Anglès, du 29 septembre 1815 au 20 décembre 1821 ;
10° M. Delavau, du 20 décembre 1821 au 6 janvier 1828 ;
11° M. Debelleyme, du 6 janvier 1828 au 13 août 1829 ;
12° M. Mangin, du 13 août 1829 au 30 juillet 1830 ;
13° M. Bavoux, du 30 juillet 1830 au 1er août 1830 ;
14° M. Girod (de l'Ain), du 1er août 1830 au 7 novembre 1830 ;
15° M. Treilhard, du 7 novembre 1830 au 26 décembre 1830 ;
16° M. Baude, du 27 décembre 1830 au 21 février 1831 ;
17° M. Vivien, du 22 février 1831 au 17 septembre 1831 ;
18° M. Saulnier, du 17 septembre 1831 au 15 octobre 1831 ;
19° M. Gisquet, du 16 octobre 1831 au 10 septembre 1836 ;
20° M. Gabriel Delessert, du 11 septembre 1836 au 24 février 1848 ;
21°
   MM. Caussidière et Sobrier, délégués à la préfecture de police, du 24 au 28 février 1848 ;
   M. Caussidière, délégué, du 29 février 1848 au 15 mars 1848 ;
   M. Caussidière, préfet de police du 15 mars 1848 au 18 mai 1848 ;
22° M. Trouvé-Chauvel, du 18 mai 1848 au 19 juillet 1848 ;
23° M. Ducoux, du 19 juillet 1848 au 14 octobre 1848 ;
24° M. Gervais (de Caen), du 14 octobre 1848 au 19 décembre 1848 ;

25° M. Rébillot, colonel de gendarmerie, du 21 décembre 1848 au 8 novembre 1849 ;
26° M. Carlier, du 9 novembre 1849 au 26 octobre 1851 ;
27° M. de Maupas, du 27 octobre 1851 au 22 janvier 1852 ;
28° M. Blot (Sylvain), délégué à la préfecture de police, du 23 au 27 janvier 1852 ;
29° M. Pietri (Joachim), du 28 janvier 1852 au 16 mars 1858 ;
30° M. Boittelle, du 17 mars 1858 au 21 février 1866 ;
31° M. Pietri (Giuseppe), du 21 février 1866 au 4 septembre 1870 ;
32° M. le comte de Kératry, du 4 septembre 1870 au 11 octobre 1870 ;
33° M. Edmond Adam, du 11 octobre 1870 au 2 novembre 1870 ;
34° M. Cresson, du 3 novembre 1870 au 10 février 1871 ;
35° M. Choppin, délégué à la préfecture de police, du 11 février 1871 au 15 mars 1871 ;
36° M. le général Valentin, délégué à la préfecture de police, du 15 mars 1871 au 18 novembre 1871 ;
37° M. Léon Renault, du 19 novembre 1873 au 9 février 1876 ;
38° M. Félix Voisin, du 9 février 1876 au 8 mars 1876, comme chargé des fonctions du préfet de police, et préfet de police du 8 mars 1876 au 17 décembre 1877 ;
39° M. Albert Gigot, du 17 décembre 1877 au 6 mars 1879 ;
40° M. Andrieux, député, préfet de police actuel et depuis le 6 mars 1879.

Le rapprochement de ces dates n'est pas sans intérêt. Il évoque, dans leur ordre chronologique, les phases de calme et les périodes troublées que notre pays a traversées depuis quatre-vingts ans. Il démontre qu'on s'use vite dans les fonctions délicates et difficiles de préfet de police. En effet, 26 de ces préfets ne les ont pas remplies pendant un an et sur ces 26, cinq ont duré moins de huit jours et 12 moins de trois mois.

L'énumération des attributions du préfet de police faite par l'arrêté de l'an VIII, n'est pas limitative. Chaque jour voit naître des nécessités nouvelles relatives à des objets qui se rattachent à la police municipale et qu'il faut régler. C'est ainsi que les ordonnances de police rendues par les préfets de police sont arrivées à constituer une importante et utile collection de règlements sur toutes les matières de police urbaine.

Comment et par quel mécanisme la préfecture de police arrive-t-elle à remplir cette mission si lourde et si complexe?

Pour s'en rendre compte, il faut d'abord étudier l'emploi et les diverses classifications de son personnel. Il n'y aura plus ensuite qu'à examiner le fonctionnement, le rôle particuliers de chaque groupe, c'est-à-dire de chaque attribution ou service, et le procédé pratique qui, en les solidarisant, les associe étroitement dans une action commune malgré leur diversité.

Le recours à la préfecture de police pour tous les faits qui touchent à l'ordre, à la sûreté publique et aux mœurs, est de tous les temps et de toutes les heures. Il faut à la population parisienne, sans distinction de classes, un auditeur permanent, autorisé, puissant, toujours prêt, et, pour ainsi dire, toujours debout, qui recueille toutes les récriminations, toutes les plaintes, toutes les demandes d'appui, de protection, examine tous les projets, reçoive toutes les dénonciations et comme une sorte de bouc émissaire surchargé d'exigences, souvent déraisonnables et qu'il est impossible de satisfaire, lequel endosse les reproches, les critiques, les attaques et porte toutes les responsabilités.

Ce recours, je l'ai vu se produire aux époques les plus tourmentées et les plus difficiles, pendant le siège comme au lendemain de la reprise de Paris sur la Commune, alors que la lutte durait encore. Même à ces moments, où l'importance et la nature des événements semblaient devoir absorber la pensée de tous, des anonymes, donneurs de conseils, poursuivirent le préfet de police de leurs plaintes et d'impérieuses prescriptions.

Le 19 janvier 1871, alors que Paris, bombardé et affamé, se levait pour tenter un effort suprême, il s'y trouvait un homme assez détaché de l'actualité périlleuse, pour adresser à l'administration de la police une lettre dans laquelle il disait, « qu'il était temps de réglementer sérieusement « la prostitution et d'arrêter par une répression « sévère les progrès du mal signalés par les méde- « cins et les moralistes ».

Pour donner à ce fait toute sa signification caractéristique, il faut se reporter au jour où il se produisait; se rappeler Paris transformé en un camp où fourmillaient la garde nationale, la garde mobile et les soldats de la ligne ; les boutiques fermées, les rues obscures à cinq heures du soir ; il faut se souvenir que le rapport de M. de Kératry, qui avait suivi la désorganisation matérielle des services de police produite par les événements de septembre, avait affaibli, sinon supprimé moralement, l'action de la préfecture de police ; que certaines municipalités d'arrondissement méconnaissaient son autorité et se montraient hostiles envers elle ; que les sergents de ville, transformés en soldats, avaient été envoyés et combattaient aux avant-postes et qu'enfin les *gardiens de la paix publique*, conservés à Paris, se sentant à peine tolérés, circulaient, timides et inutiles, comme des spécimens d'un service de police désormais frappé d'impuissance.

S'en suivait-il que la préfecture de police se désintéressait de sa tâche, de ses devoirs et restait spectatrice, inactive et impassible, des événements ? Loin de là, j'ai montré qu'elle n'avait cessé pendant le siège de lutter, dans la mesure du possible et non sans efficacité, pour réprimer la prostitution et assurer l'application de son contrôle sanitaire (1). Sur le terrain de la sûreté

(1) Voir *la prostitution* à Paris, 1789-1877. Paris. Asselin, éditeur, 1877.

publique et de l'administration des prisons, son œuvre a été, pendant la même période, très lourde et très efficace. Il lui avait fallu pourvoir d'abord aux arrestations pour expulsion et renvoi de Paris des étrangers, des vagabonds et des prostituées qu'il s'agissait d'éloigner de la capitale comme *bouches inutiles* pendant le siège. Plus tard, l'investissement accompli et alors qu'elle était sous la direction de M. Cresson, une sommité du barreau, qui est, en même temps, un homme de cœur et de conscience, elle eut à détenir, non seulement les prévenus et les condamnés dont l'arrestation avait été motivée par des crimes ou des délits de droit commun, mais encore les Prussiens suspectés d'espionnage ou rebelles à des ordres de départ, les prisonniers de guerre, peu nombreux d'ailleurs, les prévenus et les condamnés militaires que les pénitenciers de l'armée ne pouvaient plus contenir, les gardes nationaux punis disciplinairement et enfin ceux qui devaient être jugés ou qui avaient été condamnés par des conseils de guerre spéciaux. Il y avait eu, en outre, à organiser l'emprisonnement, dans des quartiers à part, des individus arrêtés pour faits insurrectionnels et notamment à l'occasion des attentats du 31 octobre et 22 janvier.

On se fera une idée des embarras de la situation en songeant que, par suite des événements qui constituaient le cas de force majeure, la totalité des marchés conclus par l'administration manquait à la fois et qu'il y avait tout à improviser pour assurer le chauffage, l'éclairage, la nourriture et le service de transport des prisonniers.

Les nécessités de transférements étaient multiples et impérieuses. On avait dû transformer le donjon de Vincennes en prison, évacuer la prison de Sainte-Pélagie par suite du bombardement et remplacer les détenus de la prison de la Santé, par des prisonniers de guerre prussiens qu'il avait fallu installer dans un rez-de-chaussée casematés et dans les sous-sols.

A toutes ces difficultés s'était ajoutée une épidémie scorbutique très grave, s'étendant à toutes les prisons et qui avait rendu indispensable la création d'une infirmerie spéciale (1).

Sur le terrain des approvisionnements et des subsistances, de la recherche et de la destruction des comestibles corrompus ou nuisibles, des incendies, des maladies épidémiques, inhumations, de la salubrité, etc., les difficultés ne furent pas moins grandes.

J'arrête là ces indications incidemment données et je laisse également de côté le tableau de l'énorme tâche de réorganisation qui incomba à la préfecture de police au lendemain de la Com-

---

(1) Cette infirmerie fut organisée par M. le professeur Lasègue, médecin des hôpitaux, avec le concours de M. le Dr Legroux, qui était alors son chef de clinique.

mune dont les incendies avaient détruit ses bâtiments et ses archives.

J'ai voulu, seulement, faire entrevoir ce fait qu'en temps de crise, de quelque nature qu'elle soit, comme aux époques normales, le préfet de police est le recours toujours indiqué et qu'il a un rôle exceptionnellement militant.

J'ai présenté au lecteur le préfet de police.

Comptons maintenant ses collaborateurs et ses agents de tous les degrés et voyons en quoi consiste leur travail :

Autour du préfet se groupe le personnel de son cabinet, composé :

1° D'un secrétaire particulier et de trois secrétaires, lesquels sont, à tour de rôle, de service pendant la nuit;

2° Du cabinet proprement dit, placé sous les ordres d'un chef et comprenant trois bureaux distincts dont les attributions se répartissent ainsi qu'il suit :

1er *Bureau.* — Affaires politiques et de sûreté générale. — Sûreté du président de la République. — Recueil et étude des documents politiques. — Associations secrètes, complots, attentats et poursuites judiciaires s'y rattachant. — Surveillance des condamnés et transportés politiques. — Exécution des lois et décrets édictant des mesures de sûreté générale et d'amnistie. — Circulation des étrangers, vérification de leurs passeports. — Surveillance des réfugiés; poursuites judiciaires des crimes ou délits commis par eux ; exécution des mesures de sûreté générale qui leur sont applicables. — Presse ; exécution des lois spéciales qui la concernent ; réception des déclarations pour création de journaux, etc. — Associations ou réunions. — Banquets. — Manifestations. — Loges maçonniques, etc. — Élections. — Archives politiques. — Commerce des armes de luxe. — Enregistrement général et renvoi des dépêches aux divers services de la préfecture (1). — Correspondance et notifications relatives à la surveillance des sociétés tontinières. — Examen des modifications aux statuts des sociétés anonymes autorisées par le gouvernement ; réception et classement des états de situation fournis par ces établissements et correspondance y relative. — Police militaire. — Recherche des déserteurs, insoumis, marins et militaires en congé. — Recherche et réintégration aux arsenaux ou aux magasins de la guerre, des armes, effets militaires, objets d'équipement, etc., perdus, abandonnés ou saisis. — Importation et transit d'armes, d'engins et de munitions de guerre. — Poinçonnage des armes destinées à servir d'échantillons.

2º *Bureau*. — Mesures d'ordre à l'occasion des cérémonies publiques, fêtes, revues, courses de chevaux, etc. — Garde républicaine, service dans les établissements publics. — Sapeurs-pompiers, service dans les lieux ouverts au public. — Théâtres, bals, concerts, cafés-concerts, assauts d'armes, aérostats, travestissements, etc. — Directions théâtrales, salles de spectacles. — Sociétés. — Réunions. — Cercles. — Sociétés de secours mutuels. — Concours à l'exécution des lois et règlements concernant l'instruction publique et les cultes. — Exécution des lois et règlements relatifs à l'imprimerie et à la librairie.

(1) Ces dépêches qui, quotidiennement, se comptent par plusieurs milliers, comprennent, en dehors de la correspondance normale, une masse énorme de plaintes, de dénonciations, de renseignements anonymes, souvent extravagants, parfois de la plus haute importance, qu'il faut examiner, apprécier, auxquels on ne pourrait, sans risques et sans compromission, négliger d'apporter une scrupuleuse attention.

— Affiches et afficheurs. — Vente de journaux, colportage et distribution d'écrits et d'imprimés. — Chanteurs ambulants. — Contraventions relatives au timbre, etc. — Instruction des demandes de naturalisation et d'admission à domicile. — Rapatriements. — Enquêtes confidentielles faites à la demande des diverses administrations publiques. — Subsides aux réfugiés.

3º *Bureau*. — C'est de ce bureau que dépend le service de permanence auprès du préfet. Il a en outre les attributions suivantes :

Réception et ouverture des dépêches. — Traduction des lettres écrites en langues étrangères. — Examen et compte rendu des journaux français et étrangers. — Secours distribués au nom du préfet de police. — Cartes de libre circulation pour les voitures des membres du corps diplomatique et des hauts fonctionnaires. — Service télégraphique : transmission et réception des télégrammes. — Service des dépêches : réception, distribution et ports des lettres administratives. — Réception, enregistrement et envoi des scellés et pièces judiciaires à conviction. — Service des ordonnances (cavaliers), huissiers et plantons.

Ces indications permettent d'apprécier la nature et l'étendue des attributions du chef du cabinet du préfet, dont la mission comprend tout ce qui, par un côté quelconque, touche à la politique, à la presse, aux réunions, manifestations, cérémonies et fêtes publiques.

Les secrétaires généraux des préfectures ont été créés par les lois des 22 décembre 1789 et 8 janvier 1790. Leur rôle est défini par la loi du 28 pluviôse de l'an VIII; ils sont chargés de l'enregistrement et de la conservation des actes administratifs, des archives, du contre-seing des ampliations et de la surveillance des employés.

Le secrétaire général de la préfecture de police a sous sa direction spéciale les services du personnel, de la comptabilité, du matériel et des archives, dont les attributions sont détaillées ci-après :

Personnel. — Travail relatif au personnel de l'administration centrale, des commissariats de police de la ville de Paris et du ressort de la préfecture, des commissaires de police inspecteurs des poids et mesures et des commissaires de la garantie des matières d'or et d'argent, des divers services de la police municipale, de la Bourse de Paris, des établissements pénitentiaires du département de la Seine, du dépôt de mendicité de Villers-Cotterets (Aisne), de l'inspection des marchés y compris les facteurs aux différentes ventes en gros, de l'inspection de la navigation et des ports, de la dégustation des boissons, de la fourrière, de la morgue, du service médical du Dispensaire de salubrité des secours publics et de la protection des enfants du premier âge, de l'inspection du travail des enfants dans les manufactures, de l'inspection des maisons d'aliénés, de nourrice et de sevrage, de l'inspection des établissements classés, du service des architectes, des agents secondaires du contrôle des chemins de fer;

Nominations, augmentations de traitement, indemnités, gratifications, congés, admissions à la retraite ;

Ordre et discipline, feuille de présence des employés de bureaux, réprimandes, privations du traitement, suspensions, révocations;

Règlement des divers services d'alternat des commissariats de police de Paris et du service des commissaires dans les théâtres ;

Personnel du conseil de salubrité du département de la Seine et des commissions d'hygiène publique et de salubrité du ressort de la préfecture ;

Permissions aux commissionnaires autorisés à stationner aux abords des établissements publics pour ouvrir les portières des voitures ;

Rapports aux ministres pour les mouvements des fonctionnaires attachés à la préfecture de police qui ne sont pas à la nomination du préfet ;

Propositions relatives aux nominations dans l'ordre national de la Légion d'honneur ;

Légalisation des signatures des fonctionnaires publics et agents supérieurs dépendant de la préfecture ;

Instruction des demandes de récompenses honorifiques. — Délivrance des médailles d'honneur. — Envoi des lettres de félicitations. — Prestation de serments professionnels.

Comptabilité. — 1re *Section.* — Dépenses municipales (personnel et matériel). — Formation du budget. — Établissement des comptes annuels à publier en vertu de la loi. — Contentieux et liquidation des dépenses. — Expédition et délivrance des ordonnances sur la caisse du service de la préfecture de police et des mandats sur la caisse municipale. — Contrôle et visa de toutes les propositions de dépenses faites par les bureaux administratifs. — Administration et comptabilité des fourneaux économiques. — Souscriptions. — Secours aux familles des victimes des épidémies.

2e *Section.* — Formation des divers budgets, comptes et autres documents comptables sur les fonds de l'État et du département. — Formation du budget spécial des prisons de la Seine. — Liquidation des dépenses et des recettes. — Expédition et délivrance des mandats de paiement sur le trésor public. — Comptabilité particulière des directeurs de prisons, des travaux industriels et des masses de réserve des condamnés. — Liquidation des pensions de retraite et ordonnancement des arrérages sur la caisse des dépôts et consignations. — Liquidation des dépenses et recettes du dépôt de mendicité de Villers-Cotterets.

3ᵐᵉ *Section.* — Contrôle et visa des recettes opérées par la préfecture de police. — Visa et conservation des oppositions formées sur les appointements des employés, etc. — Subsides et secours extraordinaires accordés à des réfugiés étrangers. — Travail relatif aux secours alloués à d'anciens employés, aux veuves et aux enfants d'anciens employés et agents de l'administration. — Comptabilité des secours directs alloués par le secrétariat particulier du préfet. — Cautionnements des facteurs aux halles et marchés et des directeurs de prisons, etc. — Contrôle, visa et enregistrement de toutes les opérations en recettes et en dépenses de la caisse de service de la préfecture de police.

Caisse. — Paiement des traitements des fonctionnaires et employés de la préfecture de police. — Paiement des subsides aux réfugiés. — Paiement de toutes les dépenses urgentes. — Recettes des revenus spéciaux des prisons de la Seine. — Versement des fonds à la caisse du trésor public pour le compte du receveur central du département. — Paiement des dépenses des directeurs des prisons de la Seine et du dépôt de mendicité, des appointements des employés attachés à ces établissements et aux autres services départementaux dépendant de la préfecture. — Paiement des masses de réserve aux libérés. — Garde des objets d'or et d'argent saisis ou trouvés.

Matériel. — Adjudications et marchés pour les services communaux et départementaux. — Confection des baux ; formalités de l'enregistrement. — Nominations d'experts. — Entretien des bâtiments de l'hôtel et du mobilier ; chauffage et éclairage ; service intérieur. — Surveillance des gens de service. — Habillement et équipement des gardiens de la paix publique. — Achats et distributions des objets de consommation usuelle, des meubles et ustensiles de tous genres pour les services suivants : La morgue, la fourrière, la navigation, les commissariats et les postes de police, les poids et mesures, les halles et marchés, les abattoirs, le dispensaire, le service des voitures de place, celui des secours publics.

Inventaire du matériel de ces divers services et comptabilité en matière. — Dépôt, conservation et restitution ou versement au domaine des objets trouvés ou saisis.

Archives. — Garde et conservation de la bibliothèque et des archives. — Classement des dossiers des affaires terminées. — Classement et conservation des ordonnances, arrêtés et circulaires des préfets de police, des circulaires ministérielles et des arrêtés du conseil de préfecture. — Réimpression des collections. — Travail des tables, des catalogues et des répertoires. — Recherche et remise d'anciens documents.

Achat d'ouvrages nouveaux. — Mise au pilon et vente des papiers hors de service. — Travail de recherches et des communications aux divers services de toutes pièces et documents pouvant servir à l'expédition des affaires. — Communication des documents historiques.

Ces divers services, très considérables d'ailleurs, sont surtout, comme l'indiquent leurs titres, des bureaux d'organisation, d'administration et d'ordre intérieurs. Leur placement sous le contrôle direct du secrétaire général permet au préfet de police de consacrer plus particulièrement son attention et ses soins aux affaires ressortissant à son cabinet et à celles des deux grandes Divisions dans lesquelles se concentrent d'importantes attributions administratives.

Ces Divisions, dont les chefs sont autorisés, dans l'intérêt de la prompte expédition des affaires, à signer pour le préfet dans tous les cas ordinaires ou lorsqu'il y a urgence, se subdivisent en neuf bureaux.

PREMIÈRE DIVISION.

1er *Bureau*. — Recherche des criminels et des délinquants signalés ou inconnus et non encore sous le coup de mandats. — Envoi des procès-verbaux et des renseignements à l'autorité judiciaire (1). — Contraventions concernant la garantie des matières d'or et d'argent, l'inscription des ventes et achats sur les registres légaux, l'exposition en vente des clés séparées de leurs serrures et l'ouverture des maisons particulières après les heures fixées par les règlements. — Le Mont de piété dans ses rapports avec la sûreté publique (2). — Encans et salles de vente. — Tapage nocturne. — Exécution de la loi sur les coali-

(1) En ce qui touche le service de la police judiciaire, la préfecture de police se trouve, chaque jour et à toute heure, saisie de plaintes et de demandes d'intervention auxquelles, pour procéder utilement, il faut donner suite sans aucun retard. Elle doit pourvoir immédiatement, dans les conditions les plus délicates et les plus compliquées, avec la grosse responsabilité que peuvent créer l'abstention, le retard ou une erreur d'exécution, et il lui arrive fréquemment de se trouver ainsi amenée à porter son action, par urgence, sur tous les points du territoire français et même à l'étranger.

C'est en vue de faire bénéficier la justice de tous les éléments d'informations que possède et dont dispose l'administration de police que, toutes les procédures pour crimes ou délits faites dans le département de la Seine par les commissaires de police, qu'elles s'appliquent à des individus arrêtés, à des inculpés libres ou en fuite, ou à des inconnus, sont remises à la préfecture de police qui les transmet à l'autorité judiciaire. Le nombre des procès-verbaux ainsi transmis et s'appliquant à des inculpés non arrêtés est annuellement d'environ 15,000. On verra plus loin les chiffres des arrestations.

(2) Chacun sait que beaucoup d'objets volés se retrouvent au Mont-de-piété et que cette circonstance permet de découvrir les voleurs.

tions (1). — Loteries. — Cercles. — Maisons de jeu. — Jeux de hasard sur la voie publique. — Règlements et ordonnances concernant les heures de fermeture des lieux publics ; constatation des contraventions qui s'y rattachent. — Police de ces établissements au point de vue de la sûreté publique. — Mesures à prendre à l'égard de ces établissements pour l'exécution de la loi du 17 juillet 1880 qui a réglé les conditions dans lesquelles leur fermeture peut être ordonnée. — Avis à donner sur la réglementation concernant les saltimbanques, musiciens et chanteurs ambulants. — Questions relatives aux bureaux de placement; examen des demandes en autorisation.

Exécution des mandats d'amener, des mandats d'arrêt, des jugements, des arrêts et généralement de tous les mandements de justice (2). — Exécution des ordonnances d'extradition (3). — Recherches dans les cas de disparition ou lorsqu'il s'agit de mineurs. — Propositions d'expulsion relatives aux étrangers (4). — Eloignement du département de la Seine, des individus non arrêtés tombant sous l'application de la loi du 9 juillet 1852. — Recherches et constatations des incapacités électorales (5). — Correspondance avec les autorités judiciaires ou administratives relativement aux individus qu'elles poursuivent ou recherchent. — Suicides et morts accidentelles. — Accidents; enquêtes à ce sujet. — Communications au parquet ; — Transport dans les hôpitaux des malades relevés sur la voie publique. — Épaves. — Réception, enregistrement, conservation et restitution des objets trouvés ailleurs que dans les voitures publiques. — Correspon-

---

(1) Ces questions lorsqu'elles prennent un caractère politique sont traitées par le service du cabinet du préfet.
(2) Il ne s'agit là que des cas de droit commun. Celles de ces mesures qui sont relatives à des faits d'un ordre politique rentrent dans les attributions du cabinet.
(3) Même observation.
(4) Exécution de la loi du 3 décembre 1849, même observation que ci-dessus.
(5) Ces affaires sont soumises au cabinet du préfet.

dance à ce sujet ; publicité donnée aux faits de probité.

Confection des sommiers et bulletins judiciaires (1). — Recueil et classement méthodique de toutes les condamnations prononcées par les cours et tribunaux civils et militaires de France. — Délivrance des extraits destinés à éclairer les magistrats instructeurs sur les antécédents des prévenus.

Recherches dans l'intérêt des familles. — Recherches dans l'intérêt des administrations civiles, judiciaires et militaires. — Recherches et correspondance avec le parquet de la Seine relativement aux actes judiciaires émanant des départements et de l'étranger. — Notifications des décisions et actes administratifs émanant des départements. — Recherches des débiteurs du Trésor. — Renseignements pour le recouvrement des amendes et frais de justice. — Bulletins de carence — Fraude en matière de contributions directes ou indirectes. — Marchandises prohibées.

2me *Bureau* (2). — Réception des pièces et procès verbaux relatifs aux individus arrêtés. — Examens de pseudonymes. — Renvoi des prévenus devant le procureur de la République et transmission au parquet des procès-verbaux constatant leur arrestation. — Envoi des pièces à conviction au greffe du tribunal de 1re instance. — Interrogatoire des individus arrêtés en vertu de mandats décernés par les autorités judiciaires des départements (3). — Questions d'individualité. — Mesures à prendre à l'égard des détenus après libération. — Propositions d'expulsion relatives aux étrangers détenus. — Éloignement du dépar-

---

(1) Ces sommiers détruits sous la Commune ont été reconstitués sous l'administration de M. Léon Renault.

(2) Le chef et l'un des sous-chefs de ce bureau, celui qui s'occupe spécialement de la répression et du contrôle sanitaire de la prostitution, étant appelés par certains détails de leurs attributions à remplir les fonctions de commissaires de police, sont nommés à ces fonctions par décrets et les exercent sous le titre de commissaires interrogateurs.

(3) Exécution de l'art. 100 du Code d'instruction criminelle.

tement de la Seine des individus arrêtés, sur le point d'être libérés et tombant sous l'application de la loi du 9 juillet 1852. — Allocations des primes pour captures. — Mesures relatives aux mendiants libérés (1). — Examen des mendiants étrangers et des individus à envoyer, à titre d'hospitalité, aux dépôts de mendicité de la Seine. — Surveillance des condamnés libérés, forçats, réclusionnaires et autres. — Examen des libérés assujétis à la surveillance, arrêtés pour rupture de ban ; propositions à formuler au sujet de leurs demandes d'autorisation de résidence dans le département de la Seine. — Examen des demandes de réhabilitation.

Enregistrement des femmes publiques sur les contrôles de la prostitution. — Mesures auxquelles elles sont soumises dans l'intérêt de l'ordre et de la santé publique. — Surveillance des maisons de tolérance. — Recherche de la prostitution clandestine. — Correspondance avec les familles au sujet des filles mineures. — Intervention administrative, dans l'intérêt des familles au point de vue des mœurs (2). — Répression des outrages à la morale publique, pour débauche scandaleuse, pour la publication, la mise en vente d'images obscènes (3). — Avis à

---

(1) Application du 2ᵉ § de l'article 274 du Code pénal.

(2) Pour plus de rapidité dans cet exposé, je me suis interdit de commenter toutes les brèves indications qui le composent. Chacune d'elles comporterait des développements et des explications d'un grand intérêt. Mais beaucoup peuvent, malgré leur brièveté, être aisément comprises. Il en est d'autres d'un caractère particulier dont le sens reste toujours un peu obscur. Je prendrai pour exemple cette désignation sommaire : *Intervention administrative dans l'intérêt des familles au point de vue des mœurs.* Que de choses dans ce peu de mots! Quels immenses services rendus par cette attribution et que rien ne peut remplacer! Elle s'occupe principalement de cette infamie qu'on appelle le *chantage*. J'ai eu occasion de traiter cette question dans mon livre sur la prostitution. J'ajoute que cette attribution, bien utilisée, peut prévenir des actes, devenus fréquents, de la nature de celui pour lequel Marie Bière a bénéficié d'une regrettable impunité.

(3) Lois des 17 mai 1819 et 25 mars 1822.

donner au point de vue des mœurs sur l'existence de certains débits de vin, cafés, etc. — Surveillance de ces établissements considérés comme lieux de débauche. — Dispositions à prendre pour en amener la fermeture.

3° *Bureau*. — Police intérieure des prisons du département de la Seine : maisons d'arrêt, de justice, de correction, de répression, etc. Dépôt de mendicité (1). Classement des détenus dans ces diverses prisons. — Délivrance de permis de communiquer avec les prisonniers. — Transfèrements. — Départ des condamnés pour les bagnes et les maisons centrales. — Service des voitures cellulaires. — Transport des individus arrêtés préventivement et déposés

(1) Les prisons de la Seine sont au nombre de neuf. Ce sont : 1° la maison du dépôt près la préfecture de police, sorte de prison de passage qui, pour l'exécution de la loi du 1er juin 1863, sur les cas de flagrants délits, a, en même temps, le caractère de maison d'arrêt ; 2° la maison d'arrêt et de correction cellulaire, dite Mazas ; 3° la maison d'arrêt et de correction de la Santé (partie cellulaire et partie sous le régime en commun). A cette maison est établie l'Infirmerie centrale des prisons instituée par M. Léon Renault ; 4° la maison de correction de Sainte-Pélagie ; 5° la maison d'arrêt et de correction de Saint-Lazare, laquelle sert provisoirement, dans certains cas, de maison de justice pour les femmes, de quartier d'éducation correctionnelle pour les jeunes détenus, de prison administrative pour les filles publiques, d'infirmerie spéciale pour les prostituées vénériennes ; 6° la maison de justice (Conciergerie), non encore achevée en ce qui concerne le quartier cellulaire à affecter aux détenus du sexe féminin ; 7° la maison du dépôt des condamnés, dite Grande-Roquette ; 8° la maison d'éducation correctionnelle pour les jeunes détenus, dite Petite-Roquette ; 9° la maison de répression de Saint-Denis, qui doit être prochainement remplacée par la maison construite à Nanterre. Mentionnons, en outre, le dépôt judiciaire établi au Palais de justice et placé sous la surveillance de la préfecture de police et le dépôt de mendicité de la Seine établi à Villers-Cotterets (Aisne). La maison de Saint-Lazare comprend le magasin général, la lingerie générale et la boulangerie générale des prisons.

On se fera une idée de l'importance des prisons de la Seine en songeant que la population de ces établissements atteint parfois le chiffre de 6,000 et que le nombre des journées de présence des prisonniers qu'elles renferment (2,200,000) représente plus du quart des journées de présence de toutes les prisons de France.

dans les postes de police (1). — Jeunes détenus. — Sociétés de patronage. — Libertés provisoires.

Préparation des projets de budgets des dépenses pour les prisons départementales de la Seine et le dépôt de mendicité de Villers-Cotterets. — Mémoires au ministre de l'intérieur et au conseil général du département de la Seine à l'appui de ces budgets. — Nourriture et entretien des détenus. — Achats de mobilier. — Chauffage, éclairage, literie, entretien des bâtiments. — Établissement des cahiers des charges y relatifs. — Service des cultes. — Travaux industriels des détenus; marchés avec les divers entrepreneurs et confectionneurs; fixation du prix de la main-d'œuvre; surveillance générale des ateliers. — Comptabilité en matière. — Enregistrement des dépenses et vérifications des mémoires, comptes et factures. — Habillement des employés des prisons.

4° *Bureau.* — Délivrance et visa des passeports pour l'intérieur et l'étranger. — Passeports avec secours de route. — Réquisitions pour le transport en chemin de fer. — Délivrance des permis de séjour. — Délivrance des permis de chasse. — Délivrance de livrets aux ouvriers et aux domestiques, de médailles et de permissions aux commissionnaires stationnant sur la voie publique, de bulletin d'inscription aux brocanteurs et de médailles aux chiffonniers.

Enregistrement des déclarations faites par les personnes qui sont dans l'intention de louer des hôtels, maisons, chambres ou appartements meublés. — Mouvements des voyageurs dans tous ces établissements. — Contraventions relatives à l'inscription des voyageurs sur les livres des logeurs (2).

(1) Jusqu'en 1857, sauf les cas où il s'agissait de soustraire des inculpés à des violences populaires, les individus mis en état d'arrestation dans le ressort de la préfecture de police y étaient amenés à pied sous l'escorte de soldats. Ce mode de procéder offrant de grands inconvénients, on a organisé un service de voitures cellulaires qui, trois fois par jour, dessert les postes de police.

(2) Il y a dans le département de la Seine plus de 12,000 logeurs en garni.

5° *Bureau.* — Enquêtes sur les personnes signalées comme atteintes d'aliénation mentale, leur envoi dans les asiles spéciaux (Sainte-Anne, etc.), dans la maison de Charenton et des maisons de santé. — Vérification de la situation mentale des pensionnaires en traitement dans les asiles publics d'aliénés du département de la Seine. — Surveillance de ces asiles et des maisons de santé. — Travail relatif au transfèrement des aliénés dans les départements et au rapatriement de ceux qui appartiennent à des nations étrangères. — Surveillance des sages-femmes autorisées à recevoir des pensionnaires. — Placement dans l'hospice des enfants assistés des enfants abandonnés ou exposés et des orphelins âgés de moins de douze ans. — Recherches pour établir leur état civil et découvrir leurs familles. — Correspondance à leur sujet avec l'administration générale de l'assistance publique. — Remise à leurs parents des enfants égarés sur la voie publique.

Inscription des nourrices qui viennent chercher des enfants à Paris et dans le ressort de la préfecture de police. — Correspondance avec les autorités relativement aux nourrices et aux enfants qui leur sont confiés. — Surveillance des meneurs, logeurs et loueurs de nourrices. — Autorisation et surveillance des maisons de sevrage. — Exécution de la loi du 23 décembre 1874, pour la protection des enfants du premier âge.

Comme on vient de le voir, les attributions de la première division se rattachent à la protection de la sûreté publique. Elles entraînent de continuels rapports avec l'autorité judiciaire et elles exigent de la part du personnel qui en est chargé une sorte de permanence, car les mesures à prendre pour la recherche des criminels et des malfaiteurs ne peuvent subir des retards.

Il en est de même pour ce qui concerne les aliénés et les enfants abandonnés.

Citons parmi les plus importantes de ces attributions pleines de responsabilité, l'administration des prisons, la surveillance et la répression de la prostitution, les mesures relatives à la surveillance légale et à la mendicité, l'exécution des lois du 3 décembre 1849 (expulsion des étrangers dangereux) et 9 juillet 1852 (éloignement du département de la Seine des individus étrangers à ce département et n'y ayant ni domicile ni moyens d'existence). C'est par l'application soutenue, quoique réservée, de ces lois que la préfecture de police peut lutter, d'une manière efficace, contre le courant qui dirige sur Paris de tous les points de la France et de l'étranger les malfaiteurs et les gens sans ressources.

Ce mal n'est pas nouveau, car un prévôt des marchands de Paris le signalait à Henri IV, dans une lettre où se lit ce passage : « Chaque ville « de vos provinces a son égout qui amène ses « impuretés à Paris. » Depuis lors, l'égout est devenu fleuve grâce aux chemins de fer, à la multiplicité des moyens de transport, à la connivence des municipalités intéressées à se débarrasser de leurs mauvais sujets, de leurs vagabonds, de leurs infirmes indigents. L'emploi des relaxations pures et simples préconisées et prescrites par la circulaire de M. A. Gigot du 16 janvier 1879 (V. à l'appendice), quels qu'en soient l'intention et les avantages sous un autre rapport, paraît de nature à paralyser, si ce n'est même à annuler, l'action de police sur un point qui intéresse à un haut degré la sûreté générale.

La 2e division est également importante, mais elle exerce ses attributions sur un terrain où elle rencontre moins de plaies sociales et de combats à livrer. Elle a pour mission spéciale de s'occuper des marchés, de la voirie, de la salubrité, de la santé publique, de la navigation, des chemins de fer, des voitures, etc. Entrons dans le détail ; elle comprend quatre bureaux :

1er *Bureau.* — Subsistances et approvisionnements; examen des questions générales et exécution des mesures qui s'y rattachent. — Mercuriales et statistique. — Contrôle des ventes à la criée. — Études relatives à l'établissement et au régime des marchés de gros et de détail; application des règlements les concernant. — Forts, porteurs et ouvriers dans les halles et marchés. — Débits de triperie, magasins de fourrages, fours de boulangerie et de pâtisserie. — Exécution des lois concernant la fidélité du débit, recherche et destruction des comestibles falsifiés, corrompus ou nuisibles.

Vérification et inspection des poids et mesures. — Commission pour l'examen des candidats aux fonctions de vérificateur. Navigation sur les rivières et canaux du ressort de la préfecture de police, ports et chemins de halage, service de touage, mesures de sûreté en cas de grosses eaux et débâcles. — Transmission au Conseil de préfecture des procès-verbaux de grande voirie en matière de navigation, instruction des affaires et notifications y relatives. — Police des établissements fixes sur les rivières, les canaux et les ports, autorisation de ces établissements à Saint-Cloud, Sèvres et Meudon, avis préalable sur ceux qui doivent être installés dans le département de la Seine. — Canotage et bachotage, baignades en pleine eau, divertissements et fêtes nautiques. — Bateaux à vapeur, permis de navigation, commissions de capitaines, pilotes et mécaniciens à bord de ces bateaux.

Surveillance du commerce des bois et charbons, réception des fournitures de combustibles aux administrations publiques.

Surveillance générale des cafés, cabarets et billards publics; correspondance avec les préfets relativement aux individus qui tiennent des cafés ou cabarets, fermeture de ces établissements.

Prélèvement de lait et de vin chez les débitants pour la recherche des falsifications. — Laboratoire municipal de chimie. — Examen des candidats à l'emploi d'experts pour la dégustation des boissons.

Bourse, agents de change, répression des opérations illicites sur les effets publics.

2me *Bureau.* — Indication à la préfecture de la Seine, des bâtiments en péril bordant la voie publique et mesures provisoires au point de vue de la sûreté de la circulation. — Surveillance des démolitions, constructions et réparations et délivrance des permissions pour ces sortes de travaux. — Permis pour les barrières d'échafaudages. — Surveillance des monuments et édifices publics dans un but de préservation et d'entretien. — Clôture des terrains vagues. — Caisses et pots à fleurs et objets divers exposés sur les fenêtres et autres parties élevées des bâtiments. — Dépôts des matériaux sur la voie publique. — Surveillance générale des voies publiques dans un intérêt de viabilité et de sûreté. — Avis sur l'ouverture de passages publics sur des propriétés particulières et surveillance de ces passages dans l'intérêt de la circulation et de la salubrité. — Permission pour tous les travaux pouvant affecter la circulation, tels que pavage, établissement de conduites d'eau ou de gaz, construction d'égouts; surveillance de ces travaux; mesures et correspondance à ce sujet; communications avec la préfecture de la Seine et les ingénieurs du service municipal au sujet des excavations du sol et des dégradations du pavé. — Poursuites pour la réparation des parties de la voie publique à l'entretien des particuliers. — Surveillance des carrières dans l'intérêt des ouvriers et de la voie publique. — Indication à la préfecture de la Seine des infractions aux règlements concernant les fosses d'aisances et le service de la vidange dans Paris. — Surveillance de la construction, de l'entretien et de la vidange des fosses d'aisances dans les communes rurales du ressort de la préfecture de police; règlements y relatifs. — Centralisation de toutes les affaires du ressort des architectes attachés à la préfecture de police; communications pour ce service avec les divers bureaux de la préfecture. — Examen des candidats à l'emploi d'architecte.

Police des chemins de fer; suite à donner aux réclamations et aux plaintes de toute nature. — Surveillance des vendeurs de journaux, des marchands de comestibles et des buffets établis dans les stations. — Examen des projets d'organisation des services et des propositions de tarifs; correspondance à ce sujet avec les compagnies et le ministère des travaux publics. — Publication des tarifs homologués par l'administration supérieure; correspondance au sujet de cette publication avec les préfets de tous les départements traversés par les voies ferrées; examen des rapports mensuels et autres des ingénieurs du contrôle, centralisation des rapports quotidiens des commissaires de police spéciaux des chemins de fer. — Examen de ces rapports et mesures qu'ils peuvent provoquer.

Surveillance des inscriptions des rues et des inscriptions des maisons, et correspondance à ce sujet avec la préfecture de la Seine. — Exécution des règlements concernant les chéneaux et les gouttières. — Surveillance des objets de petite voirie dans l'intérêt de la circulation. — Répression des contraventions résultant de saillies ou d'étalages mobiles disposés contrairement aux règlements. — Correspondance avec la préfecture de la Seine, tant en cette matière qu'au sujet des saillies dont l'autorisation doit être précédée de l'avis du préfet de police. — Réponse aux demandes d'avis pour les concessions d'emplacement d'échoppes ou d'étalages fixes ou mobiles, ou d'un lieu de stationnement pour l'exercice d'une industrie sur la voie publique.

Exécution des règlements concernant les marchands ambulants ; délivrance des permissions ; surveillance et police de ces marchands, saltimbanques et musiciens ambulants. — Jeux divers sur la voie publique.

3ᵐᵉ *Bureau*. — Voitures de places. — Voitures de remise louées au mois ou à la journée. — Voitures sous remise marchant à l'heure ou à la course. — Voiture de transport en commun ; règlements concernant le parcours des lignes et les services de correspondance. — Voitures spéciales des chemins de fer destinées aux voyageurs. — Voitures dites des environs de Paris. — Voitures de roulage et de transport. — Porteurs d'eau. — Cochers-postillons, charretiers et conducteurs de voitures de toute espèce. — Permis de conduire délivrés aux cochers. — Retrait définitif ou temporaire de ces permis par mesure disciplinaire.

Préparation et exécution des ordonnances de police qui règlent le service des voitures de tous genres.

Réception, enregistrement, conservation et restitution des objets oubliés par les voyageurs dans les voitures publiques. — Publicité donnée aux actes de probité des cochers. — Exécution des lois et règlements sur la police du roulage. — Notifications y relatives. — Fourrière de la préfecture de police. — Dispositions à indiquer pour l'éclairage de la voie publique.

Exécution des règlements concernant la salubrité et le nettoiement de la voie publique. — Correspondance avec la préfecture de la Seine pour les différents services qui intéressent la salubrité et le nettoiement de la voie publique, tels que le balayage à la charge de la ville, l'enlèvement des boues et immondices, le curage d'égouts, l'arrosement des places, des quais et des boulevards, etc.

Exécution des règlements concernant le forage et le curage des puits.

Incendies; règlement des dépenses auxquelles donne lieu leur extinction. — Visite et réparation des chemins en mauvais état.

Sapeurs pompiers (dépenses du matériel), comptabilité.

Surveillance des fontaines publiques. — Répression des puisages illicites.

4ᵐᵒ *Bureau*. — Travaux du conseil de salubrité et des commissions d'hygiène dans le département de la Seine et dans les communes de Saint-Cloud, Sèvres et Meudon. — Exécution des lois concernant la médecine et la pharmacie. — Médecins, officiers de santé, sages-femmes, pharmaciens, herboristes, épiciers-droguistes. — Remèdes secrets. — Amphithéâtres et salles de dissection. — Inspection des eaux minérales naturelles et artificielles. — Surveillance des vases et ustensiles de cuivre. — Recherche et destruction de sels falsifiés, des sucreries colorées avec des substances vénéneuses, et, en général, de tout ce qui intéresse la santé publique. — Maladies épidémiques. — Épizooties. — Vaccine. — Cimetières, exhumations et réinhumations. — Transport de corps, autopsies, moulages et embaumement de cadavres. — Relevés des décès qui ont lieu dans les hôpitaux et hospices de Paris; statistique annuelle des décès, par âge et par nature de maladie.

Exécution du décret du 9 septembre 1848, sur les heures de travail. — Exécution de la loi relative au travail des enfants et des filles mineures employés dans l'industrie. — Exécution des règlements concernant l'insalubrité dans les dépendances des habitations. Puisards, dépôts d'immondices, animaux élevés à l'intérieur des habitations de

Paris. — Dépôts d'engrais et d'immondices formés dans les communes rurales.

Lavoirs publics et bains gratuits ou à prix réduits. (Exécution de la loi des 28 novembre et 7 septembre 1850 et 3 février 1851.) — Éclairage électrique, gaz portatif, comprimé ou non comprimé ; examen de tous les appareils nouveaux pour la fabrication du gaz.

Forges et autres ateliers non classés. — Autorisations et surveillance des moutons, laminoirs, presses, balanciers. — Établissements dangereux, insalubres ou incommodes. — Chantiers de bois. — Dépôts de charbons. — Ateliers de carbonisation. — Débits de combustibles. — Brasseries. — Appareils à vapeur. — Locomotives sur les chemins de fer. — Recherche, abatage et équarrissage des chevaux morveux et des autres animaux dangereux ou attaqués de maladies contagieuses. — Exécution des règlements concernant les chiens bouledogues. — Échenillage dans le ressort de la préfecture de police. — Équarrisseurs. — Abattoir communal pour les chevaux. — Artistes vétérinaires. — Tirs ou essais des armes à feu, tirs de pièces et de feux d'artifice. — Débits de poudre. — Surveillance du transport des poudres et amorces fulminantes. — Bruits nocturnes et bruits de cors et autres instruments bruyants. — Secours publics aux noyés, asphyxiés, etc. — Police de la morgue.

Si longue et si aride que soit cette énumération, empruntée à des publications officielles (1), énumération que des désignations générales ne pouvaient d'ailleurs remplacer d'une manière suffisante, elle était nécessaire pour démontrer, ce qu'on ne sait pas assez, que la préfecture de

---

(1) La préfecture de police a fait imprimer, en septembre 1878, une brochure où sont indiquées, dans l'ordre alphabétique, toutes les attributions de ses bureaux.

police, indépendamment de sa mission active de surveillance préventive et de répression, a une grande tâche purement administrative. Il était utile, en outre, de compléter l'aperçu des pouvoirs et des devoirs du préfet de police tels que les a définis l'arrêté du 12 messidor, par l'indication des attributions de détail qui, dans l'état actuel des choses, en réalisent l'application pratique.

Le service des bureaux occupe un nombreux personnel. On en jugera par les chiffres suivants :

    1 secrétaire particulier du préfet.
    1 chef du cabinet.
    2 chefs de division.
    1 chef de la comptabilité.
    1 caissier.
  14 chefs de bureaux.
  32 sous-chefs.
    1 contrôleur de la caisse.
    1 inspecteur des travaux.
    1 contrôleur de l'habillement des gardiens de la paix.
    1 archiviste.
  40 commis principaux.
104 commis de 1re classe.
 75 commis de 2me classe.
———
275   Il faut ajouter à ce chiffre, celui de 67 applicable aux huissiers, garçons de bu-

reaux, porteurs de dépêches et gagistes, ce qui conduit à un total de 342 fonctionnaires, employés et préposés divers.

Avant d'aller plus loin dans cet exposé, il importe d'examiner ce qui constitue, à proprement parler, le service bureaucratique.

Ce service s'occupe, sous la direction du préfet, de tout ce qui touche à la partie doctrinaire des instructions, des référés, des décisions de la préfecture de police. C'est à lui qu'aboutissent, soit qu'elles viennent du cabinet du préfet, soit qu'elles lui arrivent directement, les communications de tous genres, les demandes d'intervention et de protection de toute nature. C'est par lui que se fait le travail de la correspondance officielle et de la transmission des ordres. C'est encore à lui que sont renvoyées ou que parviennent les dénonciations, dont le nombre quotidien est énorme, les plaintes et les critiques. Il les examine, les contrôle, en rend compte au préfet et leur donne, sans retard, la suite qu'elles comportent. Son organisation et son mécanisme méthodiques, dont les parties sont étroitement hiérarchisées et disciplinées, le mettent à même de faire en sorte que toutes les dispositions de l'arrêté du 12 messidor et que toutes les obligations qui en découlent soient exactement et promptement remplies. Il représente, en résumé, pour la masse des rapports avec le public, dans les affaires ordinaires et par délégations spéciales pour les espèces graves, la personnalité et l'autorité du préfet de police, lequel, toujours debout, en éveil, attentif, saisi de toutes les questions, les règle, dénoue toutes les complications et pourvoit aux besoins variés et sans nombre de la sûreté publique, sous sa responsabilité, la seule qui soit et qui puisse être engagée en principe et en fait.

Pour l'exécution de cette tâche dans sa partie *active*, c'est-à-dire extérieure, il faut au préfet de police le concours d'un personnel d'agents dont l'importance numérique et l'aptitude soient en rapport proportionnel avec les exigences et les difficultés de la mission qu'ils ont à remplir.

Ce personnel, une véritable armée, comprend trois grands services distincts :

1° Les commissaires de police ;
2° La police municipale ;
3° Les services spéciaux, opérant à l'extérieur, suivant les nécessités de leurs attributions, mais se rattachant directement à chacun des services purement administratifs dont ils relèvent.

Les commissaires de police.

De même que les préfets de police ont succédé aux lieutenants-généraux de police de l'ancienne monarchie, les commissaires de police parisiens ont, par la nature de leurs fonctions, les successeurs des commissaires au Châtelet. Leur institution remonte à Louis XIV. En 1770, Paris et ses faubourgs étaient divisés en vingt quartiers et comptaient déjà 48 commissaires de police. Un décret du 27 juin 1790 confirma leur fonctionnement. Par ses articles 35 et 37, l'arrêté du 12 messidor an VIII, qui les place sous les ordres du préfet de police, définissait ainsi leurs attributions :

« Ils exerceront, aux termes de la loi, le droit de décerner des mandats d'amener et auront, au surplus, tous les droits qui leur sont attribués par la loi du 3 brumaire an IV et par les dispositions de celle du 22 juillet 1794 qui ne sont pas abrogées. Ils exerceront la police judiciaire pour tous les délits dont la peine n'excède pas trois jours de prison et une amende de trois jours de travail. Ils seront chargés de rechercher les délits de cette nature, d'en recevoir la dénonciation ou la plainte, d'en dresser procès-verbal, d'en recueillir les preuves, de poursuivre les prévenus au tribunal de police municipale. Ils rempliront à cet égard les fonctions précédemment attribuées aux commissaires du Gouvernement. »

Les commissaires de police sont officiers de police judiciaire et, à ce titre, leurs pouvoirs, aujourd'hui déterminés par les articles 9, 11, 25, 40 et 50 du Code d'instruction criminelle, leur permettent de requérir directement la force publique, de faire saisir les prévenus en cas de flagrant délit, de décerner des mandats d'amener, de recevoir des plaintes et dénonciations, d'entendre des témoins et de procéder à des perquisitions.

Indépendamment des nombreuses procédures qu'ils sont appelés à faire pour les faits de flagrant délit, et il ne faut pas oublier que le flagrant délit s'étend au cas où l'inculpé est poursuivi par la clameur publique, ou qu'il est, dans un temps voisin du délit, trouvé porteur d'objets dont la possession entraîne présomption de culpabilité, les commissaires de police du département de la Seine sont, très fréquemment, chargés par le parquet d'enquêtes judiciaires, d'exécutions de commissions rogatoires (recherches, perquisitions et saisies). Certains d'entre eux, comme on le verra plus loin, sont plus spécialement délégués par l'autorité judiciaire ou par le préfet de police pour des opérations de cette nature lorsque leur caractère complexe exige des recherches ou des constatations plus étendues ou d'une importance particulière. On les désigne, par cette raison, sous le titre de commissaires de police aux délégations judiciaires ou spéciales.

Dans l'ordre administratif, les commissaires de police ont pour mission de veiller à l'exécution des lois et ordonnances, de prêter la main à l'accomplissement des décisions de justice et ils sont, à ce point de vue, les dépositaires de l'autorité publique, en même temps qu'ils sont, en matière de vérifications, enquêtes, surveillance et notifications, les auxiliaires et les mandataires du préfet de police, auquel ils sont tenus de rendre compte de tous les actes où leur intervention s'est produite et de tous les faits dont ils ont connaissance et qui intéressent la sûreté publique. Ils doivent veiller au maintien de l'ordre, être les protecteurs vigilants de leurs administrés, qui trouvent en eux, dans les cas d'urgence, en matière de police judiciaire ou administrative, appui immédiat, et remplir, sous ces rapports, chacun pour sa circonscription, dans les conditions subordonnées de leur rôle, une mission analogue à celle qui est dévolue au préfet, leur chef.

Dans les communes rurales du ressort de la préfecture de police et qui sont situées dans le département de la Seine, les commissaires de police, lorsqu'ils prennent part, en dehors de l'action de police, à l'action administrative proprement dite, agissent comme les délégués des municipalités et sous leur autorité immédiate. Quant aux commissaires de police de celles des communes du département de Seine-et-Oise, sur lesquelles s'étend le pouvoir du préfet de police, leur mission comme officiers de police judiciaire s'exerce à titre d'auxiliaire du parquet de l'arrondissement.

Dans la pratique, et par suite des habitudes de la population qui voit en lui, avec raison, un représentant de l'autorité, accessible au même degré que le préfet de police, mais plus rapproché de ses administrés, le commissaire de police est appelé à intervenir, par voie de conseils, d'observations ou d'avertissements, dans des cas de discussions, d'injures, de menaces, de scandales, de quasi-délits, insuffisamment caractérisés, qui n'iraient pas jusqu'à la juridiction du juge de paix, et qu'il ne pourrait cependant être question, sans préjudice pour l'ordre public, de ne pas régler ou réprimer. Cette intervention, officieuse sous une apparence officielle, tantôt comminatoire, tantôt paternelle et bienveillante, imposée aux commissaires de police par le double caractère de leurs attributions, n'est pas le moindre de leurs devoirs ; elle facilite, dans les affaires graves, l'accomplissement de la fonction dont ils sont chargés en leur créant des rapports fréquents avec leurs administrés.

Il y a, pour les 80 quartiers de Paris, 70 commissaires de police.

Lors de la division de Paris en 80 quartiers, le peu d'importance numérique de la population de certains quartiers compris dans l'ancienne banlieue, annexée à Paris en 1859, avait déterminé l'Administration à attribuer, pour plusieurs circonscriptions, le service de deux quartiers à un seul commissaire de police. A la suite des événements de la Commune, le nombre des commissaires de police de Paris fut porté à 80. Il a été ramené à 70 par décret du 31 août 1874 (1). Indépendamment des commissaires de police de quartiers, il y a 19 commissaires de police spéciaux :

1 exerce les fonctions du ministère public près le tribunal de simple police ; il a 2 suppléants choisis parmi les commissaires de police de quartiers ;

3 sont chargés des délégations judiciaires ou spéciales ;

1 est attaché à la Bourse (2) ;

6 ont pour attributions le service de la garantie des matières d'or et d'argent ;

8, désignés sous le titre de commissaires de police inspecteurs des poids et mesures, sont commis pour s'assurer chez tous les marchands, de l'exactitude des instruments de pesage et de mesurage qu'ils emploient.

---

(1) Les circonscriptions qui n'ont qu'un commissaire de police pour deux quartiers sont les suivantes :

1" Quartier Bel-Air et Picpus.
2° —   Salpêtrière et Gare.
3° —   Maison-Blanche et Croullebarbe.
4° —   Santé et Petit-Montrouge.
5° —   Saint-Lambert et Javel.
6° —   Auteuil et La Muette.
7° —   Porte-Dauphine et Bassins.
8" —   Ternes et Plaine Monceaux.
9° —   Pont de Flandre et Amérique.
10° —   Saint-Fargeau et Père-Lachaise.

(2) Le commissariat de la Bourse est chargé de l'exécution des lois et règlements relatifs aux professions d'agent de change et de courtier de commerce. Il doit surveiller la Bourse et y maintenir la tranquillité et le bon ordre. Il a sous ses ordres un écrivain crieur, un brigadier et six gardes.

Il est pourvu, par voie d'alternat, à la permanence du service des commissariats de police de quartiers en ce qui touche l'ouverture de leurs bureaux, aux rondes de nuit dans les postes (1), et au service de présence dans les représentations théâtrales.

Le personnel des commissariats de police de Paris se compose de secrétaires, d'inspecteurs et de garçons de bureaux. Il y a 75 secrétaires titulaires et 20 secrétaires suppléants. Le rôle des secrétaires est défini par leur titre même ; ils ont le caractère et le pouvoir d'agents de l'autorité publique. Les inspecteurs de police attachés aux commissariats recueillent les renseignements demandés par la Justice et l'Administration, recherchent les individus signalés comme auteurs de crimes ou de délits et mettent à exécution les mandats judiciaires qui les concernent. Ces inspecteurs sont au nombre de 139. Le service de garçons de bureaux est fait par 72 préposés. L'attribution du contrôle des poids et mesures emploie 8 hommes de service.

Il convient de mentionner, en outre, bien qu'ils ne relèvent pas directement de la préfecture de police, à laquelle ils sont cependant rattachés pour certaines parties de leurs fonctions, 8 commissaires de police des chemins de fer, le commissaire de police chargé du service de l'émigration, et le

(1) Voy. l'Appendice.

commissaire de police attaché à l'État-Major général de la police de Paris.

Les communes du département de la Seine, au nombre de 71, sont, ainsi qu'il suit, réparties entre vingt commissaires de police :

1° Asnières, Gennevilliers ;
2° Aubervilliers, le Bourget, la Courneuve, Dugny ;
3° Boulogne ;
4° Clichy, Saint-Ouen ;
5° Courbevoie, Colombes ;
6° Levallois-Perret ;
7° Les Lilas, Bagnolet, Noisy-le-Sec, Romainville ;
8° Neuilly ;
9° Pantin, Bobigny, Bondy, Drancy, les Prés-Saint-Gervais ;
10° Puteaux, Nanterre, Suresnes ;
11° Saint-Denis, Épinay, Ile-Saint-Denis, Pierrefitte, Stains, Villetaneuse ;
12° Charenton-le-Pont, Bonneuil, Créteil, Maisons-Alfort, Saint-Maurice ;
13° Choisy-le-Roi, Chevilly, Fresnes, L'Hay, Orly, Rungis, Thiais ;
14° Gentilly, Arcueil, Villejuif ;
15° Ivry et Vitry ;
16° Joinville-le-Pont, Bry-sur-Marne, Champigny, Nogent-sur-Marne, Saint-Maur ;
17° Montreuil, Rosny, Villemonble ;
18° Sceaux, Antony, Bagneux, Bourg-la-Reine, Chatenay, Châtillon, Clamart, Fontenay-aux-Roses, le Plessis-Piquet ;
19° Vanves, Issy, Montrouge ;
20° Vincennes, Fontenay-sous-Bois, Saint-Mandé.

A ces commissariats sont attachés :

21 secrétaires ;
20 inspecteurs ;
184 sergents de ville.

Les communes du département de Seine-et-Oise, Saint-Cloud, Sèvres, Meudon et Enghien-les-Bains, qui relèvent du préfet de police, ont chacune un commissaire de police.

Quant au service d'inspection des poids et mesures dans les communes suburbaines du ressort de la préfecture de police, il est fait par un commissaire de police assisté d'un secrétaire.

La Police municipale.

Ce service comprend, à des degrés différents, tous les agents d'exécution qui sont chargés de la partie active de la police parisienne. Rien n'est plus méthodique, ni mieux entendu que l'organisation et le fonctionnement de cette force immense, de cette masse d'hommes honnêtes, dévoués et courageux dont la tâche permanente est de veiller et de lutter pour la sûreté publique (1). J'ai dit *honnêtes*, ce qui certainement n'avait pas besoin d'être proclamé, pour avoir une occasion d'en finir avec un préjugé, explicable par des faits du passé, et sous l'empire duquel beaucoup de personnes contestent la moralité des agents en

(1) Le service ordinaire de la police dans la ville de Paris a fait l'objet d'un règlement général du 14 avril 1856, qui est très complet et très bien conçu.

les assimilant aux repris de justice qui viennent leur offrir ou leur vendre des indications utiles pour la sécurité de tous. Il ne faut pas se lasser de répéter, pour qu'on le sache, que pas un des employés ou agents de la préfecture de police, n'est commissionné comme tel qu'après des vérifications aux sommiers judiciaires, des justifications et une enquête de nature à établir la pureté de ses antécédents et sa moralité. Combien de leurs détracteurs, impudemment dédaigneux, ne pourraient se tirer avec honneur d'une pareille épreuve !

Ajoutons qu'une administration de police se montrerait gratuitement bien téméraire et bien imprévoyante si, attaquée et diffamée comme l'est la préfecture de police, elle s'exposait aux compromissions qui résulteraient pour elle, non pas de défaillances exceptionnelles d'un agent scrupuleusement choisi et jusqu'alors irréprochable, mais de l'admission dans son personnel d'individus que leur défaut de moralité dans le passé ou le présent, aurait dû ou devrait lui faire repousser.

Le service de la police municipale donnant droit à une retraite après vingt-cinq ans de services, dans lesquels comptent, comme durée, le temps du séjour sous les drapeaux, beaucoup d'anciens soldats ou sous-officiers, déshabitués de la vie des champs ou de leurs anciennes occupations professionnelles, briguaient d'y entrer. Pendant longtemps le recrutement en a été très facile. On n'avait qu'à choisir dans un grand nombre de candidats. Depuis dix ans, ce mouvement s'est notablement ralenti; la cause en est dans le souvenir des attentats et des violences dont les agents de police ont été victimes au moment de la chute de l'Empire et pendant la période de la Commune et dans les haines injustes, et les rancunes qui les poursuivent encore. Cette cause, il faut l'espérer, perdra de son action avec le temps, mais la nouvelle organisation militaire, qui abrège la durée de présence au corps, fera progressivement disparaître l'affluence des bonnes candidatures d'anciens militaires et l'on n'aperçoit guère que les premiers venus, soldats intermittents, ayant gardé leurs attaches avec la vie professionnelle qu'ils ont pratiquée et sont en état de pratiquer encore, puissent, avec aptitude, rechercher, sans bénéfice d'avenir, des fonctions décriées, peu lucratives, qui exigent de la discipline, de l'abnégation, de l'intelligence et du courage. Le défaut de candidatures valables pour les fonctions inférieures de l'administration de police est une éventualité à prévoir et dont il serait sage de se préoccuper. Le fait se produit déjà, et depuis un certain temps, pour le recrutement du personnel des surveillants ou gardiens de prisons, lesquels ne peuvent obtenir une pension de retraite qu'à 60 ans et après 30 ans de services. Mais il ne dépend pas de l'autorité publique seule d'y porter remède. A un pareil mal, l'élévation des traitements provoquerait des demandes d'emploi sans créer de bons serviteurs. On ne fait pas des inspecteurs de police, des gardiens de la paix, des surveillants de prisons, comme on improvise des garçons de magasin, des conducteurs d'omnibus, des domestiques. Ce qu'il faudrait, en dehors d'avantages matériels suffisants pour compenser les fatigues et les périls, ce serait de la part du public et de la presse de toutes nuances, plus d'équité et moins d'ingratitude à l'égard du personnel de police. Verra-t-on se produire un mouvement d'opinion de ce genre? J'en doute fort. Je dirai pourquoi lorsque j'aborderai l'examen et le dénombrement des ennemis et des adversaires de la préfecture de police. Revenons à l'organisation des services de la police municipale. Une attribution aussi considérable et qui met en mouvement près de 8,000 hommes ne pourrait, sans préjudice pour son bon fonctionnement, être morcelée et soustraite à l'unité de direction et de contrôle. Il faut y assurer une répartition toujours égale du travail et une constante communauté d'efforts de tous les services.

Le commissaire de police, chef de la police municipale, qu'assiste un chef adjoint toujours prêt à le suppléer, a sous ses ordres, indépendamment d'un chef de bureau et de 24 commis :

SES POUVOIRS, SON ORGANISATION, SON ACTION.

3 inspecteurs divisionnaires,
36 officiers de paix,
25 inspecteurs principaux,
100 brigadiers,
700 sous-brigadiers,
6.800 gardiens de la paix ou inspecteurs.
13 médecins sont attachés à ce service.

Les inspecteurs divisionnaires, qui ont dans leurs attributions la charge d'inspecter les postes de polices et de contrôler le service des officiers de paix d'arrondissement, sont, eux-mêmes, avec une prépondérance hiérarchique, des officiers de paix.

L'institution des officiers de paix remonte à 1791. Ils étaient, dans l'origine, au nombre de 24. Supprimés peu de temps après, ils ont été rétablis par la loi du 23 floréal an IV (12 mai 1796). Leur organisation actuelle a été réglée par une ordonnance du 25 février 1825. On vient de voir qu'ils sont aujourd'hui au nombre de 36. Ce chiffre ne comprend pas l'officier de paix du contrôle général dont nous parlerons plus loin.

Placés sous la direction du chef de la police municipale, avec lequel ils confèrent chaque jour, ils commandent, soit à des gardiens de la paix, ayant un uniforme et un armement, soit à des inspecteurs de police ou agents en civil.

Un officier de paix est attaché à chacun des vingt arrondissements de Paris et il a sous ses ordres un nombre de brigadiers, sous-brigadiers et gardiens correspondant aux nécessités du service de la circonscription dont il est chargé. Il est en rapport quotidiennement avec les commissaires de police de son arrondissement. La surveillance exercée par les gardiens de la paix d'arrondissement est de jour et de nuit. Elle a pour objet de prévenir les crimes et délits, d'en arrêter les auteurs, de constater les contraventions aux lois et règlements et d'assurer ainsi la sûreté et la tranquillité publiques. Elle est organisée par îlots, c'est-à-dire par fractionnement de quartier. Les gardiens circulent isolément pendant le jour ; pendant leur service nocturne, ils marchent par deux.

Des brigades centrales de gardiens de la paix, également commandées par des officiers de paix sont à demeure à la préfecture de police ; elles font le service des théâtres, des bals, concerts, fêtes publiques, etc., etc.; elles constituent une réserve toujours prête à se porter sur les points où un incident ou une catastrophe quelconque, rassemblement, écroulement, incendie, exigerait un concours ou un renfort immédiat.

Certaines des brigades centrales, de même que d'autres brigades composées d'inspecteurs de police, ont des attributions spéciales qui correspondent aux principaux des services administratifs énumérés dans la nomenclature des bureaux proprement dits.

Nous citerons parmi ces services spéciaux, qui, à l'exception de celui de la sûreté, dont le chef a le titre et les pouvoirs de commissaire de police, sont tous dirigés par des officiers de paix :

Le service de sûreté, qui est chargé de rechercher les malfaiteurs et d'exécuter les mandats de justice ;

Le service, dit *des mœurs*, qui s'occupe de la surveillance et de la répression de la prostitution publique ;

Le service des garnis et des jeux (1) ;

Le service des voitures;

Le service de la police des halles;

Le service des recherches.

Jusqu'en 1879, les recherches, informations et surveillances qui se rattachent à la politique et qui intéressent la sûreté de l'État, constituaient un service spécial placé sous la direction d'un officier de paix relevant de l'autorité du chef du cabinet. L'emploi d'officier de paix du cabinet a été supprimé par M. Andrieux. A-t-il pu en être de même de l'attribution spéciale qu'il dirigeait ? Évidemment non.

Ce rapide exposé permet d'entrevoir comment se règle et s'obtient l'action de la police municipale.

(1) Les paris aux courses et toutes les manœuvres des agences de paris ont considérablement augmenté les charges et les difficultés de ce service.

Nous avons vu le préfet de police avec l'énorme tâche de ses devoirs et de ses responsabilités, groupant autour de lui : son chef de cabinet, avec ses attributions délicates et politiques, son secrétaire général qui le décharge, en le consultant, des attributions d'ordre intérieur, ses chefs de division principaux collaborateurs administratifs, ses commissaires de police disséminés dans le ressort de la préfecture avec l'organisation particulière de leurs services. Nous venons de voir maintenant le cadre et le personnel de la police municipale dont le chef, toujours prêt à faire exécuter les ordres donnés par le préfet ou en son nom par les chefs administratifs autorisés à cet effet, les répartit entre ses services, veille à leur exécution, équilibre le travail dans l'intérêt de sa célérité et de sa bonne exécution, solidarise entr'eux ses services pour le bon accomplissement de leur œuvre commune, examine lui-même les résultats obtenus, paié de sa personne dans les incidents graves, les sinistres de quelque nature qu'ils soient, etc., est enfin jour et nuit à la disposition du préfet qu'il tient, minute par minute, au courant de tout ce qui se produit d'important dans le ressort de la préfecture de police. Indépendamment des indications ainsi centralisées et qui lui parviennent sans retard et des rapports qui lui sont adressés d'urgence par les commissaires de police, le préfet est pourvu de tous les moyens de communication rapide que procure la télégraphie.

Un poste télégraphique est installé près du cabinet du préfet qui peut, en outre, correspondre, par un fil particulier, avec le ministre de l'Intérieur. Il existe dans chaque arrondissement de Paris, au poste central de police, un service télégraphique spécial aboutissant aux bureaux du chef de la police municipale. Le même procédé de correspondance est en usage pour relier certains services avec le chef de la première division.

Il ne nous reste plus qu'à examiner les services spéciaux qui, de même que les commissariats de police, sont distincts de l'administration centrale et qui, sur un terrain différent, représentent une importante et active collaboration.

Services spéciaux.

Ces services sont au nombre de 26. Ils se répartissent de la manière suivante entre la 1re division et la 2e division de la police municipale :

PREMIÈRE DIVISION.

Dispensaire de salubrité ;
Administration des prisons de la Seine ;
— du dépôt de mendicité de la Seine ;
Transport, dans Paris, des individus arrêtés préventivement ;
Inspection et visites médicales des aliénés ;

Inspection médicale et administrative des enfants du premier âge ;

Inspection des maisons de santé, de sevrage et des bureaux de nourrices.

DEUXIÈME DIVISION.

Inspection générale des halles et marchés.
Inspection de la boucherie.
Inspection et surveillance des ventes en gros dans les halles et marchés.
Inspection ambulante des comestibles.
Laboratoire de chimie et expertise des boissons.
Service d'architecture au point de vue de la sûreté et de la salubrité.
Conseil d'hygiène et de la salubrité.
Inspection des établissements classés.
Morgue.
Contrôle des combustibles.
Inspection de la navigation et des ports.
Inspection du travail des enfants et des filles mineures employés dans l'industrie.
Inspection des voitures et de la fourrière.
Inspection des animaux soupçonnés d'être infectés de maladies contagieuses.
Secours publics.
Secours médicaux de nuit.
Sapeurs pompiers.

Police municipale.

Photographie et imprimerie.
Service du contrôle général des services extérieurs.

Il est facile, en rapprochant cette liste de celle qui indique la répartition du travail entre les divers bureaux, de se rendre compte, d'une façon générale, des attributions dont chacun des services spéciaux n'est que le développement et l'exécution pratiques. Quelques mots suffiront pour montrer la nature et l'importance de ces services :

Dispensaire de salubrité.

On appelle ainsi le service médical qui a pour mission la visite sanitaire des filles adonnées à la prostitution publique.

Les médecins qui le composent sont au nombre de 16, savoir :

1 médecin en chef,
1 — adjoint,
14 médecins.

Le dispensaire, de même que tous les services médicaux qui relèvent de la préfecture de police, comprend des médecins adjoints lesquels sont appelés à suppléer les médecins titulaires en cas d'absence.

Administration des prisons de la Seine.

On se fera une idée de l'importance de ce service en se reportant à l'énumération que nous avons déjà faite des neuf prisons départementales qu'il comprend et auxquelles s'ajoutent : le dépôt de sûreté de Saint-Denis, le dépôt judiciaire, sorte d'annexe de la maison de dépôt près la préfecture au point de vue de la surveillance, et les services généraux des prisons, c'est-à-dire le contrôle des services des prisons, le magasin général et la lingerie générale.

Comme je l'ai fait remarquer plus haut, les prisons de la Seine renferment environ 6,000 détenus. Le nombre annuel des journées de présence des prisonniers dépasse deux millions. Il représente plus du quart du chiffre de même nature applicable aux 376 autres prisons départementales de toute la France. Le personnel total de ce service s'élève au chiffre de 423 et se répartit de la manière suivante :

   1 contrôleur,
   1 inspectrice des établissements pénitentiaires de jeunes filles,
   9 directeurs,
   1 garde-magasin général,
 26 commis-greffiers,
 13 aumôniers et pasteurs,
  2 frères de l'École chrétienne,
 12 médecins.
  5 aides-internes,
  6 infirmiers-pharmaciens,
  1 architecte,
250 brigadiers, sous-brigadiers et surveillants,
 64 sœurs,
  1 lingère générale,
  1 —   adjointe,

6 lingères,
  8 surveillantes et gardiennes,
  6 fouilleuses,
  2 gardes-portiers et concierges,
 14 commis-préposés et employés divers.
───
429

Administration du dépôt de mendicité de la Seine.

Le dépôt de mendicité de la Seine est situé à Villers-Cotterets (Aisne). Il est administré par le préfet de police avec le concours d'un conseil de surveillance local. Le personnel de l'établissement, dont la population moyenne est de 800 reclus (mendiants libérés ou indigents admis en hospitalité), est composé de :

1 directeur,
1 aumônier,
1 pasteur protestant,
1 greffier garde-magasin,
1 — agent des travaux,
1 dépensier,
1 brigadier,
4 surveillants,
3 sœurs-gardiennes,
3 sœurs-infirmières,
2 sœurs lingères,
1 surveillante d'atelier,
1 infirmier-pharmacien.

1 cuisinier,
1 portier extérieur,
1 buandière,
1 fouilleuse.
─────────
26

L'inspection du service est faite par le contrôleur des services des prisons.

Transport dans Paris des individus arrêtés préventivement.

Il s'agit de prendre dans les postes de police, où ils sont déposés, les inculpés qui doivent être conduits au dépôt près la préfecture. Ce service est effectué par des voitures cellulaires qui font plusieurs tournées par jour et qu'accompagnent des inspecteurs de police. Il y est pourvu au moyen d'un marché par adjudication.

Inspection et visite médicale des aliénés.
Transport des aliénés indigents.

Ce service, dont le fonctionnement a pour objet l'accomplissement des prescriptions de la loi du 30 juin 1838, occupe 8 médecins :

Deux ont la mission d'examiner les aliénés amenés à l'infirmerie spéciale établie près le dépôt de la préfecture (1).

---

(1) Un de ces médecins est en même temps chargé du service médical ordinaire du Dépôt.

Deux examinent les aliénés placés dans les établissements privés.

Trois procèdent aux mêmes vérifications dans les asiles publics.

Une voiture spéciale est affectée au transport des aliénés dirigés de l'infirmerie du dépôt sur les asiles de traitement.

Inspection médicale et administrative des enfants du premier âge (enfants âgés de moins de deux ans placés en nourrice, en sevrage ou en garde).

14 médecins sont chargés de cette inspection :
5 pour Paris, 8 pour les communes suburbaines. Ils sont assistés par 13 dames-visiteuses rétribuées.

A l'action de ces médecins et de ces dames-visiteuses, la loi du 23 décembre 1874 a ajouté le concours de commissions locales. Le nombre des membres de ces commissions qui comprennent les maires, des curés, des pasteurs, des mères de famille, n'est pas fixé. En 1879, il s'élevait à près de 400 pour le département de la Seine.

Inspection des maisons de santé, de sevrage et des bureaux de nourrices.

2 inspecteurs se partagent cette inspection qui

porte sur les asiles privés d'aliénés, les maisons de santé affectées au traitement des maladies chroniques ou aiguës, les sages-femmes recevant des pensionnaires, les maisons de sevrage ou de gardeuses, où l'on admet de jeunes enfants âgés de plus de deux ans, et qui se trouvent en conséquence placés en dehors de l'application de la loi de 1874, et enfin les bureaux de nourrices.

Inspection générale des halles et marchés.

L'inspecteur général de ce service a pour mission d'assurer la discipline des facteurs aux halles, de diriger les ventes en gros de toutes les denrées et d'inspecter les viandes de boucherie et de charcuterie et du service du marché à bestiaux de la Villette. C'est à lui qu'incombe le soin de renseigner l'administration sur l'état des approvisionnements des halles en comestibles et sur les causes qui pourraient nuire à leur abondance, de veiller à ce que les diverses denrées expédiées ou amenées aux halles soient portées sur les emplacements destinés à leur exposition en vente ; d'empêcher qu'on ne mette en vente des marchandises insalubres, gâtées ou nuisibles et de pourvoir, dans l'attribution qui lui est confiée, à l'exécution des lois, ordonnances et règlements qui s'y rattachent.

Il a sous ses ordres :

1 inspecteur principal,
1 contrôleur de la halle aux blés,
1 inspecteur des plantes médicinales,
17 inspecteurs,
5 commis,
2 garçons de bureau.

Inspection et surveillance des ventes en gros dans les halles et marchés.

10 inspecteurs et 21 contrôleurs sont attachés à ce service.

Inspection de la boucherie.

1 inspecteur principal,
1 contrôleur,
et 32 inspecteurs

procèdent à la vérification de la qualité, de la nature et de l'espèce des viandes exposées dans les abattoirs de Paris, dans les marchés publics et dans tous les étaux de boucherie et de charcuterie. Ils surveillent la conduite des bestiaux du marché de la Villette aux abattoirs de Paris. Ils examinent, sur demandes spéciales, les livraisons de viande faites aux casernes et aux établissements publics. Ils veillent à l'exécution des règlements relatifs à l'abattage des chevaux destinés à l'alimentation.

Inspection ambulante des comestibles.

Les inspecteurs de ce service sont chargés de s'assurer de la salubrité des denrées alimentaires vendues sur la voie publique par les marchands ambulants et dans les établissements de traiteurs, marchands de volailles, fruitiers, etc., etc., du bon état d'entretien des ustensiles servant à leur conservation et à leur préparation. Ils sont au nombre de 18 et placés sous la direction d'un inspecteur de police.

Laboratoire de chimie et expertise des boissons.

L'administration rétribue par des vacations les experts commis pour la dégustation des boissons. Elle dispose d'un laboratoire placé sous la direction du conseil d'hygiène et de salubrité dont le personnel se compose de :
1 chimiste chef du laboratoire,
1 aide-chimiste,
1 chef du service d'expertise des boissons,
1 garçon de laboratoire,
1 homme de peine.

Service d'architecture au point de vue de la sûreté et de la salubrité.

Les attributions de ce service, confié à un architecte-contrôleur et à 10 architectes, sont ainsi définies : visite des établissements publics (théâtres, cafés-concerts), etc. — Visite des maisons particulières au point de vue des dangers d'incendie — Examen des demandes à fin d'ouverture d'établissements dangereux, insalubres ou incommodes — Visite des bureaux de placement, des garnis, etc., sous le rapport de l'hygiène et de la salubrité — Avis ou renseignements sur tout ce qui peut intéresser la salubrité de la voie publique et la liberté de la circulation.

Conseil d'hygiène publique et salubrité.

Ce conseil, que préside le préfet de police, se compose de 26 membres titulaires, et d'un certain nombre de membres qui en font partie à raison de leurs fonctions. Il a pour auxiliaires les 23 commissions d'hygiène du ressort de la préfecture de police. Il est chargé de rechercher les causes des maladies épidémiques et épizootiques, d'indiquer les moyens de les faire cesser et d'en prévenir le retour. Il est consulté sur toutes les mesures à prendre dans l'intérêt de la santé publique. C'est à lui qu'appartient l'examen des demandes relatives à l'établissement, dans Paris et la banlieue, des fabriques et usines qui peuvent compromettre la salubrité et la sûreté.

Inspection des établissements classés.

Il se compose de 7 inspecteurs dirigés par un inspecteur principal.

La surveillance des machines à vapeur est faite par un ingénieur en chef et deux ingénieurs ordinaires des mines assistés de 5 gardes-mines.

Morgue.

Le personnel de la morgue se compose d'un greffier, d'un commis-greffier et de trois hommes de service.

Les renseignements relatifs aux cadavres qui y sont apportés sont transmis directement par le greffier à la 1re division.

Contrôle des combustibles.

2 contrôleurs et 14 inspecteurs surveillent l'exécution des règlements de police concernant les magasins et débits de bois et charbons et sont chargés d'assurer, au point de vue de la fidélité des pesées, la vente des combustibles de tous genres. De même que cela se pratique en matière de fournitures de boucherie, ils procèdent à la vérification des livraisons de combustibles aux administrations publiques lorsque leur intervention est demandée.

Inspection de la navigation et des ports.

Elle a pour attributions la surveillance exercée, dans l'intérêt de l'ordre public et du commerce, sur l'arrivage, la mise à port et le départ des bateaux et des trains de bois qui servent à l'approvisionnement de la ville de Paris. Elle s'occupe du déchargement des marchandises sur les ports, de la délivrance des médailles des ouvriers, du numérotage des batelets circulant sur la rivière, des établissements publics placés sur l'eau, tels que bains chauds, bains froids, bateaux à lessive, etc., de la circulation des bateaux à vapeur servant à transporter des voyageurs, de prévenir la dégradation des ports et berges et de l'exécution des règlements de police administrative concernant les voies navigables (la Seine, la Marne et les canaux) et leurs dépendances dans le ressort de la préfecture de police. A ce titre, elle est appelée à donner son avis sur les demandes ayant pour objet l'autorisation de créer des établissements fixes en rivière sur les territoires des communes de Meudon, Sèvres et Saint-Cloud.

L'ensemble de ce service d'inspection comprend :

1 inspecteur général,
21 inspecteurs,
3 commis,
1 garçon de bureau.

Inspection du travail des enfants et des filles mineures employés dans l'industrie.

Personnel :
1 inspecteur principal,
1 inspectrice principale,
6 inspecteurs,
6 inspectrices.
38 commissions locales prennent part au fonctionnement de ce service.

Inspection des voitures et de la fourrière.

Cette inspection est chargée de l'exécution des arrêtés relatifs à l'expertise et à la visite des voitures publiques de toute espèce et des tonneaux de porteurs d'eau, du numérotage et de l'estampillage des mêmes véhicules et des wagons de chemins de fer, de constater les contraventions qui résultent de la mise en circulation de voitures publiques défectueuses ou de chevaux impropres au service, du visa et de la vérification mensuelle des registres de loueurs de voitures.

La fourrière garde les animaux et les objets encombrants saisis ou abandonnés sur la voie publique ou consignés à la disposition de la justice.

Personnel de ces services :
1 contrôleur-inspecteur,

1 inspecteur-gardien,
2 experts pour la visite des voitures,
2 inspecteurs,
2 palefreniers.

Inspection des animaux soupçonnés d'être infectés de maladies contagieuses.

3 médecins vétérinaires, et
3 inspecteurs

Ont pour mission de rechercher les animaux de cette catégorie et de constater leur état sanitaire. Ils pourvoient à la destruction des chiens sans maîtres connus, saisis comme errant sur la voie publique.

Service des secours publics.

Des boîtes de secours pour les noyés et asphyxiés sont placées sur divers points du trajet des rivières et canaux du ressort de la préfecture de police, ainsi que dans les cimetières de Paris. Des boîtes à pansement pour blessures et accidents sur la voie publique sont réparties dans les postes de police et sur les points les plus populeux de Paris. Ces boîtes, ainsi que divers appareils de sauvetage placés sur les berges, auxquels il faut ajouter les brancards déposés dans les postes et dans tous les commissariats de police, sont confiés à la surveillance du médecin directeur des secours publics. Ce médecin est en outre chargé des services spéciaux qui sont organisés sur divers points lors des fêtes publiques et des revues. Une somme de 13,000 fr. environ figure au budget de la préfecture de police pour honoraires des médecins chargés de donner des soins aux malades indigents, à des noyés, à des blessés, etc., et pour primes ou récompenses accordées dans les cas de repêchage de noyés ou de sauvetage de personnes en péril (1).

Secours médicaux de nuit.

Le service dont la création est due à l'honorable docteur Passant, médecin en chef adjoint du Dispensaire, a pour objet d'assurer, dans Paris, des secours médicaux de nuit. La moyenne des visites par nuit est de 12.

Le nom et l'adresse des médecins qui acceptent les dérangements nocturnes sont affichés dans les postes de police. Les dépenses occasionnées par cette organisation (honoraires de médecins et de sages-femmes et frais de bureau) représentent une somme annuelle d'environ 35,000 francs.

(1) Le repêchage d'une personne rappelée à la vie donne droit à une prime de 25 fr. ; pour un cadavre ou une portion de cadavre la prime n'est que de 15 fr. Le repêchage d'un fœtus n'entraîne pas l'allocation d'une prime, mais le transport à la morgue d'un fœtus ou d'un enfant mort-né est payé 5 fr.

Le tiers de cette dépense, à peu près, est remboursée à la caisse municipale.

Sapeurs pompiers.

Les dépenses relatives au corps des sapeurs pompiers (personnel, matériel et frais de tous genres) sont inscrites au budget de la préfecture de police. L'effectif de ce corps, qui rend les plus grands services, est de 1,800 hommes environ.

Photographie et imprimerie.

Ce service, qui relève de la police municipale, a été organisé pour répondre aux besoins du parquet, des commissaires de police aux délégations judiciaires et du service de sûreté. Sont photographiés : les individus arrêtés pour crimes ou délits, les aliénés, les cadavres inconnus, les victimes d'un crime, les portraits trouvés au domicile d'individus soupçonnés de vol ou de crime et disparus, les plans et dessins exécutés par les experts que commet la justice et destinés à être mis sous les yeux des jurés. Les épreuves sont fournies au parquet et au service des recherches. La série complète de toutes les photographies constitue une collection précieuse pour les investigations de police et pour l'action de la justice.

Il est procédé par le même service à l'impression de feuilles signalétiques et de rapports.

Contrôle général des services extérieurs.

Le mécanisme que révèle l'ensemble des indications qui précèdent ne serait pas complet s'il n'existait pas, à l'égard des services et du personnel disséminés, et placés en dehors de la surveillance directe du préfet, un moyen d'en contrôler la marche, d'en relever les imperfections et de vérifier, par voie d'enquête contradictoire, la valeur des critiques et des plaintes dont ils sont l'objet.

Bien que ce service figure au budget parmi les indications relatives à la police municipale, le rôle qu'il joue lui constitue une existence distincte et indépendante. Il est le complément nécessaire de tous les services. C'est par ces motifs que j'ai gardé pour la fin les renseignements qui le concernent.

Le commissaire de police chargé du contrôle général dont il s'agit a sous ses ordres :

    1 secrétaire ;
    1 officier de paix ;
    1 inspecteur principal ;
    2 brigadiers ;
    4 sous-brigadiers ;
38 inspecteurs.
    ―――
    47 personnes.

En additionnant les divers chiffres de ce relevé et sans y comprendre ni l'effectif du corps des sapeurs pompiers, ni celui de la garde républicaine qui, comme la gendarmerie, est, en première ligne, appelée, à titre de force publique, à prêter son concours aux agents de la préfecture de police, on arrive à évaluer à près de 10,000(1) le nombre des collaborateurs, auxiliaires et agents associés, à des titres divers, à l'action du préfet.

Il y a bien loin de ces chiffres à ceux que fournissait le tableau de l'organisation de la police parisienne de 1770 (2). A cette époque, elle se composait, indépendamment des 48 commissaires de police dont j'ai déjà parlé à propos du nombre actuel des commissariats, de 20 inspecteurs qu'assistaient seuls des « *observateurs* », officieux recrutés par leurs soins. En rapports continuels avec le lieutenant général de police, les commissaires de police réunissaient alors à leurs attributions une partie de celles dont sont présentement chargés les bureaux de la préfecture. Les inspecteurs remplissaient, en quelque sorte, les fonctions actuellement dévolues aux officiers de paix. De même qu'aujourd'hui, certains d'entre eux avaient des attributions spéciales. Il y avait la police de sûreté, celle des jeux, des mœurs, etc. Les inspecteurs chargés de la sûreté procédaient

(1) Le 31 décembre 1877, le personnel de la police de Londres (District métropolitain, c'est-à-dire Londres et sa banlieue) comprenait 10,446 agents.

(2) La population de Paris n'était alors que de 570,000 habitants.

à leurs recherches et faisaient des rondes avec le concours des « *observateurs* ». Un point à noter, c'est qu'il n'y avait pas, en sous-ordre, d'agents commissionnés (1).

Dans ces conditions, le service d'ordre et de sûreté de la voie publique incombait presque exclusivement aux archers de la compagnie du guet et à trois compagnies de la garde de Paris, représentant ensemble environ 900 soldats d'infanterie et 150 cavaliers.

Depuis lors, la population de Paris s'est augmentée dans d'énormes proportions et ses exigences, en matière de sûreté, se sont légitimement accrues. C'est ainsi que la préfecture de police, dont les moyens d'action se sont successivement agrandis et mis en rapport avec l'importance progressive de ses devoirs d'administration, de protection et de répression, est arrivée à son organisation présente.

Si considérables qu'ils paraissent, ces moyens d'action, dont la force réside moins dans l'effectif du personnel employé que dans les ressources d'exécution fournies par l'entente et l'étroite solidarité des services, et aussi par leurs archives,

---

(1) C'est à un restant de cette organisation, qui s'est maintenue, à travers les événements, jusqu'aux dernières années de la Restauration, et qui devait entraîner de nombreux abus, qu'on a dû de voir figurer dans le personnel de la police, sans grade officiel mais avec une sorte d'autorité, d'anciens repris de justice repentants devenus des auxiliaires précieux pour la recherche et l'arrestation des malfaiteurs.

ne sont que strictement suffisants pour l'accomplissement d'une pareille tâche. Je n'entreprendrai pas, pour le démontrer, d'entasser des chiffres de statistique correspondant à chacun des nombreux et complexes services dont j'ai dû faire l'énumération détaillée. Je me bornerai à faire remarquer que cette tâche n'embrasse rien moins que l'obligation d'entourer, d'une manière permanente et sous toutes les formes, de la surveillance propre à assurer sa tranquillité et sa sécurité, une population de plus de deux millions d'habitants.

J'ajouterai, en m'en tenant aux faits les plus saisissants parmi ceux qui intéressent particulièrement la sûreté des personnes, ainsi que l'ordre et la tranquillité publique, que l'action répressive de la préfecture de police se traduit annuellement par l'arrestation de 33,000 criminels ou délinquants (1), de 12,000 femmes publiques ou filles adonnées à la prostitution clandestine (2) ; par des mesures prises à l'égard de 1,200 enfants orphelins ou abandonnés, et par la séquestration d'office de 2,600 individus atteints d'aliénation mentale.

(1) En 1829, le nombre de ces arrestations ne s'élevait pas à 10 000. Il était de 15 000 en 1839, de 25 000 en 1849. Il a été de 33 368 en 1872, de 33 485 en 1873, de 31 077 en 1874, de 30 142 en 1875, de 32 676 en 1876, de 35 083 en 1877, de 34 699 en 1878, de 33 603 en 1879.
(2) Il y a eu en 1874, 13 792 arrestations de cette nature, 14 515 en 1875, 12 757 en 1876, 12 233 en 1877, 11 094 en 1878, 9 840 en 1879.

Je ne sais si par ces détails et ces chiffres je suis arrivé à donner une idée exacte de l'organisation de la préfecture de police et de l'étendue des services qu'elle rend, mais il me semble que je n'ai pas assez fait ressortir les mérites des simples agents d'exécution : inspecteurs de police, gardiens de la paix, sergents de ville.

Sait-on que beaucoup de ces agents succombent à des maladies contractées dans leur service, exceptionnellement pénible, surchargé de veilles et qui les expose à toutes les intempéries (1)? C'est le sort commun objectera-t-on. Chaque profession a ses fatigues et ses inconvénients au point de vue sanitaire. — Soit ! Mais il est bon de rappeler que le personnel de la police municipale tient la première et la plus grande place dans la méritante phalange des sauveteurs, qu'il s'agisse d'incendies, de chevaux emportés ou de chiens hydrophobes.

Il y a, au surplus, dans le budget des dépenses de la préfecture de police, une funèbre mention qui, malgré son laconisme, consacre éloquemment l'abnégation et le courage de ces obscurs défenseurs de tous. C'est le chapitre relatif aux pensions et secours. On y voit figurer des allocations

---

(1) Dans un des cas où les nécessités de sa thèse l'amenaient à reconnaître combien est pénible le service des gardiens de la paix, le « vieux petit employé » a dit : « le métier est dur ; on sort « des postes très chauffés pour aller au grand air, on revient avec « une pneumonie ».

(*La Lanterne* du 28 décembre 1878. — 15ᵉ lettre).

faites pour assister les familles des inspecteurs de police et sergents de ville tués ou assassinés dans l'exercice de leurs fonctions. Quant à ceux qui ont péri dans les mêmes conditions, mais dont la mort ne laisse pas leurs parents sans ressources, le budget n'en parle pas.

La reconnaissance et les sympathies du public sont-elles à la hauteur de tant de dévouement ?

Nous aurons occasion dans le chapitre suivant d'examiner cette question et d'y répondre.

CHAPITRE II

LES ENNEMIS, LES ADVERSAIRES, LES DÉFENSEURS DE LA PRÉFECTURE DE POLICE.

Le mot de Victor Hugo sur la police. — La vieille police. — La police politique. — Les rancunes et les vengeances des malfaiteurs. — Les escrocs, les filles de débauche. — Les romans sur la police. — Le démembrement des attributions de police. — Les cas de rébellion et d'injures. — Injustice envers la police. — Les avantages et les inconvénients du reportage. — Les débuts dans le journalisme. — Le service des mœurs servant de prétexte à la campagne contre la préfecture de police.

A première vue, il semble qu'une institution dont la mission consiste à assurer la tranquillité publique et la sûreté de tous les citoyens, devrait être entourée de sympathie et de gratitude.

C'est le contraire qui se produit. Les gens honnêtes et sensés ne s'associent pas, il est vrai, aux attaques dont la police est l'objet ; ils n'applaudissent pas les coups qu'on lui porte, alors qu'elle leur sert de bouclier, mais ils se taisent. Il en est ainsi de la masse du public. Nulle contradiction ne s'élève donc sur ce terrain contre les calomnies et les diffamations systématiques les plus ineptes. L'auteur des « Misérables », parlant de la police, a pu, dès lors, avec raison, quoique sous une forme exagérée, formuler, dans son livre, cette remarque saisissante : « La société maintient « irrémissiblement en dehors d'elle deux classes « d'hommes : ceux qui l'attaquent et ceux qui « la défendent. »

J'admets le fait mais avec ce correctif qu'aujourd'hui et depuis longtemps déjà, les *attaquants* rentrent en grâce dans l'esprit public tandis qu'on peut impunément s'acharner après les *défenseurs*.

Lorsqu'on est amené à constater une pareille énormité on ne peut passer outre ; il faut rechercher pourquoi elle se produit et où en est la cause.

Est-elle dans le souvenir de la défectueuse organisation que j'ai signalée plus haut, et qui permettait d'employer, en quelque sorte officiellement, pour la recherche des malfaiteurs, d'anciens repris de justice ? Ces procédés ont été abandonnés depuis longtemps et ils appartiennent au passé. Aujourd'hui, je le répète encore, on exige des candidats inspecteurs de police qu'ils soient irréprochables d'antécédents et de conduite. Mais cela n'empêche pas qu'il y ait des « indicateurs » officieux, lesquels continuent les « observateurs » d'autrefois. Il ne dépend pas de l'administration de police de repousser, et c'est même, au contraire, son devoir d'accueillir, d'où qu'ils viennent, même des sources les plus impures, les renseignements et les concours de nature à être utilisés dans l'intérêt public. Qui pourrait soutenir le contraire ?

Se trouve-t-elle dans des faits d'indélicatesse, de brutalité ou dans des actes criminels qu'on a pu relever à la charge de certains agents ?

Les incidents de cette nature sont inévitables lorsqu'on dirige un personnel nombreux. Un prêtre, un soldat, un fonctionnaire, un ouvrier criminels ne déshonorent ni le clergé, ni l'armée, ni l'administration, ni la classe ouvrière. C'est une question de faillibilité humaine. Ce sont des défaillances individuelles, qui n'entraînent aucune solidarité et dont on ne peut équitablement se faire une arme contre un groupe social ou une institution.

Cette cause, on pourrait plutôt la trouver dans la répulsion qu'inspire, d'une manière générale, ce qu'on appelle la police politique, à laquelle on attribue toujours, à tort ou à raison, l'emploi de la provocation et l'encouragement à de honteuses délations. On oublie trop qu'en pareille matière, sous l'influence de la passion, de colères, de rancunes et aussi par une basse cupidité, se produisent spontanément de nombreuses dénonciations. Quelle que soit la forme du gouvernement, la sûreté de l'État, le maintien de la paix publique, exigent qu'on tienne compte de ces avertissements et qu'on en vérifie la valeur. Il y a là, on ne peut le méconnaître, des nécessités d'investigations et de surveillance tout aussi légitimes que celles pratiquées en fait de délits et de crimes de droit commun. En république, comme en monarchie, le devoir étroit des agents du gouvernement est de tenir en observation les meneurs, les conspirateurs, les exaltés, à quelque parti qu'ils appartiennent, de les surveiller, de prévenir le scandale de leurs manifestations et d'empêcher le succès de leurs manœuvres (1). Ceux qui accomplissent cette tâche ingrate et difficile font œuvre de police politique. Ils ne sont jamais répudiés et flétris que par leurs adversaires et dans un esprit de parti. On a pu voir d'ailleurs, par le minutieux relevé des attributions de la préfecture de police contenu dans le chapitre précédent, que le service politique proprement dit n'y tient qu'une place relativement restreinte. Ce n'est donc pas encore là que gît l'explication d'un sentiment général de mauvais vouloir contre la police. Toutefois, il faut compter, sur le terrain politique, avec les adversaires des régimes tombés qui éternisent leur triomphe par la satis-

(1) Dans la séance de la Chambre du 4 mars 1879, le ministre de l'Intérieur, M. de Marcère, disait : « N'y a-t-il plus d'adversaires de la République? Ils sont impuissants assurément, *mais il est utile de les surveiller.* »

faction de rancunes et par des inimitiés dont la persistance n'a plus de raison d'être.

Il y a bien les haines qui sont vouées à la police par les malfaiteurs de tous degrés et de tous genres qu'elle a cherchés, découverts, arrêtés et livrés à la justice ; par la foule des complices et des amis de ces bandits. Mais ces haines n'ont pas d'action sur l'esprit public. Elles ne se traduisent que par des coups de couteau ou des violences dans des jours d'émeute ou par voie de guet-apens.

Cherchons ailleurs. Notons toutefois, parmi les animosités vivaces dont il faut tenir compte, celles de tous les individus qui ont eu dans leur vie une heure de défaillance que la police connaît, celles des gens qui lui en veulent à cause des dossiers qu'elle possède et qui les concernent : les *grecs* (voleurs au jeu), les escrocs, les filles de débauche, les gens de mauvaises mœurs, celles enfin de tous ceux ayant encouru une condamnation et dont les noms figurent aux sommiers judiciaires (1).

Depuis quelques années, on a vu se produire, en très grand nombre, des publications, œuvres d'hommes de talent et d'imagination, qui, vou-

---

(1) La préfecture de police possède sur ce point des renseignements complets. Les sommiers judiciaires avaient été détruits lors de l'incendie de la préfecture de police sous la Commune. Ils ont été reconstitués. Ce service comprend près de six millions de bulletins.

lant appeler l'attention du public et triompher de l'indifférence que montre pour la littérature notre temps voué aux préoccupations de la politique, ont écrit des féeries réalistes (s'il est permis d'accoupler ces deux mots), où les policiers et la police jouent les rôles traditionnels de magiciens, pénètrent partout, savent tout, peuvent tout. C'est le roman de cape et d'épée de la police et du Code pénal. D'Artagnan est chef de la sûreté, Aramis fait de la police politique et tous deux relèvent de magistrats de fantaisie.

Le mauvais côté de cette école, c'est que des hauteurs du roman intéressant et acceptable, elle est descendue dans des bas fonds où elle est exploitée, à grand renfort de réclame, par des romanciers à la toise dont l'objectif est de satisfaire les goûts et les passions de leurs lecteurs, et qui font, dans leurs élucubrations, jouer dans les conditions les plus odieuses, aux commissaires et aux agents de police, le rôle des traîtres de mélodrames. Cela n'est pas, certainement, sans mauvaises conséquences, mais l'on peut s'y résigner. Il y a bien longtemps que Polichinelle bat et pend le commissaire sans qu'il en soit résulté une grave atteinte pour la dignité et l'autorité des commissaires de police. Il est vrai qu'au théâtre de Guignol se trouve le correctif qu'apporte, à son tour, le diable par ses coups de bâton et sa potence.

Faut-il, abordant des régions plus élevées, voir la cause que nous cherchons dans certaines déclarations officielles ou motions parlementaires hostiles à la préfecture de police? Ne peut-on se demander si la population parisienne, subissant le contre-coup des sentiments de défiance au point de vue politique qui ont inspiré ces manifestations, n'est pas, tout au moins, devenue indifférente pour une institution menacée de suppression par voie de démembrement? Cette suppression a été réclamée, en 1870, par M. de Kératry, qui cessait d'être préfet de police, et en 1871, le 13 avril, à l'Assemblée nationale par M. Brisson. Dans ces deux motions, le procédé d'exécution indiqué est le même : on partage les attributions de la préfecture de police entre le ministère de l'intérieur, l'autorité judiciaire et la mairie de Paris. Ces choses-là sont plus faciles à demander qu'à mettre en pratique. Au fond, si ce n'est pas la suppression absolue qui est poursuivie, c'est à elle qu'on arrive. Le démembrement de la préfecture de police ne serait pas seulement la destruction, en principe, d'une institution nombre de fois séculaire sous différents titres et dont l'utilité ne saurait être sérieusement contestée; il enlèverait, en fait, à chacune de ses attributions morcelées l'efficacité, la possibilité même, de son fonctionnement. On ne démembre pas un mécanisme en dispersant ses rouages : on le détruit.

Cette question, bien que soulevée à plusieurs reprises, est toujours restée à l'état de proposition sans écho. Il est douteux qu'elle ait remué profondément l'opinion publique, mais elle n'en constitue pas moins un thème tout prêt pour servir de prétexte à des critiques.

A côté de ces différents motifs spéciaux de discrédit, il y a la masse des rancunes qui découlent pour toute administration de police de l'exécution des lois et règlements. Le nombre des griefs que soulèvent les constatations faites à ce sujet est incalculable. En matière de contravention, par exemple, où l'intention du contrevenant n'est pas en cause, il n'y en a pas un qui ne crie à l'injustice ou qui ne se considère, tout au moins, comme victime d'une sévérité exagérée ou partiale.

S'agit-il de la fermeture tardive d'un café, d'un cabaret? Aux récriminations du débitant s'ajoutent celles des consommateurs attardés.

Est-ce un cas d'ivresse en public? L'agent n'est pas seulement aux prises avec une opération désagréable et difficile, il a contre lui, dans les quartiers populeux, des malveillances et des colères qui resteront ardentes (1).

S'est-on heurté contre une consigne? On la discute avec animation; on ne s'y soumet qu'en

---

(1) Le nombre des contraventions de ce genre s'élève, en moyenne, par an à 17,000 pour le département de la Seine.

prenant à partie le pauvre agent qui n'en peut mais et l'on garde de l'incident un mauvais souvenir. L'agent qui barre le chemin à un courant de circulation, qui, dans l'intérêt même du public, le refoule, l'astreint à des règles, fait œuvre ingrate et utile. Qui lui en tient compte? Personne. Dans tous les cas de rébellion et d'injures, on ne se contente pas d'opposer aux dires des agents des dénégations inspirées par le désir d'échapper à une sanction pénale, on ne leur pardonne jamais leur intervention (1). Les rancunes, que partagent les parents et les amis des inculpés, sont d'autant plus vives que le niveau social où elles se développent est plus relevé.

Un crime s'est produit. Son auteur, servi par de déplorables indiscrétions dues à la publicité des reportages, a su, jour par jour, où en étaient les soupçons, les recherches, la piste trouvée, les mesures prises et, grâce à ces indications, il a pu s'enfuir et dérober sa trace. La police est impar-

---

(1) Comment en serait-il autrement dans certains milieux lorsqu'on y propage des doctrines comme celle-ci : « Quant à la re« bellion et aux outrages aux agents, nous ferons remarquer que « dans ce cas, *ce sont toujours les agents qui ont commencé.* « Avaient-ils raison de commencer? Ceci fait l'objet d'une se« conde question que les comptes rendus de la justice criminelle « ne nous permettent pas de résoudre ; mais nous savons ce qui « se passe autour de nous ; nous savons qu'un gardien de la paix « *qui arrête un homme sans motif*, a toujours la ressource « d'ajouter au délit qui n'existait pas celui d'outrages? » (*Lanterne* du 2 octobre 1880.)

donnable ! Le criminel est arrêté malgré ces difficultés et ces entraves... Ce sont les reporters qui ont tout fait (1). Tout le monde a contribué à tuer le passe-port et la réglementation des auberges, hôtels et logements garnis. Cette belle besogne tourne au profit du malfaiteur, lequel ne rencontre que des facilités pour se cacher et régler sa fuite : l'hôtelier ne lui demande aucune justification d'identité, le train rapide l'emporte en quelques heures hors du territoire français. Qu'importe, dit-on, la police peut, au moyen de la télégraphie, l'atteindre à la frontière. A cet effet, des télégrammes sont lancés dans toutes les directions. Si, par suite du grand nombre des incidents de ce genre, de l'entassement des ordres et des similitudes possibles de signalement, une confusion se produit et si l'on arrête un sosie... La police est impardonnable ! Il fallait y mettre plus de prudence et plus de réserve. Comment ?

On a arrêté le voleur, mais il n'avait plus les objets volés. C'est la faute de la police qui a hésité, qui est arrivée trop tard. Quoi qu'elle fasse, elle est toujours sûre d'avoir tort. Il y a notamment beaucoup à exposer dans le même

---

(1) Ceci ne veut pas dire que la presse quotidienne ne rende et ne puisse rendre de grands services pour la recherche et l'arrestation des criminels. Il serait très facile d'établir le contraire. Mais, dans les cas de cette nature, les communications de la presse devraient être concertées avec l'autorité judiciaire.

sens au sujet de l'arrestation des prostituées. Je le ferai plus loin.

J'arrête ici ma recherche dont le but est atteint.

C'est dans cet ensemble de faits et surtout dans les incidents infiniment petits et d'injustes griefs, grossis par leur collectivité et qu'on n'avoue pas, que le public puise, non pas un sentiment d'hostilité, mais une sorte de malveillance passive et comme inconsciente à l'égard de la police.

Ceci est, bien entendu, la note pour l'état normal. Au lendemain des jours de crise, ou sous le coup des émotions causées par un redoublement d'attentats criminels, le souvenir des périls courus, le désir d'en être préservé pour l'avenir, triomphent de ce sentiment et l'on voit la population paisible, et par là même timide, se montrer passagèrement équitable et reconnaissante vis-à-vis de ceux qui ont mission de la protéger.

Mais le mauvais vouloir inconscient, dont je viens de parler, prend un caractère aigu et se généralise lorsqu'on lui fournit l'occasion de se manifester hautement et ouvertement sur un sujet qui l'autorise et le justifie.

Étant donné un pareil état de choses, on comprend que, pour un débutant dans la polémique d'action, qui n'ose pas encore s'en prendre aux actes du gouvernement, et qui veut prudemment limiter d'abord ses attaques au fonctionnement de l'administration, la campagne contre la préfecture de police soit un programme séduisant. On peut le remplir sans dangers, en faisant le bon apôtre, en reculant à propos, et l'on y gagne facilement les sympathies de beaucoup de gens à courte vue.

A sa première étape, ce redresseur de torts, qui n'est, le plus souvent, qu'un échappé du reportage de faits divers, et que je ne confonds pas avec le vrai journaliste d'avenir faisant, avec talent et sérieusement, œuvre de conviction, cherchait sa voie et n'apercevait, dans la grande œuvre de la presse, que l'écoulement de ses amplifications d'écolier. Il était prêt à écrire sur tout et à parler de tout comme on voudrait, pourvu que le thème sur lequel il avait hâte de brosser de la copie, convînt à son journal. Ces futurs *quelqu'un*, qui ne sont encore que *personne*, se présentent d'abord humblement dans les bureaux des administrations publiques. Ils demandent quelques chiffres de statistique qu'ils voudraient pouvoir assaisonner de commentaires, mais ils ne savent pas le premier mot de la question qu'ils veulent traiter et qu'ils traiteront, hélas! de façon à égarer l'opinion. On les renseigne courtoisement. Ils essaient de formuler verbalement la conception dont on vient de leur fournir le germe et à l'égard de laquelle ils révèlent une ignorance enfantine. On recommence les explications, on rectifie les erreurs commises. C'est comme une manœuvre de serinette. La plupart de ces polémistes de l'avenir, j'entends parler du dessous du panier du journalisme, se confondent en remerciements qu'ils rendent publics. Ce sont les honnêtes et les naïfs. Les forts, ceux qui ont soif d'arriver et qui veulent être vite remarqués, cherchent avant tout à casser des vitres. Ils vous critiquent et vous régentent tout d'abord. Que feront-ils le lendemain ?

Dans notre siècle sceptique, où les indulgents équitables sont dédaigneusement appelés des « bénisseurs », l'éloge, à moins qu'il ne vienne d'un écrivain dont la personnalité est considérable, est toujours pris pour une réclame. On ne remarque, en s'y arrêtant, que les critiques.

Notre apprenti réformateur, en quête d'abus et de fonctionnaires à pourfendre, a mis la préfecture de police sur la sellette. Il signale, sans examen ni contrôle, une imperfection de service, une négligence, une brutalité, un excès de pouvoir. « C'est déplorable, s'écrie le lecteur indigné qui évoque, à part lui, son petit grief personnel, dans lequel une légitime intervention de police a blessé son amour-propre ou son égoïsme, il y a certainement de braves gens parmi les agents (ceci dit pour les actes de dévouement), mais que d'abus ! »

L'administration a beau expliquer, rectifier,

démentir, et, à moins de poursuites, ce à quoi tous les tribunaux ne suffiraient pas en une année pour les seules inexactitudes d'une journée, rien ne prévaudra contre l'article de journal et c'est lui qui aura le dernier mot. Pour la masse des lecteurs, la vérité est là et pas ailleurs.

La question de la surveillance légale et celle de la peine de mort offrent largement matière à des dissertations théoriques à perte de vue, mais tout cela n'est rien si on le compare au succès d'une attaque dirigée contre le service des mœurs à propos de l'arrestation d'une prostituée. Il n'y a pas, de nos jours, de meilleur terrain pour faire, avec succès, acte d'hostilité contre l'administration. Aujourd'hui, la fille de débauche qui se sent soutenue, nie effrontément les actes de racolage qu'on lui impute, ses *amants* (je ne veux pas me servir d'un autre mot, bien que celui-ci ne soit pas applicable), ses amants d'hier et de demain répondent de sa vertu. Les témoins se taisent ou se dérobent. Les agents sont conspués. L'incident deviendra légende. C'est une de plus sur ce terrain.

Dans les cas de cette nature, et, dès le premier mot, le journal est sûr d'avoir gain de cause. Il a pour lui et avec lui une véritable armée toujours prête à se lever, mais qui n'aime pas à se produire au grand jour et qui a besoin de s'abriter derrière une intervention avouable, laquelle sert de prétexte à ses clameurs : ce sont les exploiteurs de la prostitution, et le nombre en est grand et varié ; ce sont aussi ses amis inavoués de toutes nuances, les jeunes et les vieux, les jeunes avec les ardeurs et l'inexpérience de leur âge (1), les autres, avec leur corruption masquée. J'ai déjà eu occasion, dans un premier travail, dont ce livre n'est que l'appendice, de passer en revue d'une manière détaillée le monde des adversaires de la police des mœurs. Je ne le referai pas ici pour éviter des redites. J'indiquerai seulement qu'il s'est accru d'un contingent d'Anglais, de Belges, de Suisses et même de Français faisant partie d'une fédération, dite *fédération britannique, continentale et générale*, constituée *ad hoc*. Il y a près de trois ans que ces défenseurs étrangers de la débauche publique et leurs adhérents, membres d'une ligue de rêveurs remuants, dont les intentions sont louables, mais dont les théo-

---

(1) Il y a trente ans, les jeunes gens timides, qui coloraient de poésie l'ardeur de leurs sens, adressaient, cela fait sourire, des vers à des prostituées. Voici un échantillon très caractéristique de ces effusions poétiques égarées, qu'une fille publique avait entassées dans un coffre et qu'elle trouvait « bêtes ».

> O pauvre fleur sans air, dans une chambre close,
> Et que le soleil jamais n'ose
> Éclairer d'un joyeux rayon.
> Fleur dans l'ombre, pauvre rose,
> Qui ne peut même, hélas! être sur le balcon.
> . . . .

Aujourd'hui les jeunes sont plus positifs ; ils donnent des coups de canne aux agents des mœurs.

ries et les procédés d'intervention offrent prise à la critique, sont venus opérer en France. Nous examinerons leur caractère et leur rôle dans un chapitre spécial.

Avec de pareilles données, on comprend aisément qu'une administration de police puisse être et soit attaquée fréquemment ; qu'elle se trouve souvent dans l'impossibilité de faire faire utilement des rectifications utiles et qu'elle se voie, dans certains cas, forcée de faire intervenir l'autorité judiciaire contre ses calomniateurs.

Ces épreuves sont la conséquence de sa mission. Elles doivent entrer dans les prévisions de sa vie de luttes quotidiennes. La préfecture de police, contre laquelle beaucoup d'assauts de ce genre ont été dirigés, les avait toujours repoussés énergiquement et avec succès.

Il était réservé à notre temps de les voir se produire dans des termes et avec des moyens auxquels la presse qui se respecte n'a jamais eu recours et qui n'ont pu manquer de soulever contre eux la réprobation de tous les hommes honnêtes et de bonne foi. Je veux parler de la *campagne* (1) menée par M. Yves Guyot contre la

---

(1) L'expression appartient à M. Yves Guyot lui-même qui l'a souvent appliquée à ses attaques contre la préfecture de police et qui, récemment, dans un manifeste électoral, faisant allusion aux incidents dont il s'agit, disait : « Vous savez comment je conduis les campagnes que j'entreprends ».
(Journal la *Lanterne* du 2 février 1880.)

préfecture de police et dont les premières et les principales attaques eurent pour objet le service actif des mœurs. Elle offrit le curieux spectacle d'une action individuelle, laborieuse, tenace, violente, vulgaire, pleine d'ignorances, servie par des *trucs* grossiers, condamnables dans le fond et dans la forme, mais infaillibles dans leurs effets, arrivant, par ces procédés et grâce aux circonstances, à associer à ses hostilités divers journaux, à passionner, dans une certaine mesure, l'opinion publique, à émouvoir le Parlement et à constituer une force devant laquelle l'autorité supérieure, procédant par voie de concessions, parut, un instant, sur le point de fléchir.

C'est cette *campagne* que je veux retracer en élargissant le cadre de mon examen de façon à y faire entrer les diverses manifestations de la presse relatives à la préfecture de police, et particulièrement au service des mœurs, qui se sont produites depuis plusieurs années.

CHAPITRE III

LE SERVICE DES MŒURS.

L'attribution, dite le service des mœurs. — La prostitution. — Examen des pouvoirs légaux de la préfecture de police à ce sujet. — Le droit ancien. — Le proxénétisme. — L'art. 334 du Code pénal. — Propriétaires, logeurs, cabaretiers spéculant sur la prostitution. — Réglementation ancienne. — Ordonnances de 1778 et 1780. — État de la réglementation en 1789. — Ratification sur ce point du droit ancien par le droit nouveau. — Art. 484 du Code pénal. — Art. 75 de la Constitution de l'an VIII. — Le décret du 19 septembre 1870. — Mesures dont les prostituées sont l'objet. — L'inscription. — La radiation. — Intervention du public et de la presse en faveur des femmes arrêtées pour prostitution.

C'est d'abord et surtout en matière de surveillance administrative et sanitaire de la prostitution qu'une « campagne », puisque campagne il y a, a été faite contre la préfecture de police.

Avant d'en examiner le caractère et les incidents et d'en constater les résultats, il faut connaître l'état de la question, c'est-à-dire savoir ce qui, dans l'organisation de la police parisienne, autorise et constitue l'attribution, dite « le service des mœurs ».

En se reportant aux indications relatives aux

attributions de la première division et de la police municipale (1), on verra que ce service, malgré son importance et ses difficultés, n'est qu'une fraction, relativement restreinte, de ce grand tout, si complexe, qui a pour mission de sauvegarder, à tous les points de vue, la sûreté générale. On reconnaîtra, en outre, qu'en raison des rapports étroits existant entre les diverses attributions de police (citons comme exemple : le service de sûreté, celui des garnis), les attaques contre le service des mœurs bien que limitées, au début, à des faits d'un ordre particulier, devaient forcément s'étendre, ainsi que cela s'est produit, à l'action générale et à l'institution même de la préfecture de police. Il y avait, cela était manifeste et a été proclamé d'ailleurs lorsqu'on célébrait prématurément sa défaite (2), un parti pris de réclamer et de poursuivre son démembrement. Trop de mauvais vouloirs sont accumulés contre elle pour que, la combattant, on se contente d'être, sur un seul point, injuste et agressif à son égard.

Quoi qu'il en soit, on se bornait, en entrant en campagne, à prendre ostensiblement pour bouc émissaire le service des mœurs. Cette désignation ne s'applique pas seulement à la surveillance et à la répression de la prostitution, elle comprend

(1) Voir chapitre 1ᵉʳ.
(2) Voir chapitre iv.

aussi les mesures relatives aux scandales de la galanterie vénale, notamment au chantage en matière de mœurs, à l'abus des passions et de l'inexpérience des mineurs et à la poursuite des outrages à la pudeur et à la morale publiques. Nous avons dit quelques mots de certaines de ces attributions dans l'énumération générale que nous en avons faite. Limitons notre examen à l'action de la police à l'égard des prostituées.

Quels sont à ce sujet les devoirs, les pouvoirs légaux et les modes de procéder de la préfecture de police ? Je répondrai brièvement à ces questions ayant eu déjà occasion, dans un travail spécial, de le faire avec des détails et des développements complets.

La prostitution est un mal social, vieux comme le monde et que les mesures de sévérité les plus excessives ne suppriment pas. On la trouve dans l'antiquité la plus reculée. Le paganisme l'a consacrée et lui a fait une part dans son culte et dans ses fêtes jusqu'au moment où ses excès et ses scandales attirèrent sur elle la réprobation et le châtiment. Flétrie et répudiée par le christianisme, elle a pris son parti de la honte. De même qu'elle avait subi sans disparaître les pénalités rigoureuses des premiers temps de la monarchie, elle a bravé, au moyen âge, les formes les plus barbares de la répression ; elle a subsisté malgré la réglementation impitoyable de plusieurs siècles, malgré l'accumulation des peines édictées contre le proxénétisme. Grâce à la licence que lui procuraient les événements, elle a traversé, en s'augmentant, la période révolutionnaire et le scandale devint tel, à ce moment, qu'il s'imposa à l'attention publique au milieu du bouleversement social. La répression renaissante, empruntée aux règlements de la royauté, entrava, sans les faire cesser, ses manifestations répugnantes et dangereuses, et ce n'est que par la combinaison méthodique des divers moyens employés pour la combattre et la contenir que le régime nouveau, adoptant une pratique appropriée aux mœurs et aux nécessités contemporaines, est arrivé, il y a près d'un siècle, à la surveiller et à l'assainir.

Lorsqu'on lui demande de justifier de ses pouvoirs légaux en pareille matière, lorsqu'on l'attaque sur ce point, ce qui ne s'était jamais produit dans d'autres temps et ce qui est le propre de notre époque, l'administration publique peut éprouver une sorte de surprise honnête et indignée, mais elle n'a pas à s'en émouvoir autrement.

A ces ignorances affectées, dont la préoccupation est ailleurs, qui s'étonnent qu'une loi spéciale, précise, minutieuse, détaillée n'ait pas été faite pour régler tout ce qui dans la prostitution sera toléré et ce qui sera défendu et pour édicter, sur ces différents points, de multiples sanctions pénales diversement nuancées, faut-il donc apprendre que si, moralement et pratiquement, une loi de cette nature pouvait être faite, elle existerait depuis longtemps? Ce n'est pas par suite d'un oubli que notre code se tait sur la prostitution comme il le fait sur l'inceste et sur les vices contre nature. Le législateur s'est volontairement abstenu de régler, en détail, la débauche publique. On verra plus loin comment il y a pourvu cependant, mais d'une façon générale.

A diverses époques, des administrateurs de police, soucieux des responsabilités créées par le service des mœurs, ont tenté de faire légiférer sur la prostitution (1). Ils ont, et on a autour d'eux, échafaudé des projets de loi à ce sujet ; aucun de ces projets ne pouvait supporter l'examen, affronter la discussion et atteindre le but poursuivi. Lorsque nous aborderons ce côté de notre étude, nous montrerons le conseil municipal parisien se saisissant, de nos jours, de cette tâche, dont les difficultés ne lui apparurent pas, sans doute, au début de son intervention, et que ses efforts, qui durent depuis décembre 1876, n'ont pas encore menée à fin.

Sur une matière aussi délicate, dont l'examen soulève des considérations morales et sociales de l'ordre le plus élevé, et touche en même temps à

---

(1) En 1820 et 1821, notamment, le ministère de l'Intérieur s'occupa de réunir des matériaux pour la préparation d'une loi sur la prostitution.
(Voir le *Moniteur* du 18 septembre 1822. Voir aussi chap. x.)

des problèmes abjects, qu'il faut aborder et résoudre au mieux des intérêts de tous, il est plus facile de critiquer les mesures prises que d'indiquer avec précision et sous une forme pratique, celles qu'il serait préférable d'adopter en les déterminant par un texte de loi.

Le droit nouveau s'est heurté à cet obstacle. Il devait à son origine, à ses principes, de marquer surtout de son empreinte la réglementation française lorsqu'elle se rattachait, comme c'était le cas, à des questions qui intéressaient la liberté individuelle, la morale et la santé publique. Qu'a-t-il fait cependant à l'égard de la prostitution et du proxénétisme ?

Examinons d'abord ce qui s'est produit relativement aux individus qu'on peut appeler le personnel accessoire de la prostitution. Je veux parler de ceux qui, en première ligne, après les souteneurs, lesquels échappent au châtiment qu'ils méritent, provoquent, facilitent et exploitent la débauche vénale : les proxénètes, les logeurs et les cabaretiers.

On rencontre, dans tous les temps, la complicité de ces exploiteurs de prostituées. A toutes les époques, on a cherché à les atteindre et à les frapper afin de détruire dans son germe le fléau de la débauche publique. Les lois romaines édictaient contre eux une pénalité spéciale ; elle les déclarait « infâmes », ce qui équivalait à la mort civile.

Laissons l'antiquité et voyons, dans les siècles derniers, de quelles mesures ils ont été l'objet.

Contre le proxénétisme, le « maquerellage » comme l'appelle la réglementation ancienne, les ordonnances répressives abondent. Je limite mes citations à quelques exemples. Une ordonnance de 1367 défend, sous peine d'amende et d'exposition au pilori « de livrer des femmes pour faire péché de leurs corps ». Une autre ordonnance de 1532 prononce contre les coupables ou complices de maquerellage le bannissement, le carcan, l'amputation des oreilles, le fouet, selon l'exigence des cas. Des arrêts du parlement de Paris des 3 août 1731 et 23 septembre 1734 condamnent des proxénètes à être exposés au carcan, « à être battus et fustigés nus de verges » sur les épaules, à être flétris d'un fer chaud en forme de fleur de lys, à être bannis pour neuf ans et à l'amende. A ces peines, des arrêts du 7 juillet 1750 et 7 janvier 1756 en ajoutent une autre : Ils ordonnent que les maquerelles condamnées seront promenées sur un âne le visage tourné vers la queue. Enfin un arrêt du 13 juin 1780 prononce, pour un fait de maquerellage, indépendamment des diverses pénalités qui viennent d'être indiquées, la détention pendant cinq ans à l'hôpital général de la Salpêtrière, puis l'expulsion de Paris.

Ces pénalités, par leur forme et leur rigueur,

choquent nos mœurs actuelles. Mais nul n'a songé et ne songerait à revendiquer l'impunité pour les odieuses pratiques du proxénétisme. C'est ainsi qu'en 1791, alors qu'on se trouvait en présence d'un débordement de la prostitution et qu'on s'efforçait de la réprimer (1), la loi des 19-22 juillet classait au nombre des délits les manœuvres de « ces êtres affreux qui débauchent et « prostituent la jeunesse (2) ». Il s'agissait, on le voit, d'atteindre « les corrupteurs des jeunes gens « de l'un et de l'autre sexe (3) » et non pas le maquerellage sous sa forme générale.

Ouvrez le Code pénal et vous constaterez que le législateur, obéissant aux mêmes préoccupations, et sans laisser la société absolument désarmée devant les pratiques du proxénétisme, s'est cependant abstenu d'édicter des peines contre le maquerellage qui touche à la prostitution publique et à l'égard duquel la loi est restée muette, et qu'il s'est borné en édictant l'article 334, évidemment inspiré par la loi de 1791, à atteindre l'excitation habituelle de *mineurs* à la débauche.

L'article 334 est ainsi conçu :

« Quiconque aura attenté aux mœurs en excitant, fa-

---

(1) A ce moment, la commune de Paris, par l'organe de Chaumette, la dénonçait « comme une peste publique qui n'avait droit « qu'à la tolérance des prêtres mariés et des rois. »

(2) Message du directoire exécutif au Conseil des Cinq Cents (17 nivôse an IV).

(3) *Ibid.*

vorisant, en facilitant habituellement (1) la débauche ou la corruption de la jeunesse de l'un ou de l'autre sexe au-dessous de l'âge de 21 ans, sera puni d'un emprisonnement de six mois à deux ans et d'une amende de 50 à 500 fr. »

« Si la prostitution ou la corruption a été excitée, favorisée ou facilitée par leurs pères, mères, tuteurs ou autres personnes chargées de leur surveillance, la peine sera de deux ans à cinq ans d'emprisonnement et de 300 à 1,000 fr. d'amende. »

Un arrêt du 28 janvier 1814 fixe nettement la portée de cette disposition pénale. Il dit :

« Il n'y a délit que quand ceux dont on a excité, favorisé ou facilité la débauche ou la corruption sont âgés de moins de 21 ans, ainsi que cela résulte des termes mêmes de l'art. 334, dont l'objet a été de protéger les mœurs des mineurs qui y sont seuls désignés limitativement et auxquels seuls conséquemment se rapportent les mots *débauche* et *corruption*. »

(1) Il y a intérêt, pour apprécier les conséquences pratiques de l'art. 334, à remarquer que la jurisprudence a interprété les conditions d'habitude de façon à élargir l'application de cet article. On en jugera par les arrêts suivants :
« Dans le cas où la femme introduite dans le garni est une fille
« mineure, débauchée par un locataire, le logeur qui tolère
« sciemment pendant plusieurs jours, la cohabitation de celle-ci
« avec son séducteur, est, avec raison, traduit devant le tribunal
« correctionnel comme coupable d'avoir favorisé ou facilité la
« corruption d'une mineure. »
(Arrêt de la Cour de cassation du 1er mars 1863.)
Il y a un arrêt identique de la cour de Limoges du 25 juin 1861.
« Si l'habitude de l'excitation à la débauche ou à la corruption
« de la jeunesse est nécessaire dans les deux cas prévus par
« l'art. 334 du Code pénal pour constituer la culpabilité de l'au-
« teur principal, elle n'est pas nécessaire pour constituer la cul-
« pabilité du complice. »
(Arrêt de la Cour de cassation du 20 août 1875.)

Il ne s'agit donc que des mineurs des deux sexes. Or, il y a et il y a toujours eu dans les maisons de tolérance des filles mineures inscrites sur les contrôles de la prostitution. Est-il besoin d'ajouter que leur inscription n'est faite que dans l'intérêt de la morale et de la santé publiques, et après que l'administration a épuisé, à l'égard de ces filles, qui ont manifesté l'intention de persister dans leurs habitudes de débauche, tous les moyens de faire efficacement intervenir envers elles la puissance paternelle ou l'assistance charitable ?

Quoi qu'il en soit, et sauf des cas exceptionnels qui ne se sont pas produits à Paris, les dispositions de l'article 334 n'ont jamais été appliquées aux maîtresses de maisons de tolérance du département de la Seine et même des autres départements à l'occasion des filles inscrites mineures qui s'y trouvent.

Il y a lieu de croire que l'autorité judiciaire qui ne s'est pas trouvée sur ce point saisie de plaintes ou de renseignements sur des espèces offrant de l'intérêt et qui se sait, pour les cas ordinaires, en présence d'un état de choses consacré par une réglementation émanant de l'autorité administrative, s'abstient d'intervenir par respect pour le principe de la séparation des pouvoirs.

Je suis loin de critiquer ce fait. Je l'indique parce qu'il me semble pouvoir être invoqué, par superfétation et en dehors des arguments de légalité qui seront exposés plus loin, comme une sorte de consécration tacite des mesures qu'imposent au préfet de police et aux autorités municipales en province, les nécessités de la surveillance et du contrôle sanitaire des prostituées.

L'article 334 et les suivants sont donc les seules manifestations du droit nouveau en matière de proxénétisme.

Ils ne s'appliquent, en aucune façon, au « maquerellage », ce grand pourvoyeur de la débauche publique, si justement et si rudement réprimé et châtié antérieurement à 1789 et qui peut, aujourd'hui, comme sous le régime de la loi des 19-22 juillet 1791, s'exercer à l'égard des filles majeures dans des conditions absolues d'impunité.

Laissons maintenant de côté le proxénétisme spécial visé par le Code pénal et voyons si ce code édicte des pénalités contre les logeurs, hôteliers et propriétaires qui spéculent sur l'asile qu'ils donnent aux prostituées dont ils se font les complices.

Dans ces conditions, le rôle de ces logeurs de différents genres touche de très près au proxénétisme. Nombreux sont les arrêts et ordonnances du passé leur défendant de loger des prostituées et prononçant contre eux, suivant les cas, l'amende, la perte des loyers, la confiscation de leurs maisons (Ordonnance du 12 septembre 1367. Lettres patentes des 3 août 1381, 12 février 1567, 1619 et 17 septembre 1644). Une ordonnance du 30 mars 1635 stipule que cette confiscation est faite au profit de l'Hôtel-Dieu. Une autre ordonnance, du 10 juin 1735, condamne les contrevenants à 500 livres d'amende et fait murer leurs maisons. J'abrège ces indications, qu'il serait facile de multiplier, pour arriver plus vite à l'ordonnance du 6 novembre 1778. Cette ordonnance, dont le préambule, qui parle des hardiesses du libertinage, semble écrit d'hier, et sur laquelle nous aurons occasion de revenir, défend aux propriétaires et principaux locataires de louer ou sous-louer à des femmes ou filles de débauche, à toutes personnes « de quelque état et condition qu'elles soient », de s'entremettre directement ou indirectement pour lesdites locations, et aux logeurs de souffrir dans leurs hôtels, maisons et chambres garnis, des filles ou femmes se livrant à la prostitution. Les pénalités prononcées varient entre 200, 400 et 500 livres d'amende.

C'est, sans doute, en songeant à ce règlement de l'ancienne monarchie que le Conseil des Cinq Cents, auquel on demandait de faire une loi sur les maisons de débauche, votait l'ordre du jour après cette observation d'un de ses membres : « Il « existe sur ce point des règlements de police très « précis ; qu'on les exécute. »

L'ordonnance de 1778, ce règlement plus que séculaire, est toujours en vigueur et elle constitue la seule arme légale dont dispose la préfecture de police pour atteindre les logeurs et propriétaires tirant profit de maisons ouvertes à la débauche publique.

Quant aux cabaretiers et débitants de boissons, dont les établissements servent également de refuges aux prostituées, ils sont encore actuellement soumis aux dispositions d'une ordonnance bien vieille aussi, car elle date du 8 novembre 1780, laquelle fait défense, sous peine d'amende, à tous « cabaretiers, taverniers, limonadiers, vinaigriers, « vendeurs de bière, d'eau-de-vie et de liqueurs au « détail, de recevoir chez eux aucune femme de « débauche ».

Ce sont, remarquons-le, ces deux ordonnances surannées dont l'application est basée sur l'article 484 du Code pénal, qui permettent à l'autorité de police de poursuivre et d'atteindre la prostitution clandestine. Ceci est important à noter.

Il serait intéressant d'étudier cette application dans sa pratique et ses conséquences et d'examiner les modifications qui s'y sont introduites quant aux formes judiciaires (1); mais cela nous entraînerait trop loin.

(1) Antérieurement à 1866, en raison de leur caractère et de l'importance des pénalités édictées par ces ordonnances, les infractions à leurs dispositions étaient considérées comme des délits et déférés, à ce titre, aux tribunaux correctionnels. Un arrêt

L'essentiel était d'établir ce fait considérable et très significatif du silence de la loi nouvelle et du maintien, absolument légal, des règlements anciens à l'égard de certains des principaux complices de la prostitution.

La constatation de ce recours régulier au droit ancien pour ces matières fait pressentir ce qui a dû se produire et ce que va nous révéler l'examen de la réglementation et de l'action de l'autorité de police en ce qui touche les prostituées elles-mêmes.

Jusqu'à la fin du dix-septième siècle, les mesures relatives à la prostitution, tout en demeurant empreintes d'une sévérité qui prononçait contre les femmes publiques des peines telles que l'essorillement, la prison, la marque, le carcan, la confiscation des biens, se manifesta, tantôt par des phases de prohibition absolue et inexécutable (1),

---

de cassation du 1er décembre 1866, tout en reconnaissant lesdites dispositions comme légales et obligatoires, attribue le jugement de ces infractions aux tribunaux de simple police. Il s'agissait d'un logeur; l'arrêt aurait-il statué dans le même sens s'il eût été question d'un propriétaire ? Un autre arrêt de cassation du 18 juillet 1857 permet d'en douter.

(1) Une ordonnance de saint Louis (décembre 1254) prescrivit le bannissement des filles et femmes prostituées. Une autre ordonnance rendue par Charles IX (janvier 1560) abolissait, sous les peines les plus rigoureuses, les lieux où la prostitution avait été tolérée. Cette ordonnance fut renouvelée par lettres patentes du 12 février 1565. Delamarre, dans son Traité de police, dit que l'abolition prononcée par l'édit royal de 1560 fut exécutée avec autant d'exactitude que de vigilance ; il ajoute que, par suite de cette mesure, le nombre des mauvais lieux publics fut notablement réduit, mais qu'il y en eut beaucoup de secrets. Cette sévé-

tantôt par des périodes de tolérance relative, que restreignaient des prescriptions dont certaines se retrouvent utilement dans la pratique actuelle. Les filles de débauche devaient rester confinées dans les « bordeaux » ou « clapiers » ; il leur était enjoint d'en sortir dès que le couvre-feu était sonné (7 heures en été, 6 heures en hiver); elles ne pouvaient tenir cabaret; il leur était défendu de revêtir certaines parures et de porter de riches vêtements (1); comme aussi de porter et de faire porter après elles de « grands livres « esquels ne savent lire, ne cognoistre mot de let- « tre, tellement que à peine congnoit-on les pru- « des femmes et bourgeoises notables de la ville de « Paris à qui ce appartient de porter. » (Ordon-

rité n'atteignit pas son but et le mal dut reparaître graduellement jusqu'au point de nécessiter de nouvelles rigueurs, car une ordonnance du lieutenant civil de la prévôté de Paris du 30 mars 1635 enjoignait « à tous vagabonds sans condition et sans aveu, « et aux filles et femmes de débauche, de prendre service et con- « dition dans 24 heures, sinon vuider cette ville et faux bourgs « de Paris, à peine contre les hommes d'être mis à la chaîne et « envoyez aux galères et contre les femmes et *filles du fouet,* « *d'être razées et bannies à perpétuité sans forme de procès.* »

(1) Ordonnance du prévôt de Paris du 8 janvier 1415, très curieuse par certains de ses détails. Elle disait : « que toutes « femmes de vie bordelière, maquerelles et autres de vie disso- « lue et faisant péché de leur corps ne soient dorénavant si « osées, ne si hardies de porter en la ville de Paris ou ailleurs, « aucun get, ne fil d'or, ne aussi en leurs chaperons aucunes « boutonnières d'argent, blanches, dorées, de perles ou autres, « se saindre aussi aucune sainture d'or, ne dorées, manteaux et « hardes, manches, ne houppelandes fourrées de gris, de menu « vair, d'escureux, ne d'autres pennes honnêtes, sous peine de « perdre les dites robes, chaperons et saintures, ne aussi porter « boucles d'argent en leurs solères. »

nances de 1360, 1415, 1419.) A diverses reprises, leur habitation dut se concentrer dans certaines rues (Ordonnances de 1367-1368-1374, 1381-1386-1395; 1420, 1424, 1480-1491); il leur était interdit de loger près des églises, d'avoir leurs logis dans des rues spécialement désignées. J'en citerai quelques-unes : les rues des Cannettes, de la Boucherie, de Froidmantel, de Glatigny, Chapon, Beaubourg, Symon-le-Franc, « et autres bonnes rues » disaient les ordonnances, lesquelles d'ailleurs étaient renouvelées tous les ans deux fois. Mentionnons, parmi ces localités interdites aux prostituées, les galeries de la place Royale (1656) (1).

Ces indications, que je m'efforce d'écourter pour rester dans les limites d'un exposé sommaire, offrent de l'intérêt et il est indispensable de les mentionner parce qu'elles font apercevoir dans le passé des nécessités de police qui, même après des siècles, n'ont rien perdu de leurs raisons d'être et qu'elles expliquent le maintien d'une partie de l'ancienne réglementation. A ce point de vue, et avant d'énumérer les règlements qui se trouvaient en pratique au moment où se produisit la Révolution de 1789, notons encore ce dernier fait que

---

(1) On retrouve des défenses de même nature dans les règlements actuels lesquels interdisent aux filles publiques les pourtours des églises et temples à distance de 20 mètres au moins, les passages couverts, les jardins publics, certains boulevards, certaines rues.

des arrêts du Parlement (1668-1716) ordonnèrent la sortie de l'hôpital où elles étaient renfermées pour cause de prostitution des filles de débauche qui avaient trouvé des épouseurs. Or, encore de nos jours, par des considérations sérieuses et qui n'empruntent rien à la routine, une fille publique obtient sa réintégration immédiate des contrôles de la prostitution par suite de son mariage. Il est, bien entendu, procédé à sa réinscription si elle continue de se prostituer.

A partir de 1684 apparaissent successivement plusieurs ordonnances dont la réunion constitue une réglementation complète de la prostitution. Je n'en citerai que trois :

1° L'ordonnance royale du 20 avril 1684 (Règlement que le roi veut être exécuté pour la punition des femmes d'une débauche publique et scandaleuse qui pourront se trouver dans la bonne ville de Paris). Cette ordonnance affecte la maison de la Salpêtrière à la réclusion des femmes de mauvaise vie et elle transporte au lieutenant de police la juridiction précédemment exercée à leur égard par le prévôt;

2° L'ordonnance royale du 26 juillet 1713 qui règle la procédure à suivre par le lieutenant de police, pour les cas de débauche publique (1);

(1) Il importe de noter que les précautions de formes judiciaires prescrites par cette Ordonnance n'étaient véritablement établies qu'à l'égard des filles ou femmes logées dans leurs meu-

3° L'ordonnance du 6 novembre 1778 qui fixe les obligations imposées aux prostituées et qui les astreint, entre autres mesures, à être enfermées à l'hôpital (1).

Il importe de mentionner également la création par lettres patentes d'août 1785 d'un nouvel hospice pour le traitement de la maladie vénérienne, la maison de Bicêtre étant insuffisante pour recevoir les indigents vénériens des deux sexes.

De l'ensemble de ces ordonnances ressort ce fait indéniable que les filles publiques ont toujours été placées sous la juridiction immédiate de la police et qu'elles n'ont jamais cessé d'être soumises à des règlements d'une portée discrétionnaire, dont les dispositions, en vigueur en 1789, leur imposaient :

L'inscription sur un registre spécial, mesure destinée à assurer l'accomplissement des obligations les concernant ;

La visite sanitaire ;

La réclusion par voie administrative, soit à titre de mesure disciplinaire ou préventive, soit en vue du traitement médical.

Ces mesures, dont l'impérieuse nécessité n'a

---

bles et dont les mobiliers devaient être jetés sur le carreau et confisqués.

(1) Un règlement de 1648 avait fixé la police, la nourriture, le vêtement et le traitement des femmes renfermées à l'hôpital général pour cause de débauche.

jamais été sérieusement contestée, s'appliquent encore aujourd'hui et leur pratique, momentanément affaiblie pendant la période de licence extrême qui coïncida avec la tourmente révolutionnaire, n'a subi aucune interruption. Elle a été suivie par les municipalités provisoires de 1789, par la municipalité constitutionnelle de 1791, par les comités, et la commission administrative instituées par la Convention, par le bureau centrale créé par la constitution de l'an III et enfin par tous les préfets de police qui lui ont succédé.

On a vu que l'arrêté du 12 messidor an VIII charge le préfet de police de faire exécuter les lois et règlements concernant les maisons de débauche. Quant à la ratification légale par le droit nouveau des procédés qu'emploie l'autorité municipale pour réprimer et assainir la prostitution, on la trouve dans les lois des 14 décembre 1789 et 16-24 août 1791 où elles sont résumées par cette formule qui détermine les attributions du pouvoir municipal : « faire jouir les habitants « des avantages d'une bonne police ».

La loi ne s'occupe pas des moyens propres à atteindre ce but, elle les abandonne à l'initiative et à l'appréciation de l'autorité administrative et, en vertu du principe de la séparation des pouvoirs, elle interdit au pouvoir judiciaire toute immixtion dans les actes de cette nature (1).

(1) « Les juges, à peine de forfaiture, ne peuvent troubler, de

Personne ne niera que les mesures de surveillance et de répression à l'égard des prostituées figurent parmi les devoirs d'une bonne police. La Cour de cassation, par divers arrêts et notamment par un arrêté du 3 décembre 1847 s'est nettement prononcée sur ce point. Elle a dit : « sous chacun de ces rapports (la sécurité, l'ordre « et la morale) cette matière rentre dans les « objets confiés à la vigilance et à l'autorité des « corps municipaux ; qu'elle leur est exclusive- « ment attribuée par les dispositions des lois « de 1790 et 1791. » Le même arrêt ajoute :

« La police sur les maisons de débauche, ainsi que sur les personnes qui s'abandonnent à la prostitution, exige non seulement des dispositions toutes spéciales, dans l'intérêt de la sécurité, de l'ordre et de la morale, mais encore des mesures particulières au point de vue de l'hygiène publique. »

Le législateur ne s'est pas borné à investir l'autorité municipale en matière de police, d'un pouvoir dont il n'a pas fixé les limites et les procédés d'exécution, il a donné expressément force de loi aux anciennes ordonnances sur cette matière.

Le 7 germinal an V (1798), le Conseil des Cinq-

---

quelque manière que ce soit, les opérations des corps administratifs, ni citer devant eux les administrateurs pour raison de leurs fonctions. »
(Loi des 16-24 août 1790.)

Cents, saisi par un de ses membres, à la suite d'un message du Directoire conçu dans le même sens, d'une proposition pour la création d'une commission chargée de présenter une loi sur les maisons de débauche, repoussa cette proposition par un ordre du jour basé sur ce fait qu'il existait des règlements très précis dont l'exécution suffisait (1).

Conteste-t-on, ce qui serait très discutable (2), la valeur légale de cet ordre du jour? Il reste la disposition suivante du Code pénal de 1810 (art. 484) :

« Dans toutes les matières qui n'ont pas été réglées par le présent Code et qui sont régies par des lois et règlements particuliers, les cours et tribunaux continueront de les observer. »

Il ne peut, au surplus, y avoir de doute sur ce point que les dispositions de l'article 484 s'appliquent à la réglementation de la prostitution antérieure à 1789 car, dans l'exposé qu'il en fit, l'orateur du gouvernement, énumérant les matières non régies par le code et dont les règlements spéciaux devaient toujours recevoir leur exécution, indiqua,

---

(1) Un ordre du jour analogue a été voté par le sénat le 8 mai 1877. Voir chap. VIII.
(2) Consulté sur la question de savoir si les motifs généraux consignés dans un ordre du jour doivent être considérés comme loi, M. Merlin a répondu affirmativement. « Peu importe, a-t-il « dit, dans quelle forme il plaise au législateur d'exprimer sa « volonté. »

parmi ces matières, les maisons de débauche où « s'exerce la prostitution ».

Lorsqu'on est arrivé à ce point d'avoir établi la légalité de l'application des anciens règlements relatifs à la prostitution et du pouvoir réglementaire de l'administration en cette matière, une dernière objection se produit inévitablement.

Alors que l'on concède à l'administration qu'elle a le droit de prescrire des règles de police, on lui reproche de les appliquer elle-même et on insiste sur ce fait que c'est aux tribunaux seuls qu'il appartient de connaître des contraventions à ces règles et de prononcer les peines qu'elles entraînent. Il en est ainsi pour les contraventions commises par les cabaretiers et logeurs qui exploitent la prostitution. Aucune considération de principe ou de fait n'y met obstacle. Mais cela ne doit, ni ne peut se faire pour les infractions aux règlements sanitaires ou disciplinaires, imposés aux filles publiques. Le demander, c'est oublier que l'objet principal des règlements dont il s'agit est précisément de constituer une juridiction administrative.

La suppression de cette juridiction équivaudrait à la suppression des règlements eux-mêmes. Il est impossible de songer à débattre devant les tribunaux de police, en audience publique, des faits dont l'exposé outrage la morale et qu'on ne peut établir juridiquement sans préjudice pour l'honneur et la paix des familles.

Au surplus, la pratique suivie par la préfecture de police n'a pas besoin de se faire un argument de cette impossibilité. Sa légalité repose sur la validité des anciens règlements cités plus haut et en vertu desquels pour tout ce qui touche à des faits se rattachant à la prostitution, le préfet de police est investi d'un droit spécial de juridiction, dont l'exercice remonte à plusieurs siècles, qui a été exercé par tous les préfets de police et qui fait de lui un de ces tribunaux devant, aux termes de l'article 484 du Code pénal, continuer d'observer les lois et règlements spéciaux dont les matières n'ont pas été réglées par ce code (1).

Mais, s'écriera-t-on, si le préfet de police et ses agents abusent de leurs pouvoirs dans les mesures prises à l'égard des prostituées, à qui demandera-t-on contre eux protection et justice ?

Ceci rentre dans la question des garanties constitutionnelles contre les abus commis par des fonctionnaires dans l'exercice de leurs fonctions.

S'inspirant des considérations qui, sous l'ancienne monarchie, avaient fait réserver au conseil du roi l'examen préalable à toutes poursuites, des actions intentées contre les fonctionnaires pu-

---

(1) On peut invoquer sur ce point l'opinion d'un jurisconsulte éminent, M. Beudant, aujourd'hui doyen de la Faculté de droit, qui l'a développée en 1876, devant le conseil municipal de Paris dont il faisait alors partie. V. chap. v.

blics (1), considérations qu'avaient, à leur tour, consacrées l'Assemblée nationale de 1789 et de 1790 et la Convention (2), les législateurs de la constitution du 22 frimaire an VIII avaient édicté (art. 75) la disposition suivante : « Les agents « du gouvernement ne peuvent être poursuivis « pour des faits relatifs à leurs fonctions qu'en « vertu d'une décision du conseil d'État. »

Qu'on ne se hâte pas de voir dans cette disposition une prescription abusive, aveuglément autoritaire et préjudiciable aux droits légitimes des citoyens. L'article 75, reproduit par le Code de 1810, a reçu son exécution jusqu'en 1870, après avoir subi, à diverses reprises, le plus sévère et le plus complet examen, notamment en 1832, 1834, 1835 et 1836, alors que la Chambre des députés et la Chambre de pairs étaient saisies de divers projets destinés à remplir la promesse faite par la Charte de 1830 d'une loi sur la responsabilité des agents du pouvoir.

Je ne peux m'empêcher d'emprunter aux graves débats qui se produisirent à cette occasion quelques citations dont la portée s'adapte, non seulement à l'article 75, mais encore à tout courant d'attaque contre les fonctionnaires :

---

(1) Lettres patentes du 22 octobre 1648.
(2) Lois des 14 décembre 1789 et 16 août 1790. Constitution du 5 fructidor an III.

« Il ne peut y avoir de difficultés sérieuses sur la nécessité de protéger les agents du gouvernement. »

« ..... *S'ils étaient privés de protection, ils se présenteraient sans défense à toutes sortes d'attaques sous lesquelles périrait l'action publique qui est déposée entre leurs mains.* »

(M. Vivien.)

« La Chambre me permettra de dire un mot sur les motifs pour lesquels on doit des garanties particulières aux fonctionnaires publics. Ce n'est certes pas parce qu'ils sont obligés de violer les lois ; je n'admets pas cette nécessité, et à Dieu ne plaise que je voulusse garantir une inégalité. Mais c'est que toute loi impose à chaque citoyen des obligations ou apporte des obstacles au libre exercice de ses volontés. C'est que l'agent du pouvoir, ministre de la loi, fait accomplir ces obligations ou respecter ces obstacles. Même quand il est juste, il fait des actes de rigueur ; l'administré, obligé de subir son action, peut ne pas comprendre la loi ou le respect qu'elle mérite. Il peut se plaindre des mesures les plus justes ; l'agent du pouvoir pourrait être attaqué, même lorsque sa conduite a été légale et irréprochable : il ne faut pas rendre faciles ces plaintes trop naturelles. Voilà pourquoi tout le monde a compris qu'il était nécessaire de donner une garantie particulière aux fonctionnaires publics. Cela est d'autant plus nécessaire que, non pas dans leur intérêt, mais dans l'intérêt de la loi qui doit être exécutée, *il faut donner une confiante fermeté à celui qui est chargé de son exécution.* »

(M. Dufaure.)

« *Le découragement ne pourrait-il pas atteindre les agents qui pour être placés aux extrémités inférieures de la hiérarchie n'en sont pas moins des auxiliaires indispensables ?... Si vous leur offriez en perspective, après la lutte violente, une lutte de chicane et le danger de dépositions passionnées, alors même qu'ils n'auraient fait que leur devoir, certes on trouvera encore, pour les plus faibles salaires, des employés qui voudront courir toutes ces chances, mais n'attendez de leur conduite, ni le courage, ni la fermeté nécessaire ; ils agiront de manière à éviter les plus mauvais procés; ils craindront les délinquants au lieu de leur résister. Délaissés par l'administration, ils délaisseront à leur tour les intérêts de l'administration.* »

(M. Barthe.)

Il est évident que ce passage, qui visait surtout les agents subalternes de l'administration des finances, est applicable, en fait, aux agents de tous les services publics et surtout à celui de la police.

L'article 75, remis en question en 1848 et en 1851, a été abrogé par un décret du gouvernement de la Défense nationale en date du 19 septembre 1870. Le conseil d'État n'a donc plus à intervenir lorsqu'il s'agit de poursuivre le préfet de police ou ses agents. Les poursuites dont ils peuvent être l'objet en raison de leurs fonctions sont aujourd'hui portées directement devant l'autorité judiciaire.

Il n'entre dans ma pensée, ni dans ma compétence, de discuter le décret de 1870. Si j'ai cité incidemment l'opinion des hommes éminents qui ont défendu l'article 75, c'est par ce seul motif qu'elle fait ressortir, d'une manière saisissante, les difficultés, les amertumes et les périls auxquels sont exposés, en temps ordinaire, les agents du gouvernement.

En raison de ces difficultés et de ces périls, qui s'accroissent le jour où l'on fait systématiquement la guerre aux fonctionnaires, par la voie de la presse, mais en se gardant de porter ses prétendus griefs devant l'autorité judiciaire, on peut prévoir l'écroulement de tout service public dont le chef, en pareille circonstance, manquerait au premier de ses devoirs : celui de protéger et de défendre ses agents lorsqu'ils sont attaqués pour avoir exécuté ses ordres et rempli honnêtement leurs fonctions.

Nous avons répondu à la question demandant la justification légale des mesures prises par la préfecture de police à l'égard des filles de débauche. Nous croyons avoir démontré qu'elle consiste dans la consécration manifeste, donnée, à diverses reprises, par les législateurs de notre droit nouveau à l'ancienne réglementation sur ce point.

Que cet état de choses, dès l'instant qu'on veut s'en faire une arme de combat et de dénigrement contre l'administration, offre particulièrement prise à la critique et qu'il soit pour la préfecture de police une cause d'embarras et de difficultés, personne ne songerait à le nier.

A ce mal les adversaires du service des mœurs indiquent un remède, qui est radical : la suppression de ce service, c'est-à-dire la liberté de la prostitution. Ce programme, qui a fait du bruit, n'est pas de nature à faciliter la préparation et le vote d'une loi spéciale sur la débauche publique.

Voyons maintenant en quoi consistent les mesures dont les prostituées sont l'objet.

On arrête les filles non inscrites qui se livrent à la prostitution. On les soumet à des visites sanitaires. On les met en traitement si elles sont malades. Celles qui sont mineures sont gardées en hospitalité dans un quartier spécial de la maison de Saint-Lazare pendant que l'administration entre discrètement en rapport avec leurs parents, pour arriver, soit à les faire rentrer auprès de ces derniers, soit à les faire détenir par voie de correction paternelle. Lorsqu'elles sont orphelines ou abandonnées, on s'efforce, si elles le désirent, d'obtenir leur admission dans des asiles religieux créés ou soutenus par la bienfaisance publique. Les filles à l'égard desquelles les parents découragés se désintéressent, qui se font arrêter plusieurs fois pour faits de débauche vénale et qui manifestent l'intention de continuer de se prostituer, sont inscrites sur les contrôles de la prostitution. Il en est de même des filles majeures notoirement adonnées à la débauche publique. *L'inscription ne contraint pas la femme qui en est l'objet à se prostituer;* elle lui impose des obligations de visites sanitaires, dont elle peut se faire décharger, d'abord à titre d'épreuve, puis définitivement, si elle cesse de se livrer à la prostitution.

Au moment de l'inscription d'une femme sur les contrôles de la prostitution, la préfecture de police prend soin de la prévenir des conditions à remplir pour obtenir sa radiation. Elle lui remet une note qui contient l'indication des règles sanitaires et disciplinaires auxquelles elle se trouve assujettie, mais qui lui donne en même temps l'avis suivant :

« Avis important. — Les filles inscrites peuvent obtenir d'être rayées des contrôles de la prostitution, sur leur demande et s'il est établi, par une vérification, faite d'ailleurs avec discrétion et réserve, qu'elles ont cessé de se livrer à la débauche. »

Un fait à noter, c'est que les adversaires de la police des mœurs, les auteurs des articles à sensation contre l'inscription qui, suivant eux, retient malgré elles les femmes dans la prostitution, s'abstiennent soigneusement de parler de cet avis et des radiations.

Les infractions aux obligations sanitaires, le racolage en plein jour ou dans des rues et endroits interdits aux prostituées, les scènes de scandale, etc., entraînent, pour les filles publiques qui les ont commises, l'envoi en punition, par mesure disciplinaire, dans une des divisions de la prison de Saint-Lazare.

On aperçoit aisément toutes les difficultés d'un pareil service. La nature des faits entraîne cette conséquence qu'en même temps qu'il demande à l'administration de police de réprimer les scandales de la prostitution, le public intervient pour défendre contre les agents les filles de débauche qui ne manquent jamais de protecteurs et dont les réclamations, souvent provoquées et même formulées par des nouvellistes avides de scandale, sont toujours favorablement accueillies par la presse.

CHAPITRE IV

LA CAMPAGNE DANS LA PRESSE.

La presse. — Sa puissance. — Ses services. — Ses inconvénients. — Le contrôle par la presse. — La campagne dans la presse contre la préfecture de police.

1re *phase*. — Levée de l'état de siège. — Les incidents de Lyon. Leur retentissement dans la presse. — L'incident du boulevard Haussmann. — L'incident Rousseil. — Poursuites judiciaires.

2e *phase*. — Les articles du journal *les Droits de l'homme*. — Réunions publiques pour l'examen de la question des mœurs. — L'intervention de madame J. Butler et de l'Association du *Rappel*. — Le *Radical* remplace la *Lanterne*. — L'incident de la rue Grange-Batelière. — M. F. Voisin quitte la préfecture de police où il est remplacé par M. A. Gigot.

3e *phase*. — L'incident de la rue d'Aboukir. — Émotion dans la presse à ce sujet. — Lettres d'un ex-agent des mœurs. — De la fausseté des accusations portées contre le service des mœurs. — Du rôle que doit avoir l'administration en pareil cas. — Exemples d'arrestations critiquées et parfaitement justifiées. — L'incident du boulevard Richard-Lenoir. — Un honnête homme arrêté comme voleur. — Lettres d'un médecin. — Ses erreurs, ses diffamations. — Lettre adressée à la *Lanterne* par le chef de la première division. — La campagne prend pour objectif la préfecture de police. — Lettres « d'un vieux petit employé ». — Le journal *la Lanterne* est poursuivi. — Incident concernant le service de sûreté. — L'enquête. — Les attaques nocturnes. — La vérité sur ce point. — La démission des membres de la commission d'enquête. — La retraite de M. Ansart. — Le remplacement de M. A. Gigot par M. Andrieux. — La démission de M. de Marcère. — Le discours de M. Andrieux au personnel de la préfecture de police.

La presse, cette grande voix qui s'adresse à tous

et que, de nos jours, tous entendent (je ne dis pas comprennent), exerce un immense pouvoir. C'est le recours, toujours possible, contre l'autorité qui s'égare et la force qui opprime. Tout le monde reconnaît ses services, redoute sa puissance, recherche sa faveur, craint son blâme et jusqu'à ses railleries. Personne ne peut lutter contre elle ; elle a, quand même, l'avantage du dernier mot, car elle finit toujours par décourager la résistance et la protestation les mieux fondées. Elle possède ce privilège dangereux de charmer sans mérite et sans effort ceux dont elle interprète et favorise les aspirations, les plaintes et les haines. Mais, sur un meilleur terrain, elle a droit à la reconnaissance publique lorsqu'elle propage le progrès ou défend la vérité et la justice.

On a tout dit à sa louange. M'accordera-t-on qu'elle est coupable et funeste quand elle altère sciemment la vérité, spécule sur les préjugés, sur des rancunes et provoque l'explosion de colères aveugles et de passions mauvaises ?

Nous allons la voir faisant œuvre de ce genre avec une ténacité et des perfidies dont la forme violente demeure, dans une certaine mesure, inexpliquée, et qui ont, sinon désorganisé, au moins notablement affaibli le fonctionnement d'un service public.

On constatera, pour ainsi dire, pièces en main,

qu'il ne s'agissait même pas là de l'application d'un de ces utiles contrôles de la presse dans lequel M. Thiers voyait, avec raison, « une garan- « tie contre les abus commis par les fonction « naires (1), » et que l'administration s'est trouvée en présence, non pas d'une polémique méritant attention sinon par sa compétence au moins par sa sincérité, mais de l'emploi systématique d'un procédé d'attaque et de dénigrement caractérisé par une profusion de critiques injustes, de révélations d'antichambres, de griefs imaginaires, d'imputations et d'accusations fausses, le tout répété, reproduit, ressassé, grossi, aggravé, se multipliant, finissant par assourdir comme une collection d'échos, servant de base à des déclamations creuses et de prétexte à des injures et trahissant une hostilité implacable.

En écrivant ces lignes, il me revient à l'esprit un fait qui suffirait seul à les justifier tant il est saisissant et qui trouve ici sa vraie place.

En 1878, une pauvre femme, une porteuse de pain, que sa fille, presque une enfant, avait quittée, sans lui avoir jamais depuis lors donné signe de vie, pour suivre un séducteur, était devenue presque folle de chagrin. Le journal *la Lanterne* publiait alors des articles où il était

---

(1) Discours de M. Thiers, alors ministre de l'intérieur (Discussion d'un projet de loi sur la responsabilité ministérielle et des agents du pouvoir, 1835).

question de jeunes filles contraintes par la police d'entrer dans des maisons de tolérance et d'y rester séquestrées avec l'obligation de se prostituer. La malheureuse mère les lut, et ils achevèrent de troubler sa raison. Elle abandonna son travail, sa seule ressource, et épuisa ses petites économies en ne quittant plus sa chambre où, se nourrissant à peine, elle s'absorbait dans la lecture du journal qui lui inspirait la conviction que c'était la police qui était coupable de l'abandon de son enfant et du silence que celle-ci gardait vis-à-vis d'elle. Cela devint une manie qui donna lieu de sa part à des récriminations insensées dirigées contre le service des mœurs.

Or, le journal qui avait causé la folie de cette malheureuse, exploita ses divagations et s'en fit une arme contre la préfecture de police (*Lettres d'un ex-agent des mœurs*).

La campagne contre le service des mœurs, en réalité contre la préfecture de police, peut se diviser en trois phases distinctes :

La première, suivant immédiatement la levée de l'état de siège (4 avril 1876), se termina le 16 mai 1877;

Dans la seconde, qui fut reprise au moment des élections d'octobre 1877, les adversaires ou plutôt l'adversaire du service des mœurs, M. Yves Guyot, le principal, on pourrait dire l'unique meneur de cette campagne, encouragé par le départ de

M. Félix Voisin, et par le succès de ses attaques, démasqua ses vues, et prit à partie l'institution même de la préfecture de police ;

La troisième phase, pendant laquelle M. Yves Guyot, diffamant et menaçant le personnel de l'administration de police, avait ébranlé l'organisation de cette administration, et créé de graves embarras, prit fin lors du remplacement du préfet, M. Albert Gigot, et de la démission de M. de Marcère, ministre de l'intérieur, le 6 mars 1879.

A partir de cette époque, c'est-à-dire de l'avènement de M. Andrieux à la préfecture de police, on put considérer la campagne comme finie. Après avoir décrié, énervé, affaibli l'autorité, diminué son action, sans avoir diminué ses devoirs, elle aboutit à une défaite, dont la sûreté générale, l'ordre et la santé publique ont subi et subissent encore le dommage. Elle finit misérablement, malgré la reprise des mêmes procédés par des essais de campagne sur d'autres points (1), par des récriminations et des attaques sans portée et dont le principal auteur avait vainement cherché à masquer l'inanité par des cris de triomphe. Il prend aujourd'hui une part active à la croisade internationale pour la liberté de la prostitution qu'il défend à l'étranger, dans des congrès dont madame J.-E. Butler est l'étoile (2).

---

(1) Le service des aliénés. Lettres d'un infirmier.
(2) Madame J.-E. Butler est le principal orateur et elle rem-

Je ne m'engage pas témérairement en formulant ces appréciations, dont il me sera facile d'établir l'exactitude.

I

Pendant les premières années qui suivirent les événements du siège et de la Commune, et alors que Paris traversait cette sorte d'apaisement extérieur, composé de lassitude et de terreur des bouleversements accomplis, qui ressemble au calme du lendemain des jours funèbres, les attaques de la presse relatives aux actes de police en matière de mœurs ne constituaient que des critiques isolées, faites au hasard des incidents et qui ne décelaient aucun parti pris d'agression et de lutte. Elles ne différaient des critiques de même nature qui s'étaient produites dans le passé que par une importance et une certaine autorité qu'elles empruntaient à cette circonstance que, comme on le verra plus loin (1), la question du service des mœurs avait été discutée par le conseil municipal en 1872, à l'occasion d'un examen budgétaire, et que, depuis lors, chaque fait s'y rapportant, exactement ou inexactement raconté par les journaux, avait eu son retentissement devant le conseil et

---

plit l'office de secrétaire de la Fédération britannique continentale et générale pour l'abolition de la prostitution réglementée. Voir chap. v.

(1) Voir chap. vi.

avait entraîné la mise en cause de la préfecture de police.

Ce ne fut que dans le courant de 1876 que les attaques de la presse, sur des incidents se rattachant à cette question, prirent l'allure d'une action combinée et de longue haleine et se perpétuèrent dans une publication quotidienne, qui, malgré des poursuites judiciaires de toute nature, continua son œuvre sous des titres divers : *les Droits de l'homme*, *le Radical* et *la Lanterne*.

Évoquer, sans exception, tous les articles qui furent publiés à ce point de vue sous différentes formes : articles de fond, reportages, entrefilets, tous conçus de façon à s'étayer réciproquement et à concourir au même résultat, ainsi que les nombreuses attaques du même genre, mais sans ordre et sans plan, qu'ils provoquèrent et qui sont disséminées dans toute la presse, serait imposer au lecteur une fatigue inutile, alors que j'ai déjà peur de le lasser en remettant sous ses yeux ou en lui faisant connaître les principaux de ces articles et les plus significatifs.

En dehors de son but particulier, cette lecture offre un sujet d'étude qui vaut peut-être la peine qu'on en supporte l'ennui : elle permet de constater combien est puissante une erreur imprimée à laquelle il n'a pas été opposé de réfutation.

La loi du 29 décembre 1875 sur la presse, en même temps qu'elle levait l'état de siège dans tous les départements qui y étaient soumis à l'exception des départements de la Seine, de Seine-et-Oise, du Rhône et des Bouches-du-Rhône, avait édicté (titre III, art. 11) que pour ces quatre départements la même mesure existerait de plein droit à partir du 1ᵉʳ mai 1876 si elle n'avait été, avant cette époque, confirmée par une loi nouvelle.

Cette loi nouvelle intervint le 4 avril 1876.

Dès le 31 mai suivant, le journal *l'Événement*, dans un article intitulé *Causerie parisienne*, à l'occasion de crimes commis sur des enfants, prenait à partie, fort injustement, la police des mœurs qu'il n'y avait aucune raison de mettre en cause dans la circonstance. Après avoir énuméré, dans une forme dramatique exagérée, divers faits qu'il disait s'être produits en province et à Paris et dont il n'avait pas pris la peine de contrôler l'exactitude, l'auteur de l'article reprochait aux agents des mœurs de se tromper souvent, « de faire commettre, par suite, des suicides ou de commettre eux-mêmes des homicides par imprudence, » et il concluait ainsi :

« Je suis le premier à reconnaître que la mission des gardiens de la moralité et de la pudeur publiques *est des plus difficiles, et que là, plus aisément qu'ailleurs, les méprises sont possibles.* »

« Néanmoins, ces préposés n'apportent pas assez souvent dans l'exercice de leurs fonctions la prudence et la discrétion nécessaires. Cela tient d'abord à ce que la préfecture manque de sévérité dans le recrutement et le choix de ce personnel spécial. »

« Enfin, on ne punit pas avec assez de vigueur les agents coupables de méprises graves et en quelque sorte préméditées. »

« Il y a pourtant un article 341 dont l'application, *dans certains cas particuliers*, inspirerait une crainte salutaire et empêcherait bien des scandales. Cet article est ainsi conçu : « Seront punis de la peine des travaux forcés à « temps ceux qui, sans ordre des autorités constituées, et « hors les cas où la loi ordonne de saisir des prévenus, au- « ront arrêté, détenu ou séquestré des personnes quelcon- « ques. »

« La société est donc armée contre les brutalités et les arbitraires possibles de certains agents. *Pourquoi ne les frapperait-elle pas quelquefois?* Puisqu'il faut des exemples, pourquoi hésiterait-on à les faire ? »

Je cite ces lignes, pleines de contradictions, parce qu'elles représentent bien, avec leur passion, leur légèreté blâmable dans l'exposition et l'appréciation des faits et leur complète ignorance de la question, l'ensemble des publications de même nature qui reviennent périodiquement et dont le lecteur sérieux fait facilement justice. Le public parisien est blasé sur les généralités théoriques alors même qu'elles sont formulées en termes violents. On n'arrive à le passionner, à lui fournir un texte solide pour ces récriminations individuelles qui, réunies, constituent ce qu'on appelle l'opinion publique, qu'en circonscrivant l'attaque de façon à la faire porter sur un fait actuel, nettement défini, offrant les apparences d'une réalité et qui puisse servir de base à une action et à la poursuite d'un but déterminé. C'est ce genre d'attaque que nous allons aborder. Il s'agissait d'un fait des plus émouvants.

Le *Progrès de Lyon*, dans les premiers jours de septembre 1876, avait publié le récit suivant qu'on ne peut analyser sans dénaturer ou supprimer les passages qui en contiennent, pour ainsi dire, la réfutation :

« Une fille soumise, âgée de 20 ans environ, X..., *après avoir accompagné quelqu'un à la gare*, traversait le cours du Midi, lorsqu'*elle fut accostée par un homme vêtu en bourgeois*, agent attaché au service du commissaire de police de Perrache. »

« *Quelques paroles furent échangées.* La fille X... voulut ensuite se retirer en disant à son interlocuteur qu'elle l'avait parfaitement reconnu et savait quelle était sa profession. »

« En ce moment, l'agent de police appela deux gardiens de la paix et leur enjoignit de conduire au poste la fille X... qui, se voyant saisie, se débattit de son mieux. Alors commença une scène terrible, la fille X... se roulait à terre et, *voulant se tuer*, se frappait le front contre les trottoirs ; les agents tiraient la malheureuse en tous sens et avec une violence extraordinaire. L'omnibus de l'hôtel de l'Univers vint à passer. La femme était alors aux mains des agents. Le cocher, ne pouvant arrêter ses chevaux, cria: Gare! Les agents qui tenaient la malheureuse ne l'entraînèrent pas à temps et elle eut les deux pieds blessés par les roues de l'omnibus. Un rassemblement s'était formé. Plusieurs personnes honorablement connues dans le quartier et mues par un sentiment de charité voulurent s'interposer; elles demandèrent aux agents de laisser la blessée à l'hôtel où ils la reprendraient le lendemain; quant aux dépenses, elles offraient de les payer. Les agents refusèrent et entraînèrent au poste de la manufacture des tabacs la fille X... qui, malgré ses cruelles souffrances, se débattait plus que jamais. Au poste, un médecin fut mandé. Sur son conseil, on résolut de transporter la fille X... à l'Hôtel-Dieu. Un fiacre fut réquisitionné. Malgré sa résistance, la fille X... fut installée dans la voiture où prit également place un agent; un second agent se plaça sur le siège à côté du cocher. La voiture suivit le quai de la Charité et la rue de la Barre, lorsque la fille X... réussit à ouvrir la portière et à sauter sur la chaussée. Elle courut du côté du Rhône, et, ayant enjambé le parapet, se précipita du quai sur le bas-port. Puis elle traversa rapidement le bas-port et se jeta dans le fleuve. »

« Là s'arrêta enfin la poursuite des agents, qui, sans chercher à lui porter secours, virent la fille X... nager pendant quelque temps et finalement disparaître sous les eaux. »

« Le cadavre de la malheureuse n'a pas encore été retrouvé. »

La vérité des faits, qu'on lisait d'ailleurs presque tout entière entre les lignes du journal de Lyon, la voici : sur la place Perrache, interdite aux prostituées, une fille publique retardataire aux visites sanitaires et, dès lors, en double contravention aux règlements, racole, à *minuit*, un agent de police qui procède à son arrestation aidé par des gardiens de la paix ; elle résiste, cherche à se précipiter sous les roues d'une voiture. Les agents, la croyant blessée, veulent la faire examiner au poste par un médecin qui, malgré son refus de se prêter à cet examen, ordonne son transport à l'hôpital. Dans le trajet, fait en voiture, elle s'élance sur le pavé, enjambe un parapet, tombe sur le bas-port, court se précipiter dans le Rhône et disparaît avant qu'on ait pu lui porter secours. Une enquête aurait établi que cette fille, adonnée à l'ivrognerie, avait, depuis longtemps, manifesté des intentions de suicide. Cela n'a pas d'intérêt dans la circonstance. Dans toutes conjonctures un incident de ce genre est regrettable et attristant. Pouvait-il être conjuré? Non. L'intervention des agents et l'arrestation étaient régulières et inévitables. L'arrestation devait-elle être maintenue? Relâcher, à cause de sa résistance et de ses cris, une fille arrêtée dans les conditions réglementaires? Personne ne pourrait soutenir cette thèse. S'y conformer? Est-il besoin de dire que c'était, dans l'avenir, pour toutes les espèces, la main forcée en matière de relaxation, et, par conséquent, la suppression, en fait, des mesures de répression, de surveillance et de contrôle sanitaire de la prostitution.

Quelques jours après cet incident, et par une de ces coïncidences que produisent le hasard et certains courants d'imitation, un nouveau fait, de même nature, se produisait dans la même ville. Une autre fille publique de Lyon, également retardataire à ses visites, mise en demeure d'accompagner les agents pour se rendre au bureau médical et restée seule dans sa chambre, se précipitait d'un deuxième étage par la fenêtre et se blessait grièvement.

Dans ce cas, raconté par le journal *le petit Lyonnais*, comme dans celui concernant la fille X..., aucun reproche ne pouvait sérieusement être adressé aux agents d'exécution. Ces faits d'ailleurs ne concernaient en rien la police parisienne. Quoi qu'il en fût, la presse de Paris s'empara de ces incidents et s'en fit une arme contre le service des mœurs. Quelques citations montreront le ton et la tendance des articles de journaux qui furent publiés à cette occasion :

« Il faut réformer au plus tôt la police des mœurs. »
(*L'Événement*.)

« ...Nous savons combien il est difficile de nettoyer ces écuries d'Augias qui s'appellent le service des mœurs, et nous croyons, pour notre propre compte, qu'il n'y a qu'un moyen de supprimer ce qu'on appelle les abus, c'est de supprimer l'institution. »
(*Le Bien public*.)

« Une telle atteinte à la liberté, à la vie du moindre d'entre nous doit être réprimée sévèrement. — C'est la moindre des choses ; mais elle doit surtout devenir le point de départ d'une réforme sérieuse dans une des parties les plus obscures de notre administration intérieure. »
(*Le Siècle*.)

« Comme beaucoup de nos confrères, nous attendrons les explications de l'autorité compétente ; les détails qui nous ont été donnés par le journal lyonnais étaient à ce point odieux et révoltants qu'il ne nous reste qu'à douter de leur exactitude pour ne pas être obligé de réclamer énergiquement la réforme radicale d'un service, utile et indispensable sans doute, mais dont les agents se permettent de pareilles atteintes à la liberté et de pareils dénis d'humanité. »

(*La Presse.*)

« Les journaux de Lyon relataient ces tristes détails sans y apporter de passion et se contentaient d'appeler l'attention du gouvernement sur la nécessité de réformer le service des mœurs. Personne n'ignore que cette réforme est depuis longtemps réclamée par les esprits les plus sérieux, les plus modérés, justement offensés de la barbarie des règlements actuellement en vigueur. »

(*La République française.*)

Enfin, le journal *les Droits de l'homme* qui, à partir de ce moment, va demander quotidiennement la suppression de la police des mœurs, publiait, sous ce titre : *Les agents des mœurs*, un article reproduisant le récit du *Progrès de Lyon* et l'accompagnait des réflexions suivantes :

« Ce récit fait frissonner; les tortures infligées à Fantine par l'inspecteur Javert, dans *les Misérables*, étaient au-dessous de la réalité. »

« Mais quels excès abominables cette scène véridique ne révèle-t-elle pas ? A quel effrayant arbitraire sont donc livrées les malheureuses placées sous la surveillance de la police, pour qu'elles préfèrent se jeter à l'eau ou se briser la tête contre un trottoir, plutôt que de tomber entre les mains de leurs surveillants ? »

« L'inévitable répression qui attend les agents des mœurs de Lyon, coupables d'un odieux homicide, ne peut pas suffire. Il faut que la lumière se fasse sur l'institution elle-même, sur les abus auxquels elle a donné naissance, sur les habitudes des agents qu'elle emploie. Le suicide de la fille X... projette sur la police des mœurs un jour lugubre; il laisse entrevoir un mélange de violence et d'arbitraire qui ne peut subsister. »

« La police des mœurs ne peut rester ce qu'elle est, la tyrannie organisée contre les prostituées, en même temps qu'une menace perpétuelle contre les honnêtes femmes. Et, si pour cesser d'être cela, elle doit disparaître, qu'elle disparaisse au plus vite. »

La vanne est levée. Le courant des appréciations hâtives, des inexactitudes voulues ou involontaires, des injustices et des ignorances, va suivre son cours. C'est l'heure où la presse, honorable et pénétrée de la hauteur de sa mission, pourrait, si elle faisait abstraction de ses rancunes politiques, rendre de sérieux services à la sûreté de tous, en apportant dans l'examen de ces incidents de la modération, de l'équité et de la raison. Mais cela n'amuserait pas le lecteur, qui cherche l'intérêt et la passion. Il y a le programme politique qui condamne à l'injustice vis-à-vis de l'adversaire; il y a aussi la question de boutique et de tirage qui fait préférer le scandale malhonnête mais bruyant à l'œuvre d'honnêteté et de conscience accomplie sans bruit.

Dans ce dernier ordre d'idées, notons un article très sensé du journal *l'Estafette* qui, s'occupant aussi de l'incident de Lyon, et critiquant, mais sans indiquer de solution, le système suivi pour la surveillance administrative et sanitaire de la prostitution, terminait ainsi ses observations :

« A ceux qui sont responsables du pavé de Paris, et qui

ont mission d'en balayer les ordures, d'aviser. Il est à souhaiter que la presse les aide au lieu de les injurier. Surtout que la misérable politique, qui se mêle à tout pour tout empoisonner, n'entre pas dans cette affaire ! qu'elle ne vienne pas chercher ici un prétexte à de fastidieuses redites ! L'éternel dualisme de la République et de l'Empire n'a rien à voir, quoi qu'en puisse dire l'esprit de parti, dans la propreté du trottoir. »

Cette citation me remet en mémoire l'opinion suivante, exprimée en 1873, dans le journal *le XIXe Siècle*, par M. Francisque Sarcey au milieu de critiques qu'il n'y a pas d'opportunité de discuter aujourd'hui, et qui se rapportaient à une affaire de proxénétisme dont l'opinion publique se préoccupa beaucoup et qui est connue sous cette désignation : *l'affaire de la rue de Suresnes* :

« Que la prostitution enregistrée reste hors la loi puis-
« qu'elle s'y est mise volontairement ; il peut y avoir, en
« effet, à cette omnipotence de la police plus d'avantages
« que d'inconvénients. »

Sur un terrain de lutte, dans un milieu plein de complications journalières comme l'agglomération parisienne, les incidents se multiplient et s'enchevêtrent. Il s'en produisit un, le 28 octobre 1876, qui eut un grand retentissement et sur lequel nous reviendrons avec les développements qu'il comporte. Il y en eut un autre, le 1er novembre, de moindre importance et qui ne fut que la conséquence de l'encouragement donné par la presse à la protection des prostituées contre les agents. Les faits étaient racontés ainsi par *le Bien public* :

« Les agents des mœurs ont encore donné lieu, hier, à une scène scandaleuse, boulevard Haussmann. Les agents n'agissent en vertu d'aucune loi. Toute arrestation qu'ils commettent est illégale. Il paraît que des personnes s'étant interposées entre eux et leur victime ont été arrêtées. Ces personnes seraient dans leur droit en les poursuivant pour arrestation illégale. »

De son côté, le journal *les Droits de l'homme* disait :

« Dédié aux agents des mœurs et cueilli dans *l'Estafette* :
« Un dernier écho sur l'arrestation du boulevard Haussmann. Plusieurs passants, attirés par les cris d'un promeneur nocturne que les agents des mœurs voulaient arrêter, ont tenté de s'opposer à l'enlèvement. »
« Une femme qui n'était pas celle que l'on voulait prendre, et trois hommes parmi lesquels M. X..., rédacteur d'un journal dont les bureaux sont situés rue ..... ont été arrêtés. Ils passeront sous peu en police correctionnelle, sous l'inculpation de rébellion contre les agents de la force publique. »
« On parle d'un personnage qui serait mêlé à cette bagarre et qui aurait été arrêté quelques minutes. »

Que de lecteurs furent affriandés par ces dernières lignes, qui ouvraient un vaste champ à toutes les suppositions! Dans le même numéro de ce journal on pouvait lire cet entrefilet :

« Le service des agents des mœurs va être placé sous
« une surveillance spéciale qui n'existait pas jusqu'ici. »

Que s'était-il passé? Vers neuf heures du soir quatre inspecteurs de police du service des mœurs, chargés de surveiller la portion du boulevard Haussmann située derrière l'Opéra et signalée par de nombreuses plaintes comme étant depuis quelque temps le rendez-vous des filles galantes du quartier, voulurent arrêter, pour fait de prostitution clandestine, une femme qui rôdait sous les arbres et cherchait à racoler les passants. Cette femme refusa de marcher, se cramponna aux arbres et poussa de tels cris qu'en un instant les agents se virent entourés de plus de cinq cents personnes manifestement hostiles. Ils voulurent en vain se faire connaître; quelques assistants prirent parti pour la fille insoumise, injurièrent les agents, engagèrent avec eux une lutte au cours de laquelle *on vola à l'un des agents sa chaîne de montre* et qui ne se termina qu'à l'arrivée des gardiens de la paix du poste de l'Opéra. Grâce à leur intervention, cette femme et quelques-uns de ses défenseurs improvisés furent mis en état d'arrestation. Les coupables au nombre de cinq furent condamnés à des peines variant de trois mois d'emprisonnement à 15 fr. d'amende.

En rendant compte de ces condamnations dans un article intitulé : *La police des mœurs* (journal *les Droits de l'homme* du 7 novembre), l'auteur de l'article, M. Yves Guyot s'exprimait ainsi :

« Qu'est-ce qui investit d'une autorité quelconque les agents des mœurs ? »
« Qu'est-ce qui les investit d'une fonction ? »
« En quoi consiste cette fonction ? »
« Voilà des cas à examiner. »
« Nous pensons que les condamnés ne se résigneront pas à ce jugement, en feront appel et se pourvoiront en cassation. »
« La sécurité de toutes les femmes est trop intéressée à une pareille question pour qu'on se résigne si facilement. »
« Il y a là une question légale à résoudre, et nous espérons que ce commencement de poursuites est le commencement de la suppression de ce service des mœurs, qui ne sert qu'à les corrompre. »

On cherche vainement une raison, un argument dans ces phrases creuses.

Pour tenir son lecteur en haleine et compenser une défaite par une raillerie, le même journal ajoutait :

« Au moment de clore ce courrier, une surprise m'arrive. En consultant mon carnet et les informations qui me parviennent, je me vois forcé de constater que depuis quarante-huit heures aucun agent de la police des mœurs n'a outragé une femme honnête. »
« Nos compliments à monsieur le préfet de police. »

Revenons à l'incident qui s'était produit devant le troisième Théâtre-Français, le 28 octobre, et qui fit grand bruit grâce aux circonstances, grâce aussi à l'énergie indignée, à la notoriété professionnelle et aux relations qu'avait naturellement dans le monde de la presse la personne qu'il concernait, mademoiselle Rousseil, artiste dramatique (1). J'en emprunte le récit au journal *le Gaulois* :

« Mademoiselle Rousseil, ne voulant pas perdre un mot des pièces de la soirée, étant arrivée avant l'ouverture des bureaux, ne trouva rien de mieux, pour n'être pas bousculée dans la foule qui envahissait les abords du théâtre, que d'aller se promener sur le trottoir. »

« Elle n'avait pas fait quatre pas, qu'elle était abordée par un individu qui essayait d'entamer la conversation. »

« Vous vous promenez, la belle. »

« — Passez votre chemin, répondit l'artiste. »

« — Mon chemin... tu vas voir, montre-moi ta carte. »

« A ces mots, mademoiselle Rousseil cassait son éventail sur la figure de l'insolent qui lui avait pincé le bras à la faire crier. Puis, comme il ne la lâchait pas, elle lui asséna un coup sur la face avec sa lorgnette qui fut retrouvée dans son étui. »

« Des passants intervinrent heureusement. »

« Je suis mademoiselle Rousseil, du Théâtre-Français, leur dit la malheureuse femme violentée et insultée. »

« Quatre messieurs la dégagèrent et emmenèrent l'individu écumant de rage. »

« Où ? Mademoiselle Rousseil n'a pas cherché à le savoir : car, tremblante de frayeur, elle traversa en courant le boulevard pour se mettre sous la protection de trois gardiens de la paix, qui n'avaient pas bougé en voyant ce honteux scandale. »

« En leur racontant ce dont elle venait d'être victime,

---

(1) Cette affaire a fait tant de bruit qu'il m'a paru inutile de remplacer le nom de la plaignante par une initiale.

mademoiselle Rousseil montra comme preuve son éventail et sa jumelle brisés. «

« Vous avez bien fait, se contenta de lui répondre l'un des gardiens de la paix, cet individu n'a que ce qu'il mérite. »

Un pareil fait était de nature à produire une profonde impression. Si le malotru en question appartenait comme agent au service de la police, il méritait un châtiment exemplaire, et sa conduite justifiait toutes les préventions, toutes les attaques relatives au service des mœurs. Si, au contraire, comme cela fut établi par une décision judiciaire, l'auteur de cette agression inqualifiable n'appartenait à aucun service de police, il n'y avait à voir, dans l'incident, qu'un délit de droit commun dont l'accomplissement était peut-être dû à l'influence exercée sur un individu vicieux, abruti ou aviné, par tout le bruit qui se faisait sans cause, sur les prétendus abus d'autorité commis par les agents des mœurs.

L'affaire offrait, au surplus, assez de gravité pour qu'on y mît de la réserve et qu'on ne se pressât pas d'accuser l'administration de police. Ce fut pourtant la thèse immédiatement adoptée, sans examen préalable, par un certain nombre de journaux. On en jugera par quelques courts extraits :

« Mademoiselle Rousseil se rendant seule et à pied au troisième Théâtre-Français, aurait été abordée *par un agent de la police des mœurs* et traitée avec la familiarité plus que cavalière dont ces agents usent ordinairement envers les filles errantes. »

(*L'Événement.*)

« Connaissez-vous le cas de mademoiselle Rousseil ? L'éminente artiste a été interpellée par un *agent de la police des mœurs* et traitée comme une fille soumise ! »

(*Le Figaro.*)

« On a beaucoup parlé ces jours-ci de la brutalité et de la bêtise d'un *agent des mœurs* qui, rencontrant le soir une actrice près d'un théâtre, a voulu l'arrêter comme insoumise. »

(*Le Ralliement.*)

Le journal *la Révolution* invoque le même incident pour demander la suppression du « bureau des mœurs et de son annexe le bureau sanitaire », qui, suivant lui, fonctionnent contrairement à la loi et qui ont, dit-il, beaucoup d'inconvénients et peu d'utilité.

Il faut, pour varier, citer ces passages d'un article plein de raison, sous une forme humoristique, du *Gaulois :*

« Est-ce un agent des mœurs qui a insulté mademoiselle Rousseil ? Je ne le crois pas. M. Voisin jure ses grands dieux que non, et qui saura la vérité si ce n'est lui ? Dans le cas où la police des mœurs est étrangère à l'incident, nous n'avons pas à nous en occuper. Un misérable se sera présenté qui aura profité de la nuit noire et de la lâcheté publique. Il n'est pas le premier. Il ne sera pas le dernier. »

« Mais où la question devient vraiment intéressante, c'est si nous supposons pour un moment que l'offenseur appartient réellement à la police. Dans ce cas-là, la discussion peut s'élever et on peut utilement s'arracher les yeux pour ou contre la police des mœurs. »

« La police des mœurs est une institution déplorable : en revanche, c'est une institution nécessaire. Les agents qui en font partie sont, en général, des hommes à qui nous n'aimerions pas marier nos sœurs. Ce sont cependant, des hommes qui disposent de la vie et de l'honneur des femmes. Quand nous voyons les filles encombrer les boulevards et en chasser les honnêtes gens, nous crions à qui mieux mieux : « A quand le coup de balai ? Il n'y a donc plus de police des mœurs (1) ? » Et d'autre part, quand la police des mœurs fait une rafle et qu'une femme vient se jeter à notre bras, tremblante et nous suppliant ainsi : « Dites que je suis avec vous, » nous n'avons pas le courage de la laisser ramasser. Nous voulons et nous ne voulons pas. Cela se chante dans don Giovanni : « Vorrei « e non vorrei ! » C'est toujours la même histoire. On veut la fin ; on ne veut pas les moyens. »

« On dira : « Pardon ! nous voulons bien de la police « des mœurs ; mais nous voulons que les agents ne se « trompent pas ! » Pardieu ! Moi aussi je voudrais cela ! mais, en vérité, comment espérer qu'une erreur ne se produise jamais ? »

« Les gens qui font ce métier-là ont du flair. Mais, tel flair qu'ils aient, il n'y a si bon chien qui ne se trompe de piste. Je sais bien que M. Alexandre Dumas ne se tromperait pas, lui. Mais peut-être bien que si on lui offrait une place, même celle de brigadier dans la police des mœurs, il la refuserait. On aurait tort, par conséquent, de compter sur lui. »

(1) Le *Gaulois* se rencontre là textuellement avec *le Siècle* qui disait le même jour : « Dès que la marée de la prostitution clandestine atteint un certain niveau, et qu'il faut chercher des gués pour traverser le flot sans encombre, le public parisien s'émeut et réclame l'intervention de l'autorité : « Il n'y a donc plus de police ? » C'est le cri usité en pareil cas ; et nul de nous ne peut se vanter de ne l'avoir jamais fait entendre. »

« Et puis quelquefois il fait froid ; il y a du brouillard ; on boit un coup de trop. C'est un tort. Mais dans les quatre ou cinq cents agents dont le service se compose à Paris, comment exiger qu'il n'y ait pas un moment d'oubli, une faute, une maladresse ? »

« *Que faire, que dire alors ? Rien. Rester dans le statu quo : avoir une police des mœurs ; s'en servir et continuer de crier contre elle. Cela a toujours été la marche des choses. Celui qui la changera n'est pas né.* »

Il y a beaucoup de vrai dans cette appréciation spirituelle et railleuse, évidemment écrite en courant. Dans l'énorme liasse de journaux que j'ai dû relire et qui parlaient du même incident, j'ai trouvé bon nombre de vérités qui m'ont rappelé la sortie de M. Dupin contre les toilettes tapageuses (1) et que, malgré mon désir d'éviter des longueurs inutiles, je ne peux me dispenser de reproduire ici, car elles y sont à leur place. Je les prends au hasard, où je les trouve. En voici une puisée dans *le Ralliement :*

« Mais, en faisant le procès de la police, il faut bien laisser aussi aux usages, aux mœurs, la responsabilité qui leur incombe. »

« Si les honnêtes femmes ne s'habillaient pas, ne se peignaient pas comme les filles publiques, la confusion serait impossible, même pour les plus obtus des fonctionnaires français. »

---

(1) En 1865, il s'agissait au Sénat d'une pétition relative à la prostitution. M. Dupin signala « le luxe effréné des femmes, comme une des causes du dérèglement des mœurs. »

Le journal *l'Estafette* dit la même chose en d'autres termes :

« De nouveaux genres de corruptions se sont implantés parmi nous. Des boutiques se sont ouvertes où l'on vend de singuliers produits aux étrangers timides. Les lionnes pauvres de bas étage, des femmes mariées ont été surprises chassant sans port d'armes sur les terres de la galanterie payante. »

« Comment, s'écrie *le Siècle*, distinguer à cinq pas la femme honnête de celle qui ne l'est pas ?...
... Les toilettes, les tournures, tout est si bien mêlé, du haut en bas de l'échelle sociale, que les distinctions apparentes ont insensiblement disparu.
« Mêmes chapeaux extravagants, mêmes fourreaux, même tenue, de part et d'autre, on semble avoir mis de côté les préjugés ; on s'imite, on se copie, on se pille, on contrefait les procédés réciproques. Telle femme honnête n'hésitera pas à prendre l'enseigne voyante, à revêtir l'arme de combat de telle fille du monde galant, sans courir cependant à la même mêlée, sans jeter au public le même défi. On arbore le même pavillon, sans transporter la même marchandise ; mais comment ne pas s'y tromper, si l'on ne connaît le dessous des cartes ? »

Revenons à la campagne entamée par le journal des *Droits de l'homme*. L'incident concernant mademoiselle Rousseil lui servit de prétexte pour un article ayant pour titre : *la Police des mœurs*, et qui dépassait en violence ses attaques précédentes. Il était daté du 3 novembre et ainsi conçu :

« Il y a deux mois, à Lyon, des agents, dits de la police des mœurs — par antinomie sans doute, — *tuaient* une jeune fille. »

« Huit jours après, *ils en faisaient une autre se jeter par la fenêtre* (sic). »

« Ces agents ont sans doute conservé leur position. Ils ont sans doute reçu la gratification qui leur est allouée par chaque arrestation. »

« En tout cas, ils n'ont été ni poursuivis, ni condamnés. Ainsi existent en France des êtres qui ont droit de vie et de mort sur d'autres êtres, plus de quatre-vingts ans après la Révolution. »

« Il y a quelques mois, des agents arrêtaient la bonne de M. X... (1), parce qu'elle attendait ses fils sur un trottoir. »

« D'autres arrêtaient dans une gare la femme d'un administrateur de chemin de fer, et son mari, malgré sa grande position sociale, ne pouvait la faire relâcher que le lendemain. »

« Avant hier, un agent arrêtait mademoiselle Rousseil, place du Théâtre-Français, comme d'autres agents arrêtaient, il y a quelques années, les demoiselles Z... (2).

« Hier soir, au coin du boulevard Haussmann, une scène scandaleuse du même genre se produisait. On emmenait au poste les passants qui voulaient empêcher les « agents des mœurs » d'accomplir leur ignoble métier. »

« Voilà les faits qui se passent à Lyon et à Paris tous les jours ; sur nos boulevards, dans nos rues, il y a des razzias de femmes. Cela se fait en dehors de toute loi. Chacun de ces actes est un attentat à la liberté individuelle. Les agents qui s'en rendent coupables devraient passer en cour d'assises. »

« Cependant ils opèrent avec tranquillité, privilège et autorisation. On ne sait où sont recrutés ces hommes ;

(1) Je supprime le nom indiqué.
(2) Même observation.

ils ont tout pouvoir, à Paris, sur trente mille femmes, sans compter les ouvrières, les jeunes filles qu'ils peuvent menacer, emmener, emprisonner, sans craindre aucune responsabilité. »

« Il paraît que ce sont de très bons instruments de proxénétisme. — *Des gens qui veulent des femmes et ne veulent pas se déranger, les prennent à leurs gages. — Si la persuasion ne suffit pas, ils emploient la menace.* — Livre-toi ou Saint-Lazare ! tel est le dilemme. Une malheureuse jeune fille, une ouvrière, ne peut se défendre. Elle cède. Dès lors, elle est perdue. L'agent ne la lâche plus. »

« Il y a des marchés entre les femmes qui tiennent les maisons de tolérance et ces agents. Quand les maisons manquent de sujets propres à attirer la clientèle, *la police se charge de les leur fournir ; la police se charge aussi de les y retenir.* »

« Voilà ce qui se passe au dix-neuvième siècle, dans un pays civilisé, où on ne trouverait peut-être pas un seul partisan de l'esclavage des nègres ; on y tolère, on y protège, on y approuve généralement l'esclavage des blanches. »

« On s'indigne contre les harems particuliers de l'Orient. En France, la police a des harems publics. Elle y tient prisonnière des femmes derrière des grilles ; elle les pourvoit, elle garantit au consommateur la bonne qualité de la marchandise qu'elle livre à ses appétits. J'aime encore mieux le harem turc que le harem français. »

« De temps en temps, quelques ignobles faits comme ceux de Boulogne, comme l'histoire du commissaire de police de Marseille, soulèvent un moment l'indignation publique ; puis elle retombe. Personne n'ose élever la voix en faveur de ces parias : c'est pour cela que nous l'élevons et que nous dénoncerons sans cesse l'oppression des êtres les plus abjects de la police sur des malheureuses sans défense. »

Trois jours après, dans le même journal, l'auteur de cet article, M. Yves Guyot, engageait le public « *à arrêter lui-même les agents des mœurs, parce qu'il n'était pas mauvais de les dégoûter du métier.* »

Dans l'intérêt du service public, et par devoir vis-à-vis des agents placés sous ses ordres, M. Félix Voisin, alors préfet de police, ne voulut pas que ces derniers demeurassent sous le coup de telles calomnies et de pareilles injures. Il déféra à la justice l'article qu'on vient de lire, en même temps qu'il faisait rechercher l'auteur des insultes et des violences dont mademoiselle Rousseil avait été l'objet.

Cet individu, qui se disait commissionnaire en marchandises, fut retrouvé et condamné, le 30 novembre 1876, à six mois d'emprisonnement pour violences et immixtion, sans titre, dans des fonctions publiques. Une condamnation à six mois de prison, confirmée en appel, fut également prononcée contre l'auteur de l'article dont il s'agit, pour publication de fausse nouvelle faite de mauvaise foi, d'injures et de diffamations envers des dépositaires ou agents de l'autorité publique pour des faits relatifs à leurs fonctions.

A l'occasion de cette condamnation, M. Yves Guyot publia sous le titre : *La lettre de mon oncle* une lettre dans laquelle ce réformateur, si prompt à médire des agents de l'administration, ne se marchandait pas les comparaisons les plus flatteuses. On en jugera. Il s'écrivait à lui-même des phrases comme celles-ci : « On a crucifié Jésus, il y a dix-huit siècles, et pendu John Brown, il y a dix-huit ans. Aujourd'hui, on ne te condamne qu'à six mois de prison. Les mœurs s'adoucissent. »

A partir des poursuites judiciaires dont nous venons de parler les allures de la campagne, qui va se continuer sans l'abandon de son objectif, changent de formes et cessent de constituer l'attaque directe et violente contre les agents. Le journal *les Droits de l'homme* annonce que plusieurs députés de l'extrême gauche *déposeront prochainement* sur le bureau de la Chambre des députés une proposition tendant à la suppression de la police des mœurs (10 novembre 1876). Il publie successivement des articles intitulés : *La Femme dans l'antiquité ; la Police des mœurs et l'Italie officielle ; la Femme dans le christianisme; la Police des mœurs ; la Traite des blanches.*

Quelques mots suffiront pour donner une idée du caractère de ces publications.

La Femme dans l'antiquité conclut par cette phrase qui vise évidemment la liberté de la prostitution : « Il ne doit pas y avoir de femmes esclaves. » *La police des mœurs et l'Italie officielle* commente un article du *Diritto* sur « l'arbitraire qu'exige et que comporte une police des mœurs. » C'est encore l'esclavage de la femme résultant des croyances religieuses que veulent démontrer les auteurs de *la Femme dans le christianisme* (1). C'est la guerre au spiritualisme, l'assimilation dans leur origine de l'ascétisme et de la débauche. On y lit des phrases dans le goût de celle-ci :

« Le porc de Saint-Antoine est un symbole : la spiritualité aboutit à l'animalité ; et saint Antoine, voulant devenir un Dieu, arrivait à être aussi cochon que son compagnon. »

Quant à la *Police des mœurs*, elle ne constitue, sous une apparence d'examen critique d'un livre sur la prostitution, qu'une compilation faite à coups de ciseaux de façon à rendre l'appréciation et la réfutation difficiles, sinon impossibles, pour le lecteur. *La Traite des blanches* n'était que la reproduction d'un article du *Temps* de 1867 et dont le passage suivant résume la thèse :

« Ce ne sont pas les rôdeuses de la rue qui sont à redouter pour la fortune et la santé des jeunes et vieux riches ; ce sont celles qui ont hôtel, chevaux, voitures, salons, qui éclipsent au bois et au théâtre toutes les femmes du monde et qui aspirent (*sic*) des fortunes entières par un luxe insatiable et un jeu effréné. »

(1) MM. Yves Guyot et Sigismond Lacroix.

« La police n'ose pas sévir contre celles-ci ; qu'elle renonce, alors, contre les autres, à des rigueurs inutiles qui renouvellent en notre temps les plus tristes spectacles d'une autre époque (1). C'est par d'autres moyens qu'il faut ramener dans un peuple le sentiment moral et la conscience de la dignité humaine. »

« Ces moyens, ils sont tous contenus dans un seul mot et ce mot, qu'il n'appartient pas à la police de prononcer : c'est la liberté. »

Dans la circonstance, il s'agissait évidemment de la liberté de la prostitution.

En même temps que ces publications, qui avaient la prétention d'être des articles à sensation, le même journal reproduisait, sous le titre de « la police des mœurs et la loi » un article dans lequel M. Sigismond Lacroix reprenait la thèse qu'il avait soutenue devant le Conseil municipal et qui tendait à démontrer l'illégalité des attributions spéciales de la police relativement à la surveillance des mœurs (2).

Mais ces dissertations théoriques, si violentes qu'elles fussent, n'agissaient pas fortement sur le public. On dut se rabattre sur la reproduction, avec commentaires, des incidents qui se produisaient au Conseil municipal au sujet du fonctionnement du service des mœurs, incidents qu'il était facile à certains rédacteurs du journal des

(1) Ceci est probablement une allusion au passage de Manon Lescaut où il est parlé de l'embarquement forcé de « filles de joie » pour l'Amérique.
(2) Nous reviendrons sur ce point chap. VI.

Droits de l'homme de faire naître en raison de leur qualité de conseillers municipaux. Ce n'était pas assez. On organisa des réunions publiques où l'on mit en discussion la police des mœurs. Dans une de ces réunions, tenue dans la salle de la rue d'Arras, les assistants adoptèrent une pétition qui *invitait* l'Assemblée nationale à supprimer immédiatement le service des mœurs et à *sommer* le Ministre de la justice « d'avoir à intenter les poursuites édictées par les articles 341 et suivants du Code pénal contre les agents de ce service qui s'en mettraient ultérieurement dans le cas » (*sic*).

Cette pétition était flanquée de nombreux *considérants* dont certains, tels que les suivants, méritent d'être cités tant ils révèlent d'ignorance de la question et de suffisance bouffonne :

« Considérant :

« Que la formalité de la visite médicale imposée aux femmes arrêtées constitue, à la charge des agents des mœurs, une circonstance particulièrement aggravante, puisqu'elle n'aboutit à rien moins pour la femme récalcitrante qu'au *rétablissement de la torture corporelle* » ;

« Qu'il ne doit plus y avoir deux poids ni deux mesures et que l'article 75 de la constitution de l'an VIII ayant été abrogé, rien ne décharge plus les employés de la police de la responsabilité légale de leurs actes » ;

« Que la *dignité*, l'ordre et la tranquillité publics sont intéressés au *respect du principe de l'égalité* de la loi » ;

« Que d'ailleurs, il n'existe *aucune raison sérieuse* de mettre les prostituées hors la loi et de leur créer arbitrairement des conditions d'existence qui en font dans la société *des parias et des esclaves* » ;

« Que la police des mœurs, *outre l'iniquité de l'institution et l'illégalité de ses procédés*, loin de jouer un rôle moralisateur, *rive irrémédiablement au vice* les malheureuses flétries de son estampille » ;

« Que cette inquisition *obscène* est non seulement une tyrannie pour les femmes qu'on nomme, *par antiphrase sans doute, filles de joie*, mais constitue encore un danger permanent pour les femmes *dites honnêtes*, ainsi que des faits récents et instructifs en ont donné l'indéniable démonstration. »

Il faut limiter l'amas de citations qu'entraîne la nature de ce travail. Bornons-nous, dans l'espèce, à celles-ci qui n'ont pas besoin d'être commentées.

A ces divers moyens d'agitation de l'opinion publique vinrent s'ajouter quelques histoires de faux agents des mœurs, des récriminations, empreintes d'une certaine réserve, sur des arrestations pour prostitution clandestine, arrestations parfaitement justifiées, l'annonce du dépôt sur le bureau du Sénat d'une pétition pour la suppression de la police des mœurs (1), la publication d'un règlement drolatique de la prostitution. Que faire encore ? Il n'y avait plus qu'une ressource : recourir à l'importation étrangère !

(1) Les mesures demandées par cette pétition étaient au nombre de quatre :
1° Le Gouvernement complètement étranger à cette matière et les tribunaux seuls chargés de l'application des art. 330, 334, § 335, du Code pénal ; 2° la fermeture des maisons de tolérance ; 3° l'expulsion avec secours de route, des filles publiques de nationalité étrangère ; 4° la suppression de la police des mœurs.

Le journal *les Droits de l'homme* publia un article sur « la ligue pour la prostitution légale en Angleterre ». Madame Joséphine E. Butler, la directrice ou secrétaire de la « *British and continental federation for the abolition of government regulation of prostitution*, répondit (c'était prévu) à M. Yves Guyot; sa lettre, très longue, que reproduisit le journal, débutait ainsi :

« Je vous remercie de votre lettre et des numéros du journal *les Droits de l'homme*. J'ai lu avec attention et intérêt tous les articles qui traitent de la question de la prostitution légale. Le fait de ce réveil si remarquable en France, conduit par votre journal sur ce sujet (*sic*) est un encouragement pour l'association entière de la Grande-Bretagne. Nous en faisons mention dans nos grands meetings avec sympathie et admiration. »

Nous allons voir maintenant entrer en scène, comme alliés du journal *les Droits de l'homme* dans ses attaques contre le service des mœurs, M. James Stansfield, ancien ministre d'État, membre du Parlement anglais, M. Butler, principal du Collège de Liverpool, madame Joséphine Butler, M. James Stuart, professeur à l'Université de Cambridge, M. Aimé Humbert, professeur, ancien conseiller d'État de Neufchatel, M. Donat Sautter, de Genève, M. Jean Nicolet, de Belgique. Ce n'est pas une des moindres singularités de notre temps que l'intervention active d'étrangers dans un débat qui touchait à des questions de police intérieure et de sûreté. Nous reviendrons sur ce point lorsque nous aborderons, d'une manière spéciale, le rôle du contingent étranger dans ce qu'on est convenu d'appeler la campagne contre la Préfecture de police. Il nous suffira, quant à présent, de dire qu'il y eut, à cette occasion, des réunions privées et publiques dans lesquelles des Anglais, des Belges et des Suisses, bien intentionnés, mais parlant, on peut l'affirmer, d'une question qu'ils ne connaissent point pratiquement, renouvelèrent, sous le patronage d'un Français, contre nos institutions de police, un assaut qu'ils avaient vainement livré sur le même terrain à la législation de leurs pays. Il se tint d'étranges propos dans ces réunions dont les comptes rendus alimentèrent la presse quotidienne et contribuèrent à propager, sur la question des mœurs, des idées fausses de nature à créer, au préjudice de la santé publique et de la sûreté générale, les plus grands embarras à l'autorité de police.

Sur ces entrefaites, le journal *les Droits de l'homme*, frappé par la justice d'une suspension, disparaissait ; il ressuscitait sous un autre titre : *le Radical*, avec le même personnel de rédacteurs. C'est ainsi que, plus tard, *le Radical* fut, à son tour, remplacé par *la Lanterne*.

Le Radical inaugura par des lazzis dépourvus de saveur, le système de dénigrement personnel des fonctionnaires de la Préfecture de police, système que *la Lanterne* devait un jour pratiquer avec violence, en poussant la diffamation jusqu'à la frénésie. Il poursuivait surtout de ses railleries un Conseiller municipal qui avait demandé la répression de la prostitution clandestine et tenté de défendre le service des mœurs. Ces procédés attirèrent au *Radical* de la part de la *République Française* une verte semonce, à laquelle, dans son numéro du 14 avril 1877, il répondit ainsi :

« Il nous appellent en passant : *une petite bande de tapageurs mal embouchés* ». La République Française, qui se pique de littérature parce qu'elle délaye tous les jours en cinq colonnes des idées si étroites qu'elles tiendraient largement en deux lignes, s'est ici négligée jusqu'à emprunter au vulgaire une expression horrifique : « *mal embouché.* » C'est une locution qui n'est pas du monde, elle est arrachée au répertoire de Cadet-Cassis, et de Bibi la Grillade et je la crois de nature à compromettre singulièrement la *République Française* vis-à-vis des classes lettrées. »

La leçon, comme on le voit, n'était pas acceptée ; elle ne profita pas. Les bouffonneries continuèrent, mais leurs prétextes devenant rares, on en était réduit à reprocher à la Police de mettre obstacle au suicide de l'assassin Moyaux et de la veuve Gras. On transformait en employé de la Préfecture de police, un prisonnier du dépôt occupé à des travaux de propreté dans la prison et qui avait volé un de ses co-détenus. L'attaque languissait.

Le 28 avril 1877, *le Radical* annonçait que « son rédacteur en chef, M. Yves Guyot, conseil-« ler municipal du troisième arrondissement « de Paris, s'était constitué prisonnier la veille. » Il s'agissait de subir la peine d'emprisonnement à laquelle il avait été condamné le 13 janvier.

Le même jour (27 avril) M. Sigismond Lacroix, également rédacteur du *Radical* et conseiller municipal de Paris, était frappé d'une condamnation à trois mois de prison pour complicité d'outrages à la religion catholique.

On était à la veille des événements du 16 mai. La première phase de la campagne de M. Yves Guyot était terminée.

II

La deuxième phase ne fut, en réalité, au début, qu'une trêve forcée. La lutte était d'ailleurs tout entière sur le terrain politique et électoral. Le journal *le Radical* essaya pourtant de maintenir ses lecteurs en haleine dans leurs préventions contre les agents des mœurs. Le 27 mai, il publiait l'entrefilet suivant, que beaucoup de journaux reproduisirent :

« Un nouvel exploit de la police des mœurs : Une dame du monde aurait été arrêtée par deux agents des mœurs; nous suivrons cette affaire. »

Cet entrefilet attira l'attention et donna lieu à de nombreux commentaires. La *Gazette des Tribunaux*, du 18, fit paraître une note rectificative et, comme plusieurs journaux avaient dit à ce sujet que le Préfet de police, très ému de l'incident, songeait à apporter des modifications au service des mœurs, elle ajouta :

« Nous pouvons affirmer que le fait signalé est imaginaire ; il en est de même de la prétendue émotion du Préfet de police et des projets de modification dans le service des mœurs. »

Le Radical s'efforça alors de faire revivre diverses accusations d'arrestation arbitraire portées contre les agents des mœurs et dont il avait antérieurement entretenu ses lecteurs ; il publia ensuite des critiques dirigées par le journal *la Victoire*, de Bordeaux, contre la police des mœurs. Là s'arrêta son effort et le silence se serait enfin fait, au moins momentanément, sur une question qui semblait constituer l'unique machine de guerre d'une certaine presse, lorsqu'un incident, dont l'aggravation était évidemment due à l'influence des personnes qui s'y trouvèrent mêlées plus ou moins directement et aussi à l'allure passionnée des récriminations injustes dont l'action de la police était l'objet en matière de surveillance et de repression de la prostitution, vint à se produire et souleva dans le journalisme une véritable émotion.

La Lanterne (du 12 novembre), laquelle remplaçait *le Radical* disparu le 22 juin précédent, par suite d'une décision judiciaire qui en avait prononcé la suspension, racontait ainsi les faits :

« Parmi toutes les graves questions que les *conservateurs* n'aiment pas à voir agiter, il en est une qui leur porte particulièrement sur les nerfs : c'est la question de la *police des mœurs*. Cette susceptibilité conservatrice se traduit même ordinairement par plusieurs mois de prison jetés à la tête des républicains : notre confrère Yves Guyot en sait quelque chose. »

« Or, aujourd'hui, le hasard veut que Messieurs les conservateurs soient obligés de s'occuper de la police des mœurs, parce qu'ils viennent d'être eux-mêmes victimes de cette joyeuse institution. »

« Le *Gaulois* raconte ce matin, avec une colère non contenue, que deux agents des mœurs brutalisaient hier deux femmes, rue Grange-Batelière, quand plusieurs personnes et entre autres, M. X et M. Z (1) voulurent s'interposer. Immédiatement les sergents de ville vinrent au secours des agents et tout le monde fut conduit au poste. »

Je retranche, pour éviter une redite, les objurgations qui terminent l'article et je restreins pareillement la citation des critiques et des récriminations ardentes qui se formulèrent à cette occasion.

Oublieux de la thèse qu'il avait si spirituellement soutenue à propos de l'incident Rousseil, *le Gaulois* s'écria :

(1) Je supprime les noms indiqués par l'article.

« Ce que nous n'admettrons jamais, c'est que, sous le prétexte commode de police des mœurs, des agents subalternes puissent se permettre de provoquer, en plein jour, un scandale comme celui qui a mis en émoi, avant hier, tous les habitants de la rue Grange-Batelière. »

« Encore un scandale à l'actif de la police des mœurs », dit *la France*.

Le Réveil réclama énergiquement de M. Voisin, préfet de police, « des éclaircissements sur cette affaire nauséabonde ».

Le Petit Parisien raconta les faits à sa façon :

« Un nouveau scandale. C'est intolérable. Le service de la police des mœurs, si mal fait et si déplorablement organisé dans notre Paris, vient de commettre encore une de ces bévues.....

« Deux individus passaient sur le trottoir.... Ils accostèrent deux femmes qui marchaient devant eux. Lesquelles? Nous n'avons pu le savoir et nous n'avons même pas à le savoir. Les deux individus invitèrent les deux femmes à déjeuner (on a su tout depuis). Au moment où les deux femmes acceptaient l'invitation, les deux individus se jetaient sur elles en criant : Nous sommes agents des mœurs ; il faut nous suivre..... A qui devrons nous la réorganisation du service des mœurs? »

L'article de *l'Événement* fut plus réaliste.

« Deux femmes, de tournure légèrement équivoque, se promenaient bras-dessus, bras-dessous, lorsqu'elles furent accostées par deux hommes doués de pantalons effilochés et de cravates tordues en ficelle. — Venez-vous déjeuner avec nous, dit l'un de ces personnages? — Tout de même, allons »......

Le Bien Public prit texte de l'incident pour demander la suppression de la Police des mœurs.

« Cette respectable institution, disait-il, finira par soulever l'indignation de tout le monde..... Dans quelques jours la question de la police des mœurs va reparaître au conseil municipal. Elle ne sera peut-être pas tranchée cette année parce que les majorités des assemblées, si radicales qu'elles passent pour être, sont toujours timides ; mais, certainement, les électeurs municipaux donneront pour mandat à leurs prochains conseillers de supprimer ce service, si respectable que soient les hommes vertueux qui remplissent ces honorables et héroïques fonctions. »

Enfin *le Peuple* formula le même vœu, mais en se montrant plus violent et plus injurieux que ses confrères :

..... « Hier, les agents des mœurs ont éprouvé le besoin de faire parler d'eux, mais cette fois tous les journaux se donnent la main et il est probable, sinon certain, qu'on arrivera à extirper ce monde hideux, vermine de la Préfecture de police et que les agents des autres services ne regardent même qu'avec mépris. »

« *Que la Préfecture trouve un moyen quelconque pour la surveillance des femmes, mais plus d'agents des mœurs et qu'elle les rejette dans la fange d'où ils sont sortis* ».....

« Dans quelques jours d'ailleurs, la question de la police des mœurs va reparaître au conseil municipal et nous espérons qu'elle sera résolue. »

Que de parti pris, que d'aveuglement, que de passion dans ce concert de dénigrement et d'insultes ! Les récriminations n'ont d'ordinaire de ces violences écrites que de la part de ceux qui ont été atteints directement. Ce n'est pas là de l'indignation véritable, ce n'est pas du journalisme dans le sens relevé du mot, car il ne s'agit pas de chercher la vérité et d'obtenir des réparations légitimes, c'est de la lutte, du combat, avec l'épithète insultante et la calomnie pour armes.

Que s'était-il passé ?

Deux inspecteurs de l'attribution des mœurs, faisant leur service dans la circonscription où s'exerçait habituellement leur surveillance, avaient arrêté, à l'état de contrevenantes aux règlements, deux filles publiques inscrites racolant en plein jour, logeant ensemble en garni. L'une de ces filles, retardataire aux visites sanitaires, avait lacéré sa carte ; elle avait été condamnée pour vol et elle faisait l'objet d'une information. Il y avait eu scandale et rébellion. Plusieurs personnes étaient intervenues. Les agents avaient été insultés et battus.

L'affaire se dénoua en police correctionnelle ; deux individus, un placier et un garçon de restaurant qui, dans cette circonstance, avaient été arrêtés pour outrages et rébellion envers les agents, furent condamnés, l'un à un mois de prison, l'autre à huit jours de la même peine.

C'est le cas de citer le titre de la pièce anglaise : *Much ado for nothing*. Beaucoup de bruit pour rien.

Peu de jours après cette affaire, le 17 décembre 1877, M. Félix Voisin quittait la Préfecture de police, où, dans des circonstances difficiles, il avait, tout à la fois, fait preuve de conciliation et montré la plus honorable fermeté (1). Il cédait la place à M. Albert Gigot. La troisième phase, la plus considérable, de la campagne de M. Yves Guyot contre la Préfecture de police allait commencer.

III

Au début, le journal *la Lanterne*, qui s'était promis de « ménager M. Gigot (2) », ne démasqua pas ses hostilités. Il se bornait à espérer que « si M. Albert Gigot s'occupait du service des « mœurs, ce serait pour le supprimer ». Il louait la circulaire du début par laquelle le nouveau Préfet de police recommandait aux commissaires de police « d'éviter toute rigueur injuste et « toute rudesse inutile et de conserver dans leurs « relations avec le public des formes bienveillan- « tes et polies ».

On en était là, lorsqu'un nouvel incident, inévitable dans toute pratique répressive, vint à se

---

(1) Sur le terrain administratif, on doit à M. Félix Voisin une importante mesure : l'organisation d'écoles d'adultes dans les prisons de la Seine.

(2) Voir la *Lanterne* du 4 janvier 1879 : « M. Gigot que, par égard pour M. de Marcère, nous avions ménagé. »

produire. Il s'agissait d'une fille publique inscrite, en infraction à ses obligations sanitaires, et qui, se trouvant dans un garni mal famé au moment d'une descente de police, alors qu'elle avait des raisons de croire qu'elle était compromise dans une affaire d'assassinat, tomba sur le pavé et se blessa grièvement en cherchant à s'évader. Elle avait voulu passer par sa fenêtre pour en gagner une autre qui dépendait d'une maison du voisinage. Cette intervention de police amena l'arrestation de trois autres filles publiques en contravention et d'une prostituée insoumise atteinte d'une maladie vénérienne.

L'opération était régulièrement faite en vertu d'un texte légal. Les agents des mœurs n'y avaient qu'un rôle passif; ils n'y figuraient que comme assistants du commissaire de police. Cette affaire ne fournissait donc pas le moindre grief à relever contre le service des mœurs. *La Lanterne* se tut, mais *le Bien public*, ouvert à sa rédaction, publia, à cette occasion, un article violent, dont j'extrais ces lignes :

« Les anges gardiens de la morale publique, à 97 fr. 50 par mois, connus sous le nom ironique d'agents de la police des mœurs, continuent leurs aimables exploits. »

. . . .

« Hier, rue... des agents ont fait une de ces aimables visites. Une malheureuse a essayé d'échapper à cette râfle en passant par une fenêtre du deuxième étage et en s'aventurant sur une toiture vitrée. Les vitres se sont

brisées sous son poids et elle est tombée les jambes brisées. » . . . .
. . . .

« Quand une râfle pareille se produit, les malheureuses qui en sont victimes, disent : « Il paraît que l'entrepreneur a besoin de prisonnières à Saint-Lazare (1) ». — Et il faut bien avouer que Parent-Duchâtelet, dans son livre, constate que le service des mœurs a toujours les meilleurs rapports avec les entrepreneurs du travail à Saint-Lazare — *rapports désintéressés sans doute.* »

« *Faire concurrence au travail libre des femmes,* en les arrêtant, selon les besoins de l'ouvrage de la prison, et les arrêter sous prétexte qu'elles ne peuvent pas vivre de leur travail, c'est un chef-d'œuvre de logique. »

« Nous espérons que le conseil municipal va nommer de nouveau une commission chargée d'examiner les dessous de ce joli régime. »

Malgré sa portée diffamatoire, cet article ne fut pas poursuivi.

Sauf un entrefilet du *Réveil*, proclamant que, depuis qu'il était Préfet de police, l'honorable M. Albert Gigot avait donné de nombreuses preuves de son intention bien arrêtée de moraliser la police et annonçant que « parmi les premiers objets de sa sollicitude administrative figurait la réforme des maisons à gros numéros, » le silence se faisait encore une fois sur le service des mœurs. Les préparatifs et l'ouverture de l'Exposition universelle absorbaient d'ailleurs l'atten-

(1) On retrouvera ce détail, avec l'emploi des mêmes termes, dans les lettres d'un ex-agent des mœurs par M. Yves Guyot. Cette polémique, qui dura plusieurs années, est bourrée de répétitions intentionnelles.

tion publique ou du moins la partageaient avec les incidents de l'assassinat commis par les nommés Barré et Lebiez. Il fallait, pour alimenter la campagne contre le service des mœurs, un incident plus favorable que celui dont il vient d'être question. On a mauvaise grâce à se faire ouvertement et carrément le défenseur d'une fille publique. Les arrestations d'insoumises, c'est-à-dire de femmes se livrant clandestinement à la prostitution, offrent un meilleur terrain d'attaques. *La Lanterne* attendait. L'exécution de l'ordonnance de 1778, qui autorise les descentes nocturnes de police dans les hôtels garnis notoirement ouverts à la prostitution, allait lui offrir, ainsi qu'à la portion de la presse qui est à l'affût de pareilles occasions, un prétexte apparent à de bruyantes critiques et à des récriminations plus violentes que celles qui s'étaient jusqu'alors produites.

Il s'agissait encore d'une visite de nuit dans une maison meublée mal famée. En exposant le fait, je n'en relève que les côtés extérieurs et dont l'examen appartient à tout le monde. Un hôtel garni, notoirement connu comme donnant asile à des prostituées, avait été, de nouveau, signalé comme tel à l'autorité de police. Une descente nocturne avait été prescrite. Le commissaire de police, accompagné d'agents des mœurs, était chargé de l'opération. A son arrivée devant la maison, il fut, lui-même, racolé par des prostituées, locataires de l'hôtel, lesquelles, reconnaissant bientôt à qui elles avaient affaire, donnèrent l'alarme dans la maison, dont toutes les lumières furent éteintes, et *d'où s'échappèrent plusieurs hommes.* Lorsqu'on pénétra dans l'hôtel, on y trouva plusieurs filles publiques en contravention, une insoumise couchée avec un homme, une autre fille trouvée couchée seule, mais qui pouvait avoir été laissée par un des fuyards dont il a été question plus haut. Toutes ces femmes furent déposées au poste et interrogées par le commissaire de police, lequel maintint leur arrestation et les dirigea sur le dépôt de la Préfecture de police.

La fille qui avait été trouvée couchée seule protesta devant le commissaire de police contre son arrestation qu'il crut devoir maintenir. Elle fut relaxée par la Préfecture de police.

Malgré les considérations qui militaient en faveur de la décision du commissaire de police au sujet de l'arrestation dont il s'agit, laquelle avait été faite, cela était évident, dans un milieu de prostitution de nature à la justifier jusqu'à plus ample examen (1), ce commissaire de police fut

---

(1) Il est expressément recommandé, lorsque des femmes sont trouvées couchées seules, de ne point procéder à leur arrestation, *à moins que les circonstances ne donnent au commissaire de police la conviction que ces filles viennent de se livrer à un acte de prostitution* (Instruction réglementaire du 16 novembre 1843, renouvelée le 15 octobre 1878, par M. Albert Gigot).

frappé d'une mesure de suspension et changé de quartier.

Cette mesure de sévérité, évidemment prise pour désarmer la Presse, n'atteignit pas son but. Mieux eût valu défendre dans toutes ses conséquences, même avec les entraves qui résultent de l'obligation du secret professionnel, et qui ne permettent pas de faire usage des renseignements obtenus, une opération que les circonstances et l'intérêt des mœurs et de la santé publiques justifiaient de reste.

Opposons à ces faits exposés de bonne foi, sans parti pris d'optimisme, mais avec la connaissance approfondie de toutes les difficultés que rencontrent, dans la pratique, les opérations de police les plus légitimes et les plus indispensables, les clameurs qu'ils soulèvent dans la Presse. Et n'est-il pas, dans ce cas, comme dans tous ceux que j'ai cités, permis de dire que l'indignation et la colère, en dépassant toute mesure, démasquaient, là encore, des arrière-pensées et des projets où l'on se souciait peu, au fond, des arrestations de prostituées, et qui visaient surtout, à défaut de la destruction de l'institution de police, et comme une satisfaction d'un ordre politique, le renvoi et le remplacement, quand même, d'un certain nombre de ses agents?

Le doute sur ce point n'est pas possible. Qu'on en juge :

LA CAMPAGNE DANS LA PRESSE.

Il n'est pas de jour où votre police des mœurs ne se rende coupable d'attentats aux mœurs et il serait temps qu'une bonne fois on mît fin aux *exactions* qu'elle commet sous le manteau de l'impunité »......

... « Cette bande de vautours noirs qui, à la faveur de la nuit, enserrent dans leurs griffes les honnêtes femmes avec la même impudence qu'ils le feraient des coureuses de guilledou, *doit enfin disparaître* au nom de la morale publique. »

(*La Marseillaise.*)

« Ça été un crime de laisser à leur poste *les mêmes agents*. Ce qui était pourri, restera toujours pourri. Non, pas de conciliation. Il faut que tout cela disparaisse. Je ne dirai pas aux armes ! mais simplement : aux balais ! »

(*Le Voltaire.*)

« Il est temps d'arrêter définitivement les exploits de certains agents *dont le recrutement sans contrôle, sans garantie*, et dont les services douteux ne méritent pas la complicité du pouvoir. »

(*La France.*)

Un journal à images, *la Petite lune*, contenait un article intitulé : *Aux ouvriers, pères de famille, à propos des agents des mœurs qui traitent les filles du peuple comme des raccrocheuses*, et débutant ainsi :

« Frangins et aminches. »

De la critique en argot !
On y lisait des phrases comme celles-ci :

« On ne saurait avoir trop de haine et de dégoût pour les agents des mœurs..... Entre les chasseurs et les souteneurs de filles, je ne fais pas grande différence. »

Quant au journal *la Lanterne*, après avoir reproduit un article du *National* relatif au même incident et ainsi conçu :

« Le Ministre de l'intérieur, justement ému de ces faits regrettables, a fait ouvrir une enquête et si les faits rapportés sont exacts, les agents coupables seront révoqués. »

« En outre, M. de Marcère se propose, de concert avec le Préfet de police, d'examiner attentivement le service des agents des mœurs et d'y apporter les réformes depuis longtemps réclamées par l'opinion publique. »

Il publia une lettre par laquelle M. Yves Guyot se mettait à la disposition du ministre pour lui communiquer les nombreux renseignements qu'il possédait sur le service des agents des mœurs.

Quelques jours après, le même journal annonçait en ces termes que M. Yves Guyot avait été reçu par M. de Marcère :

« Le Ministre de l'intérieur a eu avec notre confrère un très long entretien, et, paraît-il, il lui a promis de s'occuper sérieusement de la question de la police des mœurs. »

Que s'était-il dit dans cet entretien ? Toujours est-il que M. Yves Guyot, dans *le Voltaire*, demandait, le lendemain, comme une satisfaction à donner à l'opinion publique, le renvoi de deux fonctionnaires qu'il désignait par leurs noms. C'était le début, sous cette forme, d'un procédé de diffamation qu'il allait pratiquer, avec persistance, dans le journal *la Lanterne*, où se lisait l'annonce suivante :

« Au moment où la police des mœurs fait, de nouveau, tant parler d'elle, il nous a paru intéressant de mettre nos lecteurs au courant des mystères de cette triste institution. Nous avons eu la bonne fortune de pouvoir nous procurer *un curieux travail fait par un ancien agent des mœurs*. *La Lanterne* publiera donc à partir de demain, sous la rubrique : *La police des mœurs par un ex-agent des mœurs*, de bien curieuses révélations. »

Ainsi va s'ouvrir la série de prétendues lettres « d'un ex-agent des mœurs, d'un médecin, d'un vieux petit employé », dont M. Yves Guyot s'est plus tard reconnu l'auteur et qui constituèrent, en même temps qu'un appel permanent à toutes les calomnies haineuses ou intéressées, un système absolument condamnable au point de vue de la morale et de l'honneur, où l'on pouvait, en mettant presque dédaigneusement la personnalité du Préfet de police hors du débat, et à l'aide de quelques précautions que Tartufe n'eût pas répudiées, insulter et dénigrer chaque jour, nominativement, le personnel de ses collaborateurs et des exécuteurs de ses ordres.

D'où qu'ils viennent, ces procédés inqualifiables, dont l'emploi, s'il se multipliait, serait destructeur de l'autorité publique et des responsabilités légitimes, doivent être flétris.

Tout d'abord la pratique de ces manœuvres se

circonscrivit au service des mœurs. Nous la verrons ensuite s'attaquer successivement à tous les services. Le jour où commença la publication dont il s'agit (7 octobre 1878), son auteur n'était pas probablement sans quelques appréhensions, car il la fit précéder d'un avis assez timide, comme on va le voir, et dont le ton diffère beaucoup des allures audacieuses qu'il prit plus tard et qu'encouragea l'impunité.

Voici cet avis :

« Nous commençons aujourd'hui la série des très curieuses révélations sur la police des mœurs par un agent de ce service. »

« Ces révélations, dont on appréciera l'intérêt, ont *un caractère de sincérité qui nous fait croire qu'elles ne contiennent aucune assertion inexacte*; néanmoins, nous prévenons tous les intéressés que si elles donnent lieu à quelques rectifications, *nous nous empresserons de les inscrire.* »

« Cette fois, comme toujours, *la Lanterne* ne veut point faire une œuvre de parti pris, mais bien rechercher seulement la vérité et l'intérêt public. »

Comment qualifier l'hypocrisie de pareils procédés ? Qui croirait qu'il a été possible, en les employant, au mépris des devoirs d'une critique loyale et consciencieuse, d'agiter l'opinion publique et de créer, dans des régions officielles, un trouble réel ? Nous allons examiner rapidement ces prétendues révélations.

Ce n'est qu'en parvenant au point où j'en suis que je m'aperçois de l'impossibilité où je me trouve de mener à fin cette portion de la tâche que j'ai entreprise : celle de démontrer, d'une façon impersonnelle, l'injustice et le but véritable des accusations dirigées contre une grande administration de police, alors que, contrairement à toutes les règles de justice et de convenance, les attaques dont j'ai à parler, ont débuté par mettre en cause ma personnalité et celle de beaucoup de mes collaborateurs et subordonnés hiérarchiques.

S'il s'agissait de la critique des opinions que j'ai exprimées dans mon livre sur la prostitution, je me serais tu. Mon livre a été écrit dans des conditions d'expérience et de bonne foi qui lui permettent de se défendre tout seul. J'ai dit pourquoi je l'avais publié. Si, dans les dernières éditions, j'ai abordé certaines des critiques formulées contre la répression en matière de prostitution, c'est que le service des mœurs faisait partie des complexes attributions de ma Division, qu'il était attaqué, calomnié, et que je devais, dans les limites permises, intervenir pour éclairer à son sujet l'opinion publique, de même que, dans un combat, un chef doit se porter au point le plus menacé.

Dans ma tentative et mes efforts d'aujourd'hui, ce n'est pas d'ailleurs de critique de théorie ou de détail qu'il est question, c'est, je ne cesserai de le dire, de diffamations calculées, tenaces, persistantes, laborieusement étayées de preuves fausses ou dérisoires. Je sais que le *moi* est haïssable, mais comment faire? Mon rôle de fonctionnaire a été trop effacé pour qu'il me soit possible, sans m'exposer au ridicule, de me croire autorisé à parler de moi à la troisième personne. Je passerai donc outre et j'aborderai l'examen des lettres inventées par M. Yves Guyot, lettres que j'aurais voulu pouvoir publier *in extenso* en tête de ce volume. J'irai vite et je ne relèverai de leurs assertions inexactes que celles qui en vaudront la peine.

M. Yves Guyot m'a trop mis en cause personnellement pour avoir le droit de s'étonner de me voir rompre le silence. J'oppose ma parole à la sienne, ma parole d'homme qui n'a jamais calomnié personne, et qui parle, sans masque, de ce qu'il sait.

Les prétendues lettres de l'ex-agent des mœurs sont au nombre de quatre; elles ont paru dans le journal *la Lanterne* du 10 octobre 1878. Vinrent ensuite les lettres d'un médecin, lettres du même auteur, du même style et de la même farine. Il y en eut quatorze qui furent publiées dans *la Lanterne* du 14 au 30 octobre.

Le premier de ces factums, intitulé : « Lettres d'un ex-agent des mœurs », débutait ainsi :

« Ayant été attaché à la brigade des mœurs, je vais vous

dire au juste ce qui s'y passe. Je finissais mon congé ; le métier que j'avais commencé à apprendre, je l'avais presque oublié. Je savais que les sergents de ville n'étaient pas très payés ; mais c'est sûr, il n'y a pas de chômage ; on est vêtu, on a une indemnité de logement, on a droit à une retraite. Je fis une demande pour entrer dans la police : J'avais de bonnes notes et je fus agréé. On me dit : Vous faites partie de la brigade des mœurs. J'aurais préféré autre chose, mais il n'y avait pas à discuter. Je n'avais pas le temps de chercher une autre place. Je me laissai faire. »

A la place de la signature se trouvaient les lignes suivantes :

« P. S. J'oubliais de vous dire que j'ai quitté le service dès que j'ai pu trouver une autre position. Ça a demandé du temps ; mais enfin maintenant je ne suis plus à la préfecture de police. Je veux tout simplement vous montrer comment cela se passe. Je ne veux pas signer, car malheureusement quand on a fait partie de ce service-là, c'est une marque que l'on conserve pour la vie. »

En inventant ces lettres, ce dont il n'y a pas de quoi se vanter, M. Yves Guyot a fait, on le voit, tout ce qu'il fallait pour leur donner un cachet de réalisme qui a dû tromper beaucoup de lecteurs naïfs et gagner leur confiance. Quant aux autres lecteurs, plus intelligents et sachant les choses, mais dont ces attaques faisaient le jeu et servaient les desseins, s'y sont-ils laissés prendre ? Je suis convaincu que non.

Dans tous les cas, si, en matière littéraire, de pareils procédés peuvent être employés pour agir puissamment sur l'imagination des lecteurs comme ils le furent par Swift, par Edgar Poë et par tant d'autres écrivains, ils constituent incontestablement une véritable manœuvre frauduleuse lorsqu'on s'en sert pour faire œuvre de dénigrement calculé.

Afin de faire croire que « l'ex-agent » a été réellement « du métier » et pour se procurer un prétexte à tirades indignées, l'auteur des lettres lui fait parler, comme d'une mesure actuelle, des primes de capture allouées pour la découverte des filles publiques disparues. L'allocation de ces primes était, je n'hésite pas à persister dans mon opinion sur ce point, une mesure utile qui garantissait le fonctionnement du contrôle sanitaire. Mais on l'a critiquée et elle a dû être abandonnée le 1ᵉʳ avril 1863.

Le même « ex-agent » de fantaisie, qui tient à persuader, par des accumulations de détails plausibles et précis, que tout ce qu'il va dire est exact, parle aussi de collection de photographies « que M. Lecour a dans son bureau, de son secrétaire payé 5 ou 6,000 francs uniquement pour collectionner des rapports, des instructions orales données directement par M. Lecour aux agents, des *procès-verbaux* tout préparés que fait signer l'officier de paix des mœurs, etc. » Tout cela a l'air d'être vrai, mais cela ne l'est pas. Il y ajoute des récits d'arrestations présentées sous un jour odieux. Je n'ai pas qualité pour préciser les faits, pour les rectifier, pour rendre à tous ces incidents leur véritable caractère. L'administration elle-même ne pourrait le faire que devant la justice. Mais qu'on réfléchisse un peu à ceci : une fille ou une femme mariée arrêtée pour un acte de prostitution indéniable et qui l'avoue devant le fonctionnaire spécial appelé à en connaître, réclamée ensuite par son père ou son mari, niera tout en leur présence et elle provoquera naturellement contre l'action de police leur indignation et leur colère. Que doit faire l'administration ? Des rectifications précises, brutales et répugnantes de nature à provoquer des catastrophes dont elle aura, dès lors, dans une large mesure, la responsabilité ? Non ; elle doit se borner à rester et elle reste toujours dans la gamme des explications incomplètes, d'une forme générale, tout en sachant bien que, dans certains cas, on s'en fera une arme contre elle. Elle est condamnée par la nature de sa mission, par le côté le plus relevé de son devoir, à se résigner à n'avoir jamais gain de cause et à jouer presque toujours un rôle de bouc émissaire (1).

---

(1) « Quelles que soient les plaintes formées contre l'administration en matière de police des mœurs, il n'en est pas moins vrai qu'il n'est aucun des nombreux services dont elle est chargée qui exige plus de tact, plus de prudence et *souvent plus d'abnégation.* »
(Extrait d'un rapport au Sénat sur une pétition demandant la suppression du service des mœurs, 8 mai 1877.)

M. Félix Voisin, alors Préfet de police, interpellé devant le conseil municipal par M. Yves Guyot, à l'occasion d'une arrestation faite par le service des mœurs, répondit par une déclaration de principe dont on ne pourrait contester la justesse et l'importance. Il protesta d'abord qu'il n'y avait eu dans la circonstance aucun abus. Il fit remarquer que l'interpellation précisant le nom et l'adresse de la femme arrêtée lui interdisait, par cela même, de faire une réponse péremptoire. Il dit enfin : « si j'ajoutais à ces indications d'autres détails sur les motifs de l'arrestation, je m'exposerais à une plainte en diffamation de la part de la personne intéressée. Ceux qui ont à se plaindre des actes du Préfet de police ou de ceux de ses subordonnés *peuvent le faire par les voies hiérarchiques et légales.* »

Je me souviens d'un fait qui remonte à peu d'années. Deux femmes mariées, mères de famille, bien notées dans leur voisinage, profitaient de l'absence de leurs maris, pendant la journée, pour se livrer à la prostitution dans un quartier éloigné de leur domicile. Elles furent arrêtées alors qu'elles avaient racolé des étrangers au Palais-Royal. Par suite d'incidents qui se produisirent lors de l'arrestation et qui donnèrent lieu à des injures envers les agents, l'affaire alla en police correctionnelle, et les faits de prostitution clandestine se trouvèrent ainsi juridiquement établis.

Sans cette circonstance et sur les récriminations des pauvres maris, qui croyaient leurs femmes victimes d'une erreur, cette arrestation n'aurait pas manqué de figurer, à tout jamais, parmi les iniquités si facilement imputées au service des mœurs et qui deviennent légendaires. C'est chose triste à dire, la prostitution habituelle des femmes mariées à l'insu de leurs maris n'est pas absolument rare. Je note le fait de l'ignorance des maris. Les cas où les maris savent à quoi s'en tenir et en vivent sont plus communs.

Voici un exemple des faits de cette catégorie.

Il présente d'autant plus d'intérêt qu'il est de date toute récente et qu'il touche étroitement à la campagne de la presse contre le service des mœurs. J'emprunte à deux journaux, pour les opposer l'une à l'autre, la version fausse et la version vraie.

Le 23 mai 1880, on lisait dans *la Lanterne*, sous le titre de la *Police des mœurs*, l'article suivant :

« Avant hier soir, à minuit, madame X, femme d'un commerçant du boulevard Richard-Lenoir, mère de famille, attendait une de ses amies, sur le boulevard Saint-Denis... Tout à coup, elle fut entourée par une bande d'individus qui l'empoignent tout en l'accablant d'injures. *Ces personnages polis étaient des agents des mœurs.* »

« Malgré ses cris et ses protestations, elle fut conduite au poste des Arts-et-Métiers, bousculée, maltraitée et y passa la nuit. »

« Le lendemain, quand elle comparut devant le commissaire de police du quartier, celui-ci voulut bien reconnaître son erreur et la mettre en liberté..... *Les Parisiens peuvent être fiers de la police qu'ils paient.* »

Je ne sais si le journal en question était, lui, fier du rédacteur de cet article plein de naïveté et de parti pris contre la police.

Lisons la rectification de ce récit. Je l'extrais des journaux *le Figaro* et *le Gaulois* du 26 août 1880 :

« On se souvient peut-être qu'il y a environ deux mois la police des mœurs arrêtait, *à minuit*, en plein boulevard Saint-Denis, une femme X, que les agents avaient arrêtée se livrant au commerce de la prostitution clandestine. Cette femme fut conduite devant le commissaire de police du quartier, qui allait la garder, lorsqu'un homme, jouant l'indignation, fit irruption dans le commissariat, et, son acte de mariage à la main, demanda la mise en liberté de sa femme. »

« Le commissaire de police, qui ignorait les antécédents de cette femme, la remit à son mari, *croyant à une erreur des agents.* »

« Une partie de la presse s'empara de cet incident et cria au scandale. »

« Or, quelque temps après, on apprit que la femme qui avait été relâchée, était bien réellement une prostituée, recherchée depuis longtemps par le service des mœurs et même inculpée de vol. Elle avait subi plusieurs condamnations. »

« Quant à son mari, il vivait de la prostitution de sa femme et de quelques autres malheureuses qu'il exploitait. »

Cet individu était en état de désertion. On le recherchait et c'est à l'occasion de son arrestation que parut l'article qu'on vient de lire.

Je ne veux pas m'appuyer sur tous les faits de cette nature et sur toutes les réfutations qu'on pourrait faire des accusations injustement dirigées contre l'administration de police pour dire qu'elle est infaillible dans ses opérations. Personne n'est infaillible. Il y a, sur ce point, un vieux proverbe qui est la vérité même. Plus la tâche qu'on remplit est difficile, compliquée, plus on est exposé au reproche d'erreur. Je reconnais donc qu'il peut se produire, par la nature des choses, par la complication imprévue des incidents, surtout sur un terrain délicat comme celui du racolage par la prostitution clandestine, des accumulations d'indices, des éléments de certitude qui, lorsqu'on en est à examiner les faits à tête reposée et après renseignements obtenus, perdent une partie de la signification spéciale qu'il était rationnel de leur donner tout d'abord. Mais il y a toujours, en pareil cas, à invoquer, pour la justification de l'agent, un concours d'apparences créées par la façon de marcher, de regarder, le genre de toilette, la hardiesse du geste, de l'allure, des rencontres de hasard, enfin un côté extérieur de circonstances dont il est équitable de faire la part. A moins d'être un fou ou un criminel, un agent ne s'exposerait pas gratuitement aux mesures de sévérité qui ne manqueraient pas de l'atteindre si, dans de semblables conjonctures, les moyens de justifier ou d'expliquer ses opérations lui faisaient absolument défaut. Il n'y a pas de mécanisme de police qui puisse fonctionner, d'une manière parfaite, au milieu de la foule. Les agents et le public doivent être circonspects : les agents dans leur intervention, le public dans ses actes et ses allures.

Nous venons de citer des faits d'arrestations critiquées et cependant très justifiées. Voyons maintenant des cas où certaines circonstances peuvent donner lieu à une arrestation que rien ne motive au fond.

Lorsqu'il s'agit de faits de cette nature, des exemples valent mieux que des raisonnements. J'en prends deux au hasard dans mes souvenirs. Je me rappelle d'un incident, déjà ancien ; je le choisis en raison de son caractère particulier et de l'intérêt qu'il présentait.

Une femme, encore jeune, portant un costume élégant, mais démodé et défraîchi, et dont les allures attiraient l'attention, avait été signalée, par des boutiquiers, aux agents des mœurs comme se livrant à la prostitution. On la rencontrait, tous les jours et même dans la soirée, rôdant seule, lentement, comme si elle marchait sans but, dans les rues du quartier latin. Elle faisait de longues stations devant les étalages des magasins en même temps qu'elle regardait, d'un air distrait, de tous les côtés. Des passants, des étudiants l'apostrophaient sans qu'elle en parût troublée. Les agents, dont la conviction, fort explicable dans ce cas, était faite, n'attendaient plus, pour agir, qu'un acte de racolage. Ils l'arrêtèrent, un soir, alors qu'elle quittait un jeune homme avec lequel elle venait de stationner en causant sur le trottoir. Elle fut relaxée par le commissaire de police. C'était une femme récemment arrivée de province, dont on ignorait le passé, venue à Paris dans l'espoir, vite déçu, de s'y établir comme modiste et qui épuisait ses modiques ressources dans une sorte d'inertie morale. Logée en garni, s'y conduisant bien, mais voulant échapper à la solitude qui lui pesait, elle errait constamment dans les mêmes rues sans s'éloigner beaucoup de sa demeure. Peu lui importait d'être remarquée et plaisantée ; elle ne s'en effarouchait pas. Peut-être n'aurait-elle pas repoussé une aventure ? Que pouvait-on reprocher aux agents ?

Voici un autre exemple plus saisissant comme réunion d'apparences accusatrices. Il s'agissait du service de sûreté.

Pendant une de nos grandes expositions universelles, alors que la surveillance des voleurs à l'étalage et des pick-pockets exige la plus grande vigilance, des inspecteurs de police remarquèrent, pendant plusieurs jours, un individu, vif, remuant, qui perçait la foule, examinait tous les étalages, touchant et prenant, malgré les défenses, les objets en mains comme pour les regarder. Parfois, sans s'arrêter, il échangeait des signes de connaissance avec des individus qu'il croisait. A lui seul, il absorbait la surveillance de deux agents, mais comme il était toujours en mouvement au plus gros de la foule, ce n'était pas chose facile que de le suivre de près et de le prendre en flagrant délit. On le vit, une fois, écrire avec un crayon sur une colonne bordant l'entrée d'une galerie. Il y avait tracé un signe inintelligible. Des voleurs étrangers usaient de ce procédé pour se donner des avertissements. Il fallait en finir. Sur cet incident, notre homme est arrêté. On le fouille. Il est trouvé porteur de deux montres, d'une pipe neuve montée en argent avec écussons portant deux initiales. Les initiales n'étaient pas les siennes. On l'interroge sur son domicile; il indique une adresse. On y court : il y était inconnu. Le doute n'était pas possible. On avait mis la main sur un voleur.

Après bien des vérifications et sur l'intervention de ses amis, on constata que les deux montres lui appartenaient; que la pipe lui avait été donnée et que c'était par amour-propre qu'il avait indiqué comme son domicile un hôtel luxueux où logeaient ses amis avec lesquels il prenait ses repas. Il était logé ailleurs et plus modestement. Quant aux inscriptions qu'il faisait sur les colonnes, c'était pour marquer les galeries qu'il avait visitées. S'il n'accompagnait pas ses amis, c'est qu'il voulait aller plus vite et voir tout.

Bref, c'était un honnête homme qui avait été arrêté comme voleur. Les agents s'étaient trompés, mais le coupable c'était l'homme qui, étourdiment, s'était compromis par ses allures.

Il ne s'agit pas du service de sûreté, dira-t-on. Qu'importe? On m'accordera peut-être que des apparences très caractérisées et confirmées par un concours d'incidents tout à fait compromettants peuvent, à la rigueur, justifier une intervention de police en matière de mœurs.

Mais on oublie trop que la plupart des scandales qui se sont produits et que, par ignorance, par calcul, ou par passion, on a exploités pour s'en faire une arme contre la Préfecture de police, ont eu pour point de départ l'arrestation de *prostituées inscrites*, c'est-à-dire soumises, dans l'intérêt des mœurs et de la santé publique, à une surveillance administrative et sanitaire.

Une fille inscrite, contrevenant aux règlements qui lui sont applicables, peut et doit être arrêtée, non pas à l'occasion d'un fait de racolage, mais pour l'infraction règlementaire qu'elle a commise, comme retardataire aux visites médicales par exemple, et alors que rien d'extérieur ne justifie son arrestation aux yeux des passants qui en sont témoins.

En pareil cas, le public manque d'éléments d'appréciation. Jadis, il y a peu d'années, de pareils incidents ne se produisaient pas, bien que les arrestations s'effectuassent comme actuellement. Il suffisait d'une injonction pour que la fille se rendît immédiatement au Dispensaire. Aujourd'hui, se sentant appuyée, elle refuse d'obéir. On veut l'y contraindre. Elle résiste, elle crie. Les passants interviennent. « C'est une fille inscrite, » font remarquer les agents. Elle n'a pas « racolé, » répondent les protecteurs qui ont lu les lettres d'un ex-agent des mœurs. Il y a rébellion, clameurs dans la Presse. Le fait est raconté, commenté et il va grossir la liste des prétendus abus commis par l'administration de police.

Nous avons vu qu'il y a aussi les incidents rares, mais inévitables, amenés par l'intervention d'individus prenant faussement le titre d'agent des mœurs. C'est un fait d'usurpation de qualité qui tombe sous l'application du Code pénal. Partout où il y a une autorité, il y a des tentatives d'usurpation de ce genre. L'administration de police n'en peut pas être responsable. Ces délits sont de tous les temps. J'ai sous les yeux une vieille sentence de police qui date du 14 juillet 1758, où il est mentionné qu'un commissaire au Châtelet, faisant une visite de nuit dans une maison qui donnait retraite à des femmes de débauche, « avait fait arrêter un particulier, fort insolent, trouvé, à son arrivée, dans l'allée de la maison et *qui s'était dit faussement employé à la police.* »

Les lettres d'un ex-agent des mœurs constituaient le faisceau le plus complet de calomnies et de diffamations qu'on pût formuler contre les chefs immédiats et les agents de ce service. En les lisant, on sent que leur auteur, redoutant les conséquences judiciaires de sa mauvaise action, cherche, à l'avance, à s'abriter contre elles par des précautions de forme qui n'atténuent rien, mais qu'il se réserve d'invoquer, au besoin, pour sa défense.

Il dit, par exemple :

« Je ne parle que des profits licites. »

et il ajoute :

« Je sais bien les bruits qui couraient sur certains collègues et même certains chefs. Et il est certain qu'il y en avait qui menaient des trains..... *Mais je n'en dis pas plus long, j'aime à croire que tout cela n'est pas vrai.* Quant à moi, je vous le jure sur mon honneur, je n'ai jamais mangé ce pain-là. »

« Nous ne revoyions jamais la personne que nous avions signalée. *Il est probable qu'on la faisait filer...* »

Ou bien encore :

« *Je ne peux pas en dire plus long.* »

S'agit-il de voies de fait exercées sur des femmes arrêtées? Le prétendu agent qui dénonce ces violences termine ainsi, en bon apôtre, sa dénonciation :

« Le public ne nous voit pas d'un bon œil. »
« Dame ! vous comprenez, quand il ne s'agit que d'une taloche pour faire taire une femme, c'est vite donné. *Dans ces occasions-là, on n'est plus maître de soi. Moi, je l'avoue, je n'ai pas pu quelquefois retenir ma main.* »

Dans une autre circonstance, il insiste en ces termes :

« Je parle en homme bien désintéressé, puisque j'ai quitté la Préfecture de police et que je n'y rentrerai jamais. »

Après de tels aveux, quel lecteur naïf mettrait en doute la sincérité du révélateur ?

Plus loin, ce dernier s'écrie, plaidant la circonstance atténuante :

« Nous sommes les petits, nous autres, *nous n'avons qu'un moyen de nous maintenir : faire du zèle.* »

Tout est sur le même ton. Le prétendu « ex-agent » veut-il dire que les arrestations de prostituées sont faites pour procurer des ouvrières à l'entrepreneur des travaux de la prison de Saint-Lazare ?

Il s'exprime ainsi :

« Sur les boulevards, une fois par mois pendant l'été, nous faisons une rafle. *Les femmes prétendent toutes* que c'est parce que l'entrepreneur a besoin d'ouvriers. »

Faut-il lancer, sans risque, à la fin de sa dernière lettre un gros fait à sensation absolument faux ? La phrase à effet est ainsi conçue :

« Un de mes anciens collègues *m'a dit* qu'il n'y a pas plus de quatre ou cinq mois, *on avait emmené en Nouvelle-Calédonie, malgré elles, 500 femmes.* Est-ce vrai ? On ne sait jamais tout ce qui se passe à la préfecture de police (1). »

Les « révélations d'un ex-agent des mœurs » eurent et devaient avoir un certain succès de curiosité. C'était une bonne mine à exploiter. Malheureusement on avait entassé dans cette publication contre le service des mœurs toutes les accusations possibles et impossibles. Il fallait continuer cependant et tirer profit de ce bon prétexte à scandales. Que faire ? Recommencer les lettres d'un « ex-agent » sous un autre titre et en remaniant pour la circonstance les articles

---

(1) C'est sur cette allégation manifestement mensongère que plus tard, en janvier 1877, le défenseur de *La Lanterne*, abusé lui-même, introduisait dans son plaidoyer ce passage que je reproduis textuellement : « Le moulin à café. » — « L'année der« nière, le ministère public a dû éprouver une surprise en ap« prenant ce qu'on appelait à la préfecture de police *le moulin à* « *café* : de temps à autre, on fait une rafle des malheureuses « créatures inscrites sur le livre de la police des mœurs, on en « fait une cargaison qu'on expédie dans une colonie. »
C'est ainsi qu'une diffamation dédaignée et non poursuivie arrive à être utilisée comme moyen de défense.

sur la police des mœurs déjà publiés par le journal *la Lanterne* en novembre et décembre 1876. Il n'était besoin pour imprimer à la chose un caractère d'actualité que d'y mettre en scène, sous des jours différents, M. Albert Gigot, préfet de police, et M. Lecour, chef de la première division. Cela s'appela : « Lettres d'un médecin » et fut précédé, comme les « révélations de l'ex-agent », d'une lettre-préface à laquelle il faut donner son vrai nom : *un boniment* et que voici *in extenso :*

« Monsieur le directeur du journal *La Lanterne*. J'ai lu, avec *beaucoup d'intérêt*, les révélations de l'ex-agent des mœurs que vous avez publiées ; *mais le malheureux ne s'est occupé que de son ancien métier.* Il a eu raison.

« *Sans paraître même s'en douter* (1), il a montré tout l'arbitraire qui régissait ce service.

« Mais cet arbitraire est-il utile ?

« Est-il utile au point de vue de la moralité publique ?

« Est-il utile au point de vue de la salubrité publique ?

« Enfin reste encore une petite question à examiner, toute petite, si nos hommes d'État n'avaient pas à tous moments sur leurs lèvres ce mot : « respect de la loi, » mais puisqu'ils l'invoquent souvent, on peut croire qu'il a plus d'importance que par le passé.

« Je suis *un homme du métier* (2), point sentimental, disciple de l'école utilitaire anglaise, ne me targuant point de mots, sachant que dans la lutte pour l'existence il y a

---

(1) Ceci s'applique aux précautions de forme que j'ai signalées en parlant des lettres de l'ex-agent.

(2) Dans sa lettre-préface « l'ex-agent » disait : « on voit que vous n'êtes pas de la *partie*. Ayant été attaché à la brigade des mœurs, je vais vous dire au juste ce qui s'y passe. »

toujours des victimes, peu sensible à la pitié larmoyante, je vous donnerai *des faits, des faits, rien que des faits, résultant d'une longue enquête personnelle.*

« Vos lecteurs concluront ensuite.

« Recevez, monsieur le Directeur, etc., etc.

« Un médecin. »

Ce n'est pas tout que d'exceller à mettre un faux nez pour faire croire au bien fondé de ses attaques, il faut remplir ou avoir l'air de remplir son programme. Or, dans « les lettres d'un médecin », il n'y avait pas de faits, il n'y avait pas de résultats d'information, il n'y avait même pas manifestement d'enquête quelconque ; il n'y avait qu'un recommencement de critique fantaisiste faite commodément à coups de ciseaux de façon à n'avoir pas de contradicteurs, et qu'aucun homme compétent ne pouvait prendre au sérieux. Toute la variété consistait à dire, dans un drôle de style pour un médecin, des choses désagréables à un fonctionnaire en sous-ordre, dont on avait intérêt à incriminer les intentions et les actes, en même temps qu'on faisait à demi patte de velours à son chef auquel on n'osait pas encore déclarer une guerre personnelle.

Ces prétendues lettres ne sont, en majeure partie, qu'une sorte de dialogue dans lequel M. Yves Guyot fait, à sa façon, parler alternativement le préfet de police et le chef de la première division, en leur prêtant, par un procédé qui lui est familier, des arguments appropriés aux besoins de sa cause. Rien de plus bouffon que de le voir triompher magistralement d'adversaires dont il suppose les réponses. Il est vrai qu'en ce qui me concerne, agissant en « faiseur de tours » qui montre, avec ostentation, ses gobelets pour faire constater qu'ils n'ont pas de double fond, c'est avec les chiffres que j'ai moi-même fournis, qu'il étaie parfois ses conclusions. C'est un jeu commode à jouer parce qu'il décourage la contradiction. Quels lecteurs s'imposeraient l'ennui de se faire juges d'une querelle de chiffres en matière de statistique, alors qu'il ne s'agit pas surtout d'erreurs d'arithmétique, mais bien d'apprécier la nature des calculs qu'on a dû faire pour arriver aux résultats cherchés ?

Je me bornerai à un exemple, à un seul. Dans un grand élan d'indignation, où il va jusqu'à insinuer que cela devrait être *un cas de poursuite en police corectionnelle*, l'auteur des « lettres d'un médecin » s'écrie, en m'apostrophant :

« Nous trouvons, en 1869, 519 syphilitiques, sur 3731 filles inscrites et 2782 en circulation. Vous dites : 1 syphilitique sur 59,913. Et moi, je vous dis: *mensonge!* Car vous avez 519 syphilitiques, soit 1 sur 7, en tenant compte des filles inscrites, et 1 sur 5 en ne tenant compte que de celles qui sont en circulation. »

M. Yves Guyot dit encore : « Ces chiffres sont faux » et il ajoute ironiquement : « mais comme il s'agit d'abuser le public sur l'utilité sanitaire de la police des mœurs et de justifier des fonctions injustifiables, cela est de bonne guerre. »

Je ne pense pas, pour mon compte, qu'il soit de *bonne guerre d'abuser le public* et cela me paraît constituer, au contraire, une guerre déloyale, et je crois utile d'expliquer mes chiffres. Que le lecteur se rassure, je ne procéderai pas comme un élève *au tableau*.

Dans son inexpérience, quoiqu'il se dise « du métier », l'auteur des « lettres d'un médecin » assimile, par ses calculs de statistique, les filles inscrites aux insoumises arrêtées pour prostitution clandestine. Il dit : Le total des arrestations d'insoumises pour 1869, divisé par le nombre de celles de ces filles qui ont été reconnues syphilitiques, donne une proportion de 1 malade sur 2.36, et appliquant le même procédé aux filles inscrites pendant la même année, il arrive à une proportion de 1 malade sur 7 et même sur 5.

Or, il n'y a, sous le rapport statistique en question, aucune analogie entre les filles inscrites et les insoumises.

En ce qui touche ces dernières, alors qu'elles ont été arrêtées et soumises à la visite, il est rationnel d'opposer leur nombre à celui des maladies constatées. Rien n'est plus simple et plus exact. Il n'en est pas de même à l'égard des filles inscrites comme se livrant à la prostitution publique. Dans ce cas, il faut tenir compte, non seulement du nombre de celles d'entre elles qui sont détenues pour délits ou retenues à Saint-Lazare par mesure administrative et disciplinaire, ou traitées comme vénériennes à l'infirmerie spéciale, ou en traitement dans les hôpitaux ou disparues, de toutes celles enfin qui, suivant le terme technique, ne se trouvent pas en circulation, mais encore de cette circonstance que la même fille peut être malade plusieurs fois pendant l'année, de la durée des traitements, etc.

Je maintiens les chiffres que j'ai indiqués, en même temps que je réponds à la question de M. Yves Guyot par une autre question. Ce sera plus court, moins fastidieux que des chiffres et tout aussi concluant, plus concluant même, car tout le monde comprendra.

Voici ma question :

S'il n'existait dans une localité que trois filles publiques, sur lesquelles une serait entrée trois fois dans l'année en traitement à l'hôpital, ce qui ferait, pour la statistique, trois cas de maladie, auriez-vous raison de procéder comme vous l'avez fait dans vos calculs relatifs aux insoumises et diriez-vous : il y a trois malades sur trois filles, c'est-à-dire *une* malade sur *une ?*

C'est cela qui mériterait ce gros mot si malencontreusement employé par « le médecin » dans la circonstance.

Il faudra donc que M. Yves Guyot renonce à l'emploi de ce procédé de calcul, commode mais erroné, qui lui servait si bien pour établir « que la « proportion des syphilitiques chez les filles insou- « mises visitées est à peu près égale à celle des « filles inscrites », et qu'en fin de compte, au moyen de quelques retranchements, *l'avantage est complètement aux clandestines*.

Ceci dit, on achèvera de se faire une idée complète du ton et de la portée de vues des lettres « d'un médecin » par deux citations empruntées, l'une à la première, l'autre à l'avant-dernière de ces lettres. La première débute ainsi :

« Monsieur le rédacteur,

« Savez-vous quelle est la personne que je plains le plus en ce moment parmi celles qui ont des rapports intimes avec la police des mœurs ?

« Ce n'est pas la malheureuse « fille de maison » mineure peut-être, obligée de se prostituer à tout instant et à tout venant, dans les conditions les plus effroyables, endettée envers « la dame de maison » et ayant comme garde du corps l'agent des mœurs.

« Ce n'est pas la fille en carte pouvant être arrêtée à toute heure du jour et de la nuit par tout agent des mœurs qui veut gagner la prime (1) et faire du nombre.

« Ce n'est pas l'ouvrière sortant d'un cours d'adultes comme mademoiselle X. ou de son atelier et pouvant être arrêtée, soumise à la visite, quoique vierge (2), détenue à

(1) Il n'y a plus de primes depuis 1863. Voir la lettre de l'ex-agent des mœurs.

(2) Il y a des prostituées dont les habitudes sous ce rapport sont établies et avouées et qui, au point de vue médical, ont été déclarées vierges.

Saint-Lazare pour expier l'erreur de la police, preuve vivante que l'autorité doit toujours avoir raison.

« Ce n'est pas l'agent des mœurs, jeté dans ce métier par la fatalité des circonstances, s'y habituant, y vivant, en profitant, y engraissant, se sachant dans une situation telle qu'à nul il ne peut avouer sa profession sans « plaider coupable » avec circonstances atténuantes, ayant honte de ses actes, faisant payer cette honte aux victimes ; lui si insolent envers ces malheureuses, courbé si bas devant ses sous-brigadiers, brigadier, inspecteur général (!) et officier de paix.

« Ce n'est pas M. Lecour, chef de la première division de la Préfecture de police, qui se borne à redresser sa longue face, à déclarer pâteusement que toutes les filles vierges, toutes les femmes mariées, toutes les dames de banquiers arrêtés sont suscitées contre lui « par une cer- « taine presse et inspirées par la passion politique... » l'affaiblissement du sentiment religieux (voir *La prostitution*, par Lecour, pages 1 et 49) (1) ; il s'en ira retremper son mépris pour les malheureuses qu'il emprisonne et les conseillers municipaux qu'il abhorre en tant que républicains, dans le bénitier de l'église de Belleville, pouvant dire avec un noble orgueil : « J'en suis marguillier, » et portera un

---

(1) Voici le passage auquel il est fait allusion. Je souligne les mots cités : « Il s'opère en France depuis vingt ans un travail de transformation sociale qui a modifié sensiblement les conditions dans lesquelles s'exerce l'action de l'autorité publique en matière de prostitution.

« *Le sentiment religieux s'est affaibli*, la tolérance pour la galanterie vénale et scandaleuse est entrée dans nos mœurs, les prostituées ont invoqué, ou plutôt on a invoqué pour elles, les immunités civiques, la tradition basée sur l'expérience a été méconnue, et la police, déjà déroutée par des étrangetés de costumes communs aujourd'hui aux femmes de toutes les classes, se voyant journellement, pour des actes relatifs à la prostitution, aux prises avec des attaques injustes, manifestement inspirées *par la passion politique*, a dû, dans beaucoup de cas, s'imposer une réserve qui a paralysé ses efforts. »

blason sur champ de gueules, spéculum et goupillons croisés. »

. . . .

Que de dignité et de convenance dans ce langage, quelle sincérité dans ces citations et comme ce procès de tendance au point de vue politique témoigne d'un beau caractère !

Je continue ma citation :

« Non, la personne que je plains, c'est M. Gigot, préfet de police, chargé de rédiger un nouveau règlement sur la police des mœurs.

« Je suppose, bien entendu, et j'espère que mon hypothèse est vraie, M. Gigot, un honnête homme, respectant la loi, la connaissant en sa qualité d'ancien avocat à la Cour de cassation ; conscience délicate, car je pense que cet ancien rédacteur de journaux religieux n'a jamais admis la casuistique d'Escobar et de Sanchez ; fonctionnaire pénétré de ses devoirs, cherchant l'utile et ayant horreur de tout le mal commis inutilement quoique avec les meilleures intentions.

« Si M. Gigot est tel que je viens de le supposer, et s'il apporte à la question qui lui est soumise toute l'attention, tout le soin, toutes les études que nécessite son importance, je n'hésite pas à déclarer que je le considère comme le plus malheureux des hommes, car il doit reconnaître aujourd'hui :

« Que tout nouveau règlement répétera simplement celui de M. Gabriel Delessert, sous lequel se sont commis tous les abus signalés dans la *Lanterne* par l'ex-agent des mœurs ; qu'il est rendu responsable et qu'il continuera, s'il reste préfet de police, d'être responsable d'arrestations illégales, qui, dans un pays où le respect de la loi existerait réellement, ferait de l'emprisonneur un prisonnier, en vertu des articles 114 et suivants du Code pénal ; que bien loin d'être utile à la moralité publique, il favorise la débauche des hommes et livre à leurs caprices de malheureuses filles mineures, crime pouvant le conduire parmi les forçats de la Nouvelle-Calédonie, en vertu des articles 332 et suivants du Code pénal (1) ;

« Que bien loin d'apporter une assistance à la salubrité publique, les mesures qu'il prend ne servent qu'à propager et perpétuer des maladies affreuses.

« Il est vrai que M. Albert Gigot ne doit même pas se douter de toutes ces choses. M. Gigot a appelé M. Lecour, M. M* (2) et autres chefs de service, tous solidaires les uns des autres.... sentant la nécessité de se soutenir contre toute critique, et toute réforme ; liés par la franc-maçonnerie des abus. »

C'est après cet exorde que vient la série des dialogues dont j'ai parlé. La publication de ces lettres dura près d'une quinzaine ; elle s'accompagna de grands efforts de réclame.

Mais, dira-t-on, il fallait bien arriver à conclure. Il devait y avoir, dans ces lettres, des indications quelconques sur le remède à apporter au mal que l'on signalait en pareils termes et avec une telle violence ?

On va en juger :

Que faire ?

A cette question qu'il se pose lui-même, M. Yves Guyot (treizième lettre d'un médecin) répond :

---

(1) Quel légiste que ce disciple de l'école utilitaire anglaise comme il s'intitule !

(2) Je supprime les noms des autres chefs de service mis en cause.

« Supprimez le service des mœurs, *fait dans l'ombre.*

« Poursuivez comme délit la provocation à la débauche.

« Ouvrez dans tous les hôpitaux des services pour les maladies vénériennes (1).

« Établissez des dispensaires facultatifs où les malades, hommes et femmes, pourraient trouver des remèdes gratuits.

« Donnez des secours pécuniaires aux femmes sans ressources. »

Ces quelques indications sont pleines de contradictions flagrantes et d'inconséquences. On y chercherait vainement une idée, une donnée pratique nouvelles. Ce n'est ni le maintien, ni la suppression du service des mœurs qui sont en jeu. C'est la reproduction d'une demande, maintes fois faite, qui ne supporte pas l'examen et qui poursuit la création des privilèges les plus larges d'assistance et d'hospitalisation pour les vénériens.

M. Yves Guyot, qui s'est peut-être aperçu de l'insuffisance de son programme, essaie de le corser en le terminant par une déclaration de doctrines générales dont la proclamation, dans la circonstance, ne fait pas avancer d'un pas la question soulevée :

« Les progrès de la civilisation chez un peuple se constatent :

---

(1) Il y a deux hôpitaux spéciaux pour le traitement des affections vénériennes : l'un pour les hommes, l'hôpital du Midi ; l'autre pour les femmes, l'hôpital de Lourcine.

« Par la substitution de la loi au bon plaisir ;

« Par le respect de la liberté individuelle ;

« Par la considération dont jouit la femme. »

Ce sont là des généralités que personne ne songe à contester, mais qui, si elles justifient, si elles commandent même, la recherche des moyens à adopter pour en opérer pratiquement la réalisation, n'exercent aucune action pour donner à ces moyens les possibilités d'exécution et l'efficacité qui leur font défaut. Elles font de l'effet dans une tirade où l'on s'attribue, à peu de frais, le mérite rare d'avoir trouvé une solution difficile entre toutes. Y sont-elles à leur place lorsqu'il s'agit de restreindre et d'assainir la prostitution publique, et que la pratique suivie depuis près d'un siècle repose sur des textes légaux, dont certains, empruntés au droit ancien, ont été consacrés par le droit nouveau qui, malgré de nombreuses tentatives, n'a pas cru pouvoir les formuler autrement?

La solution indiquée par M. Yves Guyot n'a rien qui permette de l'envisager comme un système avec son caractère d'ensemble et ses procédés d'évolution complète. C'est une série de vues dont aucune ne lui appartient en propre et n'est soulevée pour la première fois.

Examinons-les sommairement avant de passer outre.

Que veulent dire ces mots : « Supprimez le service des mœurs fait dans l'ombre? » Rien, puisqu'ils sont suivis de ceux-ci : « Poursuivez comme délit la provocation à la débauche. »

Il faudra des agents pour surveiller et constater, *dans l'ombre*, la provocation à la débauche. Il sera indispensable, par mille raisons, que ces agents connaissent le personnel des prostituées. Il faudra, en outre, surveiller les filles de débauche à leur sortie de prison. Ces nécessités inévitables n'aboutissent-elles pas, en fait, au maintien du service des mœurs ?

Quant à l'idée d'appliquer une sanction pénale au racolage en l'assimilant au délit d'outrage public à la pudeur, elle est venue à tous ceux qui, dans le passé, ont abordé superficiellement la question des mœurs. Dans tous les cas et sans remonter beaucoup en arrière, elle avait été préconisée, en 1876, par un honorable collègue de M. Yves Guyot au conseil municipal de Paris, M. Morin, lequel s'est beaucoup et sérieusement occupé de rechercher les moyens de réprimer la prostitution et dont j'aurai, plus loin, à citer les opinions et les propositions à ce sujet.

Dès 1874, alors qu'on proposait déjà d'appliquer au racolage par les prostituées les dispositions de l'art. 330 du Code pénal, j'ai eu l'occasion (1) de faire remarquer que, sauf le racolage à haute voix, qui se définit nettement, cette pro-

---

(1) *De l'état actuel de la prostitution parisienne*, par Lacour, 1874. P. Asselin, éditeur.

vocation peut s'exercer sous mille formes presque insaisissables, coups d'œil, coups de coude, sourires, ricanements, regards persistants, etc., et que de pareils incidents ne pourraient servir de base à des poursuites judiciaires dont le nombre d'ailleurs finirait par absorber l'action des tribunaux. Est-il besoin de signaler, en outre, les désastreux résultats qu'aurait, au point de vue du scandale et pour l'honneur des familles, ce mode de procéder absolument insuffisant d'ailleurs? Un détail amusant pour finir. Une fille de débauche avait un perroquet qui, de la fenêtre, au milieu d'autres phrases simplement comiques, criait aux passants : « Montez donc, ma maîtresse est belle. » Représentez-vous l'incident déféré à un tribunal. En 1874, M. le Dr Diday disait (1) que les prostituées redoutaient le séjour de l'hôpital.

A la même époque, dans la seconde édition de son livre intitulé : *De la prostitution dans les grandes villes au dix-neuvième siècle et de l'extinction des maladies vénériennes*, M. le Dr Jeannel, ex-médecin en chef du dispensaire de salubrité de Bordeaux, formulait une sorte de projet de loi dans lequel figuraient les dispositions suivantes :

« Les vénériens des deux sexes devraient être admis

---

(1) *Nouveau système d'assainissement de la prostitution*, par le Dr P. Diday.

librement et sans aucune formalité dans les hôpitaux spéciaux...

« Le régime intérieur des hôpitaux de vénériens devrait être amélioré, afin que les malades n'éprouvassent aucune répugnance à y entrer et à y rester jusqu'à parfaite guérison. »

On voit que l'auteur des « lettres d'un médecin » n'inventait rien lorsqu'en octobre 1878 il demandait :

« Qu'on ouvrît dans tous les hôpitaux des services pour les maladies vénériennes et qu'on établît des dispensaires facultatifs, où les malades, hommes et femmes, pourraient trouver des remèdes gratuits. »

Je m'étonnais, il y a six ans, qu'une aussi grosse question que celle de l'hospitalisation des vénériens, question qui touche au domicile de secours, à la sûreté publique et à d'énormes exigences financières, pût être abordée sans qu'on se préoccupât de ces différents points.

Comment n'entrevoyait-on pas les conséquences de pareilles dispositions ? Grâce à elles les vénériens, vagabonds ou domiciliés, devenus une caste privilégiée, entreraient, suivant leur bon plaisir et contrairement aux règles les plus légitimes, dans des hôpitaux *perfectionnés*, où l'on s'efforcerait de les attirer et de les retenir par un régime confortable, alors que les malades atteints d'affections chroniques, les phthisiques, les épileptiques, continueraient d'en être repoussés ! Faut-il ajouter qu'il resterait à ces derniers, pour se faire assister, l'expédient qui les pourvoirait de la contagion syphilitique ?

Ces considérations n'ont actuellement rien perdu de leur valeur.

Il me reste à examiner la prescription « de donner des secours pécuniaires aux femmes sans ressources. »

L'assistance des indigents est tout à la fois un devoir privé et un devoir social. Sous peine de déshonorer la femme secourue, on ne peut pas, on ne doit pas, instituer cette assistance dans le but spécial et proclamé de restreindre le développement de la prostitution. Certes, c'est avec raison qu'on a dit que la misère est mauvaise conseillère et nul ne songe à nier qu'elle pousse aux défaillances morales de tous genres. Cependant on peut affirmer, en concédant certaines exceptions relativement rares, que la paresse, la coquetterie, l'ivrognerie font plus de prostituées que le manque de pain.

Je me suis insensiblement laissé aller plus loin que je n'en avais l'intention dans l'examen des théories reproduites par M. Yves Guyot. Ce n'était pas, au surplus, sortir du cadre que je me suis tracé que de chercher à établir que la campagne de la *Lanterne* contre le service des mœurs manquait de bases en doctrine comme en fait. C'est un point dont je trouve la preuve dans le caractère des conclusions que je viens d'analyser.

Lorsqu'on poursuit une réforme en apportant dans ses écrits une pareille violence on est tenu, ce me semble, d'avoir des opinions personnelles et un fond de connaissances acquises et de notions exactes qui permettent de conclure autrement que par un pastiche formé d'une collection de projets empruntés et jugés.

Mais qu'importait au public ce fait qui ne l'intéressait pas? Le lecteur de journaux quotidiens ne s'attarde pas à se recueillir pour juger équitablement. Il ne se soucie pas des questions de principe, il aime les incidents qui l'émeuvent et il emmagasine dans sa mémoire ceux qui ont éveillé son attention et formé son opinion, laquelle se fortifie par tous les incidents de même nature que son journal lui raconte chaque jour.

Sous ce rapport, la campagne était bien conduite. Pendant que paraissaient dans la *Lanterne* les « Lettres d'un ex-agent des mœurs » et celles d'un médecin, leur auteur, semblable à ces figurants des pièces militaires qui font nombre en sortant par une coulisse et en rentrant par une autre, reprenait le même thème, le commentait, l'approuvait et le répétait, mais cette fois en signant de son nom, dans le journal *le Voltaire*. Avec ce procédé, il ne s'agit plus d'articles reproduits. C'est mieux que cela, c'est la multiplication apparente des contradicteurs, et on arrive ainsi à un faisceau de critiques dont le nombre est fait pour décourager la résistance et l'effort de réfutation.

A ces critiques, où M. Yves Guyot, moderne Protée, se produisait sous diverses formes, s'ajoutaient celles des organes de la Presse qui, trompés par les procédés qui viennent d'être indiqués et par des renseignements inexacts, ou obéissant peut-être à des arrière-pensées de la même nature que celles qui animaient le journal *la Lanterne*, s'associaient à sa campagne.

L'Estafette disait « qu'il faudrait des *volumes*
« pour citer les exemples connus des turpitudes
« qui s'étaient produites. »

La *Marseillaise* exprimait le désir de voir le « bureau des mœurs suspendu pour toujours. » La *France* constatait que « chaque jour mettait, « de plus en plus, en lumière les abus mons-« trueux que rendait possible la déplorable orga-« nisation de la surveillance légale de la prostitu-« tion. » Le *Rappel* s'écriait : « Il est grandement « temps qu'on réforme sérieusement le service « des mœurs. » Le *Voltaire* du 16 octobre 1878, sous la signature de M. Aurélien Scholl, laissait respirer la préfecture de police et prenait, ce jour-là, la chose en riant. Il écrivait :

« Il faut avouer que les hommes ont singulièrement tiré la couverture de leur côté. Ils se sont donné toutes les libertés, toutes les impunités et ils en abusent avec un sans-façon qui touche au cynisme..... L'homme est continuellement en chasse. S'il rencontre une jolie femme, il la suit, l'aborde, tâche d'obtenir un rendez-vous. Il n'y a rien à dire. Cela ne regarde ni la police, ni la gendarmerie. Eh bien, je suppose que les femmes s'emparent enfin du pouvoir et que la préfète de police s'indigne de voir les hommes provoquer ainsi les promeneuses, à ce point que les plus honnêtes ne sont point à l'abri de leurs tentatives. Nous verrions un arrêté ainsi conçu : » (Suit un arrêté drolatique signé : la préfète de police, *Albertine Côtelette*.)

Nous sommes loin de l'indignation violente des autres jours. La note gaie persista, car, dans un des numéros suivants, on pouvait lire cette facétie :

« Je vois, avec plaisir, que la morale tend de plus en plus à s'insinuer dans nos mœurs. D'abord, quoi qu'en disent les méchants, nous pouvons maintenant affirmer qu'il y a encore des jeunes filles vierges, puisqu'on les arrête et qu'on les met en prison pour les préserver des tentations. »

Quant à *la Lanterne*, elle ne désarmait point, mais elle ne dissimulait pas que pour elle l'heure d'un triomphe partiel était proche, et elle escomptait le succès en annonçant des changements et des révocations qui, suivant elle, allaient se produire dans le personnel de la préfecture de police. Ces nouvelles étaient répétées dans les journaux *le Voltaire* et *la Marseillaise*. Pour bien établir qu'elle était dans le secret et la faveur des dieux, *la Lanterne* publiait le 25 octobre un article d'où j'extrais les lignes suivantes :

« M. Yves Guyot a eu hier *une entrevue* avec M. Albert Gigot relativement à la police des mœurs.

« M. le Préfet de police *lui a remis un exemplaire* de la nouvelle instruction relative à ce service (1).

« M. Yves Guyot a fait observer à M. Albert Gigot que la première partie, recommandant aux agents de ne pas tendre de pièges aux femmes et de ne les arrêter qu'après des faits de provocation répétés, n'était que la reproduction de l'ordonnance de M. Gabriel Delessert. *M. Albert Gigot l'a reconnu :* seulement, les chefs de service des mœurs *oubliaient d'en faire part à leurs agents* et laissaient ceux-ci livrés à leurs inspirations. M. le Préfet tiendra, au contraire, à ce que ses instructions soient suivies.......

« *M. le Préfet de police a lu une liste assez longue de révocations d'agents pour cause d'abus ;* mais M. Yves Guyot a été *surpris* de ne pas trouver dans cette liste celle du sous-brigadier X... Il est vrai que le sous-brigadier X... a le même protecteur que MM. Lecour et Z. (?).

« M. le Préfet de police *reconnaît l'impuissance de la police au point de vue de la morale publique ; il s'est surtout placé au point de vue de la salubrité tout en reconnaissant que les statistiques publiées ne prouvaient rien.* »

Cet article ne reçut aucun démenti ; on ne peut dire cependant qu'il accrut le mal. La désorganisation du service des mœurs, le découragement des chefs, la démoralisation des agents étaient arrivés au comble. C'est en vain que quelques

(1) Au moment où cet article paraissait, l'instruction dont il s'agit venait d'être imprimée et n'avait pas encore été distribuée aux divers services de l'administration qu'elle intéressait.

journaux, voyant clair dans la situation, le *Petit Parisien*, *le Figaro*, *le Petit National*, *le XIXme Siècle* et plusieurs autres, avaient cherché à faire entendre des paroles sensées. Qui pouvait les écouter ?

Il y avait, pour le personnel de la préfecture de police, qui se trouvait ainsi mis en cause, diffamé et menacé, quelque chose de plus cruel, de plus accablant que le monceau d'accusations injustes qu'on était facticement parvenu à porter contre lui à l'état de clameur ; il y avait, pour le public, qui s'attendait, tout au moins, à des dénégations officielles, quelque chose de plus grave que les imputations et les critiques formulées : c'était le silence du préfet de police. En se taisant ainsi alors qu'au même moment, comme le publiait *la Lanterne*, il donnait audience au diffamateur de ses collaborateurs et de ses agents, M. Albert Gigot paraissait renier ces derniers puisqu'il ne les défendait pas, et son attitude devenait pour eux une condamnation d'autant plus douloureuse qu'elle était imméritée.

Un écrivain placé pour être bien renseigné, auteur d'un livre (1) qui contient d'intéressants détails sur les dernières phases de la campagne dirigée contre la préfecture de police, a raconté que j'avais demandé que les diffamateurs du ser-

(1) *Souvenirs de la présidence du maréchal de Mac-Mahon*, par E. Daudet. E. Dentu, 1880.

vice des mœurs fussent déférés aux tribunaux. Il ajoutait :

« M. Albert Gigot se déclara contraire à la demande de poursuites qu'aurait désirées son subordonné. Il lui fit connaître ses motifs, dont la sagesse et la prévoyance n'étaient point douteuses (!) et ce fut ce dernier qui, ne pouvant obtenir ce qu'il considérait comme une satisfaction, aima mieux abandonner son poste que d'y demeurer en butte à des attaques imméritées. Il se retira donc volontairement. »

J'avais effectivement demandé des poursuites. Je les réclamais, non pour moi personnellement qui pouvais dédaigner les calomnies et qu'on se bornait d'ailleurs à injurier, mais dans l'intérêt d'un service public dont le personnel, qui devait se croire abandonné et qui redoutait d'être sacrifié sur la moindre plainte, même mal fondée, était démoralisé.

En pareil cas, l'abstention de toute manifestation dans un sens de protestation et de résistance et le mutisme ne suppriment pas les difficultés; ils ne font que les ajourner et ils les aggravent, comme on le verra plus loin. Ils créent d'ailleurs, au point de vue pratique, une situation intolérable facile à entrevoir. Le préfet s'abstient et se tait, soit. Mais que deviennent alors ses collaborateurs placés par leurs attributions sur le terrain de l'action ? Que fera, par exemple, le chef de la première division, qui reçoit pour le préfet de police les plaintes verbales ou écrites relatives aux scandales de la prostitution sur tels points déterminés, qui doit répondre, directement et personnellement, à ces requêtes, aussi multipliées que légitimes, souvent formulées d'une façon impérieuse et auxquelles il est de son devoir de procurer satisfaction ?

Dira-t-il que les agents intimidés n'osent plus agir et que les ordres donnés par lui au nom du préfet resteront inexécutés ?

Non, il insistera, comme je le fis, pour que des poursuites aient lieu. M. Albert Gigot s'y refusa; non pas qu'il ne fût, comme moi, blessé de l'injustice brutale de certaines attaques, mais évidemment parce qu'il redoutait les hasards d'incidents d'audience qui pouvaient naître d'un semblable procès, où il faut toujours s'attendre à voir surgir des révélations accessoires, lesquelles, si fausses qu'elles soient, ne pouvant être réfutées sur l'heure, impressionnent vivement le sentiment public et restent admises comme des vérités. Il en est toujours ainsi, même dans les procès en diffamation les plus simples et les mieux fondés. On n'avait donc pas, en effet, à se faire illusion sur le parti que des adversaires passionnés ne manqueraient pas de tirer de certains témoignages, des imperfections de détails, des excès de zèle, des entraînements, des défauts de mesure, vrais ou inventés, dont il est impossible de ne pas encourir le reproche lorsqu'on accomplit une œuvre de répression et de lutte, qu'il s'agisse de triompher de la résistance d'un malfaiteur ou de l'arrestation d'une prostituée.

A mon sens, il était possible de faire la part de ces imperfections inévitables et de se montrer prêt à les réprimer et à les punir, si elles s'étaient réellement produites dans des conditions de nature à justifier des mesures de sévérité, mais il fallait, en même temps, défendre la mission générale des agents, en revendiquer la responsabilité, et de très haut, dans l'intérêt de la sûreté de tous, au nom de l'autorité et des devoirs du préfet de police, réclamer, pour ses collaborateurs, à tous les degrés, et pour les agents exécuteurs de ses ordres, la protection qui leur était due et sans laquelle ils ne pouvaient plus rendre aucun service.

M. A. Gigot, qui devait quelques mois plus tard (trop tard) prendre l'initiative d'une demande de poursuites dans des conditions analogues, ne pensa pas alors devoir le faire (1). Je me

---

(1) M. Yves Guyot ne manqua pas de se faire une arme de cette circonstance qu'il invoqua comme une preuve de la justesse de ses accusations et de ses diffamations contre le service des mœurs. Dans la préface de la brochure où il réunit les lettres « d'un ex-agent des mœurs » et celles « d'un médecin », il écrivit : « Du reste M. le Préfet de police, qui a poursuivi le vieux petit employé », *a implicitement reconnu la vérité des révélations de l'ex-agent des mœurs et des lettres d'un médecin, puisqu'il n'a pas essayé de couvrir les personnages qu'ils visaient comme il a essayé de couvrir MM... etc.* » (Il s'agit des

rabattis sur un minimum, sur la demande d'une sorte de communiqué, d'une forme générale, dans lequel le préfet de police, couvrant ses agents lorsqu'ils ne devaient pas être mis en cause, démentait, une fois pour toutes, sans entrer dans les détails, les imputations diffamatoires systématiquement dirigées contre le service des mœurs.

On ne pouvait se dissimuler que ce procédé devait infailliblement entraîner des réponses et provoquer des récriminations sans nombre, mais il avait l'avantage, pour les agents, de mettre en lumière une protestation d'une portée protectrice à leur égard, émanant de leur chef suprême et qui devait ranimer leur confiance et leur zèle.

M. Albert Gigot se borna à me répondre : « Poursuivez pour votre compte, si vous le voulez. » A quel titre l'aurais-je fait puisque je n'avais officiellement aucune responsabilité, aucun rôle personnel ? C'était l'administration de police, son autorité, la légalité de ses actes qui étaient surtout visées ou atteintes par des attaques dont le but et le résultat étaient d'entraver son action. Je n'avais pas qualité pour faire exercer, en son nom, des poursuites dont elle semblait se désintéresser. Dès cet instant je pris la résolution de me retirer. Un incident nouveau

poursuites exercées en janvier 1879 et dont il sera parlé plus loin.)

m'amena à en précipiter l'accomplissement.

Tout le monde sait, et l'on peut d'ailleurs le constater en se reportant aux indications qui forment, pour ainsi dire, l'introduction de ce travail, que les attributions politiques sont à la préfecture de police absolument concentrées dans les bureaux du cabinet, dont le chef doit être l'homme de confiance, le collaborateur intime et dévoué, l'*alter ego* officieux du préfet.

Au moment où le service des mœurs, injustement, mais furieusement, battu en brèche, n'était défendu par aucune voix autorisée, les bureaux du Cabinet se trouvaient placés sous la direction d'un jeune auditeur au Conseil d'État pour lequel la presque totalité de la presse n'avait que des sympathies expansives et des éloges ; cela pouvait être gênant le jour où il y aurait à critiquer un des actes se rattachant à l'attribution politique. Or, ce cas venait de se produire. Il s'agissait de l'arrestation, attardée au point d'être devenue intempestive, d'un contumax de la Commune. Comment faire, en pareille circonstance, pour formuler des récriminations courroucées qui n'atteignissent directement, ni le préfet, ni son chef de cabinet? Prendre un bouc émissaire. Il était tout trouvé, comme on va le voir.

Le journal *la République française* avait dit à propos de *l'arrestation* en question :

« Ce que nous pouvons affirmer, c'est que la responsabilité remonte *au moins* jusqu'au chef du premier bureau de la première division de la Préfecture de police, et si l'on veut savoir toute notre pensée, nous sommes fort porté à croire que ce modeste fonctionnaire n'est pas plus coupable que le commissaire de police de la Villette. Il faut chercher plus haut ou à côté. »

En reproduisant cet article, le journal « *la Lanterne* » du 26 octobre, qui paraissait le 25, l'accompagna des lignes suivantes :

« Or, « plus haut ou à côté » nous cherchons et nous trouvons de suite M. Lecour, chef de la première division de la Préfecture de police. »

« Pour qui connaît la rage antirépublicaine et cléricale de ce monsieur, cette arrestation s'explique facilement. Mais si M. Lecour ose agir ainsi contre un homme connu, qu'on juge de ce qu'il peut faire dans l'ombre contre des malheureux dont il n'y a pas à redouter les réclamations. »

La 1re Division était complètement étrangère à cette arrestation qui ne rentrait pas dans ses attributions. Je ne m'étais jamais occupé de politique. J'étais las de servir de tête de turc et il m'était surabondamment démontré que je n'avais pas de recours possible à la voie hiérarchique pour obtenir la rectification d'une erreur d'imputation voulue ; j'écrivis immédiatement, le même jour, au journal *la Lanterne*, la lettre qu'on va lire :

« Paris le 25 octobre 1878.

« A M. le rédacteur en chef du journal *la Lanterne*.

« Monsieur, malgré les injures que votre journal me prodigue quotidiennement depuis un mois, injures que je dédaigne et dont je connais le mobile, je n'ai réfuté aucune de ses inexactitudes calculées relatives au service des mœurs. »

« J'ai le sentiment d'avoir toujours rempli honorablement mon devoir, et j'estime d'ailleurs qu'un fonctionnaire en sous-ordre, n'ayant pas d'autorité personnelle, doit laisser à son chef le soin de le couvrir et de le défendre. J'ajoute, et je renouvelle ici une déclaration que j'ai déjà faite, que j'irai moi-même au-devant de ma mise à la retraite le jour où la désorganisation de mon service ne me permettrait plus d'en assurer le fonctionnement consciencieux et régulier. »

« Je ne tiens aujourd'hui qu'à une seule rectification. »

« Vous m'attribuez dans votre numéro du 26 l'arrestation d'un contumax de la Commune. »

« Je m'étonne que vous ignoriez que la première Division n'a pas d'attributions politiques, et que tout ce qui se rattache à ce service, de même que tout ce qui se rapporte à l'insurrection de 1871, est du ressort exclusif de M. Vergniaud, auditeur de première classe chargé de la direction du cabinet du Préfet de police. »

« Je vous requiers d'insérer cette lettre dans votre plus prochain numéro. »

« La forme de votre polémique me dispense de salutations. »

Remarquons en passant, comme un trait caractéristique de l'impossibilité qu'il y a de lutter contre un parti pris de la Presse, que cette déclaration, d'une vérité absolue et aisément vérifiable, n'empêcha pas les journaux obéissant aux considérations dont j'ai parlé plus haut, de maintenir implicitement sur ce point leurs assertions erronées.

C'est ainsi que *la Lanterne, le National, le XIXe Siècle*, etc. persistèrent à exonérer le chef du service du Cabinet de toute responsabilité, directe ou indirecte, dans l'arrestation en question, arrestation qu'il était si facile d'expliquer, puisqu'elle était, en principe, légale et régulière, et à l'attribuer à la 1re Division.

Autre détail non moins caractéristique : La demande légitime de rectification que j'avais adressée à un journal qui dirigeait chaque jour contre moi des imputations injurieuses, n'était naturellement accompagnée d'aucune salutation. Je ne pouvais, on en conviendra, assurer mon insulteur de ma « considération distinguée » ou me dire « son très humble serviteur ». Le *XIXe Siècle* en tira cette conclusion ironique que « politesse et police » n'avaient pas la même racine. Quant à *la Lanterne*, en feuille de haut style, elle se borna à cette observation : « Il n'est pas donné à tout le monde d'être poli ! » Ce qui équivalait à dire : il n'y a plus de politesse, notre rédacteur anonyme a tout pris.

Dans la brochure qu'il a publiée en se reconnaissant l'auteur des lettres d'un ex-agent des mœurs et d'un médecin, M. Yves Guyot se garda bien de reproduire ma lettre ; il la remplaça par une ligne de points suivie d'insinuations blessantes. Après quoi, par un procédé qui lui est habituel, qui supprime la difficulté d'aborder les objections embarrassantes et à l'aide duquel il se fournit à lui-même des répliques à succès, il renouvela, pour la vingtième fois peut-être, cette sortie usée qu'il ne rougit pas de prendre pour un argument et que je répète pour la livrer à l'appréciation et au jugement des honnêtes gens de tous les partis :

« Je comprends que M. Lecour déteste la Presse et la République : des hommes comme lui ne peuvent vivre qu'à l'ombre de gouvernements aristocratiques. Les hiboux n'aiment pas le soleil. »

Que venait faire là la République et la Presse et était-il bien adroit de parler ainsi des « hiboux qui n'aiment pas le soleil » lorsqu'on avait si largement pratiqué, en l'aggravant par l'emploi d'un double masque, la calomnie et la diffamation anonymes ?

La publication de ma lettre donna lieu à l'annonce, maintes fois répétée, que ma mise à la retraite avait été prononcée d'office. Dès le 31 octobre, *la Lanterne* racontait que M. Lepère déclarait hautement que ma démission « était un fait accompli ». Elle publiait quotidiennement cette nouvelle en félicitant M. Albert Gigot à ce sujet. *Le Voltaire*, lui aussi (peut-être ces deux félicitations n'en faisaient-elles qu'une?) complimentait le Préfet de police d'avoir enfin pris cette mesure « que l'opinion publique réclamait depuis longtemps ».

Mes fonctions, telles que je les comprenais, c'est-à-dire avec une responsabilité relative vis-à-vis des commissaires de police et agents que je mettais en mouvement au nom du Préfet, étaient devenues impossibles à remplir. Je n'admettais pas, et j'en suis encore là aujourd'hui, qu'un inférieur, quel qu'il fût, ayant exécuté honnêtement les ordres de son supérieur hiérarchique pût être blâmé ou désavoué pour désarmer les hostilités de parti pris d'une Presse, qu'aucune déférence n'a d'ailleurs jamais conquise. Je ne voulais, pour mon compte, exposer aucun de mes subordonnés à de pareils déboires. — Je n'en étais plus à prendre un parti. J'attendais pour me retirer la fin des rumeurs produites par ma lettre. Lorsqu'elles s'apaisèrent je remis ma demande de mise à la retraite à M. Albert Gigot qui voulut bien m'exprimer le regret que lui causait ma détermination. Ma demande était datée du jour même (5 novembre 1878). Je l'avais motivée « sur le dégoût profond que m'inspiraient les attaques imméritées dont j'avais été l'objet et qui visaient surtout l'Administration elle-même en la calomniant ». Je ne demandais pas ma mise à la retraite immédiate. Je ne voulais pas disparaître subitement comme dans une trappe, avec les apparences d'un homme frappé ou qui recule devant des ennemis. J'indiquais le 1ᵉʳ janvier 1879 comme la date où je désirais cesser mon service. Un arrêté de M. Albert Gigot du 12 novembre m'admit à la retraite dans ces conditions (1).

Je continuai, en conséquence, mon service et je ne le quittai qu'à la date fixée, le 31 décembre 1878, au soir, ma besogne faite.

Si j'ai insisté sur ces différents points, c'est que M. Yves Guyot a écrit, répété, publié, pour les besoins de sa cause et contre la vérité, que j'avais été « chassé » et qu'il me paraissait utile et indispensable, au point de vue même de la signification de ce travail en ce qui touche le service des mœurs, d'établir pourquoi et dans quelles conditions j'avais, volontairement, abandonné une tâche qui a absorbé près de trente-

---

(1) Cet arrêté est ainsi conçu :

« Nous, Préfet de police,

« *Vu la demande par laquelle M. Lecour, chef de la 1ʳᵉ division, sollicite son admission à la retraite :*

« Attendu que ce fonctionnaire compte plus de trente années de services administratifs.

« Vu l'article 7 de l'ordonnance royale du 12 avril 1831 ».

« Arrêtons :

« M. Lecour susqualifié, est admis à faire valoir ses droits à la retraite à dater du 31 décembre 1878 ».

En annonçant cette demande de mise à la retraite *après plus de 38 ans de service*, *la Lanterne* formula sérieusement cette bouffonne exclamation : « Qu'on vienne nous dire après cela que le peuple français n'a pas de patience ! »

neuf années de ma vie et dont beaucoup ont été lourdes et rudes.

Non seulement l'œuvre de dénigrement entreprise par le journal *la Lanterne* contre la Préfecture de police en prenant spécialement à partie le service des mœurs, n'avait soulevé aucune protestation officielle, mais l'administration de police annonçait, elle-même, qu'elle modifiait sa réglementation. Ce n'est pas tout : elle prononçait d'office, en même temps, d'assez nombreuses mises à la retraite qui, bien qu'exclusivement basées sur des conditions d'ancienneté réglementaire, étaient et devaient être enregistrées par la Presse (1) comme l'aveu et le châtiment des abus signalés. On espérait, peut-être, obtenir à ce prix le désarmement de *la Lanterne*, dont on proclamait ainsi implicitement le triomphe sur tous les points. C'eût été faire preuve de courte vue. Il fallait prévoir que dans cet assaut, manifestement dirigé contre l'institution de police tout entière, la déroute du service des mœurs, déroute accomplie sans discussion ni résistance, grâce à une sorte de parti pris d'abandon dédaigneux, ne pouvait être qu'un incident et qu'une étape. S'il y eut une illu-

---

(1) Le nombre de ces mesures fut grossi par certains journaux. *La Lanterne* en signalait tous les jours de nouvelles. Le journal *Le XIXe Siècle* du 10 décembre 1878 publiait une liste de 34 noms, dont 2 chefs de division, 7 chefs de bureaux, 9 sous-chefs, 5 commis et 11 commissaires de police.

sion à cet égard, elle dura peu. Les événements allaient se précipiter.

III

En même temps que le journal *la Lanterne* utilisait la publicité de sa polémique contre les agents des mœurs, pour faire de la réclame à son feuilleton *les Chasseurs de femmes* écrit pour la circonstance (1) et qu'il représentait comme emprunté à des documents authentiques, M. Yves Guyot célébrait sa victoire par un article d'une violence insensée, ayant pour titre : *Nos campagnes* et dans lequel il prévenait ses lecteurs qu'il allait repartir en guerre. Le succès de son procédé consistant à prendre à partie, individuellement et nominativement, des fonctionnaires en sous-ordre, à les insulter et à les diffamer pour les dégouter, les troubler ou les effrayer, afin de battre ainsi en brèche l'administration elle-même, dont le chef, mis hors de cause, ne croyait pas devoir intervenir, l'avait mis en goût et comme surexcité. On en jugera par cet échantillon de quelques lignes :

(1) Cette réclame était bonne à exploiter, aussi le *Nouveau journal républicain* publia-t-il, au même moment, un roman intitulé *l'agent des mœurs*, dans lequel, disait l'annonce, l'héroïne marchait « toujours escortée de cette figure sinistre de l'agent des mœurs, abusant de son pouvoir et rudement châtié enfin par une main puissante et vigoureuse ».

« De cela (d'avoir attaqué la police des mœurs), loin d'avoir un remords, nous nous faisons gloire. Devant les campagnes de ce genre, nous n'hésitererons et ne reculerons jamais. *Nous en avons d'autres à faire* et nous les ferons avec la même vigueur, avec la même âpreté ; même s'il le faut, avec une tenacité plus impitoyable encore. Nous les ferons, non pas comme on fait un article de journal pour l'amusement du lecteur et pour une satisfaction passagère d'esprit, mais *comme on fait une chasse à une bête féroce, jusqu'à ce que la bête soit morte, comme on fait le siège d'un repaire de brigands, jusqu'à ce que les brigands soient pris.* »

Que le lecteur ne se laisse pas prendre à cette exubérance d'énergie. Ce n'est qu'un masque de plus. Ce guerroyeur ne manque pas de prudence. Il a bien soin d'encadrer ses menaces dans des protestations qui lui serviront de bouclier. « Nous sommes, ajoute-t-il, les défenseurs résolus de la loi, de l'ordre et du devoir... Autant nous avons de mépris et de sévérité pour la fonction inique et le fonctionnaire infidèle, *autant nous avons de respect et de sympathie pour l'autorité légale et pour le fonctionnaire qui fait son devoir.* »

Rien n'est plus louable. Vous voyez donc bien que ces grincements de dents partent d'un bon naturel et qu'il ne s'agit que de chasser des bêtes féroces ou de faire le siège d'un repaire de bandits. S'il y a erreur dans le fait, si l'on chasse de fidèles chiens de garde ou si l'on s'empare d'une maison honnête, l'intention n'en restera pas moins excellente.

Quant aux armes, ce ne sont pas celles d'une attaque ouverte et loyale procédant par l'exposition des griefs sérieux, précis, vérifiables. L'auteur des *Lettres d'un ex-agent des mœurs* et des *Lettres d'un médecin* possède un arsenal d'un caractère spécial et qui est inépuisable. Pour le remplir, il suffit de faire appel aux cancans, aux calomnies, aux délations passionnées ou égarées qu'engendrent la jalousie, l'envie, la rancune, la haine et même la folie. Dans l'avenir, on en tirera par l'emploi du même *truc*, usé jusqu'à la corde, les *Lettres d'un infirmier*.

Pour le moment, nous allons voir surgir la correspondance « d'un vieux petit employé ». Cette fois, il ne s'agira plus de la police des mœurs, mais bien de la Préfecture de police. La déclaration de guerre imprimée dans le journal *la Lanterne* du 11 décembre 1878 était ainsi conçue :

« *La Lanterne* n'a signalé jusqu'à présent que quelques-uns des nombreux abus empruntés à la routine policière. A partir de jeudi prochain, nous publierons : *la Préfecture de police par un vieux petit employé*. Curieuses révélations destinées à édifier complètement le public sur les pratiques peu scrupuleuses de certains employés supérieurs de cette Administration. »

Ces lettres du « vieux petit employé » parurent dans *la Lanterne* du 13 décembre au 28 janvier. Elles ont, depuis lors, et moyennant quelques retranchements, été publiées en brochure de même que celles de l'ex-agent des mœurs et du médecin. M. Yves Guyot n'a reconnu en être l'auteur que par un article qui parut dans *la Lanterne* du 5 juillet 1879 et qui se terminait par ces mots : « Le vieux petit employé qui, aujourd'hui, signe de son vrai nom : Yves Guyot. »

Il est impossible de les analyser. C'est contre beaucoup de chefs de service de la Préfecture de police, pris individuellement à partie et désignés par leurs noms, une accumulation de diffamations comme peut en fournir le moyen que je viens d'indiquer (1). On en aura une idée en songeant aux calomnies ineptes qui défraient les causeries d'antichambres, de loges de concierges, de subordonnés aigris, de rivaux malhonnêtes et de voisins malveillants. Ordinairement, ces choses-là se disent tout bas dans l'ombre et celui qui les colporte se sent assez troublé dans sa conscience pour que la rougeur lui en vienne au front. Dans tous les cas, on ne les imprimait pas ; il appartenait au rédacteur des lettres du « vieux petit em-

---

(1) « Je l'avoue, mes articles sont une série de diffamations, car il n'est guère d'articles où je n'aie cité trois ou quatre faits de nature à porter atteinte à l'honneur ou à la considération du corps de la préfecture de police. Aujourd'hui, je suis à mon dix-septième article ; au minimum, les seize premiers doivent donc contenir quelque chose comme cinquante diffamations, un demi-cent. »

(Lettre d'un vieux petit employé)
30 décembre 1878.

ployé » d'être le premier qui tirât vanité de l'emploi de pareils moyens (1).

De même que dans les lettres de l'ex-agent des mœurs, c'est un entassement d'insinuations et de phrases énigmatiques menaçantes, où il est question de fraudes de tous genres, de concussions et même d'assassinat, le tout formulé avec des précautions de formes dont voici des échantillons: « On fait d'autres hypothèses, d'autres commentaires, on dit que... et que.... Vous comprenez, n'est-ce pas? » — « Que deviennent toutes ces sommes?... Faites bien attention que je ne sais rien... c'est une simple question que je pose... »

(1) « On a ouvert dans je ne sais quelles officines, qui ne sont rien moins que des pouvoirs autorisés, une sorte d'enquête à laquelle on a appelé tout le monde, mais principalement des agents d'un ordre inférieur appartenant à l'administration même que l'on attaquait. On a fait appel aux dénonciations basses, *on les a payées peut-être...*? et alors il s'est produit, ce qui devait naturellement se produire, une sorte de désorganisation plus ou moins latente, plus ou moins active, dans cette institution qui pourtant a pour objet la sécurité de tous. » Discours de M. de Marcère, ministre de l'Intérieur (1er mars 1879.)

» Que ces révélations lui viennent de n'importe où, il s'en moque. Il les paye et tout est dit: c'est ainsi que *la Lanterne* a pu faire et mener à bonne fin son admirable campagne contre la Préfecture de police. A-t-on jamais songé à demander à notre confrère Yves Guyot d'où lui venaient ses notes et renseignements? » (Journal *le Citoyen* du 20 octobre 1880.)

A cela *la Lanterne* a répondu par une équivoque en invoquant les témoignages d'inspecteurs de police qui se sont produits dans son procès (*Lanterne* du 22 octobre 1880).

Or, ces témoignages ne s'appliquaient qu'à l'affaire Villain, à celle du *ligotage*, à des questions d'avancement et en aucune façon à la masse des imputations diffamatoires contenues dans les lettres de l'*ex agent des mœurs*, d'un *médecin* et d'un *vieux petit employé*.

Les phrases de ce genre agissent profondément sur l'esprit du plus grand nombre des lecteurs. M. Yves Guyot les appelle de « *simples médisances* » (1).

Il y a aussi dans les lettres du Vieux petit employé des révélations précises sur des méfaits qu'auraient commis des agents qu'il désigne par des initiales : celui-ci a fait arrêter sa femme, celui-là a emprunté une bague qu'il a mise au Mont-de-piété, cet autre a fait du scandale étant ivre, d'autres encore ont commis des délits.

C'est en se faisant l'écho de pareilles diffamations, qu'elle grossit en les publiant, que la Presse s'expose à justifier cette sortie indignée de Balzac : « Le journalisme est une grande catapulte mise en mouvement par de petites haines ».

Pour faire foisonner la copie et lui donner les apparences d'un renseignement exact, le rédacteur, mal masqué, y ajoutait force chiffres et des détails administratifs découpés dans le budget de la Préfecture de police et dans les comptes-rendus des discussions auxquelles les demandes de crédits avaient donné lieu au conseil municipal.

Quand certaines *révélations* promises à *la Lanterne* ne se réalisaient pas, le journal faisait appel à ses correspondants anonymes, les pressait et les

---

(1) Voir *La Lanterne* du 4 janvier 1879, 20ᵉ lettre du Vieux petit employé.

stimulait par de nombreux avis. Voici un de ces avis pris au hasard :

« La personne qui nous a écrit au mois de décembre sous la signature *Justus* n'a rien à risquer à se faire connaître à nous. Elle rendrait service à la cause républicaine et à ses nombreux amis et on lui en saura gré. »

Pourquoi mettre le mot de République dans cet appel intéressé fait à des diffamations ?

La forme de ces avis ne variait pas. Le nom seul changeait.

Il y avait aussi pour renforcer la confiance du lecteur et économiser les articles à sensation, de petits avertissements dont voici deux échantillons :

« Le vieux petit employé étant en ce moment surchargé de travail, nous a demandé de se reposer hier dimanche. »

Le repos dominical en matière de diffamation !

» Les *devoirs de famille* du vieux petit employé l'ont empêché de nous envoyer hier sa lettre quotidienne ; à demain donc la suite de ses révélations. »

Quel touchant tableau que ce diffamateur accomplissant ses devoirs de famille et mis par là dans l'impossibilité de diffamer !

Et encore, ce cri d'un cœur joyeux de constater que le scandale est d'un excellent rapport : « Hier, le tirage de *la Lanterne* a dépassé dans ses différentes éditions le chiffre de 300,000 exemplaires (1). »

C'est presque risible. Cela le serait tout à fait s'il était possible d'oublier que l'emploi de ces procédés et de beaucoup d'autres du même genre avait pour résultat d'entraver l'action d'un grand service public.

Jamais on n'avait vu un personnel administratif ainsi mis au pilori et attendant, en vain, une intervention et une protection que les règles hiérarchiques ne permettaient pas aux intéressés de chercher en eux-mêmes.

Les choses allèrent de la sorte jusqu'au moment où, la position n'étant plus tenable, les chefs de services dont l'abnégation était à bout, parlèrent de se retirer.

C'était ce qu'avait fait deux mois auparavant le chef de la 1re Division, lorsque attaqué sur un terrain de doctrine encore plus que de personne et sur des questions qui intéresseraient directement l'autorité de police, il s'était vu refuser les protestations officielles et le recours à la justice que l'administration lui devait et se devait encore plus à elle-même.

Il fallait enfin se décider à faire appel aux tribunaux dans les plus mauvaises conditions, c'est-

---

(1) Les lettres du Vieux petit employé ont cessé de faire recette, car *la Lanterne* du 5 juillet 1879 n'évaluait plus son tirage qu'à 170,000 exemplaires. Le 21 août 1880, il n'était plus que de 150,000.

à-dire après une abstention et un silence qui avaient trop duré pour ne pas être mal interprétés.

Sur la demande du ministère de l'Intérieur et du Préfet de police, des poursuites furent exercées (1).

A la première nouvelle qu'il en eut, le journal de M. Yves Guyot, fidèle à sa tactique habituelle, s'empressa de protester qu'il ne s'était jamais occupé de questions de personnes (il n'y avait que cela dans ses pamphlets), qu'il n'avait en vue que l'intérêt public, qu'il n'*avait attaqué que la police*

---

(1) La lettre écrite à ce sujet par M. de Marcère au président du conseil, ministre de la justice, était ainsi conçue :

Paris, le 21 décembre 1878.

Monsieur le président et cher collègue,

J'ai l'honneur de vous transmettre une lettre par laquelle M. le Préfet de police me demande de faire poursuivre d'office devant le tribunal civil, le journal *la Lanterne*, à raison de divers articles contenant des diffamations et des injures dirigées contre les agents de l'autorité dépendant de son service. La persistance des attaques que le journal *la Lanterne* dirige contre le personnel de la Préfecture, est de nature *à porter atteinte à l'autorité de l'administration, au prestige dont elle a besoin aux yeux du public et à jeter le découragement et l'inquiétude parmi les agents de la Préfecture.*

Je pense donc, comme M. le Préfet, qu'il y a un intérêt de gouvernement à ce que la poursuite ait lieu d'office. Il me paraît nécessaire que dans cette circonstance nous prenions en main la cause d'une institution si utile et d'un personnel si dévoué. J'ai l'honneur de vous demander qu'il soit d'office donné suite à la plainte que m'a apportée M. le Préfet de police.

Veuillez agréer, etc.

Le ministre de l'Intérieur,

Signé : DE MARCÈRE.

faite par des ennemis de la République (lorsque le terrain manque sous ses pieds M. Yves Guyot fait intervenir la République), et qu'il demandait une *enquête*.

Les poursuites étaient d'ailleurs très limitées ; elles ne reposaient que sur un petit nombre d'imputations diffamatoires ou d'injures dirigées contre le chef de la police municipale et trois officiers de paix. Il s'agissait surtout de faits se rattachant directement ou indirectement à la politique et à une arrestation faite lors de l'insurrection de 1871. Il y avait, en outre, l'inculpation dirigée contre le service de sûreté de maltraiter et de torturer des inculpés pour leur arracher des aveux. Malgré le caractère restreint de ce recours à l'intervention judiciaire le journal *la Lanterne* cessa subitement les ménagements dont il avait jusqu'alors usé à l'égard du Préfet de police et il lui notifia sa déclaration de guerre par un article violent dont l'extrait ci-après indiquera le ton :

« Nous avons autrefois connu M. Gigot ; ce n'était point un républicain bien farouche et qui pût, avec autorité, délivrer à autrui des certificats de républicanisme. Il collaborait, sans éclat, je le reconnais, à un journal radical, il est vrai, mais radical légitimiste, l'*Union*, si je ne me trompe. Il a trouvé, depuis lors, son chemin de Damas au coin d'une préfecture, et par parenthèse, il y a laissé des souvenirs d'un républicanisme médiocrement ardent et d'un cléricalisme solide. Il est vrai que, préfet du 16 mai, M. Gigot a eu le flair de devancer le moment psychologique, et avec une indépendance de caractère que d'autres n'ont pas eue, pressentant la débâcle, il a lestement lâché ceux qu'il savait d'avance perdus. Sa démission lui a valu la Préfecture de police qui est une récompense honnête pour un acte d'habileté ».

« *Aujourd'hui, M. Gigot que, par égard pour M. de Marcère, nous avions ménagé, ne craint pas de se jeter étourdiment et avec une légéreté singulière dans un débat où nous ne l'avions pas mis en cause.* Eh bien, soit ! nous classerons désormais M. Gigot parmi les nouveaux convertis dont il convient de débarrasser la République. »

M. Albert Gigot dut comprendre alors que son système de temporisation courtoise et presque déférente vis-à-vis des détracteurs de son personnel et si cruellement blessant pour celui-ci, l'avait engagé dans une voie sans issue, et que mieux eût valu, moralement et pratiquement, combattre tout d'abord l'ennemi à ses premières agressions que d'essayer, après s'être longtemps dérobé à la lutte, une résistance partielle, sans élan ni signification et qui semblait lui être imposée.

En relisant les numéros du journal *La Lanterne* de cette époque (janvier 1879), j'y trouve des entrefilets conçus en termes calculés pour concourir à l'effet général de la polémique engagée. Il y en a un, entr'autres, où l'affectation des formes de haute école se manifeste d'une façon comique lorsqu'on en rapproche le ton de celui des injures de la veille et des attaques du lendemain. C'est ainsi qu'après avoir ouvert le feu contre M. Albert Gigot dans les termes acérés qu'on vient de lire, « *la Lanterne* » publiait sérieusement ce qui suit :

« Il existe au barreau un usage particulier pour les procès dans lesquels est intéressé un magistrat ou un officier ministériel. L'avocat de la partie adverse rend visite à ce magistrat. Conformément à cet usage, notre défenseur, M. X... a rempli aujourd'hui cette formalité courtoise auprès de M. Albert Gigot. »

Il semble qu'on entend M. Yves Guyot s'écrier avec componction et en se parant de la courtoisie professionnelle de son défenseur : « Voyez, comme nous sommes polis. »

Dans un autre numéro « *la Lanterne* » disait : « nous apprenons au dernier moment que plu-
« sieurs députés demanderont avec insistance la
« retraite de M. Gigot. »

Le jugement fut rendu le 23 janvier 1879. Il prononçait contre le gérant de *la Lanterne* une condamnation à 3 mois de prison et 1,000 fr. d'amende.

En ce qui touchait les mauvais traitements infligés à des prisonniers, la défense invoqua le témoignage d'inspecteurs de police en exercice ou retraités qui vinrent déclarer à l'audience qu'ils avaient vu attacher et frapper des inculpés ; un autre dit qu'on avait menacé un individu arrêté de lui brûler la plante des pieds avec un fer rouge ; d'autres enfin parlèrent des cris qu'ils avaient entendus et qui étaient poussés, *leur avait-*

on dit, par des prisonniers maltraités pour les contraindre à faire des aveux.

Certains de ces témoins, dont le rôle était au moins singulier, transformaient en faits d'habitude quelques incidents de brutalité commis par des agents, dans des conditions qui en atténuaient l'importance et la gravité. Plusieurs de ces faits étaient anciens. Aucun d'eux ne pouvait être admis et équitablement apprécié sans un débat contradictoire. Étroitement contrôlés, ils auraient pu, je l'accorde, faire découvrir des actes isolés de brutalité condamnable dus à quelque excès de zèle et qu'on aurait sévèrement punis. En revanche, j'en suis convaincu, on aurait constaté que certaines des voies de fait signalées étaient justifiées par les circonstances dans lesquelles elles s'étaient produites. Lorsqu'on examine ces questions, on oublie trop qu'on n'arrête pas un malfaiteur rebelle, violent, cynique, insolent, qu'on ne s'en fait point obéir comme on danse un menuet ; que la mission des agents du service de sûreté, en matière d'arrestation, de garde, d'escorte, d'*examen de pseudonymes*, etc., les expose constamment à des luttes, à des violences, à des injures, à des menaces qu'aucune sanction pénale ne pourrait atteindre efficacement et qu'il est absolument impossible, pratiquement, que ces occasions multiples et inévitables de conflits n'entraînent pas des représailles immédiates, sans gravité, mais qui n'en sont pas moins regrettables en principe.

C'est sur ce terrain qu'il eût fallu d'abord, et jusqu'à plus ample informé, se placer en termes généraux pour répondre à ces attaques et il est permis de s'étonner que personne n'ait songé à le faire.

A quel homme de bon sens fera-t-on croire qu'un service de police aurait, ouvertement et en quelque sorte officiellement, pour mission, au moment de l'arrestation d'un délinquant ou d'un criminel, et en dehors des constatations et interrogatoires juridiques dont il a été ou va être l'objet, d'obtenir de lui, par des violences odieuses et stériles, un aveu que le prisonnier rétractera, avec des récriminations accablantes pour la police, devant le magistrat instructeur ou le tribunal ?

Quoiqu'il en soit, ces témoignages, auxquels l'officier de paix chargé du service de sûreté opposa quelques explications sur plusieurs des incidents signalés et sa protestation qu'il n'avait jamais autorisé, ni eu connaissance, d'actes de violence systématiquement exercés à l'égard des individus arrêtés, produisirent une mauvaise impression sur l'opinion publique, déjà mal disposée par l'abandon de tout essai de justification ou de recours à la justice pour le monceau des autres diffamations dirigées contre le personnel de la Préfecture de police.

Il était, en effet, naturel de penser que l'administration de police était justement attaquée sur tous les points qu'elle n'entreprenait pas de défendre puisqu'elle défendait si mal le seul détail sur lequel elle avait non pas seulement accepté, mais provoqué le débat.

De toutes les diffamations qui intéressaient son honneur et sa dignité et qui ne se rattachaient en rien à la politique, il n'en avait été relevé qu'une et, le débat fini, la condamnation prononcée contre les diffamateurs, on n'en demeurait pas moins obsédé par le souvenir de ces dépositions d'agents accusant leurs chefs et leurs collègues du service de sûreté d'user, de nos jours, sous leur responsabilité et au profit de la vindicte publique, de procédés que l'exagération des commentaires allait jusqu'à représenter comme constituant des moyens de torture empruntés aux plus mauvais temps de la répression judiciaire du moyen âge.

M. Albert Gigot le comprit. Il dut regretter de n'être pas allé, au fond des choses, dès le début de toutes les attaques; de n'avoir point fait la part, en les constatant et en les acceptant, des imperfections inévitables d'une immense action pleine de difficultés et de complications et offrant, par là même, une prise facile à d'injustes critiques, de ne point s'être armé et montré résolu pour défendre tout ce qui devait être défendu, de n'avoir point recherché et châtié ce qui devait être répudié et puni, et d'avoir, en définitive, par son parti pris d'ajourner et de restreindre, jusqu'à l'extrême, son recours à la justice, abouti, sinon en droit mais en fait, à se faire battre, les yeux fermés et la bouche muette, sur le seul point de détail pratique où le ministère public avait poursuivi la condamnation du diffamateur.

Que pouvait-on faire dans ces conjonctures ? Il était bien tard pour revenir en arrière. Cependant la situation que chaque jour, chaque nouvelle attaque, avaient aggravée, était l'objet de l'attention générale. Il y avait urgence de barrer le chemin au développement du préjugé du « ligotage » (garrotage) et « des individus passés au tabac » (violences envers les inculpés), suivant les expressions mises en circulation par *la Lanterne*, sous peine de le voir devenir légendaire et engendrer de nombreux embarras en provoquant et multipliant les résistances et les récriminations mensongères dans les cas d'arrestation. Un acte de justification, de défense, de protestation sur ce point était indispensable. Il n'appartenait qu'au Préfet de police de l'accomplir. Nul ne pouvait l'entreprendre en dehors de lui ou même avec son concours, sans l'amoindrir dans sa dignité et son autorité et sans lui constituer un véritable état de déchéance. M. Albert Gigot n'en jugea pas ainsi. Il réclama une enquête, non seulement sur les faits dont il vient d'être question, mais à divers points de vue, dont certains se rattachaient à l'exercice de son prédécesseur (1). C'est à cette fin qu'il écrivit au Ministre de l'intérieur la lettre suivante, datée du 25 janvier 1879 et que publia *la Lanterne* du 28 :

Monsieur le Ministre

« Le tribunal correctionnel, par son jugement du 24 de ce mois, a condamné le gérant du journal *la Lanterne* et déclaré calomnieuses les attaques dirigées dans ce journal contre plusieurs fonctionnaires de mon administration. »

« Mais, en dehors des faits spéciaux qui ont fait l'objet de la poursuite, il a été produit au cours du débat judiciaire des allégations dont l'opinion s'est émue et qui intéressent, à un haut degré, l'honneur de l'administration que je dirige. »

(1) Cette résolution de M. Albert Gigot de demander une enquête fut expliquée et commentée comme il suit dans un article du *Figaro*, du 27 février, article qui devait, plus tard, faire partie du livre publié par M. Ernest Daudet, sous le titre de *Souvenirs de la présidence du maréchal de Mac-Mahon*.

« Cette enquête fut généralement blâmée, et assurément il semble qu'il eût mieux valu ne pas l'ordonner. Mais quand le Préfet la demanda à son supérieur hiérarchique, M. de Marcère; quand celui-ci et M. Dufaure, consulté, l'approuvèrent, le conseil municipal annonçait l'intention de se saisir de la question ; on était menacé formellement par plusieurs députés d'une interpellation devant aboutir à une enquête parlementaire à laquelle le ministre de l'Intérieur était résolu à ne pas consentir, dussent sa démission et celle du Préfet être au bout de son refus, et qui néanmoins aurait eu lieu après eux et sans eux. Celle que sollicitait le Préfet parut le moyen le plus efficace d'empêcher une crise et des embarras ultérieurs plus graves encore. Il espérait que le ministre à qui il demandait d'y procéder personnellement, la dirigerait et que son autorité en limiterait les investigations aux faits allégués et relevés. Cette espérance incompatible avec la mauvaise foi des adversaires de la Préfecture de police, fut trompée. »

« On a allégué que *des détenus avaient été soumis à d'odieuses violences qui auraient eu pour but de leur arracher des aveux*; que des députés des départements avaient été l'objet dans la période électorale qui a suivi le 16 mai, d'une surveillance inquisitoriale exercée par des agents de la Préfecture de police ; que des communications compromettant l'honneur des citoyens avaient, dans l'intérêt des coupables qu'on voulait protéger, été adressées par des chefs de service à certains organes de la presse ; que tout avancement avait été systématiquement refusé aux agents dévoués à la République et que les faveurs de l'administration avaient été réservées aux ennemis du gouvernement (1). »

« Des faits de cette nature ne constitueraient rien moins que des actes de trahison et de prévarication. »

« Une grande administration, chargée de veiller à la sécurité publique et de protéger les citoyens, ne peut rester sous le coup d'une pareille accusation. Elle a besoin, pour *accomplir sa noble et difficile tâche, de prendre des forces dans la confiance des citoyens, et de demander à l'opinion publique l'autorité morale sans laquelle elle demeurerait impuissante* (2). Elle a le droit et le devoir de réclamer la lumière. »

« Je viens donc vous prier, Monsieur le ministre, dans l'intérêt de l'administration à la tête de laquelle m'a placé le gouvernement de la République, pour l'honneur des collaborateurs que je couvre de ma responsabilité et pour

(1) Bien que ce travail ait principalement en vue ce qui, dans la campagne entreprise contre la Préfecture de police, s'applique au service des mœurs, l'enchaînement des faits ne permet pas de se maintenir étroitement dans ce cadre. Tout se tient dans une pareille étude et rien n'en peut être supprimé sans préjudice pour sa clarté.

C'est, par ce motif, que j'ai cru nécessaire de transcrire en entier cette lettre.

(2) Cette vérité apparaissait bien tard aux yeux de M. Albert Gigot alors que les attaques qui discréditaient son administration, remontaient à près de quatre mois. Il est vrai que les attaques d'une portée politique étaient de date plus récente.

le mien, de vouloir bien faire procéder, sous votre direction, à une enquête sur les faits que je viens de vous exposer. »

« L'opinion demande que la vérité soit connue et que justice soit faite ; plus que personne je le demande avec elle. »

« Veuillez agréer, etc.
> Le préfet de police.
> Signé : Albert Gigot.

Le lendemain, *la Lanterne* contenait une lettre par laquelle M. Yves Guyot demandait, en ces termes, à M. de Marcère de faire partie de la commission d'enquête qui serait nommée :

« Je lis, dans le *Soir*, que M. le Préfet de police vous demande de procéder à une enquête sérieuse sur les services de la Préfecture de police. »

« Vous savez, Monsieur le ministre, que je me suis occupé activement de certains de ces services. »

« J'ai donc l'honneur de vous demander de faire partie de la commission qui sera nommée à cet effet. »

Le journal *la Lanterne*, on le voit, triomphait. Grâce à la nature des faits sur lesquels s'étaient concentrés les débats judiciaires et aux incidents qui s'étaient produits à l'audience, il avait pu dire, avec une apparence de vérité, dans son numéro du 27 janvier : « Maintenant que notre « procès est gagné, bien gagné, devant la cons- « cience publique. » Il avait demandé ; il demandait l'enquête et l'enquête allait se faire.

Il voulait maintenant pour cette enquête,

qui devait, suivant lui, s'étendre à tout et viser « *une tyrannie, une institution, un principe* », des garanties que son intervention, disait-il, pouvait seule procurer. On a vu plus haut que M. Yves Guyot avait exprimé le désir de faire partie de la commission de son côté. L'avocat de *la Lanterne*, Mᵉ Delattre, demanda à assister comme auditeur muet « aux interrogatoires » faits par les membres de cette même commission. Ces deux demandes ne furent pas accueillies. Toutefois, M. Yves Guyot fut admis à déposer devant la commission. Quant « au vieux petit employé » lequel, à partir du commencement des poursuites, avait remplacé, dans une large proportion, ses diffamations quotidiennes par des attaques plus anodines et par des critiques d'attributions, il osait enfin conclure par cette déclaration inutile, car, depuis longtemps, l'objectif de sa campagne n'échappait plus à personne :

« Je demande la suppression de la Préfecture de police » (1)..... Quant aux moyens d'exécution, les courts extraits suivants suffisent pour la faire entrevoir. « Il faut *disloquer* cette formidable organisation »..... « *diminuer le nombre des inspecteurs* »..... « Supprimer toutes les attributions

(1) Déjà à l'occasion des changements de personnel qu'il réclamait, il avait demandé cette mesure en des termes trop caractéristiques pour n'être pas cités : « C'est l'institution qu'il faut détruire... Il ne suffit pas d'arracher le mollusque, il faut briser la coquille. »
(*Lanterne* du 18 janvier 1879.)

de la Préfecture de police qui n'ont pour but que *de gêner les citoyens* »..... remettre la direction de la police municipale à un chef placé sous le contrôle immédiat du conseil municipal de Paris. »

« Tel est le plan que j'indique » écrivait le « vieux petit employé » et il ajoutait que la sécurité publique gagnerait considérablement à sa réalisation. »

De pareilles énormités ne se discutent pas. Les objections qu'elles soulèvent se présentent en foule à l'esprit de tout le monde.

Après quoi, le réformateur anonyme faisait connaître qu'il cessait d'écrire ; qu'il reprendrait peut-être la plume un de ces jours, et que « pour le moment, il attendait des actes ».

La commission d'enquête sur la Préfecture de police fut constituée par un arrêté ministériel dont voici le texte :

« Le ministre de l'Intérieur,

« Vu la lettre du Préfet de police en date du 26 courant;

Arrête :

Art. 1er. Il est institué une commission chargée de procéder à une enquête sur les faits qui ont été révélés à la charge de certains agents de la Préfecture de police dans le cours du procès dirigé contre le journal *La Lanterne.*

Art. 2. Cette commission se réunira sous la présidence de M. le ministre de l'Intérieur.

Elle se compose de :

M. le sous-secrétaire d'État, vice-président;

M. Schœlcher, sénateur;

M. Tolain, sénateur ;

M. Brisson, député ;

M. Tirard, député ;

M. Liouville, vice-président du conseil municipal ;

M. Picot, directeur des affaires criminelles et des grâces ;

M. Boucher-Cadart, directeur de la sûreté générale ;

M. Gigot, préfet de police.

MM. Tixier et Lyon, auditeurs de 2e classe au conseil d'État, rempliront près ladite commission les fonctions de secrétaires.

« Signé : E. DE MARCÈRE ».

Notons que cet arrêté daté du 27 janvier 1879, fut pris au milieu des complications gouvernementales qui amenèrent la démission de M. le maréchal de Mac-Mahon. Un errata de l'*Officiel* ajouta aux membres de la commission M. le Dr Thulié, président du conseil municipal.

Dès le commencement des travaux de la commission, *la Lanterne* publia un avis destiné à prévenir les personnes qui voudraient être entendues dans l'enquête qu'elles devaient en faire la demande par lettres adressées à M. Lepère, sous-secrétaire d'État au ministère de l'Intérieur.

Dans la circonstance, c'était, pour ainsi dire, un appel officiel aux dénonciations et aux récriminations de tous genres contre la Préfecture de police. Il faut avoir sondé et analysé ces fanges pour savoir à quel excès d'infamies peuvent arriver la méchanceté et la bêtise humaines, et pour prendre sur le fait, dans des conditions qui ne laissent aucun doute, cette maladie mentale des jaloux, des ambitieux, des déclassés qu'on appelle le délire des persécutions.

L'expérience allait démontrer que, si la position que le Préfet de police s'était faite et avait faite à son personnel par sa demande d'enquête, était insoutenable, le rôle de la commission d'enquête la mettait elle-même aux prises avec de grands embarras sur des questions de principe, et en fait, avec des difficultés d'exécutions inextricables.

Que comportait cette enquête ?

Examiner des plaintes, des dénonciations qui devaient forcément s'étendre et porter sur presque toutes les attributions de la Préfecture de police (1), rechercher dans ses archives lesquelles comprennent tout à la fois des dossiers de police générale, de police judiciaire et de police municipale, les documents qui se rattacheraient aux faits signalés, en contrôler les indications, entendre les plaignants, les dénonciateurs, les témoins, aussi bien que les fonctionnaires et agents mis en cause.

Le Préfet de police seul avait qualité pour procéder à ces opérations sous les conditions qu'exi-

---

(1) « ... Le corps diplomatique s'émut, en même temps que le monde politique d'une enquête... qui pouvait livrer à la publicité certains faits destinés à rester secrets puisqu'ils intéressaient les rapports internationaux au point de vue de la sûreté mutuelle des États. »

(Livre de M. E. Daudet, déjà cité.)

gent l'observation du secret professionnel et les précautions de nature à sauvegarder l'honneur et la paix des familles ; mais sa demande d'enquête avait fatalement les conséquences d'une sorte d'abdication. Relégué au dernier rang de la liste des commissaires, primé par le Directeur des affaires criminelles, dont la présence dans la commission ressemblait à une menace et devait démoraliser les victimes de dénonciations, par le Directeur de la sûreté générale qui, en raison de son titre, est voué à un empiètement continuel sur les attributions spéciales du Préfet de police, M. Albert Gigot allait-il, par surcroît, se résigner à livrer les archives de la préfecture, voir ses collaborateurs, se voir lui-même mis sur la sellette par le fait d'absurdes accusations et assister passivement à la trahison inconsciente ou calculée, de certains de ses agents devenus les contempteurs de l'administration à laquelle ils appartenaient? Il en fut autrement. La situation était d'ailleurs pour le Préfet de police grosse de menaces qu'aucun procédé de temporisation ne pouvait conjurer. Devant le conseil municipal, où s'était produite une interpellation « sur les agissements de la Préfecture de police et l'épuration de son personnel », M. Albert Gigot avait répondu que si des faits coupables étaient constatés par l'enquête, il en punirait les auteurs, mais, presqu'en même temps, à l'une des premières séances de la commission d'enquête, indigné de l'attitude et des paroles de plusieurs agents subalternes appelés à déposer, il leur imposa silence et il annonça avoir l'intention de ne plus siéger dans la commission ne voulant pas que de pareils scandales pussent se renouveler en sa présence. Il offrit même, à cette occasion, a-ton dit, sa démission au ministre, qui la refusa.

Ces incidents mécontentèrent le journal la *Lanterne* qui eut, de nouveau, recours au *truc* « du vieux petit employé ». Celui-ci rentra donc en campagne en débutant par ces mots épiques qu'il devait croire terrifiants : « J'en suis fâché, mais M. Gigot me force de reprendre la plume » et il ajoutait : « M. Gigot, dans la commission devrait comprendre qu'il est là comme accusé, et il est le dernier qui doive intervenir. »

Dans l'état des choses, ce genre de manifestation dont il avait été abusé ne pouvait plus attirer l'attention. *La Lanterne* le recommença le lendemain sous une autre forme dans un article où il était dit :

« L'attitude prise par M. Gigot dans l'enquête sur la Préfecture de police nous paraît profondément regrettable. »
« Ouvertement et officiellement il a pris fait et cause pour ses subordonnés les plus compromis..... Dans ces conditions, la présence de M. Gigot dans l'enquête est impossible. »

On croit rêver en lisant de pareilles choses et cependant c'est avec des arguments de cette force, reposant sur des faits inventés ou travestis dont le récit quotidien, accompagné d'injures et de diffamations était reproduit et commenté par un certain nombre de journaux, sans être jamais rectifié ou démenti, qu'on était arrivé à créer facticement, même dans les régions du pouvoir et du parlement, un courant d'opinion hostile ou tout au moins défavorable à l'administration de police.

Sur ce terrain, le moindre incident s'imposait à l'attention publique même au milieu de la crise gouvernementale créée par la démission du maréchal de Mac-Mahon, l'élection de M. Grévy à la présidence de la République et celle de M. Gambetta à la présidence de l'Assemblée nationale.

Dans le but évident de peser sur la commission d'enquête en la poussant à étendre ses investigations au delà des limites que M. de Marcère avait entendu donner à sa mission, et aussi, sans doute, pour satisfaire les goûts de beaucoup de ses lecteurs, la *Lanterne* avait repris sa campagne contre la Préfecture de police. Elle revint, tous les jours, à la charge contre M. Ansart, le chef de la police municipale, à propos de ce qu'elle appelait l'affaire Vilain. Il s'agissait de l'arrestation faite, au moment de la rentrée des troupes régulières dans Paris, et sur la désignation de personnes présentes, dans l'intérêt de l'ordre public, d'un individu qui fut remis à des représentants de l'autorité. Le fait avait donné lieu à une imputation diffamatoire dirigée contre M. Ansart et qui avait été frappée par les tribunaux. Il y avait bien aussi les attaques formulées contre M. Lombard, officier de paix de l'attribution du cabinet, contre lequel le directeur de « *la Lanterne* » avait déposé devant la commission d'enquête. Cela ne suffisait pas, il fallait autre chose : il fallait trouver du nouveau susceptible d'agir fortement sur l'esprit public et dont on pût se faire une arme contre la police. On le trouva. Est-ce le « *Vieux petit employé* » qui le découvrit ? Dans tous les cas, cela n'était pas du neuf, c'était un moyen qui avait déjà servi, mais sur lequel on pouvait faire fond.

Dans un milieu plein de mouvement et chargé de population comme l'agglomération parisienne, où la circulation ne cesse jamais ou tout au moins persiste jusqu'à une heure avancée de la nuit, les batteries, les discussions commençant par des quolibets et finissant par des voies de fait, les provocations d'ivrognes ou de souteneurs de filles publiques après des colloques entamés par ces dernières, les querelles faites souvent avec l'arrière-pensée d'y chercher une occasion de vol, sont fréquentes. Il y a aussi le contingent d'attaques faites par des malfaiteurs d'habitude.

Lorsque la presse s'attache à recueillir et à faire ressortir, sous la rubrique d'attaques nocturnes (1), tous les faits appartenant à ces diverses catégories, elle fait naître un véritable émoi dans la population. Chacun se sent menacé dans sa sécurité lors des rentrées tardives, de mauvais plaisants spéculent sur ces terreurs et s'amusent à les accroître, les tapageurs battus, les soupeurs avinés, les débauchés du ruisseau ayant à chercher un motif avouable pour des horions dont ils veulent taire la cause, les peureux et les vantards qui croient ou veulent faire croire à la réalité de périls courus, inventent et racontent des histoires d'agressions dont ils ont été victimes ou qu'ils ont vaillamment repoussées et il en résulte un tel ensemble de récits effrayants qu'il est difficile, même aux esprits les moins mal disposés à l'égard de la police, de ne pas se laisser aller à l'accuser d'un grave manquement à ses devoirs de protection de la sûreté de tous. Si les circonstances permettent, et c'était alors le cas, de présenter ce manquement comme une manœuvre de parti pris et de

(1) Afin de prémunir les commissaires de police contre cette exagération de terme, M. A. Gigot leur adressa une circulaire où il était dit : « Cette expression, d'attaque nocturne qui n'a, pour ainsi dire, point d'application réelle à Paris, outre qu'elle définit mal un fait judiciaire, a d'ailleurs l'inconvénient, fort grave, d'alarmer la population et de faire croire à des dangers imaginaires. »

calcul, le *tolle* contre de pareils procédés devient général et l'irritation du sentiment public n'a plus de bornes.

Le plan de la *Lanterne* se révéla clairement dans une série d'articles dont les extraits suivants feront ressortir le caractère.

« LA SURETÉ PUBLIQUE. — Depuis quelques jours les rues de Paris ne sont plus sûres; les attaques nocturnes deviennent de plus en plus nombreuses. On se croirait revenu au bon vieux temps où le guet parfois traitait avec le général de la cour des miracles, et fermait bénévolement les yeux et les oreilles pour ne pas gêner l'industrie de ses bons amis les voleurs. »

« Nous ne croyons pas que la police actuelle passe des traités d'alliance avec les voleurs, mais on dit tout haut que certains fonctionnaires mettent beaucoup de négligence dans leur service pour pouvoir dire : « Voyez ce que c'est que d'attaquer la police, de la désorganiser : la vie des citoyens n'est plus en sûreté. »

« Tout ce que nous savons, nous, c'est qu'on assomme et qu'on dévalise les passants dans les rues de la capitale. » (*Lanterne* du 11 février 1879.)

« LA POLICE. — « L'émotion causée par l'attaque nocturne du quartier de la Sorbonne est très vive. *Un conseiller municipal de nos amis* vient d'adresser la lettre suivante à M. le président du conseil municipal.

« Mon cher président et collègue, »

« Jusqu'ici les arrestations nocturnes avaient été le privilège des quartiers excentriques ; aujourd'hui les malfaiteurs opèrent dans tout Paris ; hier encore, place de la Sorbonne, à minuit et demi. »

« Et cela, avec une sécurité que pourraient envier les honnêtes gens. »

« Ne pensez-vous pas qu'il faut laisser de côté la foi administrative qui faisait croire à nos pères que la police protégeait efficacement ? »

« L'opinion publique est assez justement émue pour qu'il appartienne au président de prendre l'initiative. »

« Si vous convoquez dans une réunion privée les élus de Paris au Sénat, à la Chambre et au Conseil municipal, nul doute que le pouvoir exécutif ne se rende à la démonstration de la vérité faite par la réunion. »

« Personnellement, je demanderai de soumettre à l'assemblée les propositions suivantes : »

« 1° Est-il vrai qu'on a diminué l'autorité des commissaires de police, en exigeant d'eux des services politiques, en transportant une partie de leurs pouvoirs aux agents de MM. Ansart (1) et Jacob (2), en les surchargeant de travaux qui ne rentrent pas directement dans leurs attributions, de telle sorte, que le commissaire de police, ce magistrat, qui devrait être aimé, vénéré, appuyé par tous les honnêtes gens du quartier n'est plus qu'un fonctionnaire amoindri et objet de défiance ? »

« 2° Est-il vrai que M. Ansart, en organisant sa police par îlots, en traçant des itinéraires presque réguliers aux sergents de ville, en enlevant à ceux-ci tout esprit d'initiative, offre pleine sécurité au voleur avisé ? »

« N'est-ce point le moyen de ressusciter les aventures joyeuses des chevaliers du guet ? »

« Est-il vrai que non seulement les voleurs sont en sécurité, mais que les agents sont détournés de leur véritable mission, qui est d'arrêter les voleurs et cela parce que M. Ansart exige d'eux des services de police politique et scandaleuse ? »

(*La Lanterne*, 12 février 1879.)

---

(1) Commissaire de police, chef de la police municipale.
(2) Officier de paix, chef du service de sûreté.

On ne serait pas convaincu à l'avance que ces articles, comme la plupart de ceux de « *la Lanterne* » que j'ai cités, émanent tous de la même plume sous des incarnations diverses, quant à la signature : ex-agent des mœurs, médecin, vieux petit employé, qu'il serait impossible de ne pas s'en apercevoir, à la forme toujours la même, à la pauvreté des arguments, qui ne résisteraient pas à l'examen, et à des prétentions de compétence basées sur l'assimilation hâtive de notions glanées dans des documents administratifs et sur l'emploi de termes techniques appris de quelques agents cassés aux gages ou méritant de l'être.

Cela ressemble aux mots latins balbutiés par les ignorants qui veulent paraître instruits. J'ai entendu un vrai savant, qui est en même temps un homme spirituel, appeler ce procédé pour jeter de la poudre aux yeux : de l'*érudition de sage-femme*.

Citons encore. C'est le meilleur moyen de juger ces attaques. Qu'elles s'adressent au service des mœurs, à celui de la sûreté, à l'institution même de la police, elles ont toutes la même valeur.

Pour le moment il s'agit du service de sûreté. Voici un exemple des incidents insignifiants dont se grossit la légende des attaques nocturnes. J'ai supprimé le nom de l'artiste dont il est question :

» L'excellent artiste X, qui demeure à deux pas de la place de la Trinité, où une nouvelle attaque nocturne vient d'avoir lieu, nous racontait qu'il s'était vu arrêter il y a quelques jours au moment où il rentrait chez lui, à une heure du matin, par un individu d'allures suspectes, lequel lui demanda à propos de bottes s'il n'aurait pas par hasard, de vieux souliers à lui donner. »

« Trouvant la question pour le moins insolite à pareille heure et se sentant, d'autre part, peu disposé à retirer ses chaussures sur la voie publique pour les remettre à cet indiscret quémandeur, il lui intima l'ordre de lui tourner les talons au plus vite; mais comme, malgré cette injonction, son homme semblait vouloir monter séance tenante chez lui, il dut lui fermer brusquement la porte cochère sur le nez. »

(*La Lanterne* du 14 février 1879.)

L'attaque n'était pas dangereuse et cette anecdote est du genre gai. Il ne s'y trouve pas d'objurgation contre la police municipale. Cela repose un peu et jure avec les cris d'alarme et de colère de la veille et du lendemain.

Après ce répit, le même journal du 15, sous le titre d'*attaques nocturnes*, racontait quatre ou cinq agressions dont trois avaient vu les assaillants repoussés grâce à l'emploi de pistolets. Ces récits contenaient une invite à se munir de révolvers et ils n'étaient pas faits pour rassurer les gens timides.

Ceux-ci devaient être d'autant plus épouvantés que le branle donné par *la Lanterne* avait eu son contre-coup dans tous les journaux qui se remplirent d'histoires d'attaques nocturnes et dont les articles à ce sujet portaient des titres effrayants : « *L'ère du revolver.* » « *Gardez-vous.* » « *Paris coupe-gorge.* » « *Les assommeurs de Paris.* »

Les choses en vinrent à motiver une interpellation adressée en séance de la Chambre au ministre de l'intérieur. M. de Marcère répondit que ces bruits ne reposaient sur aucun fondement sérieux. Depuis le 1ᵉʳ février, quinze attaques nocturnes avaient été signalées, douze n'étaient que des rixes entre gens ivres ou des disputes entre personnes fréquentant de mauvais lieux ; les agresseurs avaient été arrêtés. Les autres affaires étaient insignifiantes ; l'une d'elles était une invention du plaignant.

Ces explications étaient suffisantes. M. de Marcère crut devoir ajouter :

« Le gouvernement s'est préoccupé de l'inquiétude qui s'est manifestée, d'une panique un peu légèrement acceptée et répandue et il a pris les mesures nécessaires pour la faire cesser. Le préfet de police a fait connaître qu'il avait pris sous ce rapport certaines mesures : les rondes de nuit seront plus fréquentes qu'auparavant ; *le service de sûreté*, et c'est un des points dont on vous a parlé à propos de l'enquête, *va être renouvelé complètement et dans son chef et son personnel* (1). »

(1) Les déclarations de cette nature démoralisent les agents qu'ils désignent. Elles sont préjudiciables pour la sûreté publique qu'elles privent du concours d'agents expérimentés. En menaçant les agents sans motifs, en s'en séparant, on les livre aux avances que ne manquent pas de leur faire, pour l'organisation de leur propre police, les grandes entreprises financières et industrielles. C'est un système dont l'accomplissement mène tout

Une pareille déclaration était une bonne fortune pour le journal « *La Lanterne* » qui, deux jours auparavant, comprenant que les « attaques nocturnes » avaient fait leur temps, les avait enterrées vivantes par un article dans lequel il disait qu'il savait ce qui les rendait possibles, et il indiquait le moyen de les faire cesser.

« La fréquence des attaques nocturnes devient, écrivait-il, une cause de préoccupations publiques. ... Depuis un mois le service de sûreté ne fait plus de rondes de nuit... Les agents, les inspecteurs, demeurent inoccupés et les malfaiteurs ont le champ libre. »

Ce genre d'articles, que dévorent et propagent les lecteurs peureux, ne devrait pas être pris au sérieux. Est-il nécessaire de rappeler que les gardiens de la paix, par leur nombre, par le règlement de leur service, sont organisés de façon à pouvoir veiller, jour et nuit, sur la voie publique pour en assurer la sécurité ? Le service de sûreté, proprement dit, est spécialement chargé de rechercher les malfaiteurs *signalés*, d'exercer des surveillances particulières sur des points déterminés, de relever les délits partout où il en constate, et d'en arrêter les auteurs. Il ne constitue pas, par son effectif, un corps susceptible de procéder comme les gardiens de la paix, d'une manière

droit à la destruction de la police d'intérêt public et à la réhabilitation et au recrutement des agences de Tricoche et Cacolet.

permanente, à des rondes de nuit préventives dans tous les quartiers de Paris.

Dans son réquisitoire contre le service de sûreté « le vieux petit employé » concluait en demandant le renvoi du chef de ce service et son remplacement par un inspecteur qu'il désignait. Ceci se publiait le 16 février ; le 18, M. de Marcère s'exprimait comme on vient de le voir sur les mesures dont le service de sûreté allait être l'objet, et, le 19, *la Lanterne* annonçait à ses lecteurs le remplacement de l'officier de paix chef de ce service, auquel on offrit, paraît-il, un poste de commissaire de police qu'il n'accepta point, préférant se retirer.

Sur ce terrain, comme dans la lutte entreprise contre la police des mœurs, la campagne contre la préfecture de police portait ses fruits (1).

Avant d'en finir avec ce détail, il est bon d'ajouter que le journal « *la Lanterne* » ne se contenta pas de signaler le péril et d'indiquer les mesures à prendre pour le faire cesser. Il poussa le zèle jusqu'à se substituer au service de sûreté. Voici comment il racontait ses prouesses à cet égard :

« Il y a deux ou trois jours, quatre rédacteurs de la

---

(1) Les attaques dirigées contre la préfecture de police ont été inspirées, du côté de quelques-uns au moins, par un esprit de dénigrement et de désordre qui a porté ses fruits.

(M. de Marcère, séance de la Chambre, 4 mars 1879.)

Lanterne s'en allaient en excursion autour de la maison d'un marchand de vin, à l'angle du boulevard, etc... le pauvre marchand avait été dévalisé la nuit précédente. »
« *Il s'agissait de voir et au besoin d'arrêter les voleurs qui auraient pu repasser par là.* »

Ceci est joli et du dernier naïf ; il y a mieux encore.

On se souvient d'un rédacteur du même journal qui, vers la même époque, eut, comme il l'a dit, l'inspiration d'aller voir encore, seul cette fois, à minuit, *s'il rencontrerait des voleurs* et qui, par ses allures, effraya à tel point des passants paisibles, qu'ils prirent peur, crurent à une intention d'attaque et le firent arrêter.

De pareils faits, on en conviendra, n'autorisent guère à se poser en critiques et en donneurs de conseils en matière de police.

Terminons sur ce point en rappelant que c'est à l'occasion des prétendues attaques nocturnes que, dans la séance de la Chambre du 4 mars 1879, M. Clémenceau adressa au ministre de l'intérieur, M. de Marcère, cette vigoureuse apostrophe :

« Vous avez inquiété l'opinion publique ; vous avez contribué à la désorganisation, à la démoralisation, à la déconsidération de la Préfecture de police. Et c'est ainsi que nous avons vu l'opinion publique cherchant, comme il était naturel, un aliment à ses appréhensions, se jeter sur cette fausse piste des attaques nocturnes qui n'ont jamais eu rien de sérieux. »

Pendant qu'une partie de ces incidents se produisait, la commission d'enquête, n'acceptant pas les limites posées à sa compétence et reconnaissant, peut-être, les graves inconvénients et même les dangers de la voie dans laquelle elle s'était engagée, se désorganisait. On a vu que M. Albert Gigot avait cessé d'assister à ses séances. M. Brisson n'y avait point paru, a-t-on dit. M. Picot, qui faisait partie de la commission à titre de Directeur des affaires criminelles, avait été nommé Conseiller à la cour. Cinq autres de ses membres, MM. Schœlcher, Thulié, Tolain, Liouville et Tirard donnèrent leur démission par une lettre du 16 février 1879 (1).

Ainsi se terminait cette enquête que, dix-huit

---

(1) Voici cette lettre :

Monsieur le Ministre,

« Nous avons été désignés par vous pour faire partie de la Commission d'enquête sur la Préfecture de police. »
« En acceptant cette mission, nous avions espéré pouvoir arriver à faire la lumière sur les faits signalés à votre attention et à celle de la justice. Cette pensée était évidemment la vôtre. Cette lumière, nous l'avons obtenue *en ce qui concerne le service de sûreté et l'affaire de l'honorable M. Rouvier* dans laquelle nous avons pu constater le parti pris évident de la police. »
« Malheureusement, en présence du secret professionnel derrière lequel plusieurs fonctionnaires ont cru devoir se retrancher, devant les craintes de destitution manifestées par plusieurs agents, il ne nous est pas possible, pour les autres questions qui nous étaient soumises, d'arriver à la lumière complète. La continuation de l'enquête dans ces conditions ne saurait convenir à aucun de nous. Nous avons, en conséquence, l'honneur de vous prier de vouloir bien nous relever de la mission que nous avions acceptée. »

jours après, alors que M. Andrieux avait succédé à M. Albert Gigot, *la Lanterne* déclarait avoir été « maladroitement ouverte ».

Bien que les termes par lesquels les membres de la commission avaient résigné leur mandat, n'impliquassent pas, d'une manière générale, la confirmation des accusations dirigées contre la préfecture de police, ils étaient de nature à fortifier et à perpétuer les préventions ardentes dont cette administration était l'objet. *La Lanterne* en prit texte pour déclarer que la commission s'était vue dans l'impuissance de remplir sa mission en raison des résistances et du mauvais vouloir du ministre de l'intérieur, et pour accuser, une fois de plus, la préfecture de police d'être « un foyer de scandales, un cloa-
« que de pourriture et un danger public ».
(*Lanterne* du 18 février 1879.)

Ce qu'il y avait de vrai, c'est que, sous le coup des assauts continuels qu'elle subissait depuis si longtemps sans être défendue, cette grande administration se trouvait dans un désarroi complet. Il n'y restait plus qu'un très petit nombre d'anciens chefs de service et encore l'un d'eux, le chef de la police municipale, voulait absolument prendre sa retraite ; il en avait même fait la demande. De son côté, le préfet acculé, comme dans une impasse, par des difficultés, des exigences croissantes et une désorganisation dont la plus grande partie était son œuvre, devait reconnaître qu'une attitude énergique, prise au commencement de la lutte aurait pu tout sauver. Il parut croire qu'une tentative dans ce sens pouvait encore être faite utilement. Après avoir, à deux reprises, donné sa démission, il ne consentit à conserver ses fonctions que sur les instances de M. de Marcère et à la condition que celui-ci lui manifesterait hautement, par des actes significatifs, sa confiance et son appui (1).

Ce programme reçut un commencement d'exécution. C'est ainsi qu'on vit se produire diverses mesures qui, prises plus tôt et dans d'autres conditions, auraient raffermi l'autorité de l'administration de police et modéré les allures de ses adversaires.

Le 1er février 1879, le conseil municipal de Paris avait, par délibération, revendiqué, comme son droit, de contrôler directement la marche des services de la préfecture de police en raison de son caractère d'administration municipale.

Cette délibération fut annulée par un décret

---

(1) Certains journaux parlèrent à cette occasion de la transformation possible de la préfecture de police en un ministère de la sûreté publique. Ces bruits n'étaient pas dénués de fondement. On en trouve la confirmation dans ce passage du discours prononcé à la Chambre, le 4 mars, par M. de Marcère : « Je dis qu'il faut faire en sorte de rendre à la préfecture de police, à cette institution si nécessaire, tout le ressort dont elle a besoin pour rendre les services qu'on attend d'elle. Je dis que peut-être même, et cela sera à examiner, il y aurait lieu de rechercher *s'il ne faudrait pas rattacher à l'État ce grand service public.*

du 18 du même mois, notifié au conseil dans sa séance du 18 et ainsi conçu :

« Le président de la République française, sur la proposition du ministre de l'intérieur ; vu la loi du 14 avril 1871 ;

« Vu la délibération en date du 1er février 1879, par laquelle le conseil municipal de Paris, à l'occasion des déclarations de M. le Préfet de police relatives au personnel de son administration, revendique le droit d'exercer son contrôle direct sur les services de la Préfecture de police, institution essentiellement municipale ;

« Considérant qu'aux termes de l'article 1er de l'arrêté des consuls du 12 messidor an VIII qui détermine les fonctions du Préfet de police, ce magistrat exerce ses fonctions tant en matière de police générale, qu'en ce qui touche la police municipale, sous l'autorité immédiate des ministres et correspond directement avec eux pour les objets qui dépendent de leurs départements respectifs ;

« Que les fonctions de Préfet de police s'étendent non seulement à la ville de Paris, mais encore à toutes les communes du département de la Seine et à certaines communes du département de Seine-et-Oise ;

« Qu'en conséquence, en revendiquant sur la Préfecture de police un droit de contrôle direct que la loi ne lui reconnaît pas, le conseil municipal de Paris a excédé la limite de ses attributions, et que sa délibération tombe sous le coup de l'article 14 de la loi du 19 avril 1871 ;

« Décrète :

« Art. 1er. Est déclarée nulle la délibération sus-visée prise le 1er février 1879 par le conseil municipal de Paris (1). »

(1) On a vu, page 12, que le conseil municipal de Paris avait, le 6 novembre 1880, voté des propositions pour l'organisation municipale parisienne. propositions qui lui attribuaient le pouvoir d'organiser et de diriger les services et le personnel de la

Jusqu'alors, M. Gigot, courbant la tête sous l'orage, avait pu croire qu'il réussirait à traverser cette bourrasque sans précédents dans l'histoire administrative, en abandonnant ou en sacrifiant ses collaborateurs les uns après les autres, au fur et à mesure qu'il se sentait impuissant à les protéger contre les calculs des uns et les exigences des autres. L'un de ses collaborateurs, le plus important par son grade de secrétaire général et que de longs services antérieurs comme chef de la division de comptabilité, emploi supprimé aujourd'hui, avaient d'ailleurs et depuis longtemps mis en possession définitive d'une pension de retraite, refusa d'accepter les apparences d'une mise à la retraite *sur sa demande*, et à cette équivoque il préféra une mesure de révocation.

Parmi les quelques vieux serviteurs de l'administration qui avaient conservé leurs postes, il y en avait un, le chef de la police municipale, M. Ansart, contre lequel les rancunes et les mauvais vouloirs pleins d'arrière-pensées concentraient alors leurs attaques. C'était la continuation de la tactique suivie, avec succès, à l'égard du personnel supérieur de la préfecture de police depuis le commencement de la campagne entamée contre elle. Pris, à son tour, de

police communale. Cette délibération a été annulée par décret du 13 du même mois.

lassitude et de découragement, M. Ansart voulait se démettre de ses fonctions. Dans le but de le faire revenir sur cette détermination, M. Albert Gigot obtint de M. de Marcère la lettre suivante que publièrent tous les journaux et qui était pour M. Ansart un témoignage flatteur :

« Monsieur le Préfet, vous m'avez transmis la lettre par laquelle M. Ansart vous a offert sa démission de chef de la police municipale de Paris. Je n'ai aucune raison pour accepter cette démission et j'en ai beaucoup pour la refuser dans un moment où la Préfecture de police, injustement attaquée, a besoin de se fortifier et de se maintenir dans l'opinion publique par les services mêmes qu'elle rend. »

« M. Ansart est un homme qui peut dans les circonstances présentes et à ce point de vue, vous rendre de sérieux services. Je les attends de lui. Veuillez le lui dire de ma part. »

Signé : De MARCÈRE. »

M. Ansart reprit sa démission.

Un nouveau secrétaire général, dont l'arrivée pouvait être interprétée comme une mesure prise en vue de la réorganisation des services de l'administration, remplaça l'ancien chef du cabinet qui avait été promu à ces fonctions lors du départ de M. de Bullemont et qui passa à la préfecture de la Seine avec le même titre.

Ce n'était pas tout. Comme consécration de sa reprise d'autorité et avec l'assentiment du ministre de l'intérieur, M. Albert Gigot prononça la révocation des agents dont les démonstrations d'hostilité envers son administration ne pouvaient demeurer impunies sans qu'il en résultât un notable affaiblissement de la discipline et de l'obéissance du personnel placé sous ses ordres (1).

Ces divers actes furent accueillis avec colère par les adversaires de la préfecture de police et notamment par le journal *la Lanterne*. Celui-ci demanda, en soulignant son intention, « quel « était le lien qui unissait M. de Marcère à M. An- « sart ? » Il ne s'arrêta pas là. Dans un article intitulé : Homme d'État et financier, où il entassait ses prétendus griefs, on put lire ce qui suit :

» Tout cela, certes, est bien grave, et il suffisait d'un seul de ces actes pour juger et condamner le ministre qui l'aurait commis. Mais qu'enchaîné par des attaches secrètes à des hommes dont la virginité politique a subi tous les hasards et dont la virginité financière n'est que médiocrement intacte, le ministre de l'Intérieur soit à la discrétion d'un policier bonapartiste, c'est plus qu'un scandale, c'est un danger pour l'État. »

Cet article, qui fit beaucoup de bruit, concluait ainsi :

(1) « M. Albert Gigot m'a demandé de pouvoir révoquer tous les agents intérieurs qui étaient allés *dans cette officine* (le journal *la Lanterne*) faire des dénonciations contre leurs chefs, ceux qui avaient manqué au premier devoir d'un employé d'une administration. »

(Discours de M. de Marcère du 1ᵉʳ mars 1879.)

« Et tout cela parce qu'il a plu à M. de Marcère, magistrat obscur et républicain peu brillant, d'avoir à la fois *des ambitions et des appétits*, et d'être, en même temps, *homme d'État et financier*. »

J'ai dit, dès les premières pages de ce chapitre, que la campagne entreprise contre la préfecture de police était inspirée par une hostilité implacable ; il suffirait pour en être convaincu, s'il n'en existait pas des preuves sans nombre, de lire les lignes qui précèdent par lesquelles on cherchait à faire expier au ministre, au moyen de perfides insinuations, son attitude dans la circonstance.

Devant ces attaques, qu'il aurait pu mépriser et qu'il repoussa d'ailleurs éloquemment devant la Chambre, M. de Marcère regretta-t-il l'appui qu'il avait prêté à la résistance tardive de M. Albert Gigot ? Cela est probable. Il avait à compter avec une interpellation qu'on annonçait devoir lui être adressée en séance de la Chambre au sujet de la préfecture de police. Toujours est-il qu'il dut croire être sorti de cette difficulté en faisant accepter, en conseil des ministres, la démission du Préfet de police.

Deux notes contradictoires de *l'Agence Havas* furent publiées au sujet de cette mesure. Toutes deux s'accordaient sur ce point de laisser aux lecteurs l'impression qu'il ne s'agissait point d'une démission tacitement retirée qu'on faisait revivre pour la prendre au mot, mais bien d'une démission nouvelle et voulue.

Or, il me paraît intéressant de reproduire, en ce qui touche cette démission, des détails tellement minutieux et précis qu'ils semblent émaner de M. A. Gigot lui-même et que j'emprunte encore au livre de M. Ernest Daudet (1) :

« Le 20 février, M. de Marcère avertissait le préfet que la démission de M. Ansart lèverait toutes les difficultés. Le même jour, recevant M. Albert Gigot, il lui disait avec humeur que tout le monde se plaignait du chef de la police municipale.

« Le 22, il demandait au conseil des ministres d'accepter la démission du préfet, sans même avoir prévenu ce dernier. Puis, le même soir, il partait pour la campagne sans avertir ses collègues et sans s'expliquer sur un article injurieux publié contre lui par *la Lanterne* (2). »

« Rappelé, dès le lendemain, par le télégraphe, il assistait à la séance du conseil, y faisait accepter la démission du préfet, auquel il communiquait, dans la matinée même du 27, la décision prise à son égard et sa nomination comme membre du conseil d'État, en remplacement de M. Léopold de Gaillard, démissionnaire. Il ajoutait qu'il comptait être interpellé le lendemain sur ces divers inci-

---

(1) *Souvenirs de la présidence du maréchal de Mac-Mahon*, ouvrage déjà cité.

(2) Il s'agit de l'article intitulé : homme d'État et financier, publié par *la Lanterne* et dont il a été question après la reproduction de la lettre relative à M. Ansart. Dans la séance de la Chambre du 1ᵉʳ mars 1879, M. de Marcère parlant de cet article lui opposa, avec indignation, un énergique démenti qui se terminait ainsi :

« Je suis sûr qu'il ne restera rien de ces imputations abominables que je renvoie à leurs auteurs avec le mépris qu'ils méritent. »

dents à la Chambre des députés et qu'il ferait connaître toute la vérité. »

« Il avait, en effet, hâte de s'expliquer, pour mettre un terme aux commentaires auxquels donnait lieu sa conduite. Mais, toute la journée du lendemain s'écoulait sans qu'il trouvât un interpellateur complaisant. En même temps, dans les couloirs de la Chambre, ses amis laissaient dire que la démission du préfet était le résultat d'un dissentiment provoqué par ce dernier ; ils niaient que M. de Marcère fût revenu sur ses résolutions antérieures, ni qu'il eût songé à sacrifier les chefs de service de la préfecture. C'était de son plein gré, prétendaient-ils, que, pour échapper aux embarras de sa situation, le préfet se retirait et échangeait un poste difficile contre les travaux paisibles du conseil d'État. »

« La vérité, comme on l'a vu, était autre. Elle apparut tout entière quand on apprit que M. Albert Gigot refusait les fonctions de conseiller d'État, pour maintenir à sa démission son véritable caractère ; quand on sût que M. Ansart et avec lui M. Marseille, contrôleur des services extérieurs, ne voulant pas rester à la préfecture après lui et y attendre une révocation certaine, venaient, sur leur demande, d'être admis à faire valoir leurs droits à la retraite. »

Dans ces dernières conjonctures, qu'il traversa très dignement, M. Albert Gigot, qui n'était point fait pour la lutte dans les fonctions publiques et pour affronter de telles tempêtes, dut, par un retour vers le passé, songer, avec regret, au grand nombre de ses collaborateurs auxquels il avait infligé ou laissé infliger des amertumes de même nature, plus cruelles encore et moins justifiées. En pareil cas, pour ne parler que d'un seul des prédécesseurs de M. A. Gigot et de celui qui avait subi et repoussé le premier choc des attaques dirigées contre la préfecture de police, M. Félix Voisin, je lui dois ce témoignage convaincu, n'aurait jamais consenti, quelles que pussent être les conséquences de son refus, à sacrifier ses subordonnés parce qu'ils étaient calomniés. Il ne se serait certainement pas résigné, après avoir reçu, en prenant son poste, une administration disciplinée, forte et respectée, à laisser à son successeur une administration désorganisée, des services affaiblis, décimés, découragés et humiliés par la diffamation.

La démission de M. de Marcère suivit de près le départ de M. Albert Gigot. Le nouveau ministre de l'intérieur, M. Lepère, et le nouveau préfet de police, M. Andrieux, tous deux députés, furent nommés le même jour, le 6 mars 1879.

Le 9 mars, M. Andrieux recevait son personnel. Dans la circonstance, ce n'était point pour les chefs de service une simple formalité d'installation et chacun d'eux devait éprouver une véritable anxiété, car il allait savoir s'il lui fallait se résigner, au grand préjudice du travail et de la discipline, à demeurer, comme son devancier, en butte à des calomnies qui jusqu'alors, avaient toujours fini par être victorieuses. Ils furent vite rassurés.

Du discours, très ferme et très net, de M. Andrieux, je voulais d'abord me borner à relever quelques passages, mais je dois le citer tout entier car il constitue un exposé de saines doctrines contenant à la fois la juste critique de ce qui avait eu lieu sous le préfectorat de M. Albert Gigot et l'indication de ce que doit être, à une époque de transition comme la nôtre, le rôle d'une administration de police soucieuse de sa dignité et de ses devoirs :

« Appelé par la confiance de M. le Président de la République à la tête de la préfecture de police, je tiens à vous dire aujourd'hui dans quel esprit je prends la haute direction des services dont elle se compose. »

« Par le nombre des agents placés sous mes ordres, je puis dire que je commande une véritable armée. J'entends établir dans vos rangs une discipline militaire. »

« Notre bataille à nous est de tous les jours, car il n'y a pas d'armistice avec les criminels. Il vous faut donc, tous les jours, l'obéissance que les chefs sont en droit d'exiger sur les champs de bataille. »

« Mais, si j'apporte ici des résolutions d'implacable sévérité à l'égard de tout agent capable de compromettre les intérêts du service, *vous me trouverez également résolu à défendre mon personnel contre les attaques du dehors.* »

« *Je saurai couvrir de ma responsabilité tous les agents qui auront ma confiance. Non, jamais aucun de nous, Messieurs, ne sera sacrifié à aucune pression extérieure.* »

« *Je ferai tous les jours mon enquête, et je compte absolument sur votre concours fidèle pour réformer les abus, sans être obligé de faire appel à d'autres qu'à mes auxiliaires pour savoir ce qui se passe dans ma maison* (1). »

(1) Dans la séance de la Chambre du 4 mars, M. Clémenceau avait dit : « Je prétends que le seul fait pour M. le Préfet de police (M. Albert Gigot) de reconnaître lui-même son impuissance à faire son enquête, juge et condamne M. le Préfet de police...

« Nous ferons ainsi, Messieurs, une préfecture de police forte et disciplinée. Cela ne suffit pas. *Il faut encore qu'elle soit entourée de la considération publique.* »

« Pour cela, il faut qu'elle remplisse tout son devoir, qu'elle associe le respect de toutes les lois, et tout d'abord de la loi fondamentale, de la loi constitutionnelle. »

« Nous sommes, Messieurs, les serviteurs de la République. Il ne faut pas qu'on puisse douter de notre fidélité. »

« Toute manifestation incorrecte, toute parole inconvenante, sera immédiatement réprimée. »

« *Dans mon personnel, je ne tolère la religion du passé qu'à une condition, c'est qu'elle n'ait pas de culte extérieur.* »

« Je ferai d'ailleurs en sorte que vous n'ayez pas à regretter le passé. »

« Croyez, Messieurs, à toute ma bienveillance. »

Il n'y a pas un mot à critiquer dans ce discours auquel la physionomie expressive du nouveau préfet de police imprimait un caractère de vigueur et de sincérité qui donnait confiance. Un souffle d'énergie venait enfin de passer sur la préfecture de police et la ranimait. Les collaborateurs de M. Andrieux étaient maintenant convaincus d'obtenir de lui direction et protection en échange de leur zèle et de leur dévouement. Dès ce moment, la campagne de *la Lanterne* contre la préfecture de police était finie et, quoiqu'en pût dire M. Yves Guyot, elle se terminait par une défaite. Quels en avaient été les résultats au point

Je mets en dehors des débats la personne de M. Albert Gigot, dont les intentions ont été certainement droites, mais il avait donné la mesure de son impuissance. »

de vue de l'intérêt du service public ? C'est un point qui fera l'objet d'un chapitre spécial.

Le « vieux petit employé » essaya de recourir encore à son écritoire. Il « reprit la plume » à diverses reprises (1), mais sans aucun succès. Il dut changer de masque. C'est ainsi qu'on a cru le voir reparaître successivement, sans plus de réussite, en « infirmier, en petit attaché, en ancien pensionnaire de Sainte-Pélagie » que sais-je? Il avait lassé le public et son rôle était usé.

Quant aux agents, dont l'attitude dans l'enquête avait motivé la révocation, *la Lanterne* essaya d'obtenir leur réintégration d'autorité et par la menace d'une souscription publique en leur faveur. L'intérêt de ses protégés la contraignit d'abandonner l'emploi de ce moyen qui leur eût enlevé tout espoir d'indulgence. M. Andrieux consentit à les reprendre, ou du moins à en reprendre un certain nombre, mais en suppliants. Le communiqué qu'il adressa à *la Lanterne* au sujet de son projet de souscription était bref et catégorique ; le voici :

« Le préfet de police considère que la souscription ouverte par le journal *la Lanterne* au profit des agents révoqués, est de nature à porter la plus grave atteinte à la discipline. En conséquence, il invite les agents révoqués

---

(1) Faut-il citer l'affaire Bernago, dans laquelle un rôle odieux fut joué par un individu qu'on n'a pu retrouver et qui n'était, peut-être, que l'instrument d'une machination organisée contre la police des mœurs? Qu'on ne se hâte pas de repousser cette supposition. Des faits de ce genre se sont produits en 1877.

à s'abstenir de participer au bénéfice de cette souscription, s'ils n'aiment mieux renoncer à la possibilité de rentrer au service de la préfecture. »

Cet avertissement fut entendu. Le journal *la Lanterne* s'apercevait qu'on n'était plus au temps où, s'il fallait l'en croire, le préfet de police recevait avec un empressement qui ressemblait à de la déférence ses rédacteurs et qualifiait devant eux de « lamentables », sans examen, les faits qu'ils lui signalaient. Il changea de terrain et s'efforça de susciter au préfet devant le conseil municipal le retour des embarras qu'y avait rencontrés ses prédécesseurs.

La partie de mon travail qui avait pour objet la *Campagne de la Presse contre la préfecture de police,* touche à sa fin. Je ne peux mieux la terminer que par une dernière citation, celle d'une énergique et loyale déclaration faite par M. Andrieux le 26 novembre 1879, en réponse à des accusations portées en séance du conseil municipal contre son personnel :

« Je saurai défendre mes agents contre les imputations calomnieuses. »

Si M. Albert Gigot avait pratiqué ce programme, que de faits regrettables et de complications, dont le retentissement, dans la forme où il se produisit au sein de la Chambre des députés, était fait pour étonner le monde parlementaire, auraient été évités !

CHAPITRE V

LE CONTINGENT ÉTRANGER DANS LA CAMPAGNE CONTRE LA POLICE DES MŒURS. — DES LOIS ANGLAISES SUR LA PROSTITUTION ET LA CONTAGION VÉNÉRIENNE.

De l'intervention des étrangers dans les attaques dirigées à Paris, contre la police des mœurs. — Des lois anglaises sur les maladies contagieuses. — Dans quelles conditions elles ont été édictées. — Organisation d'associations pour et contre ces lois. — Association du rappel. — Agitation. — Meetings. — Brochures. — Inexactitude des renseignements colportés en Angleterre sur la police parisienne des mœurs. — Motions pour le rappel des lois repoussées par la Chambre des communes. — Reprise de l'agitation. — Nouveaux rejets de bills pour le rappel en 1875 et 1876. — L'association du rappel envoie en France ses principaux adhérents. — Lettres de madame Butler écrites en 1870. — Une visite de madame Butler en 1874. — Les brochures de madame de Gasparin. — Le congrès de Genève. — Conférences à Paris. — Extraits de discours. — La fédération britannique. — La réponse de M. Morin, conseiller municipal, aux déclamations de madame Butler. — La fédération britannique, continentale et générale envoie une adresse au conseil municipal de Paris. — La propagande faite par la fédération britannique. — Le congrès de Genève. — Madame Butler revient à Paris, nouvelles conférences. — Le congrès de Liège. — Le congrès de Gênes. — La résolution qu'il a proclamée. — État des choses en Angleterre. — Qu'adviendra-t-il des actes ? — Signification qu'aurait le rappel de ces lois.

On a vu, dans le chapitre précédent, que des étrangers, et notamment des Anglais, étaient venus à Paris prendre indirectement part à la campagne engagée contre la préfecture de police à l'occasion du service des mœurs. Cela devait d'autant plus surprendre que cette campagne était conduite avec une véritable violence et qu'elle créait de graves embarras à l'autorité administrative, dont elle entravait et dénigrait l'action.

Dans ces conditions, l'intervention d'étrangers ne pouvait se justifier à aucun point de vue. Elle était, tout à la fois, une faute et une maladresse. Pour la comprendre, il ne faut pas seulement faire la part des entraînements d'une sorte d'apostolat, assez singulièrement choisi quant à son objet ; il faut rechercher s'il n'existait pas des mobiles d'une autre nature auxquels obéissaient les membres anglais de cette croisade d'un nouveau genre contre la police et pour la liberté de la prostitution. Il pouvait y en avoir deux : le désir de relever, sur ce point, les imperfections du système suivi par la police parisienne, dont le fonctionnement et les résultats avaient servi d'arguments au gouvernement britannique pour faire voter par le parlement des lois relatives aux prostituées, et le besoin de prendre, à l'étranger, une revanche de la série de défaites qu'ils avaient subies dans leur pays en cherchant vainement à faire rapporter ces lois.

La démonstration à faire pour établir ces différents points nous conduit forcément à examiner quelles sont les dispositions légales qui régissent la prostitution publique chez nos voisins d'outre-Manche et à rechercher quand et pourquoi elles ont été prises. Cet examen, qui rentre dans le cadre de notre travail, nous permettra de constater tout d'abord, ce qui présente de l'intérêt pour la question dont nous nous occupons, qu'il y a seize ans seulement, alors que les mesures prises contre les prostituées dans la plupart des contrées de l'Europe, étaient déjà l'objet des critiques inévitables en pareille matière, que l'Angleterre, malgré ses répugnances et cédant à d'impérieuses nécessités, est entrée dans la voie de la surveillance administrative et sanitaire de la prostitution.

Trois lois (Actes de la Reine) sont intervenues pour préserver des maladies contagieuses, les marins et les soldats de la Grande-Bretagne.

La première (Act for the prevention of contagious diseases at certain naval and military stations) porte la date du 29 juillet 1864. Elle a été successivement amendée par deux autres Actes, l'un du 11 juin 1866 et l'autre du 11 août 1869. Ces différentes lois ne sont applicables qu'à un nombre déterminé de stations navales et militaires. Elles règlent les conditions dans lesquelles une prostituée peut et doit être soumise aux obligations d'un contrôle sanitaire périodique, le lieu où elle sera soignée et retenue, si elle est vénérienne, la peine qu'elle encourra dans les différents cas d'infraction. Ces lois prononcent, en même temps, des pénalités contre toute personne, propriétaire, locataire ou gérante d'une maison, d'une chambre ou d'un local situés dans les limites des stations désignées qui, ayant lieu de croire qu'une femme est une prostituée atteinte de maladie contagieuse, l'excite à se livrer à la prostitution ou le lui permet dans les locaux qu'elle met à sa disposition.

On se demande pourquoi cette expression générale « maladies contagieuses » (contagious diseases) qui, comme le déclarèrent naïvement certains déposants devant des commissions spéciales instituées pour apprécier les effets de lois en question, leur avait fait croire à une invasion de la petite vérole à Londres, au lieu des termes de « maladies vénériennes » (venereals diseases) qui s'appliquaient, d'une façon précise, au but poursuivi (1). C'est que l'emploi du mot technique dans le titre de la loi répugnait aux habitudes britanniques et qu'on croyait, en l'évitant dans l'entête, satisfaire certains scrupules et dérouter les oppositions à prévoir.

Ce détail fait pressentir les difficultés considérables de tous ordres que devait rencontrer en Angleterre l'exécution de dispositions légales

---

(1) L'article 2 de l'Acte indique textuellement que : « l'expression maladies contagieuses, veut dire maladies vénériennes en comprenant parmi celles-ci la gonorrhée. »

d'où ressortirait la consécration officielle de la répression et du contrôle sanitaire de la débauche publique. Il fallait s'attendre à ce que la loi à intervenir provoquerait, dans une certaine mesure, une sorte de révolte de l'esprit public, mécontent de voir dévoiler une plaie qu'il voulait ignorer plutôt que de tenter, en la reconnaissant, d'en diminuer l'étendue. Le peuple anglais se croyait moins atteint dans son amour-propre national par le fléau de la prostitution alors qu'aucune de ses lois n'en prononçait le nom, même avec les ménagements qui viennent d'être indiqués, et n'en réprimait les excès. On retrouve là, sur un point important, cette affectation de réserve pudique, toute de forme, applicable aux actes les plus ordinaires de la vie, par suite de laquelle les habitudes anglaises font du *can't* un despote obéi, et qui va jusqu'à proscrire l'emploi de certaines expressions dans des cas où la plus sévère décence n'aurait pas à s'émouvoir.

Lorsqu'elle est aux prises avec un fait brutal et effrayant, comme le développement progressif de la prostitution et de la contagion syphilitique, cette espèce d'hypocrisie doit s'attendre à être vaincue. Elle a beau fermer les yeux, un jour vient où il faut qu'elle regarde et qu'elle voie.

Légitimement fière de ses institutions politiques, des habitudes religieuses de la nation, de l'importance et du nombre de ses œuvres de bienfaisance créées et entretenues par la charité publique, l'Angleterre s'était reposée sur ces forces réunies pour lutter contre le mal dans son principe et dans ses effets. C'était en vain que certains quartiers, certaines rues de Londres, de ses grandes villes, de ses agglomérations manufacturières, avaient offert le plus désolant tableau au point de vue de la débauche publique ; que la lèpre de prostitution arrivait, dans une large proportion, jusqu'à s'attaquer à l'enfance et que le proxénétisme par la famille s'était multiplié. Rien n'avait ébranlé son parti pris d'abstention.

Il fallut, pour émouvoir le Gouvernement, que le cri d'alarme fût poussé par les autorités maritimes et militaires. Bien avant ce moment l'Amirauté avait pris dans les stations navales coloniales, notamment à Malte et Corfou, et dans les lieux de garnison de ses troupes de l'Inde, des mesures pour astreindre à un contrôle médical les prostituées qui pouvaient avoir des relations avec ses marins et ses soldats. Les bons résultats obtenus par ces applications partielles d'une réglementation sanitaire rendaient plus intolérables les ravages produits par la syphilis dans les ports et les lieux de garnison de la mère-patrie. La première préoccupation à ce sujet dont on puisse retrouver la trace se manifesta en 1851. Elle consistait dans une tentative faite pour obtenir le traitement à l'hôpital civil de Portsmouth de femmes atteintes de maladies vénériennes. Quatre lits dudit hôpital furent affectés à cette destination. Chaque jour démontrait l'urgence de mettre obstacle au développement de la contagion syphilitique. Dans une seule station, les marins traités de la syphilis avaient, pour une année, donné lieu à une dépense de 4,000 l. s. (100,000 fr.). En 1862, ces dépenses s'élevèrent, pour le service naval, à plus de 50,000 l. s. (1,250,000 fr.). Les équipages des navires étaient décimés par l'infection vénérienne. En six mois l'un d'eux comptait 73 cas de syphilis et 48 de gonorrhées contractés à Portsmouth et à Devonport. Les constatations faites sur un certain nombre de navires de l'État donnaient les mêmes résultats. Le mal sévissait avec une extrême violence dans toutes les stations navales. Un fait suffira pour donner une idée de son intensité : un autre navire comptait dans son équipage, pour une période de six mois, 120 cas de syphilis et 16 cas de gonorrhée. Cinquante des syphilitiques durent être dirigés sur un hôpital. Au moment de reprendre la mer, on constatait 40 nouveaux cas d'infections vénériennes.

Les mêmes ravages se produisaient dans l'armée de terre. En évaluant son effectif à 90,000 hommes, le chiffre des malades représentait une perte annuelle du service de 2,500 soldats.

Tout se réunissait pour contraindre le gouvernement à apporter un remède à une pareille situation. L'hospitalisation des marins et des soldats était assurée ; il restait à pourvoir au traitement des prostituées. On l'avait fait, pour les localités les plus éprouvées, en passant des traités qui assuraient, moyennant indemnités, le traitement des prostituées vénériennes dans des quartiers distincts des hôpitaux civils. Mais il était manifeste que ces efforts et ces dépenses n'atteindraient pas leur but, si l'on n'arrivait pas à soumettre au contôle sanitaire et à leur séquestration, pour traitement, dans des hôpitaux spéciaux, les femmes notoirement adonnées à la débauche publique.

C'est dans ces circonstances qu'intervint l'Acte de 1864, dont l'exécution était limitée à trois ans et qui s'appliquait à onze stations navales ou militaires : huit en Angleterre, et trois en Irlande.

Malgré l'insuffisance de ses dispositions, l'Acte de 1864 produisit d'excellents effets. A Portsmouth, 1141 malades purent être traités à l'hôpital, et sur ce nombre 1034 guérirent. A Devonport, sur 567 femmes admises en traitement il y eut 478 guérisons. L'hôpital de Sheerness put soigner 160 vénériennes. Dans les deux premières de ces stations plus de 600 femmes cessèrent de se livrer à la prostitution ou quittèrent le district. Il en fut de même dans les autres stations. On constata, en outre, une grande diminution du nombre des jeunes prostituées de treize à seize ans qui circulaient dans les rues, et beaucoup de femmes mariées, notamment des femmes de marins et de soldats, qui profitaient de l'absence de leurs maris pour se livrer à la débauche, changèrent de conduite dans la crainte de s'exposer à la constatation légale de leur immoralité.

Quant à l'état sanitaire des marins, il avait subi une notable amélioration. On en jugera par ces chiffres : la proportion des cas de syphilis, qui avait été dans la marine de 121.2 pour 1000 en 1862, descendit à 76.3 en 1866. Dans l'armée la réduction ne fut que de 30 pour 1000.

A l'épreuve faite par l'Acte de 1864, succéda l'application de l'Acte de 1866 (1) qui comprenait treize stations au lieu de onze. Il instituait la visite périodique des prostituées ; il permettait, en cas de maladie, la séquestration de celles-ci à l'hôpital pendant six mois ; il augmentait certaines pénalités pour les cas d'infraction à la loi et il en édictait de nouvelles.

L'Acte de 1864, en raison peut-être de son caractère temporaire, n'avait été, en quelque sorte, ni approuvé, ni critiqué. Il en fut autrement de

---

(1) Act for the *better* prevention of contagious diseases at certain naval and military stations (Loi pour *une plus complète préservation*, etc. L'acte de 1864 était intitulé : Loi pour la préservation, etc.).

l'Acte de 1866, lequel en élargissait l'action sans limitation de durée et dont la promulgation et l'exécution commentées par les journaux, attirèrent l'attention publique sur une question qui, dans ces conjonctures, devait naturellement se produire : celle de l'extension possible de l'Acte à la population civile du royaume. Une association, dans le but de poursuivre ce résultat, se forma à Londres (1). Elle comptait parmi ses adhérents, qui, en majeure partie, appartenaient au corps médical, les plus éminents médecins et chirurgiens, un grand nombre de membres du clergé dont plusieurs occupaient un haut rang dans l'Église, des hommes d'État et des philanthropes. D'autres associations de même nature se constituèrent dans trente-deux villes de province. De nombreux *meetings* eurent lieu et, sous leur influence, le Parlement fut saisi de pétitions ayant pour objet l'extension de l'Acte. Une commission de la Chambre des lords chargée, en 1868, d'examiner la question, se montra favorable à l'application des dispositions de la loi de 1866, non seulement à toutes les stations navales et militaires, mais à toutes les localités dont les habitants le demanderaient, pourvu qu'ils justifiassent de leur possibilité de créer un hôpital spé-

---

(1) Association for promoting the extension « of the contagious diseases Act » of 1866 to the civil population of the United Kingdom.

cial et d'assurer l'instruction morale et religieuse des malades auxquelles il serait affecté.

Ces tendances et ces efforts, couronnés d'un succès relatif, se heurtèrent contre un courant d'opinion contraire qui se manifesta énergiquement dans diverses villes importantes, et qu'avaient provoqué les protestations d'un certain nombre de directrices et d'aumôniers ou pasteurs des refuges de pénitentes de Londres. Les arguments mis en avant par ces réclamants, dans une requête soumise par eux au Gouvernement de la Reine, consistaient à affirmer que la visite sanitaire et l'hospitalisation imposées aux prostituées avaient produit, au point de vue moral, un effet désastreux dans les contrées de l'Europe où ces mesures étaient appliquées, et que la continuation ou l'extension d'un pareil système en Angleterre constituait une véritable offense pour la moralité de la nation. Ils ajoutaient que l'extension de l'Acte à la population civile n'avait aucune raison d'être si l'on ne soumettait pas tous les hommes à des visites médicales, et qu'en dehors des stations navales et militaires les prostituées ne consentiraient jamais à accepter un pareil asservissement.

L'opposition, c'est un point à noter, car il en est de même partout où l'on attaque la réglementation de la prostitution publique, concédait qu'on pourrait ouvrir des hôpitaux spéciaux pour les personnes atteintes de maladies vénériennes *qui seraient disposées à s'y faire soigner*.

Tel était l'état des choses lorsqu'en 1869, sur le rapport d'une commission de la Chambre des communes, que l'enquête à laquelle elle s'était livrée avait convaincue des avantages moraux et sanitaires de l'Acte de 1866 et de la nécessité d'en accroître les bons effets par des modifications extensives, le Parlement vota, le 11 août 1869, un nouvel Acte intitulé : Acte pour amender l'Acte de 1866 sur les maladies contagieuses (Act to amend the contagious diseases. Act. 1866).

Entre autres dispositions, cet Acte, qui s'appliquait à six nouvelles localités, autorisait la détention provisoire et pendant cinq jours, au plus, dans un hôpital spécial, d'une femme que son état d'ivresse ou quelque autre circonstance ne permettait pas de soumettre immédiatement à un examen médical, lorsque le médecin visiteur avait lieu de croire qu'elle était atteinte d'une maladie contagieuse.

Il étendait aux femmes résidant dans un rayon de dix milles en dehors d'une place à laquelle l'Acte était applicable (au lieu de cinq milles. Act. 1866) les obligations sanitaires, et il subordonnait la durée de ces obligations à celle de la résidence de la prostituée dans la circonscription contrôlée. Il fixait, en outre, à neuf mois au lieu de six, le maximum de la séquestration possible pour traitement. Ajoutons que, depuis l'Acte de 1866, l'exécution des mesures de police qui en découlaient avait été confiée à la Police métropolitaine agissant sous les ordres du commissaire en chef. Elle visitait les hôpitaux de la marine et de l'armée afin d'obtenir des malades les noms des femmes qui leur avaient communiqué l'infection vénérienne. Des recherches et de soigneuses enquêtes étaient faites pour se procurer les noms et la demeure des prostituées de chaque district. Si à cet ensemble de dispositions, on ajoute ce fait que, dans la pratique, la force des choses amène l'extension continue des limites des circonscriptions soumises aux Actes, on ne peut méconnaître que chaque nouveau pas fait par la réglementation anglaise de la prostitution dans son évolution graduelle et progressive pour fortifier et augmenter l'efficacité de son action protectrice des stations militaires et navales, au point de vue sanitaire, devait la rapprocher de son but rationnel et inévitable, c'est-à-dire du moment où elle pourrait étendre son action à la population civile.

Le vote de la loi de 1869 fut le signal d'un véritable déchaînement d'hostilité de la part des adversaires des Actes. Une association de dames se forma, en janvier 1870, pour poursuivre le rappel des lois sur « les maladies contagieuses » (the Ladies national association for the repeal of the contagions diseases Acts). Elle réunit d'abondantes souscriptions qui lui permirent de publier, sous ses auspices, un journal hebdomadaire intitulé « the Shield » (*le Bouclier*) (1), et dont la mission consistait à critiquer les Actes dans leur principe et leur fonctionnement. L'agitation se manifesta sous toutes les formes. Le « *Daily News* » publia une série de lettres signées par une « femme anglaise » et qui s'assimilaient, pour les propager, les opinions de l'association du rappel. On répandit à profusion dans le public des pamphlets contenant des détails choquants. On multiplia les accusations de violence et d'indécence contre les médecins qui intervenaient pour l'exécution des Actes. On répandit enfin contre la police des récits où elle était représentée comme flétrissant et opprimant des femmes honnêtes.

Ce qui frappe dans les procédés employés alors par l'association du rappel et par ses adhérents, ce qui se continue aujourd'hui et ce qui leur est commun avec les journaux qui ont fait campagne à Paris contre le service des mœurs et la préfecture de police, ce n'est pas seulement, dans la plupart des cas, l'ignorance absolue du côté pratique de la question, c'est le parti pris de

(1) Un journal de médecine « the medical Inquirer » succéda au « Shield » comme organe de l'Association.

dénigrement passionné qui leur fait accepter et propager comme des vérités des renseignements absolument faux, inventés à plaisir pour les besoins de leur cause. Toutes les brochures de l'association ont ce caractère. Un grand nombre d'entr'elles visent le fonctionnement de la police parisienne à l'égard des prostituées et, chose à noter, c'est encore la préfecture de police qui supporte les attaques dirigées contre les lois anglaises par les adhérents de l'association du rappel. Il est difficile de s'imaginer les inventions dont fourmillent ces brochures. En voici quelques échantillons :

S'agit-il de la façon dont se font à Paris les arrestations pour faits de débauche?

Un petit livre à sensation intitulé : Un appel au peuple anglais par une mère anglaise (an appeal to the people of England on the recognision and superintendance of prostitution by government), publié en 1870, avec cette devise singulièrement choisie, on va le voir : il faut dire la vérité ! déclare qu'une femme respectable ne peut pas s'aventurer seule dans les rues de Paris sans s'exposer, non seulement à être insultée par des passants, mais à être arrêtée et, à ce sujet, il raconte sérieusement que deux dames élégantes, étrangères à Paris dont elles ignoraient les périls, furent accostées, dans les Champs-Élysées, par les agents des mœurs qui leur demandèrent

« vos billets, Mesdames (1) » et que, sans autres paroles et faute par elles d'être en possession d'une carte de prostituée, elles furent immédiatement arrêtées et conduites, « en cab », à l'hôpital de Saint-Lazare.

L'auteur des lettres d'un *ex-agent des mœurs*, lettres qui font aujourd'hui le succès de l'Association du Rappel, laquelle les répand en Angleterre, n'inventerait rien de mieux.

Veut-on savoir maintenant ce qui advient d'une femme ainsi conduite à Saint-Lazare ? La vénérable mais peu véridique « *mère anglaise* » va vous l'apprendre.

Il s'agissait, suivant la brochure, d'une jeune Anglaise venue à Paris, où elle était tombée dans la prostitution, recherchée par sa famille et retrouvée à Saint-Lazare. Je cite textuellement : « Elle était toute disposée à retourner chez ses « parents, mais elle apprit tout bas à son protec- « teur qu'on ne lui permettrait de quitter l'hô- « pital *qu'autant qu'elle s'engagerait, par écrit, à* « *reprendre sa vie de débauche,* » ce qui était vrai, ajoute le petit livre.

De pareilles énormités ne se réfutent pas. Elles font pourtant leur chemin plus vite et vont plus loin qu'une vérité.

M. le Dr Chapman, l'un des champions de

---

(1) Ces mots sont en français dans la brochure. L'auteur du récit a voulu dire probablement : « Votre carte ».

l'Association, visite-t-il la maison d'arrêt et de correction de Saint-Lazare, laquelle renferme une infirmerie spéciale où sont traitées les prostituées vénériennes?

Dans le récit imprimé de sa visite, il indique, comme nombre de ces prostituées, le chiffre total de la population de la prison, laquelle comprend, réparties dans des quartiers distincts, des prévenues et des condamnées pour délits de droit commun, ainsi que des jeunes détenues, et comme ce chiffre total représente, à peu près, le quart de l'effectif des filles publiques inscrites, il conclut, victorieusement et sans grand effort, à l'inanité de la réglementation parisienne de la prostitution !

Il en est de même lorsque les adhérents de l'Association citent ou interprètent les livres publiés par leurs adversaires.

J'ai dit, dans mon travail sur la prostitution à Paris (1877), que l'administration de police a réussi à maintenir dans des conditions satisfaisantes l'état sanitaire des filles publiques *inscrites*, mais qu'il y a une augmentation graduelle du nombre des filles adonnées à la prostitution clandestine. J'ai ajouté que c'était l'indice d'un mal social que des mesures de police ne peuvent *seules* atteindre et détruire.

S'appuyant sur cette déclaration, M. le docteur Birkbeck Nevins, organe de la Fédération britannique continentale, me fait dire, dans une brochure intitulée : « Adresse aux membres de la législature américaine », que j'ai constaté à Paris une augmentation des maladies vénériennes.

C'est ce même docteur qui est l'auteur d'une statistique de fantaisie, extraite de la statistique officielle, mais dont les chiffres sont triés et groupés de façon à pouvoir être invoqués contre les Actes.

Les adversaires des Actes, qui se sentaient battus sur le terrain moral et religieux par ce fait que depuis l'application des lois de 1864, 1866 et 1869, le scandale de la prostitution avait notablement diminué dans les districts protégés, se sont réfugiés dans la discussion de la statistique médicale publiée par le gouvernement et ils s'appuient sur certains chiffres rassemblés par M. le docteur Birkbeck Nevins, pour soutenir que le régime du contrôle sanitaire n'a, en aucune façon, restreint le danger de la contagion vénérienne. Quelques-uns d'entre eux sont allés plus loin dans cette voie et ils ont prétendu que la surveillance et l'action médicale avaient augmenté ce danger.

Ceci est une des thèses exposées par M. Yves Guyot. On voit qu'elle ne lui appartient pas exclusivement. Il n'y a pas un homme pratique examinant la question pour la question, et non pas pour s'en servir de prétexte à des démonstrations retentissantes sous couleur de libéralisme, qui oserait soutenir que les recherches et le dénombrement des prostituées, le contrôle sanitaire et le traitement auxquels elles sont soumises restent sans effet au point de vue du développement de l'infection syphilitique. Cela reviendrait à admettre que la liberté absolue de la prostitution et de ses désordres n'exerce aucune action sur le développement des maladies vénériennes.

Je ne veux pas invoquer des chiffres de statistique dont le développement nous entraînerait trop loin. Je résumerai mes renseignements, puisés aux sources officielles, à ces indications générales : Depuis 1864, l'application des Actes n'a pas cessé de produire les meilleurs résultats, non seulement sous le rapport moral, mais au point de vue sanitaire. Elle a réduit, dans une très large proportion, le nombre des jeunes prostituées, et elle a obtenu ce résultat qu'il y a une réduction de plus de moitié des cas d'infections syphilitiques parmi les marins et soldats qui séjournent dans les districts protégés. Cette réduction serait beaucoup plus considérable s'il ne fallait pas compter, ce que M. le Dr Birkbeck Nevins oublie de faire, avec les importations continuelles dans ces localités de maladies vénériennes contractées dans des stations où les Actes ne sont pas en vigueur et qui sont apportées dans les villes soumises aux Actes par des individus des deux sexes.

Cet état de choses dénature la signification des tables de statistique tenues dans les stations protégées. Il grossit le total des maladies sans qu'on puisse s'appuyer sur ce fait pour nier les bons résultats d'un contrôle sanitaire. En argumentant sur ce point les adhérents à l'Association pour le rappel des Actes desservent leur cause. Ils signalent une conséquence des Actes qu'il fallait prévoir et qui devrait logiquement imposer leur extension à la population civile.

Les polémiques, l'agitation provoquée par une presse spéciale, les meetings, toutes les manœuvres de l'association ont poussé les prostituées à la révolte et leur ont appris à chercher un refuge, lorsqu'elles sont vénériennes, dans les localités non protégées par la loi.

L'agitation de 1869 se résuma devant la Chambre des communes par une motion pour le rappel des Actes. Le débat relatif à cette motion eut lieu à huis clos et il se termina par un rejet voté à une forte majorité le 20 juillet 1870. Mais, en même temps, le gouvernement, dans le but d'apaiser les esprits et de désarmer les défiances, annonça qu'une Commission royale allait être chargée d'examiner la question sous tous ses aspects afin d'arriver à donner satisfaction à toutes les critiques qui paraîtraient fondées. Cette commission déploya une grande activité. Son rapport, déposé en décembre 1870, constatait les nombreux avantages moraux et physiques qui résultaient de l'application des Actes.

La campagne de l'association pour le Rappel (je me sers de ce mot maintenant consacré) ne se poursuivit pas moins avec la même ardeur, mais avec des phases diverses quant au succès des entraves qu'elle apportait à l'exécution des lois. Elle créa, dans ce but, des agences à Devonport, à Plymouth, à Southampton. Des placards affichés aux fenêtres de ces agences et promenés dans les villes propagèrent sur l'exécution des Actes, des récits mensongers de nature à égarer l'esprit public, notamment dans les classes pauvres et à exciter et encourager les résistances des prostituées aux obligations légales. Des agents payés furent apostés pour empêcher les femmes publiques de se rendre aux lieux de visite ; ils allèrent plus loin, ils intervinrent matériellement pour mettre obstacle à ce que des prostituées vénériennes fussent conduites par la police à l'hôpital. Des condamnations intervinrent pour cet objet.

L'agitation continuait, en même temps, son œuvre sous d'autres formes : *meetings*, souscriptions pour alimenter les moyens de lutte, propagande, associations, polémiques et pétitions. Madame Joséphine E. Butler, présidente de l'association des dames anglaises, y prit la plus large part par ses écrits et ses discours.

L'association des dames anglaises contre les Actes avait fondé une ligue internationale (Fédération continentale et générale) (1) afin, a dit madame Butler, de répandre ses convictions dans d'autres pays. La place me manque pour citer les titres des innombrables brochures qui furent publiées et répandues par les différents membres de cette fédération d'un nouveau genre, dont les efforts réussirent à faire porter, une fois de plus, la question devant la Chambre des communes. Un bill fut présenté pour l'abrogation des Actes. Le débat s'ouvrit le 24 juin 1875. De nombreux orateurs prirent part à la discussion et parmi eux M. James Stansfeld, un des adhérents les plus ardents de l'association du rappel. M. Hardy, sous-secrétaire d'État de la guerre, défendit éloquemment les Actes. Il ne ménagea pas la critique à l'association des dames anglaises. Il lui reprocha d'avoir provoqué des scandales, propagé des publications dont l'action avait été désastreuse pour la morale publique. Le bill fut rejeté par 308 voix contre 126, c'est-à-dire par une majorité de 182 voix.

Une tentative de même nature fut faite l'année suivante. M. Harcourt Johnstone présenta une proposition pour faire rapporter les Actes. Il s'agissait de savoir si la Chambre des communes

---

(1) British and Continental federation for the abolition of government regulation of prostitution.

voterait la seconde lecture de ce bill. M. Stansfeld prit part au débat. Il appuya certains de ses arguments sur des citations extraites de mon livre sur la prostitution, citations dont l'isolement dénaturait la véritable signification.

Le bill fut repoussé le 19 juillet 1876 par 224 voix contre 102 (1).

C'est, en quelque sorte, au lendemain de ce nouvel échec que ce que j'appelle le *contingent étranger*, composé en majeure partie d'Anglais, commença ses tournées sur le continent et vint à Paris pour y associer ses efforts à ceux de M. Yves Guyot et livrer combat contre le service des mœurs de la préfecture de police. J'ai dit, en commençant, que cette démarche, ou plutôt cette manifestation, constituait une faute et une maladresse. De la part d'étrangers, la faute était de venir se mêler à un débat grave et complexe où, dans une large mesure, on attaquait et entravait l'action de l'autorité publique, débat qui ne les regardait pas. La maladresse, au moins pour certains d'entr'eux, c'était de s'exposer, d'une façon imprudente, à des solidarités inévitables de doctrines politiques et de formes qui pouvaient, au point de vue religieux, troubler leurs consciences.

Dans ces démonstrations, constituant un appel à la résistance contre des lois établies, que vinrent

(1) « The Shield » du 29 juillet 1876.

faire en France les apôtres de la liberté de la prostitution, figurèrent au premier rang, madame Joséphine E. Butler et M. James Stansfeld, membre du parlement d'Angleterre.

J'ai parlé de ce qu'avaient de critiquable les procédés auxquels l'association du Rappel avait recours pour agiter et convaincre l'opinion publique : l'exposition de faits faux et les citations inexactes et tronquées de l'argumentation de leurs adversaires. Malgré l'élévation de son caractère et du but généreux mais discutable qu'elle poursuit, madame J. E. Butler, dont je n'attaque ni les intentions, ni le caractère, ne s'est pas privée des ressources de succès facile que procure l'emploi de ces procédés. Elle emprunte volontiers à ses contradicteurs des phrases isolées qui, séparées de celles qui les atténuent, les complètent ou les expliquent, perdent leur véritable signification et elle les invoque pour établir la justesse de sa thèse. J'ai, sur ce point, un souvenir personnel que je me fais d'autant moins de scrupule d'exposer qu'il permet, pour ainsi dire, de résumer, une fois de plus et en quelques lettres brèves, la question du service des mœurs, et de faire entrevoir madame J. Butler avec des allures moins violentes et des dispositions plus équitables à l'égard de la réglementation parisienne que celles qu'elle montre aujourd'hui (1).

(1) Madame J. Butler n'écrivait pas alors correctement en fran-

Le 14 juin 1870, madame J. E. Butler m'écrivait ce qui suit :

« Permettez que je m'adresse à vous pour vous demander ce qu'il m'importe beaucoup de savoir. J'ai assisté dernièrement à un meeting à Plymouth, où une discussion eut lieu au sujet des « Contagious diseases Acts ». Un avocat zélé de ces Actes a voulu maintenir (*sic*), qu'ils sont bien différents des lois établies en France pour le même but, mais il ne pouvait pas définir clairement la différence. J'ai cité quelques passages de votre livre pour montrer que les prostituées à Paris en général ne se soumettent pas si facilement aux prescriptions pour rendre la tâche de la police facile sous ce rapport, mais, en citant vos paroles sur les difficultés que la police française rencontre en exigeant la soumission de ces infortunées. Mon adversaire a assuré que ce ne serait pas la même chose en Angleterre; que les femmes à Paris ne s'opposent pas au système de surveillance à cause de l'inspection médicale et de la détention. Alors j'ai demandé pourquoi, selon vous, les femmes à Paris se refusent à être enregistrées et j'ai reçu cette réponse : « Les femmes se rebellent contre ce système à cause des mesures tyranniques qui, à Paris, les obligent à vivre seulement dans certains quartiers de la ville, qui ne leur permettent de sortir qu'à certaines heures et dans un costume prescrit. Voilà la cause de la résistance, mais en Angleterre de telles mesures arbitraires ne pourront jamais être prises. »

« Est-ce que mon adversaire a raison? C'est la question que je désire vous soumettre. Est-ce que réellement les prostituées de Paris ont à subir cette restriction en fait de localités, de temps et de costume? La théorie m'est connue, mais je désire savoir si c'est de nos jours une *réalité* à Paris. »

« Pardonnez la liberté que j'ai prise et veuillez m'obliger en me donnant bientôt une réponse. »

çais. J'ai fait à ses lettres les corrections les plus indispensables.

Je répondis en ces termes, le 17 juin :

« Comme vous le pensez, avec raison, la cause de la résistance à l'inscription provient surtout des obligations sanitaires, de la surveillance et des mesures répressives qu'elle entraîne. On se résigne difficilement à cet assujétissement. Il n'est pas rare cependant de voir des femmes venir d'elles-mêmes demander leur enregistrement sur les contrôles de la prostitution. »

« Quoi qu'il en soit, il est hors de doute que le plus grand nombre des prostituées, n'importe dans quelle contrée, s'efforcera toujours d'échapper à l'inscription, *c'est-à-dire à l'accomplissement de règles quelconques.* »

« Quant aux restrictions de localités, de temps et de costume, elles n'ont, dans l'espèce, qu'une influence très secondaire. Les prostituées à Paris se logent où elles veulent en dehors de certains voisinages et de certaines localités déterminées, et elles ne peuvent racoler qu'à des heures et avec des réserves indiquées. Quant aux costumes, on ne leur interdit que ceux qui ont un caractère exceptionnellement scandaleux et affichant. Avec les excentricités de la mode, le champ des costumes permis reste assez vaste pour que les filles inscrites s'en contentent. »

« Pour répondre aux scrupules qui vous animent, permettez-moi de vous assurer qu'une longue pratique m'a donné cette ferme conviction, qui est d'ailleurs d'accord avec mes sentiments religieux et moraux, qu'en matière de prostitution, c'est le devoir *absolu* de la société représentée par l'autorité, *de mettre la main* sur les femmes de débauche pour les faire soigner si elles sont malades, pour les surveiller au point de vue sanitaire, pour éloigner du vice et replacer dans leurs familles celles qui ne sont pas perdues irrévocablement et en définitive, pour soumettre à l'inscription ou *en éloigner* toutes celles à l'égard desquelles il importe où il est possible de prendre l'une ou l'autre de ces mesures. »

« Cette tâche est pour toute autorité qui l'accomplit consciencieusement un véritable sacerdoce et je m'étonne qu'on l'envisage autrement. »

Veuillez, etc.

Quelques jours après, je recevais d'un ami anglais une lettre par laquelle il m'informait que madame J. Butler, critiquant publiquement les Actes au point de vue du contrôle sanitaire, s'était fait une arme de ma lettre dont elle avait eu soin de ne citer *que les deux premières lignes*.

Je laisse de côté ce détail pour reproduire, sinon *in extenso* mais en extraits, car elle contient des répétitions qui fatigueraient le lecteur, une autre lettre de madame J. Butler, datée du 22 juillet 1870, répondant aux considérations que je lui avais exposées et qu'on a lues plus haut :

« Nous n'avons pas la même opinion, vous et moi, sur la question de la prostitution réglementée, mais le livre que vous avez écrit à ce sujet me montre que vous avez trop de sagesse et de véracité pour dissimuler les difficultés qui accompagnent toujours la réglementation du vice. Ce n'est pas le cas des avocats de ce système en Angleterre. Ils ne sont pas tout à fait honnêtes..... « Dernièrement, j'ai dit à plusieurs reprises dans les discussions à ce sujet que nos « Contagious diseases acts » sont fondés sur le système français, et toujours mes adversaires ont répondu : « non, notre loi est tout à fait l'opposée de celle de France ». Nous détestons le système français qui est un encouragement au vice, mais notre système est une autre chose. »

« Est-ce que ces personnes disent la vérité ? — Je

pense que non. Les seules différences qui existent entre les deux systèmes sont en faveur de la France et non de l'Angleterre. Nos Actes n'ont pas *l'humanité de votre système.* »

« Ils ne tiennent aucun compte des protestations des pères, des mères et de maris lorsqu'ils obligent des pauvres filles à être enregistrées. Je crois qu'en France, vous ne mettez pas les jeunes filles, les enfants de douze et treize ans sur la liste des « common prostitutes » mais que vous les envoyez à quelque institution réformatoire, n'est-ce pas ? (1) »

« En Angleterre, on met la main sur ces enfants pour en faire des « femmes inscrites » quelquefois malgré les larmes de leurs parents. Vraiment, je crois que l'Angleterre est le pays le plus sauvage de la terre. »

« Je ne sais pas si en France, vous prenez toutes les

---

(1) L'administration de police française ne dispose, en pareil cas, que d'un seul procédé légal : l'application de l'article 66 du Code pénal qui permet d'envoyer ces enfants dans les maisons d'éducation correctionnelle. Lorsqu'il ne peut en être ainsi, il reste la ressource de leur placement dans les établissements religieux, entretenus par la charité privée, qui consentent à les recevoir, mais qui, après de longs efforts pour moraliser et instruire professionnellement leurs protégées, ont à compter avec les réclamations et les calomnies de parents dénaturés venant, souvent avec d'odieuses arrière-pensées, demander impérieusement qu'on les leur rende, et provoquant à ce sujet de scandaleuses interventions de la presse. Il importerait qu'une loi véritablement protectrice de l'enfance intervînt à ce sujet. Un projet de loi avait été préparé dans ce but par la Commission parlementaire d'enquête pénitentiaire. M. Félix Voisin en était le rapporteur. Ce projet, auquel il n'a pas été donné suite, contenait un article ainsi conçu :

« Les père et mère de l'enfant conduit dans une maison de réforme peuvent être privés de la garde de sa personne jusqu'à sa majorité ou son émancipation :

1°. . . . .
2° S'ils l'ont volontairement abandonné ;
3° S'ils n'ont habituellement exercé sur lui aucune surveillance ;
4° S'ils sont eux-mêmes d'une inconduite notoire. »

fidèles maîtresses du soldat ou de l'officier pour les soumettre à la surveillance qui pèse sur les filles publiques. Je veux dire les femmes modestes qui ne sont pas des prostituées, mais bien les *fidèles épouses* des soldats à qui le mariage officiel est interdit. On fait cela en Angleterre. Nos beaux Actes donnent le pouvoir aux policemen et aux médecins de mettre la main sur toutes ces *fidèles compagnes* d'hommes qui ne peuvent se marier (1), et ces médecins outragent les corps de ces pauvres femmes continuellement pendant qu'elles sont enceintes jusqu'à la semaine qui suit la naissance et toujours. »

« Je crois que c'est une injustice intolérable, une grande cruauté. Je *cite toujours votre système français comme plus miséricordieux, plus juste que nos Actes* et c'est ainsi que j'ai attiré sur moi-même beaucoup de colère et de mauvaises paroles. »

« Qu'importe? Les femmes anglaises deviennent, de jour en jour, un pouvoir moral et social. Nos principes sont purs et vrais et notre cause gagne des adhérents en grand nombre, les hommes les plus instruits, les plus moraux et les plus justes. Nous verrons ! »

« Enfin, j'ai à vous dire, en réponse à votre lettre, les vérités suivantes que vous pouvez méditer : »

« Nous qui, en Angleterre, sommes vertueux et non ignorants, nous restons convaincus qu'en matière de prostitution, c'est le devoir *absolu* de la société, représentée par l'autorité, *de mettre la main sur les hommes de débauche* pour les faire soigner s'ils sont malades, pour les surveiller au point de vue sanitaire, pour éloigner du vice et replacer dans la vertu ceux qui ne sont pas irrévocablement perdus, et éloigner tous ceux à l'égard de qui il importe et il est possible de prendre ces mesures. »

« Vous n'aurez jamais le progrès tant qu'il marchera sur un *seul pied*. Pendant que vous soignez les filles pu-

---

(1) Que d'ignorance pratique, de naïveté et d'injustice dans ces observations !

bliques d'une main, de l'autre vous *protégez* les vices des jeunes hommes !... Vous stimulez, vous encouragez le vice sexuel chez tous les hommes en lui offrant ouvertement protection, sûreté et toutes sortes de facilités. Conséquemment, vous augmentez l'immoralité de la France que presque toutes les nations de la terre regardent comme la *grande débauchée du monde.* »

« Je répète que le progrès moral ne peut jamais marcher sur un pied et que la vertu ne peut exister où il y a une loi qui est *inégale et injuste.* Dieu vous montrera que mes paroles sont les paroles de la vérité. »

Veuillez accepter l'expression de mon estime. »

Joséphine E. Butler.

Si respectable qu'il soit d'intention, il est difficile de prendre au sérieux ce singulier apostolat, plein d'inexpérience, et dont, au fond, le grand argument, plus ou moins bien dissimulé, sous des considérations morales et religieuses, se résume dans ce reproche qu'on n'a jamais manqué, dans tous les pays, et dans tous les temps, de formuler contre la réglementation de la prostitution, c'est qu'en rendant la débauche moins dangereuse physiquement, on l'encourage et on en favorise le développement.

Je n'ai vu madame J. Butler qu'une fois. C'était en décembre 1874. Elle venait me demander l'autorisation de visiter la prison de Saint-Lazare et la communication de renseignements statistiques sur la prostitution parisienne. Je m'empressai de lui fournir les indications et les facilités qu'elle réclamait. Madame Butler traversait Paris se rendant en Italie. Elle se plaignait de trouver à chaque pas et sous toutes formes : photographies, tableaux, etc., des provocations au dérèglement des mœurs. Je ne sais si depuis lors elle a fait des progrès dans la langue française, mais, à cette époque, elle ne la parlait pas suffisamment pour employer et comprendre les nuances d'expressions que comporte une conversation sur un terrain aussi difficile que la prostitution. Cette personnalité de puritaine, de prêcheuse, qui se lançait avec une sorte d'exaltation imprudente dans un débat dont elle ignorait *les dessous*, m'étonna et me surprend encore aujourd'hui.

Personne n'ignore et ne songe à contester les vérités qu'elle proclame avec l'orgueil et la véhémence d'un précurseur sacré. La question n'est pas là. Elle est tout entière dans d'impérieuses et répugnantes nécessités pratiques d'ordre extérieur et de santé publique et ce n'est ni dans des meetings ou des conférences, ni par des articles de journaux, pas plus que ce n'est avec le concours de femmes honnêtes, et par là même ignorantes des difficultés à résoudre, qu'on peut en aborder utilement l'examen.

A l'égard des prostituées, il n'y a pour les femmes respectables, pour les prêtres et pour les pasteurs, qu'un rôle à jouer : c'est l'effort de moralisation et l'assistance charitable.

Au commencement de 1876, on répandit en Suisse et en France, une sorte de proclamation qui faisait écho aux protestations indignées de madame Joséphine Butler. Cette proclamation, imprimée à Genève, n'était pas signée ; elle émanait d'une noble femme qui est en même temps un écrivain d'un grand talent(1) ; elle avait pour titre : *La lèpre sociale* et elle demandait à la France, comme preuve de son réveil, une grande réforme sociale, un équivalent de la suppression de la traite et de l'abolition de l'esclavage : la liberté de la prostitution. On y lisait des phrases comme celle-ci :

« A l'heure où j'écris, des maisons patentées par *vos gouvernements*, — entendez bien cela — achètent des jeunes filles, se les vendent les uns aux autres, celle-ci 500 fr. celle-là 800, cette autre 1000 fr., les font disparaître dès que la proie menace de leur échapper ; et en attendant, les tiennent embastillées derrière des fenêtres dont les barreaux solidement rivés ne se laissent pas ébranler par des mains désespérées, dont les contrevents épais ne laissent échapper ni un cri, ni un sanglot ; dont les portes barricadées sont sûrement gardées »...

Il n'y a pas de talent qui fasse qu'une phrase de mélodrame lorsqu'elle repose sur une inexactitude soit une vérité. Il n'y a pas de gouvernement qui fasse commerce de prostituées. Dans tous les

---

(1) Madame de Gasparin, qui vit au Rivage près de Genève, s'est donné la mission généreuse du relèvement des prostituées. Il y a eu dans le monde protestant un courant dans ce sens.

pays il y a des lois pénales contre les séquestrations de personnes, et la débauche vénale, par sa pratique même, fournit à ses prisonnières, si elle en a, toutes facilités pour réclamer le secours de la police et de la justice.

Qu'importe ! La passion, même du bien, pratique, on le voit, le dédain du vrai.

L'auteur de *la lèpre sociale* disait encore :

« Et vos Gouvernements, gardiens de l'honnêteté publique, délivrent des *patentes* (1) à ces pourrissoirs ! Bien plus : afin d'assurer au vicieux l'innocuité de son vice, *vos gouvernements entourent ces sentines de mesures paternelles qui empêchent le poison de jeter son venin* (2) »............
....

« Vos gouvernements font cela ! *Nous, chrétiens nous supportons cela.* »

La dernière phrase de la brochure est celle-ci :
« Et maintenant : *Ouvrez le feu !* »

Cette citation est le meilleur exorde qu'on puisse choisir pour l'examen des diverses formes de l'intervention des étrangers contre la réglementation française de la prostitution.

Le 8 novembre 1876, le journal « *Les Droits de l'homme* » enregistrait la dépêche suivante reçue de Londres par M. Yves Guyot :

(1) Ces « pourrissoirs », qu'il faut bien tolérer pour éviter un mal plus grand, sont, en même temps et presque partout, des sortes d'hôtels garnis et des débits de boissons. Que dirait la critique si on les exonérait, par privilège, des impôts qui pèsent sur les établissements de cette nature ?

(2) L'aveu est bon à noter.

« Meeting de la ligue pour l'abolition de la prostitution légale. A l'unanimité, sympathie profonde pour le mouvement abolitionniste de la France, et admiration pour votre courage. »

James Stansfeld,
Membre du Parlement.

Cette expression exagérée « mouvement abolitionniste de la France » devint une formule.

Le 26 novembre, madame J. Butler écrivait à M. Y. Guyot, qui fit paraître sa lettre dans le journal « *Les Droits de l'homme* » :

Je vous remercie de votre lettre du 22 et des numéros du journal *les Droits de l'homme*. J'ai lu, avec attention et intérêt, tous les articles qui traitent de la question de la prostitution légale. Le fait de ce *réveil si remarquable en France*, conduit par votre journal sur ce sujet (*sic*) est un encouragement pour l'association entière de la Grande-Bretagne. Nous en faisons mention dans nos meetings avec sympathie et admiration..
....

« Vous aurez peut-être plus de difficultés à réussir en France que nous n'en avons en Angleterre ; vous avez de si violentes distinctions de culte et de programmes politiques..... et certainement pour la France, *je n'attends rien des impérialistes.* »

Il est permis de se demander ce que viennent faire là les *impérialistes*.

Le 25 décembre 1876 avait lieu à Genève une conférence sur la moralité publique qui se termina par le vote d'une pétition tendant à l'abolition de la prostitution légale et à la fermeture des maisons de tolérance. Cette conférence avait été organisée par les membres d'un comité institué en vue de la réforme de la police des mœurs. Parmi les orateurs entendus se trouvaient M. Hyacinthe Loison, M. le pasteur Borel, M. Sautter de Blonay, M. Freiderich, député à l'Assemblée fédérale. Comme toujours, c'était surtout la réglementation française qu'on mettait en cause. Le procédé pour y arriver était fort simple : Un orateur disait :

« Genève n'est par allée si loin dans l'odieux que d'autres pays, mais elle ira, c'est la conséquence du régime en vigueur. *Il faut donc juger, d'après Paris, d'après Lyon.* Là, l'organisation conduit à d'énormes abus, notamment à l'inscription d'office. »

Un contradicteur, qui se serait levé, aurait beaucoup embarrassé l'orateur en lui posant cette simple question : « Une prostituée d'habitude et « qui déclare ne pas vouloir changer de vie, re« pousse l'inscription, c'est-à-dire la visite sa« nitaire et le traitement ; que ferez-vous ? »

Mais, dans ces réunions libres, on n'admet pas les contradicteurs ou ce qui revient au même ils ne seraient pas écoutés.

Dans la conférence de Genève, dont le but, disait M. le pasteur Borel, était d'essayer de mettre fin à *l'institution homicide de la prostitution autorisée*, on se demanda pourquoi la police punissait toujours la femme et non l'homme : pourquoi on n'accordait pas aux prostituées les mêmes droits qu'aux assassins et aux voleurs, pourquoi dans un pays démocratique, où la liberté individuelle était si grande, il n'y avait pas de liberté pour les « malheureuses ». On insista sur ce point que l'organisation de la prostitution était l'immoralité même et que l'État n'avait pas le droit de faire de l'immoralité.

C'était rester dans le domaine des généralités rebattues. Il appartenait à madame J. E. Butler de placer la question sur un terrain plus précis, de la traiter dans une forme à sensation et de la poser à Paris. M. Yves Guyot organisa une réunion privée qui se tint, le 25 janvier 1877, dans la salle dite des Écoles, rue d'Arras. Les lettres d'invitation portaient que la question de la prostitution légale et de la police des mœurs serait traitée par :

M. James Stansfield, ancien ministre d'État, membre du Parlement anglais.

M. Butler, principal du collège de Liverpool. Madame J. E. Butler.

M. James Stuart, professeur de l'Université de Cambridge.

M. Aimé Humbert, professeur, ancien conseiller d'État de Neufchatel.

M. Donat-Sautter, de Genève.

M. Jean Nicolet, membre correspondant pour la Belgique.

M. A. Humbert ouvrit la séance. Il fit l'historique de la question en ce qui touchait les efforts faits par madame Butler pour créer la ligue internationale contre la prostitution légale. Il termina en se posant à lui-même cette question : « Lorsqu'on aura supprimé la police des mœurs, « par quoi la remplacerez-vous ? » La question était embarrassante. M. A. Humbert s'en tira par ces deux phrases à effet qu'il est plus facile de lancer que de commenter en vue d'une application pratique :

« *Nous remplacerons la prostitution légale par le droit commun.* »
« *A la place des maisons de prostitution, nous mettrons des écoles.* »

Je passe rapidement sur les discours de MM. Butler, Sautter et Nicolet. M. Butler dévoila le but des membres anglais de la Ligue.

« *Nous savons, dit-il, que nos lois ont été empruntées à la législation de Paris, de Berlin, de Hambourg, de Bruxelles. Si notre fédération parvient à tourner l'opinion publique dans ces divers pays contre de telles lois, nous priverons les Actes contre lesquels nous nous élevons de l'autorité qu'ils tirent de l'exemple du continent.* »

L'explication mérite d'être remarquée.

M. Sautter reproduisit les considérations qu'il avait développées dans la conférence de Genève. La péroraison de son discours, telle que la donna le journal *Les Droits de l'homme*, n'était pas de nature à éclairer ses auditeurs sur le sujet qu'il traitait : « Il faut, à tout prix, que nous arrivions à faire comprendre cette vérité incontestable que l'homme renferme un triple apanage : la liberté morale, la lutte pour le bien et la volonté. » M. Nicolet fit un tableau assombri de la prostitution en Belgique. MM. James Stansfeld et Stuart prirent-ils la parole ? Le compte rendu du journal *Les Droits de l'homme* n'en dit rien. J'ai hâte d'arriver au discours de madame Joséphine Butler. Si le compte rendu que j'ai sous les yeux est exact, l'apôtre en elle avait fait, ce jour-là, place à l'orateur qui compte avec les préjugés et les passions de son auditoire. On en jugera par ces quelques extraits :

...« Nous devons démasquer ces soi-disant protecteurs de la morale, ces agents qui ne servent qu'à alimenter les maisons de tolérance »......................................
....

« Ceux qui en France défendent l'institution de la prostitution légale allèguent qu'elle est nécessaire ; c'est un mal nécessaire, dit-on, mais si *la prostitution est nécessaire* (1), pourquoi les bons citoyens, les grands, les riches, les préfets de police, les magistrats, les sénateurs, les députés ne conduisent-ils pas leurs filles, leurs sœurs, dans les maisons de tolérance? »

« *Si la prostitution est nécessaire*, est-il juste que ce soit la fille du pauvre qui soit toujours la victime de cette pros-

---

(1) Il y a là, entre la tolérance de la prostitution et la prostitution elle-même, une confusion de mots qu'il faut croire involontaire, mais sans laquelle la violente sortie de madame Joséphine E. Butler n'aurait pas pu se produire.

titution? *Si c'est un mal nécessaire,* les riches ne doivent-ils pas faire le sacrifice de leurs enfants ?»

....

« Cet appel des *femmes* anglaises, je ne veux pas dire des *dames*, car depuis que nous avons commencé la lutte, *nous ne connaissons plus de classes.* »

....

« *Citoyens et citoyennes de Paris*, j'ai vu de ces pauvres filles perdues ; j'ai parlé aux plus dégradées, aux plus misérables ; loin de les repousser, je leur ai dit : Mes sœurs, je souffre pour vous, avec vous ; les hommes me disent que vous n'êtes plus des femmes, que vous êtes des bêtes fauves. Pour moi, vous êtes toujours des femmes ; pour vous sauver, pour vous arracher de cette misérable situation, je descendrai jusque dans votre enfer. »

....

Ceci est de la comédie. L'association du *Rappel* est une œuvre de lutte et non pas une œuvre d'assistance et de secours. En quoi ces paroles changent-elles la position de la prostituée à laquelle elles s'adressent, et en quoi l'abrogation des Actes la modifierait-elle ? Serait-elle moins abjecte et moins misérable ?

Et le lendemain, le journal *des Droits de l'homme* terminait son compte rendu de cette réunion par cette phrase enthousiaste :

« Paris a donné là un grand exemple, et cette réunion pacifique dans la salle modeste de la rue d'Arras *marquera dans son histoire comme dans celle de la civilisation....* Honneur à toi, grand peuple de Paris !...

Cela justifierait, sur un sujet bien différent, l'exclamation de Proudhon si éloquente malgré sa brièveté : « O bavards (1) ! »

Trois jours après M. et madame Butler et M. Sautter de Blonay organisaient une conférence dans laquelle, suivant l'avis public, ils désiraient « entretenir les jeunes gens parisiens des conséquences funestes de la prostitution ».

Autre milieu, autre entourage, autre allure. Le local choisi était celui de l'Union chrétienne de la Jeunesse. C'était une réunion publique. Plusieurs pasteurs y assistaient. On commença la séance par la lecture d'un passage de la Bible, ce qui fit quitter la salle à plusieurs personnes.

On peut résumer ainsi le discours que prononça madame Butler :

« Je veux vous entraîner dans une sainte croisade qui est l'œuvre de Dieu... Vos plus grands pécheurs se trouvent parmi les sénateurs et les députés... La prostitution est légalisée... Votre gouvernement vous offre des femmes pour vous satisfaire... Vous, jeunes gens, vous corrompez les jeunes filles qui sont ensuite arrêtées par les agents des mœurs, puis jetées en prison, violées par un médecin et, en dernier lieu, placées dans les maisons de tolérance. » . . . .

. . « J'ai entendu dire que quelquefois un père conduit sa fille à la préfecture de police pour qu'elle soit inscrite sur les registres de l'enfer. Le préfet de police ne s'y refuse pas. Pour moi, il est coupable de meurtre..... Il faut que vous nous aidiez à lutter contre les autorités de

---

(1) De la justice dans la Révolution et dans l'Église.

France qui autorisent le vice et le facilitent. Rangez-vous sous notre bannière qui est celle du Seigneur. »

Cette conférence passa inaperçue. Il en fut de même d'une autre réunion, à laquelle on annonçait que madame Butler prendrait part et qui dut avoir lieu, le 1ᵉʳ février 1877, dans la chapelle Malesherbes.

A la même époque, M. R. P. Martineau « président d'un comité de l'Union » écrivait, de Birmingham, à M. Yves Guyot, pour le féliciter de « *l'héroïque courage et de la brillante habileté qui avait rendu son nom illustre* ». Votre action, disait le signataire, dont la lettre fut reproduite par le journal *les Droits de l'homme*, « nous donne un nouvel espoir car vous avez osé lever l'étendard de *la plus sainte des libertés : l'affranchissement de l'esclavage de la luxure.* »

Voilà un enthousiasme singulièrement basé et qui s'explique d'autant moins qu'à Londres, c'est-à-dire en dehors de l'action directe des Actes et sous un régime de liberté, les scandales de la prostitution atteignaient, au même moment, les limites extrêmes. J'en emprunte le tableau à des articles publiés, à la même date, par le *Figaro*, sous le titre de lettre d'Angleterre, et au *Grelot*. J'aurais pu les analyser. Je préfère les citer textuellement, cela sera moins ennuyeux pour le lecteur :

« Dans tous les quartiers de Londres et à toutes les heures de la nuit, on rencontre certaines dames en quête d'aventures, et qui, sous l'œil et la protection du constable, exercent librement, trop librement même, un métier qui n'est pas sans danger pour la santé publique. On s'étonne donc beaucoup de ces tentatives pour importer à ce sujet le système anglais en France, car ce système a si bien été reconnu défectueux que par Actes du parlement les villes de garnison ont été soumises à une réglementation devenue nécessaire et qui se rapproche beaucoup de celle que l'on veut abolir en France. »

« De toutes les prostitutions, la prostitution anglaise est la plus hideuse ; elle se complique généralement de l'ivrognerie ; la licence qui lui est laissée en fait une véritable plaie sociale, s'étalant ouvertement et dont la vue blesse les regards les moins délicats. Depuis les enfants de treize à quatorze ans, presque en haillons et qui encombrent les abords des *palais de gin*, jusqu'à la vieille française, rebut du boulevard, qui promène dans Regent Street sa robe fanée, on peut, sans exagération, fixer à plus de cent mille le nombre des malheureuses qui, à Londres, vivent de cette triste industrie. Leur impudence est si grande que les femmes honnêtes ne peuvent traverser quelques quartiers sans s'exposer à être grossièrement insultées ; leur importunité est telle que les hommes eux-mêmes ne s'en débarrassent qu'à grand'peine. Il ne serait pas mauvais de voir ce que produit à Londres l'absence du service des mœurs avant de le supprimer à Paris. »

« ..... Les sociétés pour la répression du vice, pour améliorer la situation des femmes, pour ramener les égarées, sont innombrables en Angleterre.... »

« J'ai assisté à un meeting, ou mieux à une soirée, donnée spécialement aux dames dont M. et madame Butler poursuivent la régénération. Cette fête a lieu chaque année, dans un des grands cafés de Londres à l'heure de minuit. Les invitations sont personnelles et les garçons de l'établissement sont remplacés par les membres de la société qui, pendant la première partie du meeting, servent aux assistants du café, du thé, du chocolat et des gâteaux. »

« Ensuite on chante quelques cantiques, et l'auditoire commence à diminuer ; — après les cantiques viennent les discours, dont le but est d'engager les demoiselles aux cheveux jaunes à changer de carrière. Celles qui sont touchées par la grâce ne rentrent pas dans leur domicile ; elles sont conduites, dans la nuit même, au siège de la société. La moyenne des repenties est d'une douzaine environ, dont dix, au bout de quelques jours, s'empressent de quitter le refuge qui leur a été offert pour regagner le ruisseau dont elles ont la nostalgie. »

Complétons ce tableau par les détails suivants empruntés à un autre observateur :

« Quand je visitai Londres, on me conduisit à un endroit qui s'appelle l'Angell et qui se trouve entre City-Road et Euston-Road, dans un des quartiers les plus populaires de Londres, et on me montra, sur un espace de trente à quarante mètres, quelque chose comme quatre-vingts à cent jeunes filles, dont la moitié au moins étaient jolies, dont les plus jeunes pouvaient avoir douze ans, dont la plus vieille n'en avait pas vingt, qui attiraient le passant du regard, du geste et de la parole. »

Je pourrais multiplier ces citations qui rendaient incompréhensible, à tous les points de vue, « la croisade » de madame Butler contre le service des mœurs de la police française, si M. Butler n'en avait révélé le véritable motif.

Revenons aux conférences de la Ligue étrangère. Il y eut, dans les premiers jours de février 1877, salle de la Redoute, une réunion privée organisée par M. James Stuart, le professeur de Cambridge, afin d'entendre madame Butler qui désirait, avant son départ, entretenir, encore une fois, « ses sœurs de France » de la grave question de la moralité publique.

Dans cette réunion, madame Butler ne se borna pas à signaler la nécessité de relever la moralité des hommes et à demander la liberté intégrale pour les femmes, elle annonça que le moment était proche où le législateur rendrait justice à la femme, lui donnerait les mêmes avantages qu'à l'homme et la « placerait sur le même pied d'égalité ».

On sentait qu'elle était à bout d'efforts. Il s'agissait surtout de faire appel à des adhérents et de leur indiquer le siège d'une agence que venait de créer, à Paris, la Fédération britannique et continentale contre la réglementation de la prostitution.

Je continue d'enregistrer chronologiquement les manifestations par lesquelles des étrangers prenaient part, sous diverses formes, à la campagne dirigée contre le service des mœurs. C'est ainsi que je dois noter une lettre de M. James Stansfeld, président de la Fédération, lettre datée du 11 février 1877, et ayant pour objet de transmettre à M. Yves Guyot copie d'une résolution par laquelle le comité exécutif de la Fédération, « ayant appris, avec le regret le plus profond,

« que l'un des membres du conseil municipal de
« Paris, M. Yves Guyot, avait encouru une
« amende de 3000 fr. pour le talent et la vigueur
« qu'il avait apportés à poursuivre l'abolition de
« la police des mœurs, lui envoyait une somme
« de 3000 fr. »

J'ai dit qu'aucun contradicteur ne s'était levé pour faire justice des déclamations de madame Butler. Je me trompais. Il s'en est trouvé un, un seul, M. Morin, conseiller municipal de Paris; mais ses paroles, fermes et sensées, qui méritaient d'être répandues, ne reçurent aucune publicité. Le journal *le Radical* se borna à apprendre à ses lecteurs qu'une réunion avait eu lieu, le 26 mars 1877, dans la salle des Écoles, que l'ordre du jour portait : les *mœurs*, débat contradictoire, et que M. Morin (Miron), conseiller municipal, avait défendu la police des mœurs. Il eût été intéressant d'avoir le discours de M. Morin complet et tel qu'il fut prononcé. Je ne peux en indiquer que les principaux passages relevés sur des notes prises à la réunion. Les voici :

« C'est effectivement pour défendre l'institution de la police des mœurs que je monte à cette tribune. J'ai lieu de penser que mes idées sur ce point sont contraires aux vôtres. Je vous prie de m'écouter en silence. Vous pourrez ensuite réfuter mes opinions... »

« ...... La prostitution est un fléau dont nous gémissons tous..... On l'attribue à la misère dont on le suppose la conséquence fatale. C'est aller un peu loin. Que la misère soit l'une des causes qui alimentent, dans une certaine mesure, la prostitution, je ne le contesterai pas. Mais il en est d'autres tout aussi puissantes, sinon davantage, il faut le reconnaître. Ce qui pousse un grand nombre de femmes vers la prostitution, c'est l'horreur du travail, l'absence de sentiments de famille, le goût de la débauche. La société, il est vrai, n'est pas tendre pour les femmes. La morale a deux poids et deux mesures : les unes pour nous, les autres pour elles. On flétrit la femme pour un acte qui chez nous est qualifié tout simplement de légèreté, et cela n'est que trop vrai, c'est bien souvent à un jugement cruel et partial que la femme doit de descendre, échelon par échelon, jusque dans la boue....... »

« Mais il est loin d'en être toujours ainsi, et de ce qu'un certain nombre de femmes peuvent arguer dans leur abaissement de quelque excuse, il ne résulte pas qu'on doive laisser toute liberté au vice. » . . . . . .

« Il est impossible qu'un gouvernement ferme les yeux sur la prostitution. Il est impossible que l'administration abdique tout droit de surveillance à son égard. Cela nous mènerait à une situation morale et publique que je ne veux pas envisager. » . . . .

« Ce n'est pas seulement en France, mais c'est partout, dans tous les pays civilisés que la prostitution produit le besoin d'une réglementation sévère, d'une surveillance de tous les instants. »

« On a contre la police des mœurs recours au sophisme. C'est ainsi qu'on va jusqu'à dire que la réglementation même de la prostitution tend plutôt à augmenter effectivement la prostitution. Cela est faux, est-il besoin de le dire ? Cela ne tient pas debout. Je le répète, c'est un sophisme qu'on devrait laisser aux filles et à leurs souteneurs. »

« On dit à la police des mœurs, qui ne cherche qu'à atténuer le mal et ses fâcheux effets, c'est par vous que la prostitution prend de l'extension. Vous protégez, vous patronnez le vice. Cela est ridicule et faux. Que veut-on pour les filles perdues ? Toute liberté, toute indépendance, toute latitude dans leur vil métier. Cela est impossible. Adversaires de la police des mœurs, vous dites : Il faut mettre fin à l'esclavage de la femme. Voilà un noble sentiment et de grands mots ! J'en cherche vainement l'application raisonnable à la prostitution et aux filles publiques. »

« Les créatures qui sont soumises au joug de la police des mœurs peuvent s'affranchir elles-mêmes de cet esclavage sous lequel elles ne restent asservies que par ce qu'elles le veulent bien, parce que leur abaissement, leurs vices y trouvent leur compte. *Ces filles ne voudraient pas de la liberté que vous réclamez pour elles, si elles devaient la payer d'une vie régulière et employée au travail.* Ne peuvent-elles pas, quand elles le veulent, quitter leur affreux métier ? Le leur impose-t-on ? Non. Celles qui renoncent à la prostitution restent tout simplement soumises à une surveillance qui n'a rien de bien tyrannique et cela pendant un certain temps seulement. Il n'y a pour elles aucun esclavage à supprimer ; c'est à elle de s'affranchir du joug que leur impose leur propre dégradation. » . . . .

« ..... *Dans une réunion tenue ici, madame Butler a dit : Si les magistrats approuvent la prostitution que n'envoient-ils leurs filles dans les maisons de tolérance ? Cela n'est rien moins qu'insensé. Les magistrats n'ont jamais songé à approuver la prostitution ; ils ne la patronnent pas ; ils la subissent et veulent, avec raison, qu'on mette des digues à ses ravages.* Aux dires de cette dame, chaque famille devrait être tenue de fournir son contingent de filles à la prostitution. On n'a pas idée de pareilles sornettes. Madame Butler a prononcé aussi ces deux *mots ronflants qui ont fait du bruit : Révoltons-nous! Voyez-vous d'ici un appel aux armes en faveur de la prostitution.* »

Il y eut, à ce moment, des interruptions. On cria à l'orateur : « Vous sortez de la question ! » Il continua ainsi :

« Je suis, au contraire, en plein dans la question ; je suis à cette tribune pour combattre les utopies ridicules de madame Butler et je le ferai, dussé-je vous être désagréable. *On conclut contre la police des mœurs de quelques faits particuliers, ce qui n'est guère sage. Cette police commet quelquefois des erreurs fâcheuses... oui quelquefois... Je dirai même très rarement. Il n'est rien de moins fréquent que le fait d'une femme arrêtée à tort... La chose est arrivée certes, mais, je le répète, ces méprises sont ce qu'il y a de plus rare.* »

Ces paroles soulevèrent des murmures et des protestations.

M. Morin dit encore :
« Je voudrais une loi qui remplaçât l'arbitraire et qui sût concilier la police des mœurs avec la nécessité d'assurer la sécurité de tous. Il faudrait un règlement pour les filles qui s'y soumettraient. Mais la provocation sur la voie publique devrait être supprimée et toute femme prise en flagrant délit d'excitation à la débauche devrait pouvoir être condamnée par une loi *spéciale.* »
« Je termine en déclarant qu'il est un terrain sur lequel je crois pouvoir espérer me trouver d'accord avec mes contradicteurs, c'est celui de la justice, de la morale et de l'humanité. »

Cette avance fut accueillie avec froideur. On aurait pu croire cependant que ce premier pas fait dans la discussion sérieuse et raisonnable allait enfin placer la question sur son véritable terrain. Il n'en fut rien. Après quelques violences de paroles, la réunion fut dissoute par le commissaire de police.

La Fédération britannique ne négligea aucune

occasion de se livrer à des manifestations. En mai 1877, lors du voyage à Londres des délégués de la municipalité parisienne, le comité formé à Londres pour poursuivre le rappel des Actes présenta à la délégation municipale de Paris l'adresse suivante, dont je trouve le texte dans le *Radical* du 26 mai :

« Messieurs, nous soussignés, nous nous adressons à vous, au nom du comité formé dans la cité de Londres en vue d'obtenir le rappel des Actes relatifs aux maladies contagieuses des femmes. »

« Durant les années 1866 et 1869, le parlement de la Grande-Bretagne, agissant *d'après un avis reçu des autorités de police de Paris*, a adopté, *furtivement* et sans débat public, en vue de l'appliquer dans certains districts de notre pays, le système bien connu en France pour la régularisation de la prostitution et *la connivence tacite avec ce vice social par la reconnaissance des maisons tolérées placées sous l'inspection constante de la police.*

« Cette introduction du système français n'a eu pour résultat aucune diminution de la maladie dans notre armée, ni dans notre marine ; elle n'a eu aucun effet heureux ni sur la santé, ni sur la moralité publique, *bien que notre police des mœurs ait mis en avant des statistiques à l'aide desquelles elle prétend, à tort, constater des résultats utiles*. Ces statistiques de la police ont attribué à son action *des améliorations sociales qui ont été effectuées en réalité par nos nombreuses sociétés de refuge*, lesquelles sont des groupes de citoyens organisés dans le but de *relever les victimes de la prostitution*, de trouver pour elles des abris et du travail et de *les rendre à leurs amis et à leurs familles* ».

« Les Actes de 1866 et 1869 ont également introduit dans notre pays libre une pratique jusqu'ici inconnue à notre loi, pratique par laquelle des personnes *suspectées* sont déclarées coupables sur la simple opinion d'un constable de police, et sujettes, sans appel ni à un juge, ni à un jury, sans le moindre débat contradictoire, à l'emprisonnement avec travail forcé, *à moins de se soumettre à une visite non avouable.* C'est ainsi qu'on a porté atteinte à la liberté anglaise *dans une vaine tentative pour assurer une immunité hygiénique aux vicieux des deux sexes.* »

« La conscience du pays a été révoltée *de cette législation immorale* et plus de deux millions de signatures demandant le rappel des Actes manifestent assez hautement l'opinion des corps électoraux. Huit cents comités locaux sont organisés en vue d'obtenir ce rappel. »

« Nous saluons avec joie votre arrivée parmi nous, et nous sommes heureux *d'apprendre qu'une opposition considérable se forme à Paris contre le système immoral qui a produit de si grands maux dans votre pays et dans le reste de l'Europe.* Nous admirons la hardiesse avec laquelle la municipalité de Paris a nommé une commission chargée de faire une enquête sur l'application de votre système à votre cité. *Nous exprimons ici notre vive sympathie pour M. Yves Gugot, l'un de vos collègues les plus distingués qui, pour cette cause subit une peine sévère,* et nous avons l'assurance que *l'on verra désormais les cités de Londres et de Paris combattre côte à côte en faveur de la liberté, de la moralité et du bien-être social des citoyens.* Recevez, Messieurs, l'expression de notre estime et de notre considération : Signé, Samuel Morley, Président.

Benjamin Scott, secrétaire.

Londres, 2 mai 1877. (*Radical* du 26 Mai 1877.)

Que de choses dans cette adresse qu'il importait de reproduire en entier et comme les membres de l'association du Rappel s'entendent bien à faire acte de diplomatie et de combat !

Pour rester dans ce même ordre d'idées et

avant d'aborder la seconde phase des conférences et des interventions oratoires d'étrangers au sujet de la police des mœurs, citons ici, afin de ne rien omettre, la lettre suivante, publiée par la « *Lanterne* » du 17 janvier 1879, et adressée par la Fédération britannique à M. Naudin, chef actuel de la première division à la préfecture de police de Paris. Elle est caractéristique quant à l'exagération des expressions, et à l'inconvenance du procédé vis-à-vis du préfet de police, ce qui n'exclut pas, au contraire, la portée de ses tendances et de ses arrière-pensées.

« Londres, 31 décembre 1878. Monsieur, L'association internationale, qui a pour objet l'*abolition* de la prostitution, spécialement envisagée comme institution légale ou tolérée, était loin de s'attendre, il y a peu de temps encore, à un événement tel que la retraite de M. Lecour, l'homme dans lequel se personnifiait, aux yeux de l'Europe, le régime que nous combattons (1).

« Il est vrai que notre étonnement n'aurait pas été moindre si quelqu'un nous eût dit, au début de notre entreprise, que nous assisterions, coup sur coup, à la fermeture des maisons de tolérance dans la Ville de Zurich, à leur abolition dans toute l'étendue de l'empire germanique (2), à la suppression administrative de la police des mœurs dans le canton de Neufchatel, aux manifestations abolitionnistes de la grande « Croisade morale » des associations ouvrières fédérées de l'Italie, *enfin à l'éclatante*

---

(1) Ai-je besoin de protester ? Pendant ma carrière administrative je n'ai eu d'autre rôle que celui d'un collaborateur consciencieux.

(2) Ce fait, s'il était vrai, n'impliquerait pas l'abandon de la réglementation de la prostitution.

explosion de la presse libérale de Paris et des départements, à l'occasion d'actes abusifs de la police des mœurs, soit dans l'hiver de 1876 à 1877, soit dernièrement, avant la clôture de l'Exposition. »

« Il y a certainement, Monsieur, une relation intime entre tous ces faits et votre avènement à la direction du service de police de la 1re division. Evidemment, l'*institution à laquelle vous allez consacrer vos talents et vos forces, ne jouit nulle part de la confiance illimitée qu'on lui accordait autrefois* et cela s'explique parce qu'elle a subi l'épreuve d'une longue et *concluante* expérience. Nous avons lieu de croire, d'après toutes nos observations, *qu'elle est frappée d'une décadence sans remède et menacée d'une ruine inévitable.* »]

« Cette considération, toutefois, ne saurait nous empêcher d'applaudir aux améliorations partielles et à l'esprit d'humanité qui ne manqueront pas, sans doute, de caractériser votre administration. *La réputation qui vous précède dans l'exercice de vos fonctions provoque chez toutes les sections de notre ligue un concert de vœux,* dont vous voudrez bien nous permettre de vous adresser le témoignage. Nous espérons, Monsieur, que, tout en restant dans votre rôle et en vous conformant strictement à l'accomplissement des devoirs de votre office, il vous sera possible de préparer le terrain à la transformation qui doit s'opérer, tôt ou tard, en ce qui concerne la surveillance des mœurs depuis que la France est constituée en République, nous voulons dire : l'abandon du régime de l'arbitraire, *le respect de l'égalité des sexes devant la loi morale* et le retour au droit commun. »

« Nous vous souhaitons tout particulièrement d'avoir *la gloire d'attacher votre nom à la mesure préalable la plus urgente dont il importe de s'occuper, savoir :* la suppression des *maisons de tolérance ;* car c'est là que se trouve la source des abus les plus révoltants, la traite des blanches, la séquestration, l'esclavage féminin poussé aux extrêmes limites de l'horrible ; il n'est d'ailleurs pas de ré forme qui soit plus dans la force des choses, puisque d'elle-même l'institution décline et succombe, pour ainsi dire sous le poids de son ignominie ; en sorte que ce serait un bien pour tout le monde que de mettre promptement un terme au dégoûtant spectacle de cette lente dissolution. »

« En vous offrant, pour les tenir à votre disposition dès que vous en exprimerez le désir, tous les documents publiés par les divers bureaux de notre association, nous avons l'honneur de vous présenter l'expression de notre haute considération. »

« Au nom du *Comité exécutif* de la Fédération britannique, continentale et générale, les secrétaires honoraires. »
(Les noms ne sont pas indiqués.)

Il nous reste à passer rapidement en revue les travaux du Congrès de la fédération tenu à Genève, du 17 au 23 septembre 1877, sous la présidence de M. James Stansfeld et les quelques réunions publiques et privées qui ont eu lieu à Paris depuis cette époque.

En mettant en dehors de cette appréciation les travaux de MM. Hornung, Ladame et de quelques autres de ses membres, on peut dire qu'au congrès de Genève les rêveries, les utopies et l'excentricité se donnèrent carrière (1). Dans la séance d'installation M. Laurent Karcher, prési-

(1) Le correspondant de l'Union médicale, qui avait assisté aux séances du congrès, écrivait à son journal : « Dans cette Babel, tout le monde a parlé de tout à tort et travers. On s'est livré à un dévergondage, pour mieux dire à une *débauche* de langage inouïe. Le médecin est devenu moraliste ; la femme a trompé ses mains dans les virus les plus suspects. On a fait de la religion et de la politique. On a invoqué Jésus et les principes de 89. »

dent du comité genevois, s'adressant aux divers délégués et voulant définir le but de la Fédération, leur dit : « Vous venez ici pour en-
« treprendre une croisade contre la dépravation
« et contre l'exploitation infâme de malheureuses
« créatures *sous le patronage du gouvernement.* »

M. James Stansfeld, sans jamais aborder aucun côté pratique de la question, se déclara l'adversaire de toute réglementation de la prostitution et surtout « de cette iniquité : la visite obligatoire ». Il dit que, dans les cas de réglementation, « l'État se fait pourvoyeur d'hommes
« et appose sa marque de fabrique sur ses pro-
« pres marchandises. »

Madame Joséphine E. Butler se montra très exaltée et très emphatique. Après avoir manifesté son mépris « sur ces corps établis dans les
« grandes villes et composés de gens officiels à
« qui cette institution du bureau des mœurs
« fournit les moyens de vivre », elle flétrit la visite sanitaire ; elle ajouta :

« Nous connaissons, nous autres femmes, nous connaissons parfaitement ce que c'est que *le berceau de l'humanité* qui est souillé par ces pratiques profanatrices ! »

Et s'adressant à ses adversaires absents, elle les apostropha ainsi :

« Vous ne vous trouverez plus en face d'une classe silencieuse, soumise et sans volonté. Vous avez maintenant devant vous une classe qui, pour la première fois, a trouvé une voix, une classe révoltée *dans laquelle sont comprises toutes les femmes de la terre.* Ce n'est pas seulement cette pauvre classe rabaissée jusqu'à présent qui est offensée. Si elle est offensée, nous sommes encore plus offensées. »

En lisant ces déclamations qui furent applaudies, et en songeant à l'accueil dédaigneux ou hostile, fait dans une réunion publique dont j'ai parlé tout à l'heure, aux considérations pleines de justesse et de raison développées par M. Morin, conseiller municipal à Paris, sur le même sujet, on ne peut se défendre d'un sentiment de découragement.

Et encore madame Joséphine Butler est sauvegardée dans sa dignité par son enthousiasme religieux et sa passion pour le bien.

Mais que dire de ce membre du même congrès terminant son discours par cette énorme inconséquence : « Il faut que les maisons de tolérance soient fermées, *la police des mœurs abolie et..... la prostitution combattue à outrance?* »

Un autre membre conclut ainsi :

« Le vice lui-même, voilà notre ennemi. Attaquons-nous à lui par l'évangélisation, l'instruction, les réformes économiques, la bienfaisance, etc. »

Rien de mieux, **mais** c'était de la police des mœurs dont il était question.

Enfin un membre russe, je crois, demanda

par quoi on remplacerait ce qu'on voulait détruire.

On lui répondit que c'était le vice qu'on voulait détruire et qu'on n'avait pas, dès lors, à songer à son remplacement.

Dans tous les discours prononcés il n'y a pas une notion pratique. Que d'entraves et de difficultés pour l'autorité dont on alourdit ainsi le fardeau au préjudice de tous les intérêts sociaux !

Revenons à Paris où, il faut le reconnaître, des généralités aussi absolument creuses n'auraient pu se produire avec de pareils développements.

Mentionnons d'abord une réunion privée tenue, le 25 mars 1878, à la salle Herz, et ayant pour objet l'immoralité publique, ses conséquences et les moyens d'y porter remède. L'organisateur de cette réunion, M. le pasteur Borel, fondateur d'un refuge pour les filles repentantes, parla surtout des maisons de tolérance de Genève, et il conclut à leur suppression.

Dans une autre réunion publique, également organisée par lui, et qui se tint, deux jours après, dans la salle du Grand-Orient, M. le pasteur Borel traita également de la question des mœurs au point de vue moral. Notons un incident : Un des assistants ayant demandé si, à Genève, les filles publiques racolaient dans la rue, M. le pasteur Borel répondit que la police, *secondée par les habitants*, les en empêchait. Il ajouta que l'extension de la prostitution à Paris pouvait être attribuée à ce fait « qu'on y battait les agents lorsqu'ils arrêtaient des prostituées ».

Madame Joséphine E. Butler était de retour à Paris. Elle avait, disait-on, manifesté au préfet de police son intention d'aller prêcher dans les maisons de tolérance. Je ne sais si elle le tenta, car il y avait à redouter d'écœurantes complications; mais, dans le cas où elle s'y serait risquée, je suis convaincu qu'elle y aurait éprouvé des déceptions cruelles (1).

Un article du *Constitutionnel*, du 4 octobre 1878, rendit compte d'une visite faite au préfet de police, M. Albert Gigot, par quatre dames anglaises, munies d'une lettre de recommandation de M. James Stansfeld, et il publiait, en même temps, le texte d'une pétition remise par ces dames au préfet et qui avait été certainement rédigée par madame Butler. On le reconnaîtra. Voici cette pétition :

« Monsieur le Préfet, persuadée des intentions de justice et de générosité que vous apportez dans l'exercice de vos hautes fonctions *nous, femmes anglaises, émues de la pensée que beaucoup de celles que nous appelons nos sœurs*, souffrent les tortures de l'esclavage et de l'avilissement dans

(1) « Certes, je ne conteste pas qu'il est beau et bon de s'asseoir à côté des « péagers et des gens de mauvaise vie » lorsqu'ils font relâche, mais au milieu de l'exercice de leurs turpitudes, jamais! » (Réflexions et projets dédiés à Mistriss Butler par madame A. Puejac, sage-femme en chef de la maternité de Montpellier. — *Gazette obstétricale*).

les prisons de la débauche qui se nomment des maisons de tolérance ; convaincues qu'un grand nombre d'elles pourraient être arrachées à cette vie triste et coupable ;

« Considérant qu'elles sont enchaînées par la fatalité *d'un système que rien ne saurait justifier* à une époque où les peuples marchent dans la voie de la justice, de la liberté et de la charité, *nous faisons appel à votre protection afin de pouvoir entrer librement dans ces maisons pour exprimer à celles qui y sont enfermées notre ardent désir de leur venir en aide.* »

« Ce n'est point seulement en notre nom individuel que nous nous présentons ici, mais au nom d'une Association qui embrasse toutes les nations chrétiennes. »

. . . .

« Nous vous prions, Monsieur le Préfet, de ne point considérer notre démarche comme un acte d'hostilité à l'égard du caractère dont vous êtes revêtu, *mais comme une protestation énergique contre un ordre de choses que toute conscience honnête et éclairée doit condamner.* »

« Recevez, etc.

Que devait penser le public de cette requête si étrange dans la forme et quant au fond ?

Chaque fait de cette nature rendait plus difficile la tâche du service des mœurs, et ces incidents devenaient, pour ainsi dire, quotidiens. La lettre des dames anglaises avait été publiée le 4, le 6 et le 8, le journal « *la Lanterne* » contenait les deux articles suivants :

1er *Article.* « M. James Stansfeld, président de la Fédération britannique pour l'abolition des lois sur les maladies contagieuses, aura lundi, avec M. de Marcère, un entretien au sujet de la police des mœurs.

« M. James Stansfeld est un homme considérable. Il a

été lord de l'amirauté en 1862, puis sous-secrétaire d'État pour les Indes et enfin lord de la Trésorerie en 1868. M. James Stansfeld représente Halifax à la Chambre des communes et est un des chefs du parti libéral. »

2ᵐᵉ *Article*. « M. Stansfeld, ancien lord de la Trésorerie, membre de la Chambre des communes, etc., a eu aujourd'hui une entrevue avec M. de Marcère. »

« M. de Marcère lui a dit qu'il avait chargé M. Gigot de *préparer un projet* et qu'il le mettrait en rapport avec lui. M. Stansfeld a déclaré qu'il était prêt à revenir de Londres à Paris s'il était nécessaire. »

« Malheureusement, M. de Marcère paraît convaincu de l'importance de la police au point de vue de la salubrité. C'est un préjugé qu'entretient précieusement la police, mais qui ne résiste pas à l'examen. »

« M. Stansfeld, en 1875, au point de vue des stations navales anglaises, l'a réfuté victorieusement dans une communication faite à la Société statistique de Londres. »

« Du reste, si M. de Marcère s'enquérait auprès des syphiligraphes, qui ne font pas partie de Saint-Lazare, il serait bien convaincu de l'inutilité des mesures préventives qui existent actuellement. »

Pendant que par ces procédés on tenait en haleine, à Paris, les adversaires de la réglementation de la prostitution, madame Butler publiait en Angleterre, dans le *Daily Post*, au sujet de la police des mœurs parisienne des articles dans lesquels elle reproduisait contre ce service les attaques du journal « *la Lanterne* ».

J'aurai presque terminé ce long exposé quand j'aurai dit qu'une section française de la Fédération britannique, continentale et générale, a été fondée à Paris en février 1879; qu'en août de la même année s'est tenue à Liège une conférence publique où M. Benjamin Scott, madame J. E. Butler, divers orateurs de la Fédération, auxquels s'était joint M. Yves Guyot, ont reproduit, une fois de plus, leurs attaques habituelles contre la réglementation de la prostitution, qu'enfin, en avril dernier, madame J. E. Butler a, de nouveau, tonné contre ce même service dans une réunion privée, rue de Levis, à Batignolles. Un des membres de cette réunion résuma la thèse qu'il soutenait par cette formule, qui veut être profonde, et qui a l'air d'une plaisanterie : « Abolissons aujourd'hui la police des mœurs et la prostitution sera supprimée demain ! » Ce ne ne sont que des mots qui sonnent bien à la fin d'une tirade et qui ont pour équivalent, sur un autre sujet, cette phrase qu'on n'a pas encore osé prononcer :

« Supprimons aujourd'hui la gendarmerie, il il n'y aura plus de voleurs demain. »

Il me faut enfin mentionner, pour ne rien oublier, le congrès tenu à Gênes par la Fédération britannique et dont la première séance eut lieu le 29 septembre 1880. Citons parmi les membres anglais qui y assistaient : M. et madame Butler, madame Chapman, M. le Dr Kirkbeck Nevins, le statisticien spécial de l'association du Rappel. Suivant M. Yves Guyot, qui s'est fait l'historiographe du congrès, des Anglais, pères de famille, y avaient amené leurs filles, de jeunes demoiselles de quinze, seize et dix-huit ans, « lesquelles, dit-il, ont tout entendu sans le moindre embarras ».

Or, madame Butler avait discouru sur *la traite internationale des jeunes filles anglaises et françaises*, et M. Guyot avait lu un mémoire sur les *rapports de la législation française avec la prostitution* dans lequel, si l'on en croit le compte rendu de *la Lanterne*, qui paraît d'ailleurs avoir été fait par M. Yves Guyot lui-même, ce dernier avait traité de la morale publique « *et de la décence publique et montré, par de nombreux exemples, exposés simplement mais très nettement, combien elle était relative* ».

La Lanterne constata que madame Butler avait déclaré être complètement d'accord avec M. Y. Guyot sur ses conclusions et leurs développements.

Que devenait le « Shocking britannique » ?

Avant de se séparer, et au milieu d'une sorte d'agitation politique provoquée par l'arrivée à Gênes de Garibaldi, le congrès vota l'adresse suivante adressée au conseil municipal de Paris :

« Le Congrès de la Fédération, réuni à Gênes, envoie au Conseil municipal de Paris, gardien des libertés des citoyens, ses vœux pour que les principes de liberté, d'égalité et de justice, que la France républicaine a proclamés, soient mis en pratique spécialement, *en reconnaissant l'éga-*

lité des deux sexes devant la loi, en affirmant la seule autorité du droit commun pour tous les citoyens et citoyennes, et, par conséquent, en *abolissant totalement la police des mœurs* (1). »

Il prit, en outre, et proclama une résolution ainsi conçue :

« Le congrès de la Fédération britannique, continentale et générale, tenant compte des *divers besoins des différentes nations représentées dans son sein;*
Considérant que la liberté n'est pas compatible avec les lois exceptionnelles;
Que personne ne saurait avoir le pouvoir, ni de se placer lui-même, ni de placer autrui en dehors de la loi ;
« *Qu'aujourd'hui le plus faible, c'est-à-dire la femme,* est placée en dehors de la loi ;
« *Se déclare résolu à provoquer, par la propagande et par des réformes libérales, l'abolition des lois et des règlements actuels, lesquels sanctionnent la prostitution et en font une institution publique;*
« Dans ce but, la Fédération prend pour règle de son action les résolutions suivantes :
« 1° *Ni l'État, ni les communes, ni aucune autorité quelconque ne doit réglementer la prostitution ;* »
« 2° *Nulle loi spéciale ne doit régler la prostitution ;* »
« 3° *Les faits relatifs à la prostitution doivent être régis par le droit commun de chaque pays ;* »
« 4° *Les garanties et l'administration de la loi doivent être égales pour les hommes et pour les femmes ;* »
« 5° *La loi ne doit avoir et ne doit tolérer aucun registre of-*

---

(1) La réponse du conseil municipal, reproduite par un journal, est empreinte d'une grande réserve. La voici : « Le conseil municipal de Paris remercie le congrès de la Fédération de son adresse. Le conseil, dans tous ses actes, cherche à s'inspirer des idées de justice et de vérité. »

ficiel de la prostitution, ni aucune reconnaissance officielle de la prostitution comme classe sociale spéciale ; »

« 6° La loi ne doit sanctionner, ni tolérer aucune violation du droit que possède toute femme sur sa propre personne ; elle doit déclarer, au contraire, que toute visite forcée sur la personne, soit d'un homme, soit d'une femme, est un attentat indécent et criminel; »

« 7° La loi ne doit permettre la détention que par une sentence judiciaire prononcée, *après débat public*, sur des faits qui constituent un délit positif et légal, et après avoir fourni à l'accusé *une occasion suffisante* pour se défendre ; »

« 8° Tout agent de police, dans l'exercice de ses fonctions, *doit porter un uniforme*; »

« 9° Tout fonctionnaire de la loi doit être responsable de ses actes devant les tribunaux ordinaires de la juridiction criminelle ou correctionnelle. »

Cette « résolution » est extraite de *la Lanterne* du 6 octobre 1880. On la lit et la relit en se demandant si on est la dupe d'une de ces mystifications spirituelles auxquelles se livrent parfois le *Figaro* ou le *Gaulois* pour dérouter et amuser leurs lecteurs. Je comprends, à la rigueur, qu'on se déclare partisan de la liberté absolue de la prostitution. C'est une théorie qui ne résiste pas à la pratique, mais cela n'est pas une absurdité. Je comprendrais mieux qu'on tentât de réaliser, dans un texte de loi, cette amélioration rêvée par tout le monde, et jusqu'à présent vainement poursuivie, qui consisterait à surveiller, assainir et réprimer la prostitution publique sans qu'il en résultât du scandale ou la moindre atteinte aux droits de tous et à la liberté de chacun.

Mais qu'un Congrès, c'est-à-dire une assemblée de personnes, venues de tous les points de l'Europe, et dont les études antérieures, le caractère et la démarche même impliquent une certaine compétence quant à l'objet de la réunion, résume ses travaux par de pareilles formules qui ne résistent pas à l'examen d'une simple lecture, c'est à faire désespérer du succès des efforts de la Fédération britannique. Il faut reconnaître pourtant qu'elle n'a peut-être jamais été plus près de les voir réussir.

Qu'adviendra-t-il des Actes sur les maladies contagieuses?

Seront-ils étendus ou rapportés?

Avant d'aborder ces deux questions qu'il me soit permis de faire remarquer que, par leur intervention dans la campagne entamée à Paris contre la préfecture de police, à l'occasion du service des mœurs, les manifestations des étrangers, et surtout des Anglais, avec les formes diverses qu'elles avaient prises, ont été doublement regrettables, d'abord par des considérations de droit international et ensuite parce qu'elles constituaient, à des degrés différents, des attaques contre l'administration supérieure, la justice et l'autorité de police françaises.

Ces attaques, qui s'ajoutaient à celles de plusieurs journaux parisiens, ont provoqué et encouragé les prostituées à résister aux inspecteurs du service des mœurs, excité le public à prendre parti pour elles contre les agents et démoralisé ces derniers.

On a beau jeu à critiquer des règlements et des mesures de police et à leur reprocher des imperfections d'exécution lorsqu'on peut, à son gré, sur ce point, entraver l'action de l'autorité et lui créer des embarras continuels.

Le Siècle, du 31 août 1880, avait annoncé que M. Andrieux, préfet de police, ayant demandé au ministre de l'intérieur une loi nouvelle qui fortifiât ses pouvoirs en ce qui concernait la prostitution, cette loi serait présentée à la reprise de la session.

A ce sujet, M. Yves Guyot écrivait dans *la Lanterne* :

« J'attends, avec une certaine curiosité, le projet du gouvernement. Nous verrons comment il fera mieux que ce qui a été tenté jusqu'à présent, au moment où l'enquête de la Chambre des communes vient de prouver les résultats négatifs, sous tous les rapports, des contagious diseases'Acts. »

Nous avons vu plus haut qu'un bill pour le rappel des Actes avait été rejeté par la Chambre des communes, le 19 juillet 1876.

Que s'est-il passé depuis lors?

Déférant à une nouvelle demande des adversaires des Actes, le gouvernement anglais, sous le ministère de lord Beaconsfield, avait chargé une commission spéciale de membres du parlement de s'enquérir sur les résultats du fonctionnement de ces lois, avec pouvoir d'entendre des témoins et mission d'étudier sur ce point la réglementation en vigueur dans les colonies anglaises et à l'étranger. Cette commission siégea pendant le mois de juillet 1879; elle limita ses travaux à l'examen des résultats sur la santé de l'armée dans les localités auxquelles s'appliquaient les Actes. Elle reconnut qu'ils étaient satisfaisants, en même temps qu'elle avait occasion de constater qu'à Londres, où la prostitution est libre, les affections syphilitiques avaient pris de l'extension comme nombre et comme gravité. Dans d'autres réunions, qui eurent lieu en février 1880, la commission entendit M. le docteur Birkbeck Nevins à propos de ses recherches de statistique ayant pour objet d'établir que l'application des Actes n'avait produit aucune diminution du nombre des maladies vénériennes dans les districts protégés.

Lors de l'arrivée au pouvoir de M. Gladstone, la commission se réunit de nouveau, mais la session de 1880 était trop avancée pour entreprendre d'autres vérifications et elle s'ajourna immédiatement. Elle recommencera ses travaux dans la prochaine session.

Les choses en sont là. Mais il paraît que les membres les plus influents du parti libéral, tant en Angleterre qu'en Écosse, sont opposés au maintien des Actes et qu'il en est de même de plusieurs ministres. Si l'on en croit M. Y. Guyot, le chef actuel du cabinet anglais, M. Gladstone serait personnellement un des adversaires des contagious disases'Acts qu'il considèrerait comme attentatoire à tous les principes sur lesquels repose la constitution de la Grande-Bretagne (1).

La question va donc revenir devant la Chambre des communes. Comment sera-t-elle tranchée?

La décision à prendre a plus d'importance que celle qui fut édictée en 1864 ; elle aura un retentissement et des conséquences considérables. Il ne s'agit pas, aujourd'hui, de s'arrêter seulement dans la voie de la surveillance et du contrôle sanitaire des prostituées. Il faut s'attendre à retourner en arrière, sans savoir jusqu'où l'on ira dans ce sens, car l'acte à intervenir consacrera officiellement la liberté de la prostitution et le parti pris d'abstention devant ses ravages au point de vue sanitaire.

Si les Actes sont rapportés, ce dont il est encore permis de douter, cette mesure prouvera-t-elle que madame J. Butler et la Fédération britan-

---

(1) Lettre de M. Y. Guyot au directeur de la *Lanterne* (1879).

nique dont elle est l'organe, avaient raison? Non. Elle démontrera la puissance des préjugés anglais contre toute réglementation de la débauche publique, préjugés dont j'ai parlé au début de ce chapitre et qu'il a été facile à l'association du Rappel de développer et d'exploiter. Elle montrera, en outre, qu'en Angleterre, comme en France, les partis avancés résolvent légèrement et imprudemment, au nom du libéralisme, des problèmes dont la solution ne s'improvise pas et que leur caractère et leur importance devraient protéger contre de semblables entraînements.

CHAPITRE VI

LA QUESTION DU SERVICE DES MŒURS DEVANT LE CONSEIL MUNICIPAL.

La question est soulevée en 1872 par M. Ranc. — Il conteste la légalité des pouvoirs de la préfecture de police à l'égard de la prostitution. — Tableau de ce service en 1871. — En 1872, un conseiller municipal, M. Arrault, reproche à la préfécture de police d'être insuffisante dans son action. — 1875, le conseil municipal prend l'initiative d'une décision qui augmente le traitement des médecins du dispensaire de salubrité. — 1876, MM. Yves Guyot et Sigismond Lacroix demandent au conseil municipal la suppression du service des mœurs. — Rapport de M. Manet. — M. Beudant défend la légalité des pouvoirs du préfet de police sur ce point. — M. Voisin, préfet de police, intervient dans le même sens. — Discussion à ce sujet. — M. Morin indique comme solution une proposition de loi sur la prostitution. — Délibération motivée du conseil qui nomme une commission de 12 membres chargés d'étudier le service des mœurs. — Annulation de cette délibération. — Le conseil constitue à nouveau la commission ayant pour mission l'étude des questions relatives à la police des mœurs. — Cette commission poursuit ses travaux.

C'est dans la session du conseil municipal de Paris de 1872, et lors de la discussion du budget de la préfecture de police, que fut soulevée, pour la première fois, la question du service des mœurs telle qu'elle se pose encore aujourd'hui. M. Ranc, rapporteur d'une commission chargée d'examiner la demande d'un crédit relatif à ce service, présenta, au nom de la commission sur les attributions de l'administration centrale de la préfecture de police ayant trait à la surveillance et au contrôle sanitaire de la prostitution, des observations qui furent précédées par des explications, détaillées et très complètes, sur le nombre des filles publiques et sur les mesures dont elles étaient l'objet (1).

Ces observations, sobrement formulées, ne se prêtent pas à l'analyse. Les voici :

« Vous savez, Messieurs, les reproches graves, les accusations, plus ou moins justifiées, qui, à diverses reprises, ont été adressées à la préfecture de police. Vous savez à quel point l'opinion publique a été soulevée quelquefois par le scandale de véritables razzias opérées sur les boulevards par les agents des mœurs ; quelles plaintes des personnes arrêtées ont fait entendre contre des violences qu'elles déclaraient injustifiables. Ces faits sont dans toutes les mémoires. Notre commission n'a pas à les apprécier. *Elle n'ignore pas en face de quelles terribles difficultés se trouve l'administration, placée, d'une part, entre l'intérêt de la santé publique et la nécessité de faire respecter la décence publique, et, de l'autre, les droits sacrés de la liberté individuelle et le respect de la justice.* »

« Mais elle doit faire remarquer qu'un pouvoir exorbitant, effrayant, est remis d'abord aux agents des mœurs, ensuite au chef de bureau chargé de la direction de ce service (2). Que les abus soient rares, très rares, nous vou-

(1) Voir chapitre IX, un article de M. Ranc sur la police des mœurs.

(2) Il convient de faire remarquer qu'aucune décision d'inscription d'office et de punition disciplinaire n'était prise alors que sur un rapport présenté à l'approbation du préfet par le

lons le croire. Songez cependant que pour remplir des fonctions aussi délicates que celles qui sont confiées aux agents des mœurs, il faudrait des natures exceptionnelles, presque parfaites. Et si le hasard voulait que le chef du bureau des mœurs fût un méchant homme ou simplement dépravé, songez au mal irrémédiable qu'il pourrait faire. La pudeur, l'honneur de toutes les femmes appartiennent à un fonctionnaire qui agit sans contrôle et décide sans appel (1). »

« Mais, quelque chose de plus grave, Messieurs, toutes ces mesures administratives que nous venons d'indiquer sont illégales et arbitraires; elles ne reposent que sur la tradition et sur des règlements de police. La preuve, c'est que, même en France, il y a une coutume spéciale pour le département de la Seine (2). Maintenant que l'art. 75 est abrogé, si une personne arrêtée et condamnée administrativement, intentait une action au préfet de police en séquestration arbitraire, l'administration et les tribunaux se trouveraient dans un cruel embarras. Il est triste de songer qu'en 1872, pour tout ce qui concerne la réglementation et la surveillance de la prostitution, nous avons à peine fait un pas depuis les lieutenants de police. »

« Bien des plans de réforme ont été proposés. Votre commission n'a pas à les examiner; mais elle pense qu'il

---

chef de la 1re division et le chef de bureau, commissaire de police interrogateur.

(1) On a vu, par la note qui précède, que les décisions de toute nature étaient alors soumises à l'examen et à l'approbation du préfet.

(2) Le système en vigueur sous ce rapport dans le département de la Seine, est appliqué dans d'autres villes que Paris, à Lyon, à Bordeaux, à Rouen, etc. Il convient d'ajouter à ce sujet que, par déclaration du 6 mai 1734, les dispositions de la déclaration du 26 juillet 1713 investissant le lieutenant général de police d'un droit de juridiction sur les prostituées, ont été étendues à la ville de Rouen « et autres sièges où les officiers de police ont été établis pour exercer leurs fonctions à l'instar de ceux de la capitale ».

y a, en tout état de cause, deux réformes immédiates à opérer :

« 1° Donner à la réglementation de la prostitution un caractère légal ;

« 2° Entourer le pouvoir discrétionnaire de la préfecture de police de garanties qui protègent l'administration elle-même contre des abus d'autorité possibles. Il n'est pas admissible, répétons-le, que l'inscription d'office dépende, sans contrôle, sans appel, d'un seul homme (1). Votre commission invite l'administration à se pénétrer de cette pensée. »

Ces critiques, qui empruntaient une grande force à leur modération et à leur netteté de formes, n'étaient pas nouvelles. Si les réformes, que M. Ranc voulait immédiates, n'avaient pas, depuis longtemps, été effectuées, c'est qu'elles n'étaient ni utiles, ni pratiquement réalisables. Qu'importait l'ancienneté des sources légales des pouvoirs du préfet de police à l'égard de la prostitution alors que le droit nouveau les avait ratifiées ? Comment arriver, en fait, sur un terrain de détails multiples et nuancés à l'infini, à régler, sans l'entraver au point de le supprimer, l'exercice d'un *pouvoir discrétionnaire* dont on ne contestait pas d'ailleurs la nécessité ? L'administration de police aurait tout avantage à voir résoudre ce problème, tant de fois agité et dont on cherche encore la solution.

Le moment n'était pas d'ailleurs bien choisi

(1) Le contrôle, l'appel, la responsabilité, existent.

pour critiquer le service des mœurs. Au sortir des épreuves du siège et de la Commune, et alors qu'elle avait à réorganiser des services dont les archives avaient été détruites, la préfecture de police s'était trouvée aux prises avec une notable aggravation des scandales et des dangers de la prostitution publique, et elle n'était parvenue à les réprimer qu'au prix de grands efforts dont il n'était que juste de lui tenir compte. Son chef, lors de la session du conseil municipal de 1872, était M. Léon Renault, aussi bon administrateur qu'avocat éloquent et qui la défendit avec un grand succès. Le crédit demandé fut voté sans contestation.

L'année suivante, les observations adressées par le rapporteur de la commission à l'examen de laquelle avait été soumise la demande du même crédit (M. Arrault), furent d'une nature toute différente. La commission reprocha à la préfecture de police de ne point avoir pris à l'égard de la prostitution parisienne des mesures radicales analogues à celles qui étaient en vigueur à Lyon.

Dans la session de 1875, et sans qu'il y eût eu, ceci est à noter, de demande dans ce sens de la part de l'administration, qui n'en avait point formulé dans la crainte de s'exposer à un échec, le conseil municipal, sur la proposition de sa septième commission, celle qui avait pour objet de son examen le budget de la préfecture de police et dont M. Yves Guyot était alors le secrétaire, vota un crédit de 8,300 fr. destiné à augmenter de 500 fr. les honoraires annuels de chacun des médecins du dispensaire ayant pour mission la visite sanitaire des filles publiques.

A cette occasion, le rapporteur de la septième commission, M. Lafont, fit ressortir l'importance des fonctions remplies par les médecins du dispensaire ; il rappela que le congrès médical international de Vienne de 1873 avait accordé aux membres du corps médical chargé de l'application des mesures prophylactiques des maladies vénériennes une mention qui lui semblait bien justifiée par la nature des services que rendaient ces hommes dévoués et il conclut au vote dont il s'agit, en le signalant comme un acte « de justice et de reconnaissance ».

En 1876, MM. Yves Guyot et Sigismond Lacroix, qui, comme publicistes, avaient, on l'a vu, entamé la campagne contre le service des mœurs (1), demandèrent au conseil municipal, dont ils faisaient partie, la suppression de ce service, en se fondant sur l'illégalité du pouvoir de la préfecture de police en cette matière. Cette demande fût renvoyée à une commission spéciale dont le rapporteur, M. Manet, après avoir exposé l'organisation du service des mœurs, dans

(1) Voir le chapitre IV : la campagne dans la presse.

un volumineux mémoire que son étendue ne permet pas de reproduire ici et qui n'était d'ailleurs que le développement des considérations présentées par M. Ranc dans la session du conseil de 1872, concluait au vote des crédits demandés pour ce service et proposait, en même temps, d'émettre le vœu qu'une législation spéciale viendrait mettre fin au pouvoir discrétionnaire du préfet de police sur ce point.

Dans son rapport, M. Manet invoquait, à l'appui de son opinion sur l'illégalité des mesures prises par la préfecture de police à l'égard des prostituées, des citations tirées des ouvrages de M. Vivien, ancien préfet de police, et de M. Faustin-Hélie. Il se basait, pour contester au préfet de police le pouvoir de juridiction qu'il exerce à l'égard des prostituées, sur l'art. 21 de l'arrêté du gouvernement du 12 messidor an VIII qui n'en fait aucune mention et se borne à lui attribuer le pouvoir confié aux municipalités par les lois des 24 décembre 1789, 16-24 août 1790 et 22 juillet 1791. Il soutenait enfin cette thèse que l'article 484 du Code pénal, lequel a maintenu l'autorité des lois et règlements particuliers applicables aux matières qui n'y sont pas réglées, ne pouvait viser et ne visait que les lois et règlements postérieurs à 1789. Nous verrons plus loin comment un jurisconsulte, également membre du conseil municipal, M. Beudant, professeur de droit, aujourd'hui doyen de la Faculté de droit, envisagea ces diverses questions.

Abordant ensuite la demande de suppression du service des mœurs, d'où découlait la liberté de la prostitution, M. Manet s'exprimait ainsi :

« L'expérience de la liberté, déjà faite depuis longtemps, l'exemple de l'Angleterre, ont prouvé les ravages que peut causer, au point de vue de l'hygiène publique, la prostitution abandonnée à elle-même. — Si l'on consulte, en effet, les statistiques médicales de ce pays, il a été démontré que les maladies causaient à l'effectif de l'armée de terre anglaise une perte annuelle équivalant à sept jours de service et à l'effectif entier de la flotte une perte équivalant à l'annulation continue de l'équipage entier d'un navire de premier rang, et depuis 1864, le parlement s'est appliqué à réglementer la prostitution et à prescrire des mesures préventives pour arrêter la contagion.

« Aussi, avec les hygiénistes et avec les Bouillaud, Béclard, Barthez, Béhier, Bouchardat, Gavarret, Broca, Gosselin, Robin, votre commission estime-t-elle que la santé publique exige le maintien du service des mœurs. »

La discussion sur les conclusions du rapport de M. Manet eut lieu dans la session de novembre et de décembre. Elle fut très intéressante. On entendit d'abord M. Yves Guyot, dont l'argumentation, composée en majeure partie de citations écourtées empruntées à divers auteurs, se terminait ainsi :

« Le pouvoir exercé par la préfecture de police en cette occasion est absolument arbitraire. La visite, l'inscription des filles, en vertu de quelles lois ont-elles lieu? On n'en peut citer aucune (1). En vertu de quel droit la préfecture de police inscrit-elle des mineures sur les registres de la prostitution ? Il est impossible de le dire.

« La suppression de la prostitution ne peut avoir lieu que par la réforme des mœurs, c'est par la diffusion de l'instruction, *c'est par l'abaissement des impôts de consommation* qu'on l'obtiendra.

« Si la prostitution est un délit, il faut être logique et poursuivre selon les règles du droit criminel, non seulement l'auteur principal du délit, mais aussi ses complices. Il ne saurait y avoir en pareille matière de privilège, et si l'on juge utile qu'il existe des règlements draconiens contre la prostitution, il faut les appliquer à tout le monde ou à personne.

« Si l'on veut soutenir que la visite des femmes est nécessaire pour prévenir la propagation de la syphilis, il faut admettre que la visite des hommes présente la même nécessité et doit être pratiquée avec la même rigueur. »

M. Félix Voisin, préfet de police, prit ensuite la parole. Après avoir rappelé que le préfet de police a toujours rempli à Paris, en matière de police des mœurs, un devoir de protection et de sauvegarde dans l'intérêt de la moralité et de la sécurité publique, ainsi que de la tranquillité des honnêtes gens, il protesta contre le reproche adressé à son administration de se préoccuper exclusivement de telle ou telle classe de la société. Il n'y a pas de jour, dit-il, où le préfet de police ne reçoive des lettres d'ouvriers demandant que le spectacle de la prostitution qui s'étale sur la voie publique soit épargné à leurs en-

(1) Voir le chapitre III.

fants. Personne ne contestera que le préfet de police ait le devoir, auquel il ne peut se soustraire, de protéger la décence publique contre les scandales de la prostitution.

M. Félix Voisin ajouta :

« On prétend que l'action du préfet de police est appuyée sur l'arbitraire ; on dit que ses actes échappent au contrôle parce qu'il est irresponsable. Ce sont là deux allégations erronées. Il est vrai que la préfecture de police agit en pareille matière en vertu d'ordonnances anciennes antérieures à 1789, et qui réglaient les attributions des lieutenants de police, auxquels ont succédé les préfets ; mais on n'a jamais contesté le droit pour les préfets de police d'appliquer ces ordonnances et l'on ne saurait soutenir qu'elles ont été abrogées. La légalité de l'application des ordonnances dont il s'agit a été implicitement reconnue par le conseil des Cinq-Cents. »

M. Félix Voisin entra à ce sujet dans des développements que je supprime pour éviter des redites (1). Il continua ainsi :

« Le reproche d'illégalité et d'arbitraire que l'on fait à la préfecture de police n'est donc pas fondé. »

« L'argument qui consiste à dire que le préfet de police est irresponsable de ses actes en ce qui touche la répression de la prostitution n'est pas plus sérieux, puisque l'abrogation de l'art. 75 de la constitution de l'an VIII rend les fonctionnaires directement responsables de leurs actes vis-à-vis de tous les citoyens..... Reste la question du personnel spécial. On adresse aux agents de police le reproche de connivence avec les prostituées ; la préfecture

(1) Voir les observations présentées par M. Beudant.

de police ne peut que repousser ce reproche avec indignation. S'il y a des erreurs commises, il faut dire, outre qu'elles ont été extrêmement rares, que les erreurs sont inhérentes à toute œuvre humaine. On prétend que d'honnêtes femmes ont été arrêtées. *J'affirme que depuis que je suis à la tête de l'administration de la police aucune arrestation opérée par les agents des mœurs n'a porté sur une femme qui ne s'y fût exposée par son attitude.* »

Il me faut abréger et supprimer les renseignements déjà donnés. Je ne puis me dispenser cependant de citer encore ce passage du discours de M. Félix Voisin :

« On a dit que le résultat des visites sanitaires allait contre le but que se proposait l'administration qui cherche à réduire l'infection syphilitique, et que le plus grand nombre des cas de syphilis était constaté parmi les filles soumises. Telle n'est pas l'opinion de M. le docteur Ch. Mauriac, médecin de l'hôpital du Midi, dont on ne peut nier la compétence et qui attribue à la prostitution clandestine la principale cause de la propagation de la syphilis. C'est ainsi que sur 5,008 malades soignés dans cet hôpital pendant un certain espace de temps, 4,012 avaient été contaminés par des filles insoumises. L'administration de la police ne peut donc pas se soustraire au devoir de lutter contre un fléau dont les causes sont signalées d'une manière aussi précise par un spécialiste aussi autorisé. La surveillance, la visite sanitaire, s'imposeront toujours comme des mesures nécessaires et l'arrestation en est la conséquence inévitable. »

M. Sigismond Lacroix reproduisit les arguments de MM. Manet et Yves Guyot sur l'illégalité des arrestations et des séquestrations opérées par la préfecture de police. Il ne reconnaissait au préfet de police d'autre droit pour réglementer la prostitution que de prendre, à ce sujet, des arrêtés et de poursuivre les personnes qui contreviendraient aux dispositions de ces arrêtés devant le tribunal de simple police, ce qui les rendrait passibles d'une amende de 1 à 5 francs, conformément à l'article 471 du Code pénal. Il insista pour la suppression du crédit affecté au service des mœurs.

M. Levraud parla en faveur de l'adoption du vœu proposé par la commission. Il déclara que la répression de la prostitution lui paraissait aussi nécessaire au point de vue de l'hygiène publique qu'à celui de la conservation sociale, et que l'administration avait le devoir de maintenir la surveillance de la prostitution et, par conséquent, les visites sanitaires. Il ajouta que les arrestations et les séquestrations arbitraires et l'inscription d'office lui paraissaient constituer un système barbare dont le premier résultat était d'inspirer une terreur profonde aux filles publiques qui s'efforçaient d'éviter l'inscription et se dérobaient ainsi à l'application des règlements sanitaires. Il demandait que « ces errements d'un autre âge « fissent place à un régime de douceur fondé sur « la légalité ».

Un autre membre du conseil, M. le docteur Delpech prit la défense de l'administration que

M. Yves Guyot représentait, à tort, comme reconnaissant elle-même son impuissance. Il fit remarquer que la préfecture de police constatait simplement les difficultés de sa tâche. Il s'étonna de voir contester le droit de faire visiter les prostituées, alors qu'on *n'élevait aucune objection contre la visite des nourrices*. Examinant les modifications à introduire dans la réglementation, M. le docteur Delpech se montra partisan de la substitution du juge de paix aux commissaires de police dans les constatations relatives aux prostituées, mais il voyait les plus graves inconvénients à ce que cette modification de la législation eût pour résultat d'établir des débats publics et scandaleux en pareille matière.

M. Morin, le conseiller municipal qui, ainsi qu'on l'a vu (1), devait, en mars 1877, dans une réunion publique, réfuter vigoureusement les attaques de madame J. E. Butler et prendre en main la défense du service des mœurs injustement attaqué, demanda, à son tour, la parole. Il dit qu'il considérait comme illégal et dangereux le pouvoir arbitraire exercé par la police en matière de mœurs ; il ne contesta point que la prostitution dût être réglementée ; mais tout en reconnaissant comme légitime l'action de la police sur les femmes soumises, il exprima l'opinion

---

(1) Voir chapitre v.

que la police *n'avait aucun droit sur les filles insoumises*. C'était, par une contradiction flagrante, consacrer la liberté de la prostitution. Il conclut en déposant la proposition suivante qu'il suffit de lire pour en apercevoir l'insuffisance au point de vue pratique :

« Le conseil indique les dispositions suivantes, comme propres à concilier la surveillance que l'autorité doit exercer sur la prostitution avec le respect dû à la liberté individuelle. »

Art. 1er.

« Le préfet de police est autorisé à faire des règlements sur la prostitution, en vertu desquels toute fille *majeure* se livrant à la prostitution devra se faire inscrire sur un registre tenu à cet effet et se soumettre à tous les règlements de police. Son engagement sera reçu par un délégué du préfet de police ; l'acte sera signé d'elle ou mentionnera la déclaration qu'elle ne sait pas signer. »

Art. 2.

« Toute femme inscrite pourra, en cas d'infraction aux règlements ou dans le cas où elle serait atteinte d'une maladie contagieuse, être condamnée par arrêté du préfet de police à un emprisonnement de trois mois au plus. Toutefois, en cas de maladie contagieuse, l'emprisonnement pourra être prolongé jusqu'à la guérison. »

Art. 3.

« *Aucune femme ne peut être inscrite contre son gré sur le registre sus-mentionné* (1). »

(1) En juillet 1876, un juge de paix de Reims prit dans ce sens une décision qui fit un certain bruit et que commentèrent

Art. 4.

« *Toute femme peut toujours, par une déclaration, obtenir sa radiation immédiate et s'affranchir du régime exceptionnel auquel elle était soumise.* »

Art. 5.

« Toute femme non inscrite, qui se livrerait habituellement à la prostitution, sera punie d'un emprisonnement de six mois au plus. La peine pourra être doublée en cas de récidive. »

« *Sera puni des mêmes peines tout individu qui provoquera publiquement à la débauche* (1). »

« Ces peines seront prononcées par le tribunal correctionnel. »

---

les journaux parisiens. Elle portait qu'une fille ne pouvait être valablement inscrite sur le registre du bureau des mœurs (et en conséquence astreinte aux visites sanitaires, etc.), qu'autant qu'elle aurait *demandé* son inscription ou *acquiescé* à l'arrêté municipal qui la soumettait à l'inscription.

Le jugement fut cassé par la Cour de cassation (Arrêt du 18 novembre 1876).

(1) Il n'est pas nécessaire d'avoir pour ces cas des dispositions particulières. L'article 330 est applicable. En 1872, on arrêta sur les boulevards un individu se promenant aux abords du Grand-Hôtel et racolant les hommes avec insistance. Par ses allures efféminées, sa mise affichante et sa figure couverte de poudre de riz, il attirait l'attention des passants et même des femmes de débauche ; il s'arrêtait aux étalages, s'approchait des hommes bien couverts, se rapprochait insensiblement d'eux de façon à les coudoyer et les frôler. On trouva sur lui des cartes portant son seul prénom et son adresse, et chez lui son portrait en costume de femme. Il avouait d'ailleurs ses habitudes contre nature.

Traduit en police correctionnelle, il fut renvoyé par jugement. (« Attendu que les faits résultant du débat ne sont pas de nature à donner lieu à l'application de l'article 330 du Code pénal. »)

Le parquet forma appel en exposant qu'il était établi qu'au moment de son arrestation sur les boulevards où il rôdait avec

Pour tout lecteur connaissant la question dont il s'agit, ce projet, qui témoigne, de la part d'un homme intelligent et de bon vouloir, d'un consciencieux effort pour trouver la solution du problème posé mais qui ne diffère guère des nombreux projets formulés, dans le même but, depuis quatre-vingts ans, démontre, tout à la fois, l'impérieuse raison d'être de la pratique adoptée par la préfecture de police à l'égard de la prostitution publique et combien il y avait d'imprudence et d'irréflexion dans les attaques et les critiques violentes dirigées contre elle à ce sujet.

Un jurisconsulte estimé, qui est, en même temps, une personnalité des plus honorables, M. Beudant, alors conseiller municipal de Paris, aujourd'hui doyen de la Faculté de droit, intervint alors dans le débat. Je reproduis l'analyse de son discours telle qu'elle se trouve dans le procès-verbal de la séance du conseil du 2 décembre : « M. Beudant estime que le conseil ne doit pas laisser sans réponse quelques-unes des assertions et surtout des appréciations émises

---

les allures d'une fille publique, le nommé X. avait bien une attitude éhontée, faisait étalage de sa corruption et provoquait *ouvertement à l'oubli des principes* et du but de la nature.

X. fut condamné par défaut à un an de prison et 200 francs d'amende par arrêt de la cour d'appel du 23 octobre 1872 et sur opposition à *deux ans* de prison et 200 fr. d'amende par arrêt du 21 novembre 1872.

Il n'est pas douteux que l'application de l'article 330 ne pourrait, dans la majorité des cas, être faite à un acte de racolage accompli par une femme.

par M. Yves Guyot; il pense, en outre, que la question telle que l'a posée la commission ne peut pas aboutir : c'est pourquoi il prend part à la discussion.

En ce qui concerne la proposition de MM. Yves Guyot et Sigismond Lacroix, il la regarde comme étant dès maintenant condamnée pour deux raisons : D'abord parce qu'elle est absolument mauvaise. Son but a un peu disparu sous les considérations de natures diverses dont M. Guyot l'a entourée ; mais le rapport de la commission en précise la portée sans équivoque : ce que MM. Yves Guyot et Lacroix demandent, c'est la liberté de la prostitution sans contrôle, ni surveillance. Or, ainsi formulée, cette proposition n'est qu'un paradoxe dangereux. Ses auteurs n'ont pas pris garde qu'ils allaient au rebours de l'opinion qui prévaut partout aujourd'hui. Sans doute, il y a partout aussi des résistances à l'organisation d'une surveillance énergique parce qu'il y a deux intérêts engagés. Mais un seul de ces deux intérêts mérite d'être pris en considération ; la question doit être exclusivement jugée au point de vue des pères de famille, qui savent de quel danger est la prostitution pour la jeunesse. Il n'y a pas à songer à la faire disparaître, car le vice est inhérent à la nature humaine ; mais on peut l'enrayer et en atténuer les périls. Partout où elle se montre, il faut courir sus, comme on court au feu ; on n'empêche pas les incendies, mais on éteint le feu et c'est quelque chose.

Eût-elle été soutenable, M. Yves Guyot aurait d'ailleurs compromis sa proposition par des excès de parole auxquels le Conseil ne s'associera pas. M. Beudant ne veut pas les reprendre tous ; il n'en relèvera qu'un : celui auquel M. Yves Guyot s'est laissé entraîner quand il a montré l'administration préfectorale complice de ces femmes, dont le nom est une injure, et faisant avec elles la *traite des blanches*. De tels écarts de langage sont profondément regrettables.

. . . .

Arrivant au rapport de la commission, M. Beudant craint que la conclusion qu'il propose ne soit le résultat d'une très grave méprise : rien ne l'amène, ni ne l'a préparée. Quel est, en effet, l'objet que la commission s'est proposé d'étudier ? Le rapport le dit : elle devait examiner la proposition de MM. Guyot et Lacroix qui demandaient la suppression du service des mœurs, « en se fondant sur l'illégalité du pouvoir de l'administration de la préfecture de police ». A quoi est consacré le rapport ? A démontrer que les attributions qu'exerce en fait le préfet de police ne lui appartiennent pas légalement. A quoi conclut-il ? A ce qu'une loi vienne mettre fin au pouvoir discrétionnaire du préfet de police.

Mais il n'y a aucune relation entre les prémisses et la conclusion : le rapport tranche dans sa conclusion une question qu'il n'a pas même abordée, il laisse au contraire sans conclusion toute son argumentation. En effet, autre chose est de savoir si la loi actuelle confie bien au préfet de police la juridiction qu'il exerce, et autre chose de savoir quel doit être le caractère de cette juridiction, à quelque pouvoir qu'elle soit d'ailleurs attribuée. Doit-elle, comme la justice de droit commun, être enchaînée par des textes précis, prévoyant autant que possible tous les cas et prononçant quant à chacun ? Ou bien, au contraire, doit-elle rester investie d'une autorité discrétionnaire pour aviser selon les circonstances ? En un mot, le pouvoir chargé de surveiller la prostitution doit-il ou non être discrétionnaire ? La commission aurait pu examiner cette question, elle ne l'a pas fait. Elle aurait pu, quelque jugement qu'elle portât sur la légalité des attributions actuelles du préfet de police, se prononcer sur la question spéciale dans un sens ou dans l'autre.

Le docteur Jeannel qui, dans la deuxième édition de son important ouvrage sur la prostitution dans les grandes villes, met aussi en doute la légalité des attributions de la préfecture de police, conclut, à l'inverse de la commission, en demandant qu'une loi intervienne « pour consacrer formellement le pouvoir discrétionnaire du chef de la police ».

En cela, M. Jeannel est d'accord avec tous les hommes spéciaux; il estime avec eux, que, par suite de la variété infinie des prescriptions qu'il peut être utile d'imposer aux filles publiques et des infractions qui s'y rattachent, une surveillance ne peut être efficace qu'à la condition d'être discrétionnaire ; c'est l'avis qui a prévalu au Congrès médical international de 1867. Mais telle n'est pas la question qu'a étudiée la commission : elle a recherché seulement si les pouvoirs actuels du préfet de police sont fondés en droit. S'il est vrai qu'ils ne le sont pas, on comprendrait que la commission ait demandé qu'une loi intervînt, soit pour consacrer ces pouvoirs en les déterminant mieux, soit pour les conférer à une autre autorité. Soit dit en passant, on ne voit pas bien ce qu'y gagnerait la liberté individuelle, au nom de laquelle la commission croit avoir parlé. Mais tout autre est la conclusion du rapport : il demande qu'une loi « vienne mettre fin au pouvoir discrétionnaire » ; c'est-à-dire qu'il conduit logiquement à une conclusion à laquelle il se dérobe, et qu'il conclut en statuant sur une question qu'il n'a pas posée.

Si les conclusions du rapport devaient être votées, il faudrait qu'elles fussent préalablement modifiées en la forme.

Au fond, c'est uniquement la question de légalité que la commission a entendu traiter. M. Sigismond Lacroix, et après lui M. Morin, disent qu'elle est jugée, qu'aucun jurisconsulte sérieux ne peut la regarder comme douteuse ; c'est ce qu'il convient de discuter.

Les pouvoirs de la préfecture de police à l'égard des filles publiques sont au nombre de quatre : la visite corporelle au point de vue sanitaire ; l'arrestation provisoire, moyen d'amener à la visite ; l'inscription, moyen d'assurer la régularité de la visite ; enfin la détention par voie administrative, soit en vertu d'un traitement médical, soit à titre de mesure disciplinaire. Laquelle de ces attributions attaque-t-on comme illégale ?

Est-ce celle en vertu de laquelle la police impose la visite corporelle ou l'inscription comme moyen d'en assurer la régularité ? La question est venue, maintes fois, devant la Cour de cassation, et toujours la Cour a consacré le droit de la police en le fondant sur l'art. 50 de la loi du 14 décembre 1789.

Est-ce celle en vertu de laquelle, après la visite, et s'il en résulte la constatation d'une maladie syphilitique, la police ordonne la réclusion dans un hôpital en vue d'un traitement médical ? Mais à quoi bon la visite, si elle ne doit pas avoir de résultat pratique ? A défaut d'un texte formel, ne voit-on pas qu'il y a là un intérêt d'ordre supérieur qui domine tout : l'impossibilité de laisser vaguer en liberté une fille atteinte de maladie ?

Est-ce celle en vertu de laquelle la police fait arrêter préventivement les filles qui se livrent notoirement à la prostitution quand elles sont soupçonnées d'être atteintes de syphilis? Mais cette attribution n'a jamais été non plus sérieusement contestée. Le rapport cite cependant des auteurs qui la contesteraient attendu qu'on ne peut arrêter que les personnes qui ont commis ou qui sont soupçonnées d'avoir commis un délit; il en existe, en effet, qui, en six lignes, sans examen, ni distinction, résolvent d'un mot toutes ces questions. Cela prouve qu'ils ne les ont pas étudiées. La science ne dispense pas de logique ; qui veut la fin veut les moyens : que serait le droit de visite, dont la légalité n'est pas contestée, sans un moyen de l'exercer ?

Reste alors la dernière attribution, celle en vertu de laquelle la police ordonne la réclusion, par voie administrative, et à titre de mesure disciplinaire, en cas d'inobservation des règles et conditions imposées aux filles publiques. C'est la seule qui puisse être sérieusement contestée ; elle l'a été pour deux raisons : d'abord parce qu'il s'agit là d'attributions spéciales à la police de la ville de Paris ; en outre, parce qu'il faut remonter, pour en retrouver l'origine, à deux ordonnances anciennes, celles des 20 avril 1684 et 26 juillet 1713. D'après ces ordonnances la prostitution est un état qui soumet les créatures qui l'exercent au pouvoir discrétionnaire délégué à la police. La première de ces ordonnances a créé la juridiction spéciale du lieutenant de police, aujourd'hui préfet de police : « Sa Majesté voulant que les sentences dudit lieutenant de police, en ce fait particulier et dont Sa Majesté lui attribue, en tant que besoin est, toute juridiction et connaissance, soient exécutées comme de jugements en dernier ressort. »

La seconde ordonnance règle la procédure à suivre. Ces deux ordonnances sont-elles encore en vigueur ? Là est toute la question. Elle ne peut faire doute, si l'on observe l'enchaînement des faits.

En effet, il a été promulgué plusieurs codes criminels depuis ces ordonnances : celui du 25 septembre 1791, celui du 3 brumaire an IV et enfin le code, actuellement en vigueur, de 1810. Dans aucun, il n'est question de la prostitution ; le mot n'est même pas prononcé. Est-ce à dire que sous ces lois on ait entendu que la prostitution serait libre ? Non assurément ; c'est parce que, faute de mieux, on laissait en vigueur le règlement existant. La preuve en est dans l'incident de l'an IV, au Conseil des Cinq-Cents, qui a été rapporté à la séance dernière. La preuve en est également dans l'art. 484 du Code pénal de 1810 :

« Dans toutes les matières qui n'ont pas été

réglées par le présent code, et qui sont réglées par des lois et règlements particuliers, les cours et tribunaux continueront de les observer. »

En 1811, en 1816, en 1822, en 1867, on a songé à formuler des projets de lois ; chaque fois on a reconnu la nécessité d'en venir au pouvoir discrétionnaire du chef de la police, et alors on s'est arrêté parce qu'il n'est pas besoin d'une loi nouvelle pour consacrer ce qui est. Comment expliquer le maintien d'ordonnances si anciennes, et l'insuccès des tentatives faites pour les remplacer ? Par la variété infinie des mesures que peut rendre nécessaires, pour être efficace, la surveillance de la prostitution ; par les difficultés spéciales que présentent la recherche et la répression des infractions qui peuvent être commises dans ce triste métier ; en un mot, par l'impossibilité d'appliquer ici le droit commun : il s'agit d'un groupe de personnes qui se sont mises en dehors de la société. Ce que fait observer la Cour de cassation dans son arrêt du 3 décembre 1847, c'est ce qu'admet non moins formellement M. Vivien dont le rapport de la 7ᵉ commission invoque, bien à tort, l'opinion : « Les mesures actuellement en vigueur, dit-il, sont la solution la plus satisfaisante d'un problème qui n'en admet pas d'irréprochables. » M. Morin doit maintenant comprendre la difficulté de faire mieux ; il a voulu, à son tour, rédiger un projet de loi : à quoi est-il arrivé? A la consécration de l'état de choses actuel considérablement aggravé.

La commission n'entre dans aucune de ces distinctions, qui s'imposent cependant ; elle conteste, purement et simplement, l'autorité actuelle des ordonnances de 1684 et de 1713. Quels sont ses motifs ?

Les ordonnances, dit-elle, sont tombées en désuétude. Mais la désuétude des lois résulte de leur inapplication pendant une longue suite d'années : à quelle époque le préfet a-t-il cessé d'user des pouvoirs dont il est encore aujourd'hui en possession ? L'art. 484 n'est pas applicable, ajoute la commission ; il ne vise que les lois et règlements postérieurs à 1789. Mais sur quoi le rapporteur établit-il cette proposition ? Un très grand nombre de lois et de règlements antérieurs à 1789 sont, tous les jours, appliqués en vertu de l'art. 484. En vertu de quoi, par exemple, les conseils de préfecture prononcent-ils des amendes en matière de grande voierie, si ce n'est en vertu de règlements qui datent des premières années du dix-huitième siècle. Un fait d'ailleurs prouve, sans réplique possible, que le Code pénal de 1810 a entendu maintenir les règlements antérieurs relatifs à la prostitution, c'est que l'exposé des motifs mentionne formellement cette matière parmi celles que l'art. 484 réserve comme restant soumises aux règlements qui leur sont propres,

L'argumentation de M. Sigismond Lacroix est plus spécieuse. D'après lui, les anciens règlements restent en vigueur, mais l'infraction à leurs dispositions ne constitue plus qu'une contravention de police, passible d'une amende, aux termes de l'art. 471 du Code pénal et justiciable des tribunaux de simple police. Ce n'est là qu'une pétition de principes puisqu'il s'agit de savoir si le préfet de police n'est pas investi d'un droit spécial de juridiction qu'il exercerait librement sous les garanties constitutionnelles qui, dans les gouvernements libres, protègent les citoyens contre les abus possibles. En maintenant les lois et règlements spéciaux, dans les matières non réglées par le Code pénal, l'art. 484 dit : « Les cours et tribunaux continueront de les observer. » Or, quant aux faits se rattachant à la prostitution, le préfet de police est un tribunal ; qu'est-ce, en effet, qu'un tribunal sinon un pouvoir investi d'un droit de juridiction ?

De sorte que, finalement, on se trouve en présence d'un pouvoir traditionnel, établi il y a deux cents ans par des ordonnances royales formellement maintenues en 1810, qui a appartenu à tous les prédécesseurs du préfet de police, dont celui-ci est aujourd'hui en possession de fait ; et l'on prétend qu'aucun jurisconsulte sérieux n'en peut soutenir l'autorité légale !

On conviendra au moins que la question est

douteuse ; et alors, à quoi pourrait mener un vote du conseil prétendant la résoudre par la négative ? Que l'on saisisse l'occasion de la soumettre au pouvoir judiciaire en attaquant la première décision que prendra le préfet de police ; qu'on appelle sur elle l'attention du pouvoir législatif en lui soumettant des vues d'organisation, un principe de réglementation possible : rien de mieux. « *Hors de là, tout ce que tentera le conseil sera vain, et de plus dangereux, car un vote déclarant que les attributions du préfet de police ne sont que l'effet d'une usurpation, ébranlerait profondément un pouvoir dont l'exercice est déjà difficile et délicat par lui-même, et que tous ceux qui ont souci de la moralité et de la santé publique doivent vouloir ferme et énergique.* »

La voix éloquente de M. Beudant, son argumentation savante, pleine de vérité, de modération et de raison, ne furent pas écoutées. On ne peut méconnaître que sa prophétie sur les dangers d'ébranler l'autorité du préfet de police en matière de mœurs s'est complètement réalisée.

Que devient toute la polémique *des Droits de l'homme*, du *Radical* et de *la Lanterne* devant ce discours, véritable traité sur les sources légales du service des mœurs, que M. Yves Guyot n'entreprit pas de réfuter, que le journal *les Droits de l'homme* résuma en vingt lignes insignifiantes et auquel il n'a jamais, dans ses articles, sous divers titres, fait la moindre allusion?

A titre de conclusion de ses observations, M. Beudant proposa l'ordre du jour suivant :

« Le conseil, réservant tout jugement, quant à l'autorité légale des règlements actuellement appliqués en matière de prostitution, attendu que c'est là une question qui relève du pouvoir judiciaire. »

« Considérant que la surveillance et au besoin les répressions de la prostitution sont une nécessité d'ordre public, tant au point de vue moral qu'au point de vue sanitaire ; »

« Convaincu d'ailleurs que les règlements existants continueront d'être appliqués avec autant de prudence que de fermeté, »

« Passe à l'ordre du jour, tant sur la proposition de MM. Yves Guyot et Sigismond Lacroix que sur les conclusions de la commission. »

Après une discussion, à laquelle prirent part plusieurs membres et notamment MM. Yves Guyot, Sigismond Lacroix, Ferré, Bonnet-Duverdier et Levraud, et malgré les observations de M. Félix Voisin, préfet de police, le conseil écarta l'ordre du jour présenté par M. Beudant et adopta la proposition suivante qui lui avait été faite par M. le docteur Thulié et seize autres membres :

« Considérant que le conseil municipal ne peut s'abstraire de la question de la police des mœurs si grave pour la sécurité de la population parisienne; »

« Considérant qu'il a le devoir de contrôler les services

qu'il subventionne et d'étudier les améliorations que comporte leur organisation ; »

« Considérant que les actes de la police des mœurs ne sont autorisés par aucune loi et qu'ils conduisent à la perpétration journalière de délits visés et punis par le Code pénal ; »

« Considérant que si, dès aujourd'hui, il est difficile de proposer au conseil municipal la suppression des crédits affectés à la police des mœurs, il est indispensable, d'autre part, d'apporter des réformes dans ledit service ; »

« Le conseil délibère :

« Une commission de douze membres sera nommée par le conseil, à sa prochaine séance, pour étudier le service des mœurs et pour proposer, soit sa suppression, soit les réformes qu'il comporte. »

Cette délibération avait été votée le 2 décembre 1876. Elle fut annulée par un décret du 6 du même mois contresigné par M. de Marcère et ainsi motivé :

« Attendu qu'une telle délibération ne peut échapper à la censure administrative; qu'on ne saurait, en effet, reconnaître à un conseil municipal le droit de déclarer que les actes faits par l'autorité publique dans l'exercice régulier de son mandat constituent autant de délits passibles de répression pénale. »

Dans sa séance du 13 décembre, le conseil municipal, voulant réaliser les intentions qui avaient inspiré sa délibération du 2 décembre, procéda, mais, cette fois, sans formuler aucune espèce d'appréciation, à la nomination, au scrutin, d'une commission spéciale *chargée de l'étude des ques-*

tions relatives à la police des mœurs. Les douze membres nommés furent MM. Thulié, Sigismond Lacroix, Yves Guyot, Hérisson, Manet, Bourneville, Retz, Bonnet-Duverdier, Léveillé, Level, Levraud et Dubois. Ils élurent pour président M. Hérisson et pour secrétaire M. Yves Guyot.

A peine installée, la commission de la police des mœurs reçut la visite des délégués de la Fédération britannique et continentale pour l'abolition de la prostitution, en tête desquels se trouvaient M. James Stansfeld et madame Joséphine E. Butler. On se souvient que c'est M. J. Stansfeld qui, comme président du comité exécutif de la Fédération avait, lors de l'envoi à M. Yves Guyot de 3,000 fr., félicité le conseil municipal de Paris de l'initiative qu'il avait prise dans la question de la police des mœurs.

Depuis lors, c'est-à-dire depuis quatre ans, la commission a continué ses travaux dont le résultat n'a reçu, jusqu'à présent, aucune publicité.

En février 1877, le conseil municipal fut convié par les membres du comité exécutif de la Fédération britannique pour l'abolition de la prostitution à envoyer deux délégués au congrès international de cette Fédération qui devait avoir lieu à Genève du 17 au 23 septembre 1877.

La lettre du comité fut renvoyée à la commission des mœurs.

En novembre 1878, M. Sigismond Lacroix, rapporteur de la commission spéciale du budget des dépenses de la préfecture de police pour 1879, fit connaître que la commission des mœurs avait tenu de nombreuses séances, entendu les dépositions de spécialistes éminents, étudié la réglementation d'après les législations étrangères et qu'elle avait reçu communication de plusieurs mémoires et projets dignes d'attention. Il ajouta que, désigné comme rapporteur, mais avec mission seulement de résumer les documents recueillis *sans formuler de conclusions*, il n'avait pas encore terminé le travail dont il était chargé. M. Sigismond Lacroix ajoutait que les études de la commission spéciale avaient été, un instant, entravées par le mauvais vouloir de l'administration, mais que la situation était changée et que l'accord devenait possible avec la nouvelle administration (1).

Ainsi que j'ai déjà eu occasion de le dire au cours de ce travail, tous les incidents relatifs à la police des mœurs qui se sont produits depuis plusieurs années ont occupé le conseil municipal, que la presse en a saisi ou qui s'en est saisi lui-même. Il en est résulté, pour les préfets de police, des mises en cause devant le conseil, qu'ils n'ont pas acceptées, et des difficultés graves qui ont eu

(1) Il s'agit de M. A. Gigot qui avait succédé à M. Félix Voisin.

pour résultat la délibération du 2 décembre 1876.

Le contre-coup de ces difficultés se fait sentir chaque année lorsqu'il s'agit de la discussion et du vote du budget de la préfecture de police et notamment de l'article applicable au service des mœurs.

Le journal *la Lanterne* a annoncé que la commission des mœurs avait visité la prison de Saint-Lazare. Tout récemment, il mentionnait des dépositions faites devant elle. Ces indications prouvent qu'elle n'a pas achevé son œuvre. Lors du voyage à Londres, en mai 1877, d'une délégation de la municipalité parisienne, les délégués s'étaient, dans un but d'étude, divisés en groupes correspondants à chacune des diverses commissions du conseil municipal. Le groupe qui représentait la commission des mœurs a dû faire à Londres des observations profitables au but qu'elle poursuit.

Si, comme l'annoncent plusieurs journaux, le gouvernement se propose de saisir la chambre d'un projet de loi destiné à mettre fin aux résistances que rencontre actuellement la réglementation de la prostitution, on trouvera certainement dans les travaux de la commission des indications de nature à faciliter l'élaboration de ce projet de loi.

Dans tous les cas, les membres de cette commission, au fur et à mesure de l'accomplissement de leur enquête, ont dû reconnaître que la préfecture de police est aux prises, en ce qui touche la surveillance et la répression de la prostitution publique, avec d'énormes difficultés de tous genres ; que sa mission, sous ce rapport, est délicate, chargée de détails importants, pleine de complications qu'ils ne soupçonnaient pas, et qu'on l'avait souvent à ce sujet bien injustement attaquée.

Mentionnons, pour ne négliger aucun renseignement, que le congrès tenu à Gênes, en septembre 1880, par la Fédération britannique a envoyé au conseil municipal de Paris une adresse contenant le vœu que la police des mœurs soit totalement abolie (1).

(1) Voir chapitre v.

CHAPITRE VII

LA QUESTION DEVANT L'ADMINISTRATION.

Mécanisme et fonctionnement du service des mœurs. — Motifs pour lesquels les gardiens de la paix n'y prennent pas part. — Instructions données aux agents des mœurs. — Règlement du 16 novembre 1843. — Modifications qu'on y a apportées. — Examen des instructions réglementaires. — Rôle du commissaire interrogateur, Chef de bureau. — Création de commissions spéciales.

On a dit et écrit, à satiété, dans des brochures, des livres, des journaux et dans les discussions au conseil municipal que, non seulement le pouvoir exercé en principe, par le préfet pour la répression, la surveillance et le contrôle sanitaire des prostituées était illégal, mais qu'en fait, il était absolument délégué, sans limite, à un simple chef de bureau qui, suivant les expressions employées, lorsque des prostituées ou d'honnêtes femmes dont les allures un peu légères peuvent avoir attiré l'attention d'inspecteurs du service des mœurs, livrés à eux-mêmes et agissant sans instructions précises, ont été arrêtées, leur impose la patente officielle de la prostitution, en fait la chose de la police, décide souverainement à leur égard; prononce contre elles des peines disciplinaires d'après des règles arbitraires, n'obéissant qu'à ses appréciations personnelles, à son caprice même, et cela sans défense, sans débats contradictoires, à huis clos et sans recours.

Dans cet assaut donné tous les jours, pendant plus d'une année, à la préfecture de police sous prétexte d'abus commis par le service des mœurs, assaut qui se continue encore, d'une façon intermittente, quand l'occasion paraît bonne, ou quand la politique chôme, on a abusé du reproche grave, mais inexact, que je viens d'indiquer. Personne ne l'a réfuté au-dessus ou autour de moi. J'ai tenté de le faire, à diverses reprises, sans succès paraît-il. Je m'étais efforcé de renseigner ceux que cela pouvait intéresser, sur le vrai en ce qui touchait la réglementation de la prostitution. Sous ce vilain titre, il y a un côté inconnu qui touche à des questions délicates et de l'ordre le plus relevé. Fort de ma sincérité, je croyais avoir facilement raison de préjugés ignorants très explicables d'ailleurs en pareilles matières. Mais j'avais devant moi des contradicteurs pour qui la préfecture de police était l'ennemi. On a contesté mes chiffres, travesti mes explications avec accompagnement d'injures. C'est un rôle ingrat que de défendre l'administration, et surtout une administration de police.

J'y reviens cependant en vieux fonctionnaire désintéressé : la vérité m'attire.

Il s'agit d'examiner le mécanisme et le fonctionnement du service des mœurs.

On m'accordera bien, d'abord, que le préfet de police, dont les attributions sont si multiples et si graves, ainsi que je me suis attaché à le démontrer, en donnant le détail de ses attributions, n'a pas à intervenir, personnellement, pour l'arrestation des prostituées. On a vu que ces arrestations sont du ressort d'un service spécial d'agents, dits des mœurs, qui font partie de la police municipale et qui sont placés sous les ordres d'un officier de paix.

Ici, une observation, souvent faite, va inévitablement se produire : Pourquoi les gardiens de la paix n'interviennent-ils pas en pareil cas?

Parce que, en dehors du cas où les prostituées se livrent à des actes exceptionnellement scandaleux, qu'il est de son devoir de faire cesser, le gardien de la paix, sorte de factionnaire ou de soldat de ronde, qui, jour et nuit, séjourne ou circule dans la rue comme l'enseigne extérieure de la police et dont la présence et l'intervention possible préviennent des conflits et des délits et assurent, d'une façon permanente, la sécurité de tous, ne pourrait s'occuper des femmes de débauche, sans préjudice pour sa mission de sûreté publique proprement dite.

Parce qu'étant moins familiarisé que les agents spéciaux avec la distinction à faire entre les filles inscrites et les filles qui se livrent clandestinement à la prostitution, et aussi avec les habitudes et les allures du personnel de la débauche vénale, il serait souvent exposé, en intervenant spontanément, pour un fait isolé ou une apparence, à commettre de regrettables erreurs et qu'eu égard au nombre des gardiens de la paix (près de 5,500 pour Paris) on courrait le risque de voir ces erreurs atteindre un chiffre considérable. L'agent des mœurs peut suivre la fille qu'il a prise en surveillance après un acte de racolage douteux. Le gardien de la paix ne doit pas quitter son îlot (1). A toutes ces raisons ajoutons-en encore une : son intervention en matière de prostitution exposerait le gardien de la paix, qui est appelé à se mouvoir constamment dans la même circonscription où des prostituées, leurs souteneurs et leurs fournisseurs peuvent avoir leurs domiciles, à des rancunes et des colères, qui se traduiraient, à chaque occasion de rencontre, par des insultes ou des violences et qui compliqueraient ou entraveraient son service normal. Il y aurait aussi le côté ridicule, qu'il importe d'éviter, des filles publiques jouant ouvertement, au grand amusement de la foule, à cache-cache avec le gar-

---

(1) On appelle *îlot* le groupe de rues et de maisons que certains gardiens de la paix sont chargés de surveiller.

dien de la paix, c'est-à-dire se sauvant dès qu'il apparaîtrait de loin et reparaissant après son passage. L'emploi des inspecteurs sans uniformes n'offre aucun de ces inconvénients.

Les gardiens de la paix prêtent d'ailleurs main-forte, toutes les fois qu'il y a lieu de le faire, aux agents des mœurs, dont l'action effective emprunte à cette circonstance une importance et une efficacité que leur effectif relativement restreint (64) ne leur permettrait pas d'atteindre sans ce concours.

Je n'ai pas à revenir sur les précautions qu'apporte la préfecture de police au choix de ses inspecteurs et les garanties de moralité qu'elle exige des candidats à ces emplois (1).

On a prétendu que les agents des mœurs étaient livrés à eux-mêmes sans instructions et sans ordres. Or, il existe une instruction réglementaire du 16 novembre 1843, rédigée sous l'administration de l'honorable M. Gabriel Delessert. Cette instruction, très prévoyante, très complète, si complète qu'elle ne pouvait être modifiée, portée à la connaissance des agents et commentée, au besoin, par leur officier de paix ou par leur brigadier et sous-brigadier, a toujours été rappelée expressément dans tous les ordres relatifs aux opérations du service actif des mœurs.

Elle a été augmentée, le 15 octobre 1878, dans

---

(1) Voir chapitre Ier.

quelques-unes de ses prescriptions par M. Albert Gigot ; mais ces modifications, dont nous examinerons ultérieurement la portée, ne s'appliquent, en majeure partie, qu'aux actes du service administratif proprement dit.

Avant d'aller plus loin, il convient de reproduire ces instructions, sauf à indiquer, en les soulignant, les modifications qui y ont été apportées et sur lesquelles nous aurons à revenir :

Instruction réglementaire concernant les diverses opérations du service des mœurs (1).

I

PROSTITUTION CLANDESTINE.

§ 1.

Perquisitions et visites dans les maisons particulières, dans les hôtels garnis et dans les cabarets et débits de boissons.

Les inspecteurs du service actif des mœurs à qui une maison particulière ou un hôtel garni aura été signalé comme lieu clandestin de prostitution, en informeront immédiatement leur officier de paix qui adressera un rapport au chef de la police municipale.

Le chef de la police muncipale fera procéder à une information, précise et scrupuleuse, dont il sera rendu compte au préfet de police par le chef de la 1re division qui lui proposera, s'il y a lieu, de décerner un mandat de perquisition.

(1) Dans ses lettres d'un ex-agent des mœurs, M. Yves Guyot se borne à citer le titre de ces instructions. Il ajoute : « Ce que j'y vis de plus clair c'est la question des primes. » Or, j'ai déjà eu occasion de le faire remarquer, les primes d'arrestation ont été supprimées en 1863.

Ce mandat, délivré en vertu de l'art. 10 de la loi du 22 juillet 1791, et exécutoire à toute heure de jour et de nuit, dans le cas de notoriété, sera ensuite transmis au chef de la police municipale avec une note contenant les indications propres à en faciliter l'exécution.

Les inspecteurs chargés de l'opération se rendront chez le commissaire de police du quartier pour l'avertir de leur mission afin qu'il soit prêt au moment où son intervention sera réclamée.

L'autorisation de loger en garni, accordée aux filles publiques qui, en raison de leur âge ou de leurs infirmités, ne peuvent se placer en maison de tolérance, et n'ont pas d'ailleurs le moyen de loger dans leurs meubles, n'a d'autre but que de leur assurer un asile et ne peut les soustraire aux conséquences de la contravention qu'elles commettraient en se livrant à la prostitution dans le garni qu'elles habitent.

Il y aurait lieu, dès lors, d'arrêter ces filles si, par suite de visites opérées en vertu de mandat, elles étaient trouvées avec des hommes qu'elles auraient provoqués, fait qui constituerait d'ailleurs à la charge des logeurs la contravention à l'art. 5 de l'ordonnance du 6 novembre 1778 ; mais il n'en devrait pas être de même à l'égard des filles trouvées avec des hommes dont elles partageraient le logement, à titre de concubines, circonstance qu'il serait facile d'établir par le relevé des registres de police.

Quant aux cabarets ou autres débits de boissons dans lesquels on favorise notoirement la prostitution clandestine, les commissaires de police peuvent y pénétrer sans mandat jusqu'à l'heure de la fermeture, et même plus tard, si ces établissements restent ouverts contrairement aux ordonnances de police.

Ils pourront visiter les locaux réservés au public afin de constater au besoin, les infractions à l'art. 14 de l'ordonnance du 8 novembre 1780 (1).

(1) « Faisons défense à tous cabaretiers, taverniers, limona-

Les inspecteurs qui, dans le cours de leur surveillance, remarqueraient des faits constituant ces infractions, devraient en avertir le commissaire de police de leur quartier (1).

§ 2

Des filles insoumises.

Les inspecteurs doivent agir avec la plus grande circonspection à l'égard des filles insoumises qu'ils rencontrent sur la voie publique et ne les arrêter qu'à la suite d'une surveillance et après la constatation des faits précis et multipliés de provocation à la débauche.

Il y aura lieu de procéder à l'arrestation d'une fille insoumise dans un lieu public notoirement ouvert à la prostitution, lorsqu'il y aura trace de flagrant délit ou aveu de la part de la fille ou de l'homme trouvé avec elle, que cette fille a provoqué à une acte de débauche.

Dans quelques circonstances qu'elles aient été arrêtées, les filles insoumises seront conduites, dans le plus bref délai, au bureau du commissaire de police du quartier où l'arrestation aura lieu, conformément aux prescriptions

---

diers, vinaigriers, vendeurs de bière, d'eau-de-vie et de liqueurs en détail.:....; leur défendons pareillement de recevoir chez eux aucune femme de débauche....., le tout à peine de 100 livres d'amende. »

(Cette ordonnance a été renouvelée le 11 mai 1784.)

(1) La Cour de cassation a décidé par plusieurs arrêts (30 juin et 14 juillet 1838 et 30 mars 1839) que les procès-verbaux ou rapports des inspecteurs de police ne peuvent seuls, en l'absence de toute autre preuve, faire foi des contraventions qu'ils constatent et qu'il en est de même d'un procès-verbal dressé par un commissaire de police, sur le rapport des inspecteurs, lorsqu'il n'a pas, lui-même, vérifié les faits.

Il ne résulte pas de cette jurisprudence que les agents n'aient pas le droit de constater les contraventions, mais leurs rapports doivent être validés, soit par l'aveu des contravenants qui reconnaissent pour constants les faits à eux imputés, soit par les moyens que le tribunal juge à propos d'indiquer.

de la circulaire du 24 mars 1837 (1), pour y être interrogées sans retard.

Les inspecteurs observeront toujours vis-à-vis de ces femmes les convenances que commande la dignité de l'administration, sauf à faire constater juridiquement les outrages ou les voies de fait dont ils auraient été l'objet de leur part. Ils s'abstiendront, de la manière la plus absolue, de tout moyen de provocation.

Les inspecteurs qui mettront une fille insoumise à la disposition du commissaire de police, déposeront entre les mains de ce fonctionnaire, à moins qu'il ne reçoive leur déclaration circonstanciée, un rapport détaillé énonçant les faits imputés à cette fille.

Les inspecteurs qui auront mis une fille insoumise à la disposition d'un commissaire de police ou qui auront assisté un commissaire de police dans l'arrestation d'une fille insoumise, en vertu d'un mandat, dans un lieu public, vérifieront immédiatement si cette fille est réellement domiciliée à l'adresse qu'elle aura indiquée et si elle est connue des personnes chez lesquelles elle aura déclaré avoir servi ou travaillé.

Ils prendront, avec soin, des renseignements sur sa conduite et ses moyens d'existence et en rendront compte par un rapport spécial au chef de la police municipale qui transmettra ce rapport au chef de la 1re division.

Les inspecteurs ne perdront jamais de vue que l'objet des perquisitions et visites faites, en vertu de mandats, est la recherche de femmes ou filles qui se livrent à la prostitution publique, et non de celles qui n'ont à se reprocher qu'un fait de débauche privée, lequel, pour être répréhensible, ne doit pas cependant exposer celle qui s'en rend coupable aux conséquences qui ne doivent atteindre que les vraies prostituées.

Ainsi, de ce qu'une femme est trouvée dans une maison garnie ou dans un lieu public, en état flagrant de débauche, il ne résulte pas contre cette femme imputation

(1) Voir l'appendice.

suffisante de prostitution, si elle est en relations habituelles avec l'homme qu'elle accompagne, et s'il n'est articulé aucun fait de provocation à la débauche moyennant argent. Il est expressément recommandé, lorsque des femmes sont trouvées couchées seules, même dans des maisons mal famées, de ne point procéder à leur arrestation à moins que les circonstances ne donnent au commissaire de police la conviction que ces filles viennent de se livrer à un acte de prostitution.

Les commissaires de police devront examiner, avec soin, et dans le plus bref délai, les circonstances qui ont donné lieu à l'arrestation des filles insoumises ; ils décideront, après avoir entendu la personne arrêtée, si l'arrestation doit être maintenue. *Dans le cas où ils jugeraient utile de procéder d'urgence à certaines vérifications, ils pourront y pourvoir en faisant adresser un télégramme au chef de la police municipale par le poste de l'officier de paix de l'arrondissement.*

Ils dresseront procès-verbal de l'interrogatoire auquel ils auront soumis les personnes arrêtées.

Il leur est expressément interdit de se servir pour cet interrogatoire de formules imprimées.

II

PROSTITUTION TOLÉRÉE.

§ 1

Maisons de tolérance.

Les inspecteurs doivent exercer une surveillance journalière sur les maisons de tolérance à l'effet de s'assurer qu'il ne s'y passe rien de contraire à la tranquillité publique et au bon ordre, et que les maîtresses de maisons se conforment rigoureusement aux conditions particulières qui leurs sont imposées, ainsi qu'aux obligations d'ordre général, notamment en ce qui concerne la mise et le nombre des filles qui peuvent circuler et les heures de sortie et de rentrée.

Quant aux entrées et aux sorties qui ont lieu furtivement, après l'heure de fermeture, elles ne constitueraient une contravention punissable qu'autant qu'il en résulterait un bruit de nature à troubler le repos public.

Les inspecteurs rendront compte, sans retard, par un rapport officiel, de tout fait grave ou extraordinaire qui se passerait dans ces maisons et rappelleront, sans cesse, aux maîtresses qu'elles doivent donner immédiatement avis au commissaire de police de leur quartier, quand elles ne pourront en informer, en temps opportun, le bureau administratif ou l'officier de paix de l'attribution des mœurs (1).

Ils veilleront à la rigoureuse observation de la défense faite aux maîtresses de maisons de recevoir des élèves de lycées ou écoles civiles ou militaires en uniforme ou des jeunes gens au-dessous de l'âge de dix-huit ans, et signaleront les infractions commises.

§ 2

Filles inscrites.

Les inspecteurs veilleront constamment à l'exécution de toutes les dispositions de l'arrêté du 1ᵉʳ septembre 1842 (2).

Ils exigeront des filles isolées, soit dans les visites des garnis et autres lieux, soit dans le cours de leur surveillance sur la voie publique, la représentation de leur carte, afin de s'assurer de leur exactitude à la visite et de rechercher les retardataires qui leur auraient été signalées

---

(1) Tout le monde sait que les malfaiteurs et les assassins vont souvent chercher un asile précaire dans les maisons de débauche où ils se trahissent eux-mêmes par leurs propos ou par des dépenses exagérées qui, signalées à la police, amènent leur arrestation.

(2) V. l'appendice.

par les bulletins semi-mensuels délivrés par le bureau administratif.

Ils accompagneront, au besoin, à leur domicile celles de ces filles dont ils auraient des raisons de suspecter la véracité au sujet de l'absence de leur carte.

Les inspecteurs qui, chargés d'amener une fille inscrite au bureau administratif, ne l'auraient pas trouvée à son domicile, se borneront à rendre compte de cette circonstance, sans laisser trace de leur mission, afin de ne pas donner à la fille recherchée l'idée de disparaître.

§ 3

Filles disparues.

La recherche des filles disparues doit être faite avec la plus grande circonspection.

Les inspecteurs devront se borner, à l'égard des filles disparues qui seraient rentrées dans leurs familles, qui se livreraient à un travail honnête ou qui ne paraîtraient plus tirer leurs moyens d'existence de la prostitution publique, à faire connaître, par un rapport particulier, la situation actuelle de ces femmes.

Ils n'amèneront au bureau administratif que les filles disparues qui seraient trouvées dans des maisons de tolérance, chez des filles publiques ou dans des lieux publics ouverts à la prostitution, et celles qui, rencontrées sur la voie publique ou dans une maison garnie ou particulière, ne seraient dans aucun des cas d'exception sus-énoncés.

III

Translation à la préfecture de police des filles arrêtées.

Les filles publiques que les inspecteurs arrêteront dans Paris ou dans la banlieue et qu'ils ne pourront amener immédiatement à la préfecture de police, seront déposées dans des postes d'où elles seront transférées au dépôt.

IV

Outrages publics à la pudeur (Sodomie).

La surveillance des inspecteurs du service actif des mœurs s'étendra sur tous les délits d'outrage public à la pudeur, et principalement sur les actes de sodomie.

Mais ils s'abstiendront expressément de tout moyen qui paraîtrait avoir le caractère de la provocation, et s'attacheront surtout à constater le flagrant délit.

Le fait de sodomie tenté ou consommé dans un lieu ouvert au public constitue le délit d'outrage public à la pudeur.

V

Service administratif.

Préalablement à toute opération, le commissaire-interrogateur, chef du bureau des mœurs, devra procéder à l'examen des pièces relatives à l'arrestation des filles insoumises, afin de rechercher les cas où il y aurait lieu de surseoir à la visite corporelle.

L'interrogatoire des filles insoumises est fait par le commissaire-interrogateur en personne; il donne lecture à la fille des déclarations par elle faites, et lui fait signer le procès-verbal dressé à cette occasion. Il entend, au besoin, les agents.

Lorsqu'il s'agira de procéder à l'inscription d'une fille insoumise majeure qui refuse de se soumettre aux obligations sanitaires et administratives ou d'une fille insoumise mineure, au lieu de se borner, comme on l'a fait jusqu'ici, à un exposé écrit des faits, *la décision sera réservée à une commission composée du préfet ou de son délégué, du chef de la 1re division et du commissaire-interrogateur. Cette commission entendra la femme arrêtée et les agents.*

Il importe de rappeler que les filles publiques, au moment de leur inscription, reçoivent un avis imprimé portant qu'elles peuvent obtenir leur radiation des contrôles de la prostitution.

sur leur demande, et s'il est établi par une vérification, faite d'ailleurs avec discrétion et réserve, qu'elles ont cessé de se livrer à la débauche.

En ce qui touche les punitions disciplinaires à infliger aux filles inscrites, on continuera de procéder comme aujourd'hui, c'est-à-dire que les punitions seront infligées par le préfet, sur les propositions du commissaire-interrogateur visées par le chef de la 1re division. *Toutefois, dans le cas où une fille inscrite réclamerait contre la punition qui lui est infligée, sa réclamation sera portée, sans délai, devant une commission composée du préfet de police ou de son délégué, assisté de deux commissaires de police appelés à tour de rôle.*

Cette commission statuera après avoir entendu la personne arrêtée ainsi que les agents, s'il y a lieu.

Lorsque la commission ne sera pas présidée par le préfet personnellement, sa décision devra être ratifiée par lui.

Afin d'assurer la permanence du service, le sous-chef de la 3e section du 2e bureau sera nommé commissaire-interrogateur-suppléant, mais il n'interviendra qu'en cas d'empêchement du commissaire-interrogateur titulaire.

Service médical.

Bien qu'il ne se soit produit aucun cas où la visite corporelle ait été faite de force, il sera recommandé au service médical de s'abstenir d'y procéder dans le cas où il rencontrerait une résistance.

L'incident sera dans ce cas porté immédiatement à la connaissance du préfet. »

Ces instructions, en ce qui touche le service actif des mœurs, sont restées les mêmes qu'en 1843. Il n'y avait aucune raison de les changer, aussi les modifications introduites par M. Albert Gigot dans l'instruction réglementaire en octobre 1878 et que nous aurons occasion d'examiner plus loin, n'ont-elles porté principalement que sur le service administratif. La lecture de cette instruction fait entrevoir beaucoup de côtés ignorés de la réglementation de la prostitution. En révélant la nature et les détails des faits qu'il faut aborder en pareille matière, elle démontre l'impossibilité qu'il y aurait pour le législateur d'édicter un texte complet et précis de dispositions légales ayant pour objet la répression de la prostitution clandestine et la surveillance administrative et sanitaire des prostituées inscrites.

Nous savions de quelles garanties était entouré le choix de tous les inspecteurs de police et par conséquent des inspecteurs du service actif des mœurs. Nous avons vu pourquoi les gardiens de la paix ne peuvent prendre qu'une part restreinte de ce service. Nous venons de lire les instructions générales données aux agents et qui sont, sans cesse, renouvelées ou rappelées. Disons encore qu'un inspecteur de police nouvellement nommé, n'opère, pendant un certain temps, que sous la conduite et la direction d'un de ses collègues plus expérimenté. Passons à l'action.

L'instruction générale nous a montré la tâche des agents et dans quelles conditions ils doivent procéder à l'arrestation des filles publiques contrevenantes et des prostituées clandestines, dites insoumises. Les filles publiques contrevenantes sont mises directement au dépôt pour y rester à la disposition du bureau administratif. Nous en parlerons plus loin en traitant la question des punitions disciplinaires qui leur sont infligées. Ce qu'il faut d'abord examiner, ce sont les arrestations d'insoumises. C'est la partie la plus délicate et la plus difficile du service. C'est à leur sujet que se publient dans les journaux des articles où l'on présente, invariablement, sous le jour le plus odieux les mesures prises à leur égard. En tout temps, les arrestations de ce genre ne sont pas commodes à effectuer; il faut surmonter la répugnance innée qu'éprouve un homme à user de sévérité et de coercition à l'égard d'une femme et il y a à compter avec des larmes, de la résistance, parfois des injures, du scandale sur la voie publique et des interventions violentes de la part des souteneurs, et des gens irréfléchis, des protecteurs à arrière-pensées et des ennemis, de parti pris, des agents de l'autorité. Aujourd'hui, et depuis plusieurs années, avec le courant de réprobation et d'hostilité contre le service des mœurs qui est la conséquence de la campagne faite par M. Yves Guyot et Cie contre ce service, contre la réglementation de la prostitution et, contre la préfecture de police, on ne peut méconnaître que ces mesures sont véritablement périlleuses, à tous les points de vue, pour les inspecteurs qui les exécutent. Cela conduit à la conviction que ces derniers, dans leur intérêt même, doivent agir, en pareil cas, avec prudence et une extrême réserve.

L'arrestation est faite. L'insoumise a été déposée au poste de police, d'où elle sera conduite au commissariat de police du quartier, avec un rapport circonstancié sur les causes de l'arrestation, rapport rédigé par les agents qui l'ont opérée. Il est procédé, en même temps, à une information sur les moyens d'existence, les habitudes et la conduite de la femme arrêtée. Le résultat de cette information est transmis au préfet de police pour servir de base à la décision dont l'insoumise sera ultérieurement l'objet.

Le commissaire de police interroge cette dernière, contrôle ses dires, s'il y a lieu, par les témoignages des agents et constate ses réponses par procès-verbal. Il lui appartient de statuer. Si les explications, les justifications faites ou des circonstances spéciales le permettent, il prononce la relaxation provisoire ou définitive. Si non, il maintient l'arrestation et dirige l'insoumise sur le dépôt de la préfecture. Voici donc une première juridiction de recours et de contrôle dont il ne serait que juste de reconnaître l'existence. On n'en a jamais fait mention.

La phase purement administrative commence. Nous allons l'examiner dans son fonctionnement tel qu'il s'est opéré jusqu'au 15 octobre 1878.

L'insoumise est au dépôt ; le procès-verbal et le rapport la concernant sont au bureau administratif. Le commissaire-interrogateur, chef de ce bureau ou le sous-chef de la section qui a pour attribution particulière le service administratif des mœurs, les examine, à la première heure, afin d'apprécier s'il y a une raison quelconque de surseoir à la visite sanitaire de la fille arrêtée. Dans le cas contraire, la fille est conduite à la visite.

Notons, avant d'aller plus loin, qu'au dépôt l'insoumise a été placée en cellule, dans un quartier spécial, afin de la soustraire à de mauvais contacts, et que si elle avait une réclamation ou une communication à faire, elle pouvait s'adresser au directeur ou aux religieuses préposées au service de surveillance. Ajoutons qu'elle a pu écrire et provoquer en sa faveur des interventions.

Pendant que s'effectue la visite médicale, on vérifie aux sommiers judiciaires et dans les archives du bureau si l'insoumise y est connue. Ce cas est fréquent. Ici, se place une nécessité pratique imposée par le nombre des femmes arrêtées quotidiennement par le service des mœurs et par l'obligation d'aller vite, dans l'intérêt même de ces femmes. Un commis principal, faisant office de secrétaire, *prépare* le procès-verbal d'interrogatoire, mentionne tous les renseignements qu'il doit contenir, les réponses de l'insoumise, en ayant soin de joindre au nouveau dossier, l'ancien ou les anciens dossiers s'il y en a et le certificat médical de visite. L'interrogatoire est ensuite repris et refait par le sous-chef, revu par le commissaire-interrogateur, chef du bureau, puis soumis à l'examen et au visa du chef de la 1re division. Les parents et les personnes qui interviennent spontanément (les amants exceptés) ou les personnes qui ont été convoquées, sont entendus, les renseignements recueillis consultés et, s'il s'agit d'une mineure ou d'une fille majeure à inscrire d'office sur les contrôles de la prostitution publique, un rapport motivé est présenté au préfet qui statue. Lorsqu'il reçoit une réclamation ou lorsque cela lui paraît nécessaire, le préfet de police voit et entend lui-même les réclamants.

Les filles malades sont envoyées le soir du jour de leur visite à l'infirmerie spéciale de la prison de Saint-Lazare. On relaxe les insoumises majeures arrêtées pour la première fois et qui protestent ne plus vouloir se prostituer. On agit de même à l'égard des insoumises mineures qui se trouvent dans des conditions analogues et on les rend à leurs familles.

Toutes ces mesures sont soumises à des vérifications et à des contrôles multipliés, et c'est encore ainsi qu'il est procédé pour les punitions encourues par les filles publiques inscrites trouvées en état d'infraction réglementaire. Pour cet objet des propositions motivées et contrôlées sont soumises à la décision du préfet.

Il faut donc qu'on en finisse avec ce cliché : « des malheureuses filles de débauche livrées « sans contrôle, sans recours possible d'aucun « genre, au pouvoir absolu d'un simple chef de « bureau qui les fait, à son gré, arrêter, visiter, « inscrire, emprisonner et relaxer. »

Ce qui est vrai, c'est que les préfets de police n'échappent pas à la responsabilité de leurs actes; qu'ils n'ont pas le droit de la faire porter par leurs collaborateurs subordonnés; et que, soucieux de cette responsabilité, qui est lourde et périlleuse, ils se sont tous et toujours préoccupés d'organiser leurs services et notamment celui des mœurs, de façon à y introduire des contrôles à tous les degrés et à intervenir, par leur propre examen et leur décision personnelle, dans toutes les questions graves et délicates.

Tel était l'état des choses que M. Albert Gigot avait trouvé en vigueur en prenant possession de ses fonctions de préfet de police. L'application du règlement de 1843 avait subi l'épreuve d'une longue pratique; elle avait produit de bons résultats, n'avait jamais soulevé de réclamations légitimes et elle permettait de regarder en face et de repousser les attaques violentes auxquelles la réglementation de la prostitution et les opérations du service des mœurs servaient de prétextes.

On a vu plus haut que M. Albert Gigot ne crut pas devoir se placer à ce sujet sur un terrain de lutte. Il pensa, sans doute, que des concessions, dont la forme était à chercher, mettraient fin à la crise et qu'il pourrait, tout à la fois, de cette façon, ramener à son administration la sympathie du public et désarmer les mauvais vouloirs qu'une portion de la presse manifestait ouvertement contre elle. Cette intention apparaît, d'une façon évidente, dans tous les actes qui ont marqué son passage à la préfecture de police. On la trouve d'abord dans une circulaire adressée aux commissaires de police pour leur recommander d'éviter « toute rigueur injuste et toute rudesse inutile », d'avoir dans leurs rapports avec le public « des formes bienveillantes et polies, de la patience et de la douceur ».

Qu'il me soit permis de dire en passant, à l'état de thèse d'un caractère général, que ce genre de recommandations, par voie de circulaire rendue publique, s'il peut avoir des avantages comme démonstration individuelle extérieure, ce qui est contestable, va toujours contre son but en tant que conséquences pratiques et qu'il ne vaut pas la répression attentive et persistante, sous forme disciplinaire, de tous les manquements aux devoirs envers le public qui sont signalés et constatés. En procédant autrement, on s'expose à consacrer, comme fait reprochable existant, un fait qu'on voulait se borner à blâmer doctrinairement; on blesse, par suite, les fonctionnaires bienveillants et polis, lesquels voient dans ces recommandations, inutiles en ce qui les concerne, un reproche implicite immérité, on n'agit pas efficacement à l'égard de ceux qui se sont montrés malveillants et impolis et qu'il aurait fallu châtier ; on développe enfin dans le public vis-à-vis des fonctionnaires et employés avec lesquels il se trouve en rapport une susceptibilité hostile qui se traduit par un défaut d'égards et de déférence. On aboutit ainsi à faire naître des conflits et à accroître l'irritation alors qu'on poursuivait l'entente et l'apaisement.

Au nombre des mesures évidemment inspirées à M. Albert Gigot par des idées conciliantes et par le désir d'arriver à se rendre favorable la Presse et l'opinion publique, je citerai : la délivrance au journalisme des cartes de circulation, dites de Presse (1), l'ordonnance de police du 16 juillet 1878 relative aux cochers des voitures de place, laquelle avait pour objet d'appliquer un système préconisé par les journaux et dont l'épreuve ne fut pas heureuse ; l'ordonnance qui a retardé l'heure de fermeture des cafés et caba-

(1) Cette mesure, paraît-il, donna lieu à des abus. Un arrêté du 2 septembre 1880 pris par M. Andrieux, successeur de M. Albert Gigot à la préfecture de police, a apporté, dans l'intérêt du service public, des restrictions aux facilités de circulation accordées à la Presse par ces cartes.

rets, celle concernant la salubrité des logements loués en garni (1), les dispositions prises pour abréger la durée de la détention préventive des individus arrêtés dans le ressort de la préfecture de police (2). M. Albert Gigot fit, pour ce dernier objet, un voyage d'étude à Londres. Cette énumération me conduit à celle de ces mesures qui se rattache directement à la question du service des mœurs : l'arrêté du 15 octobre 1878.

Cet arrêté était ainsi conçu :

« Nous, préfet de police,

Arrêtons :

Art. unique.

« L'instruction réglementaire du 16 septembre 1843
« concernant les diverses opérations du service des
« mœurs est et demeure modifiée comme il est dit ci-
« après. Elle sera imprimée et remise aux commissaires
« de police ainsi qu'à tous les employés des services inté-
« ressés. »

Le préfet de police,
Signé : ALBERT GIGOT.

Suit le texte de l'instruction qui a été reproduite plus haut de façon à en faire ressortir les nouvelles dispositions. Il me paraît utile, pour plus de clarté, d'examiner successivement cha-

---

(1) Les dispositions de cette ordonnance imitées de la règlementation anglaise, n'ont pu, faute de sanction, recevoir leur application d'une manière efficace.

(2) V. à l'appendice les circulaires publiées à ce sujet.

cune d'elles au point de vue des différences qu'il y a entre leur application et la pratique antérieure au 15 octobre 1878.

Dans l'ancienne pratique, l'inscription d'office, c'est-à-dire autoritairement, sur les contrôles de la prostitution publique d'une fille insoumise majeure, qui refusait de se soumettre aux obligations sanitaires et administratives imposées aux prostituées inscrites, ou d'une fille insoumise *mineure*, avait lieu par décision du préfet, après examen du dossier et sur un rapport détaillé et motivé, fait par le chef de la 1re division, le commissaire-interrogateur, chef du bureau administratif et le sous-chef de ce bureau spécialement chargé de l'attribution du service des mœurs. Le préfet de police entendait, s'il le jugeait nécessaire, la fille arrêtée.

L'arrêté de 1878 réserve la décision d'inscription à une *commission* composée du préfet ou de son délégué, du chef de la 1re division et du commissaire-interrogateur. Il dit que cette commission entendra la femme arrêtée et les agents.

L'arrêté ne modifie pas la marche suivie en ce qui touche les punitions disciplinaires à infliger aux filles inscrites. Elles continuent d'être, après examen contradictoire s'il y a lieu, proposées à la décision du préfet dans un rapport explicatif par le chef de la 1re division, le commissaire-interrogateur et le sous-chef de la section des mœurs.

Les réclamations sur ce point ont toujours été examinées.

Une nouvelle disposition stipule que dans le cas où une fille inscrite réclamerait contre la punition qui lui est infligée, sa réclamation sera portée, sans délai, devant une commission composée du préfet de police ou de son délégué, *assisté de deux commissaires de police appelés à tour de rôle.*

Cette commission statuera après avoir entendu la personne arrêtée, ainsi que les agents, s'il y a lieu. Lorsque la commission ne sera pas présidée par le préfet personnellement, sa décision devra être ratifiée par lui.

Sous l'ancienne réglementation, il n'y avait, pour le service des mœurs, qu'un seul commissaire-interrogateur. Afin d'assurer la permanence du service, l'arrêté de 1878 dispose que le sous-chef de la 3ᵉ section, du 2ᵉ bureau (le sous-chef de la section des mœurs) sera nommé commissaire de police suppléant et qu'il suppléera, en cas d'empêchement, le commissaire-interrogateur titulaire.

En fait, sur ces différents points, et sauf l'adjonction au préfet comme assesseur d'un commissaire de police de quartier pour statuer sur la réclamation d'une fille publique contre une punition à elle infligée par décision du préfet, l'arrêté du 15 octobre 1878 n'a rien innové. En principe, il ne pouvait d'ailleurs ni agrandir, ni restreindre le pouvoir du préfet de police à l'égard des femmes qui se livrent à la prostitution publique. Il a simplement mis en lumière, comme une nouveauté, et consacré par des formules auxquelles aucun préfet n'est tenu de subordonner son action, non pas seulement ce qui se faisait depuis le 16 novembre 1843, mais ce qui se faisait antérieurement. Il importe de remarquer que l'instruction réglementaire dont il s'agit, qui est l'œuvre de l'administration de M. Gabriel Delessert, lequel fut préfet de police de 1836 à 1848, n'a jamais été qu'un règlement intérieur destiné à servir de guide aux bureaux et à la police municipale. Cette circonstance explique pourquoi il n'y était fait aucune mention du rôle du préfet et pourquoi il n'avait jamais été publié.

Le grand inconvénient des commissions employées comme mécanisme administratif, c'est que leur fonctionnement rapide et régulier, c'est-à-dire au jour et à l'heure indiqués, est pratiquement très difficile à réaliser et, dans tous les cas, qu'il entraîne souvent les retards les plus préjudiciables aux intérêts qu'il a pour mission de servir et de protéger.

Dans certaines conditions et si les commissions renferment des membres non familiarisés avec le personnel qu'il s'agit de voir, d'entendre, d'apprécier, un personnel comme celui de la prostitution par exemple, le moindre signe d'inexpérience, d'une indulgence irréfléchie même, dont s'aperçoivent les justiciables, est exploité par celles-ci avec des commentaires qui se propagent et qui détruisent chez elles les habitudes de respect et d'obéissance vis-à-vis de l'autorité.

Je voudrais citer un exemple qui me fît mieux comprendre. Le sujet n'est pas commode à traiter et, de plus, je tiens à ne mettre personne en cause. Supposons qu'il s'agissait d'un *cas d'appel* formé par une fille publique contre une punition disciplinaire prononcée contre elle. C'était une prostituée coutumière d'infractions réglementaires. Elle avait été arrêtée à 2 heures du matin, rôdant sur la voie publique où elle racolait des passants attardés. Que faisiez-vous dans la rue à une pareille heure? demanda le délégué. — J'allais acheter une bougie. Le délégué satisfait par cette explication leva la punition. On en rit encore dans les mauvais lieux.

Il reste à indiquer une dernière modification introduite dans l'instruction de 1843, c'est l'addition de la disposition suivante :

« *Bien qu'il ne se soit produit aucun cas où la visite corpo-
« relle ait été faite de force*, il sera recommandé au
« service médical de s'abstenir d'y procéder dans le cas
« où il rencontrerait une résistance. L'incident sera, dans
« ce cas, porté immédiatement à la connaissance du
« préfet. »

A l'occasion de cette disposition, le journal *la Lanterne* du 25 octobre 1878 fit cette remarque :

« Toute femme insoumise peut refuser la visite, seulement ce droit nous paraît plus théorique que pratique. »

L'article d'où a été extraite la remarque qui précède, débutait ainsi :

« M. Yves Guyot a eu hier une entrevue avec M. Al-
« bert Gigot, relativement à la police des mœurs. M. le
« préfet de police lui a remis un exemplaire de la nou-
« velle instruction relative à ce service. »

Constatons ce fait que le rajeunissement d'une vieille instruction, qui n'avait pas cessé et qui ne devait pas cesser d'être appliquée, constituait l'unique résultat, comme réforme administrative, de la campagne menée, à si grand bruit, par M. Yves Guyot contre la réglementation et le fonctionnement du service des mœurs.

Il ne nous reste plus qu'à examiner quelles ont été, pour l'ordre, la santé publique et la sûreté générale, les conséquences de cette campagne.

CHAPITRE VIII

LES CONSÉQUENCES DE LA CAMPAGNE.

Développement et aggravation de la prostitution. — Diminution du nombre des filles inscrites. — Elles se montrent plus indisciplinées. — Accroissement du chiffre des disparitions. — Diminution du nombre des arrestations d'insoumises. — Réduction des chiffres des visites médicales et des inscriptions. — Entraves apportées au service des agents des mœurs. — Menaces écrites. — Lettres singulières. — Plaintes du public. — Tableau de la situation fait par la presse. — Le préfet de police mis en demeure de remédier au scandale causé par les prostituées. — Moyen indiqué par *la Lanterne*. — La débauche publique concentrée pendant la nuit dans les jardins et squares. — Corruption de l'enfance. — Nécessité de fortifier le service des mœurs. — Question des insignes à donner aux agents de ce service. — Annonce de la préparation d'un projet de loi sur la prostitution. — Difficultés à prévoir à cet égard.

Ces conséquences, tout le monde les pressent, mais sans en mesurer exactement l'importance et l'étendue. Le mal est plus grand qu'on ne se le figure et il faudra du temps, beaucoup de temps et d'énergiques efforts, pour y porter remède. Il est incontestable que la campagne dont nous venons d'examiner minutieusement les phases, a eu pour effet :

De développer le nombre et l'audace des filles adonnées à la prostitution clandestine ;

D'encourager la rébellion des femmes de débauche et de leurs souteneurs contre les agents ;

De provoquer la résistance contre l'inscription, c'est-à-dire contre les mesures de surveillance administrative et sanitaire ;

De multiplier le nombre des retardataires aux visites médicales et des filles inscrites *disparues ;*

D'accroître ainsi le danger sanitaire ;

De restreindre les opérations du contrôle médical du Dispensaire de salubrité ;

De rendre indisciplinées les prostituées détenues au dépôt ou dans la prison de Saint-Lazare ;

Et enfin, dans beaucoup de cas, de décourager les agents en paralysant leur action.

Mais, dans ce travail, ingrat par la nature du sujet qu'il traite, difficile par la forme et les réserves de tous genres qu'il impose et aride par la nécessité de reproduire, dans leurs termes mêmes et dans leurs développements, des attaques et des critiques, qu'il faut, si manifestement mal fondées qu'elles soient, discuter et réfuter sous peine d'avoir l'air de leur donner gain de cause, on doit s'attendre, jusqu'au bout, à rencontrer l'objection tenace qui conteste même l'évidence. Lorsqu'on a affaire à des contradicteurs systématiques qui ne s'avouent jamais vaincus, il ne suffit pas, pour avoir le droit de passer outre, d'énoncer des vérités : il faut les prouver.

Commençons donc par invoquer des chiffres.

C'est en 1876 qu'a commencé la campagne contre la police des mœurs. Voyons quel était l'état des choses à la fin de 1875.

Au 1ᵉʳ janvier 1876, il y avait 4580 filles *inscrites*. Ce chiffre a subi une décroissance continue. Il n'était plus que de 4386 au 1ᵉʳ janvier 1877 ; de 4250 au 1ᵉʳ janvier 1878 ; de 3991 au 1ᵉʳ janvier 1879.

Soit, à cette dernière date, une diminution de 589.

Le nombre des filles publiques annuellement arrêtées pour des infractions aux obligations qui leur sont imposées avait été, en 1875, exceptionnellement élevé. Il subissait déjà depuis plusieurs années une progression sensible :

Il avait été	en	1872	de	7584.
—	en	1873	de	9076.
—	en	1874	de	10454.
Il fut	en	1875	de	11363.
Il a été	en	1876	de	10408.
—	en	1877	de	9651.
—	en	1878	de	8495.
—	en	1879	de	7735.

On comprend facilement que plus la prostitution clandestine augmente et devient audacieuse, plus la prostitution *inscrite* est portée à enfreindre les règles auxquelles elle est jusqu'alors restée soumise, et même à s'en affranchir complètement.

C'est par ce motif que le nombre des filles *dis-*

parues, c'est-à-dire s'étant soustraites à la surveillance administrative et sanitaire qu'elles entendent chaque jour attaquer dans son principe et qu'elles voient entraver dans son exercice, augmente dans des proportions considérables qu'indiquent les chiffres suivants :

```
Année  1875....... 1305
  —    1876....... 1324
  —    1877....... 1355
  —    1878....... 1733
  —    1879....... 1589
```

La diminution des visites médicales opérées par le Dispensaire, concorde avec les diverses décroissances de chiffres que nous venons de voir et que nous aurons également occasion de constater plus loin. Elle est très regrettable et il y a lieu de s'en inquiéter au point de vue de la santé publique.

En 1875, le nombre de ces visites sanitaires avait été de 120,173.

```
Celui de 1876  a été de  115,464
   —     1877     —      114,590
   —     1878     —      111,461
   —     1879     —       97,935
```

Soit une réduction totale de 22,238 visites.

Examinons maintenant la question en ce qui touche la répression de la prostitution clandestine.

Les arrestations de filles insoumises (1) se sont élevées :

(1) Dans un mémoire sur les effets de la *prostitution organi-*

En 1872 à 3769
　　1873 à 3319
　　1874 à 3338
　　1875 à 3152
　　1876 à 2349
　　1877 à 2582
　　1878 à 2599
　　1879 à 2105

Le nombre de ces filles insoumises qui ont été inscrites sur les contrôles de la prostitution publique se répartit ainsi qu'il suit :

ANNÉES	MAJEURES	MINEURES (1)		TOTAUX
		de 18 ans accomplis	au-dessous de 18 ans	
1872	732	160	122	1014
1873	643	188	138	969
1874	687	174	152	1013
1875	641	149	123	913
1876	424	115	75	614
1877	398	92	63	553
1878	451	114	59	624
1879	259	7	6	272

sée au point de vue hygiénique, M. le Dr Desprès, ancien médecin de l'hôpital de Lourcine, un des adversaires de la réglementation de la prostitution, n'évalue le nombre annuel de ces arrestations qu'à 800, ce qui est plus commode pour son argumentation.

(1) Les inscriptions de *mineures* n'ont jamais lieu au-dessous de 16 ans ; elles comprennent :

Les filles arrêtées plusieurs fois pour faits de prostitution, qui ont déjà été punies par voie de correction paternelle ou dont les parents refusent d'employer ce moyen et qui manifestent l'intention de continuer de se livrer à la débauche ;

Les filles notoirement adonnées à la prostitution, qui sont orphelines ou dont les parents sont disparus et qui ont, à diverses reprises, demandé leur inscription ;

Et les filles sortant de prison, connues pour leurs habitudes de

Ajoutons cette indication qui a son importance, car elle prouve l'affaiblissement du mécanisme de surveillance administrative et sanitaire : au 1ᵉʳ juin 1877, il y avait à Paris 138 maisons de tolérance ; le chiffre descendit à 137 en 1878, à 133 en 1879.

Il ne s'agit pas là de détails statistiques qui laissent du champ à l'interprétation et qui fournissent des échappatoires. Leur signification est absolue. Que pourrait-on leur opposer ?

Essayera-t-on de dire, comme on l'a fait à propos des prétendues attaques nocturnes, que les agents du service des mœurs se sont abstenus, de parti pris, afin qu'il soit possible de puiser dans le développement des scandales de la prostitution un argument contre les détracteurs de l'administration de police ? Mais en additionnant les chiffres des arrestations faites par ces agents pendant les quatre dernières années, depuis 1875, on arrive à une moyenne annuelle de plus de 9,000 arrestations de prostituées dont environ 2,500 insoumises. Il n'y a donc pas à soulever, en admettant que cela soit possible, la question d'abstention volontaire. On pourrait plutôt s'étonner, tout en lui accordant les éloges qu'il mérite, de cet accomplissement d'un devoir professionnel pénible

---

débauche, dont les parents ne se retrouvent pas ou ne veulent pas s'en occuper et qui déclarent persister dans leur intention de vivre du produit de leur prostitution.

et mal aisé à remplir, et que les circonstances rendaient exceptionnellement difficile et périlleux.

Les articles de *la Lanterne* et des autres journaux qui s'étaient associés à ses attaques contre la police des mœurs avaient produit chez leurs lecteurs une surexcitation telle qu'on ne peut, sans preuves, se l'imaginer. Le préfet de police recevait, chaque jour, des lettres manifestant les intentions les plus hostiles à l'égard des inspecteurs du service des mœurs. Je me souviens d'une de ces missives menaçantes, très caractéristique, parvenue en octobre 1878 et écrite dans un style qu'Henry Monnier n'eût pas désavoué pour son Joseph Prudhomme. Elle était ainsi conçue :

« Il se passe, depuis quelque temps, des choses si scandaleuses du fait de vos agents, dits des mœurs, que j'ai cru devoir faire l'achat et me munir d'un revolver. Je sors assez souvent après mon dîner avec mes filles ; il m'arrive parfois de les laisser aller un peu en avant et de m'arrêter à un étalage. Or, s'il arrivait que vos agents s'adressassent à elles, je vous déclare que je me ferais justice moi-même et que je ferais feu sur eux, bien persuadé qu'il ne se trouverait pas un jury en France qui condamnerait un père de famille ayant sauvegardé l'honneur de ses enfants…

« Je vous présente, etc. »

C'était signé et il y avait l'indication du domicile. Cette lettre fait sourire, mais elle a un côté triste, c'est qu'il fallait, pour qu'un mouvement d'opinion se produisît sous cette forme et dans un milieu évidemment pacifique, que la presse eût propagé et accrédité avec succès, dans toutes les régions sociales, ses écrits inexacts qui imputaient constamment aux agents du service des mœurs les actes les plus odieux.

A la persécution intolérable dirigée contre ces derniers rien ne manquait, pas même les quolibets des filles publiques arrêtées pour faits d'infraction réglementaire, lesquelles, empruntant leurs railleries aux articles de M. Yves Guyot, s'écriaient, en s'adressant aux passants et en narguant les inspecteurs de police : « Il faut du « nombre. Voilà du nombre : il manque des « ouvrières à Saint-Lazare (1) ! »

On usait fréquemment à l'égard des agents de procédés d'intimidation qui, dans les conditions où ils se pratiquaient, étaient faits pour les troubler ; on les interpellait au cours de leurs opérations, notamment dans le voisinage de certains restaurants de nuit du boulevard, par ces mots : « Je suis rédacteur de tel journal... Vous aurez « de mes nouvelles. Je ferai demain un article « sur cette affaire et vous serez révoqués. »

Dans les quartiers excentriques, ils étaient menacés, injuriés, maltraités.

Telle était la position que la campagne dirigée contre la police des mœurs avait faite aux agents

(1) « Il faut du nombre. C'est notre mot d'ordre,... sur les boulevards quand nous faisons une rafle, les femmes prétendent que c'est parce que l'entrepreneur a besoin d'ouvrières à Saint-Lazare. » (Lettres d'un ex-agent des mœurs.)

de la préfecture de police, les « 97 fr. 50 cent. », comme les nomme l'ex-agent des mœurs, les désignant ainsi par le chiffre de leur trop modique salaire, les *argousins*, comme on les a appelés dans un meeting tenu à Batignolles pour entendre mademoiselle J.-E. Butler. Pauvres gens devenus les boucs émissaires de dénigrements et de colères qui visaient ailleurs et plus haut qu'eux.

Il convient de remarquer qu'au même moment et pendant cette avalanche d'attaques injustes qui, dans une certaine mesure, paralysait ses agents, la préfecture de police était assaillie, cela s'explique, par un redoublement de plaintes contre les prostituées, de demandes d'intervention rigoureuse à leur égard et de récriminations contre l'insuffisance de la répression des femmes de débauche.

On ne peut se figurer l'âpreté des réclamations de ce genre. Elle n'a d'égale que celle que l'on apporte dans les menaces formulées contre les agents. Citons-en un échantillon. C'est encore un père de famille qui parle.

Je n'invente rien ; c'est textuel :

« Mon fils, âgé de seize ans, est accosté de la manière la plus brutale par de mauvaises filles. Il y a là une négligence de la police. Peut-il compter sur son assistance ou *doit-il porter un revolver pour sa défense ?* »

De son côté, l'autorité militaire signalait une notable augmentation du nombre des soldats atteints de maladies vénériennes graves, et réclamait une intervention active et efficace de la police des mœurs.

Dans les prisons du Dépôt et de Saint-Lazare, les filles publiques détenues par mesure de discipline ou de traitement se montraient, sous un jour nouveau, d'insolence cynique et de rébellion à l'égard des religieuses qui remplissent la mission méritoire de les surveiller, et qu'elles avaient respectées jusqu'alors. Celles d'entre ces détenues qui consentaient à être occupées par l'administration à des travaux de propreté et autres, les *auxiliaires* (c'est ainsi qu'on les désigne), étaient l'objet des mauvais vouloirs et des railleries de la part des autres prisonnières. Il en résultait des difficultés pour le service.

Les auteurs de la campagne contre la police des mœurs pouvaient revendiquer comme leur œuvre les embarras de tous genres créés par eux à l'administration et que ces brèves indications permettent d'apprécier.

Depuis lors, la progression des scandales de la prostitution, à laquelle on a fait et on fait encore entrevoir l'époque prochaine de son affranchissement de toutes règles, a marché rapidement, et elle a dû déconcerter beaucoup de personnes faciles à convaincre lorsqu'il ne s'agit que de théories, mais qui, le jour venu de les voir mettre en pratique, changent d'opinion et récriminent sans jamais songer à faire leur *mea culpa*. Le mal grossissait sans que la presse parût s'en apercevoir. Il se publiait bien par-ci par-là, quelques petits articles parlant de la nécessité de réprimer les allures des prostituées sur certains points déterminés, mais c'était tout. Je m'imagine que ceux qui avaient fait le mal s'efforçaient de ne le point voir, et tenaient beaucoup à ne pas éveiller l'attention du public sur ce sujet, et que ceux qui l'avaient laissé faire ou qui y avaient inconsciemment contribué, d'une façon indirecte, se trouvaient gênés pour manifester des répugnances attardées.

Quant aux journaux, peu nombreux on l'a vu, qui avaient pris ouvertement parti pour l'administration et contre la liberté de la prostitution publique, la progression continue des scandales de la débauche leur donnait tellement raison qu'il n'était pas nécessaire de le proclamer ; ils gardèrent longtemps le silence. Lorsqu'ils le rompirent, ce fut comme une explosion et le *tolle* devint général. Un point à noter, c'est que l'apparition de journaux à gravelures et même ouvertement obscènes, presse immonde qu'on a improprement appelée *pornographique*, coïncide avec l'extension de la débauche et doit figurer parmi les résultats de la campagne faite contre le service des mœurs.

Le tableau de la situation actuelle a été fait

avec détails par trois journaux d'opinions politiques différentes : *le Siècle*, *le Figaro* et *le Mot d'Ordre*. Personne, sauf *la Lanterne* (nous verrons plus loin en quels termes), n'a songé à en contester la vérité.

Citons d'abord l'article du *Mot d'Ordre*. C'est du réalisme et cela ressemble à certains passages de *l'Assommoir* de Zola :

« Il se *bat* dans ce moment dans Paris un *quart* insensé. Jamais les trottoirs n'ont été plus *faits* sans le concours de l'édilité. Dans certains quartiers et dans les quartiers centraux, notez bien, on ne peut, à la brune, faire dix pas sans être *raccroché* dix fois. Je vous demande pardon de l'expression, mais ici *c'est le mot sale qui est le propre*.

« Non seulement il semble que le nombre des prostituées ait augmenté considérablement, mais, outre cela, elles commencent de meilleure heure « *à faire le truc* ». Le mot terrible que Rochefort a mis dans la bouche d'un de ses dépravés : « *C'est dégoûtant, on ne rencontre que des « vieilles traînées de seize ans !* » n'est nullement exagéré. Pour peu que cela continue, Paris n'aura rien à envier à Londres, où, comme disait Vermesch dans l'une de *ses plus belles pièces de vers* :

« Du haut de leurs douze ans des catins impubères
« A l'obscène public demandent un amant. »

« Soyons justes. Ne calomnions pas Paris. Douze ans, ce serait trop dire. C'est encore un fait exceptionnel. Mais on rencontre partout, dans le faubourg Montmartre, par exemple, des tas de *petites* en cheveux qui n'ont certainement pas plus de quatorze à quinze ans et qui *raccrochent*. »

La forme est cynique, mais on sent que c'est brutalement vrai.

Le Siècle est plus collet monté, tout en disant la même chose :

« Nous appelons l'attention de la préfecture de police sur les nombreuses plaintes qui nous parviennent au sujet des prostituées et des vauriens qui encombrent certaines voies publiques et en rendent le passage intolérable à la population honnête et paisible.

« La prostitution a pris, dans certaines rues, un tel développement et une telle liberté d'allures qu'on ne peut plus sans dangers laisser promener les femmes et les enfants. La moralité publique ne peut que décroître rapidement si on laisse un tel spectacle sous les yeux des populations. »

Relevons encore ces quelques lignes extraites de *Paris-Journal* :

« Chaque jour, aux abords du collège ... rôde une bande de drôlesses éhontées qui vont, le croirait-on, jusqu'à faire d'ignobles propositions aux jeunes externes de onze, douze et quinze ans. »

Donnons maintenant la parole au *Figaro*, qui, comme *le Pays* et *le Français*, et un petit nombre de journaux, avait eu le courage, dès le début de la campagne, de prendre le parti de l'ad-

(1) *Le Figaro* n'a pas été le seul journal réclamant un coup de balai. Sous ce même titre, *l'Intransigeant* de M. de Rochefort écrivait : « Encore une affaire qui prouvera à quel point le faubourg Montmartre a besoin d'être débarrassé des filles et de leurs protecteurs qui, *de dix heures du matin à deux heures de la nuit*, envahissent les trottoirs, forcent les honnêtes gens à leur céder la place et sont pour tous un objet constant de scandale. »
Il s'agissait d'un passant abordé par une fille publique dont il avait repoussé les propositions et maltraité par le souteneur de celle-ci.

ministration de police contre les prostituées et leurs défenseurs. Son article était intitulé : *Un coup de balai, s'il vous plaît*. En voici quelques extraits :

« Ce n'est plus la nuit, le soir que les hétaïres opèrent. C'est toute la journée. Ce n'est pas dans les quartiers extérieurs..., c'est au centre le plus vivant de Paris.

« Passez de midi à minuit sur le trottoir de gauche du faubourg Montmartre, vous rencontrerez vingt, trente, quarante filles, âgées de quinze à dix-huit ans; il y en a une de douze, en cheveux, décolletée, provocante, éhontée, vous frôlant du coude ou de l'épaule, vous barrant le passage et vous disant à haute voix des mots à faire rougir un carabinier. »

Le Figaro, abordant ensuite la question générale, continuait en ces termes :

« On a tellement fait d'histoires avec les prétendus abus de la police des mœurs ; on a tellement larmoyé sur les malheurs des pauvres victimes qu'emporte le soir le panier à salade, on a tellement exalté la rôdeuse et demandé la liberté de la prostitution, qu'il semble que M. Andrieux ait voulu un peu laisser voir aux Parisiens où les mène cette liberté.

« S'il en est ainsi, M. le préfet de police doit être content : l'expérience a pleinement réussi. C'est à tel point que les journaux les plus acharnés autrefois contre la police des mœurs demandent aujourd'hui une intervention à grands cris...

« ... Il faut que cela finisse et tout de suite. Chaque jour de délai est un jour de trop. Comme on dit à la Chambre : *Il y a urgence.* »

Le Figaro se trompait doublement. D'abord, en croyant qu'il était possible à l'administration de police de regagner, du jour au lendemain, le terrain perdu en matière de répression de la débauche dans une lutte qui avait duré plusieurs années et où, malgré la bonté de sa cause, la préfecture de police n'avait subi que des défaites sous diverses formes.

Que le sentiment public, un instant égaré par des manœuvres de journalisme, finissant par se sentir pris d'épouvante devant cette marée montante des désordres, des scandales et des dangers de la débauche vénale, soit revenu ou revienne un jour au juste et au vrai sur cette question, il n'y a pas à en douter et la difficulté n'est pas là. Elle est dans ce fait, profondément regrettable, que des prostituées, jadis courbées par la honte, disciplinées et asservies par le mépris de tous, M. Yves Guyot, ses émules et les prêcheuses d'outre-Manche ont fait des révoltées audacieuses, dont la sécurité relative a augmenté le nombre dans de larges proportions, et que leurs défenseurs de diverses catégories, leurs exploiteurs, leurs complices, qui se cachaient autrefois, se montrent au grand jour. Il faudra non seulement du temps et une opiniâtre ténacité, mais aussi des mesures énergiques pour rétablir, dans son autorité et dans son fonctionnement efficace, la réglementation de la prostitution publique et la replacer dans les conditions où elle s'exécutait il y a quatre ans.

La seconde erreur commise par *le Figaro*, c'était de croire, comme il le disait, que les journaux qui s'étaient montrés les plus hostiles envers le service des mœurs en étaient tous arrivés à regretter de l'avoir énervé et affaibli et à réclamer son intervention.

Je suis convaincu que M. Yves Guyot n'admettrait pas que l'on contestât au journal *la Lanterne* et à lui-même d'avoir joué le rôle principal dans la campagne faite contre la police des mœurs.

Cela est vrai que *la Lanterne* ne s'est pas émue de ce cri d'effroi et de dégoût jeté par les journaux de toutes nuances devant un état de choses qui était son œuvre : l'allure croissante des manifestations de la débauche publique.

Dans son numéro du 21 août 1880, répondant au *Figaro*, *la Lanterne*, habituée sur cette question à nier l'évidence, osait dire que le scandale n'avait pas augmenté. Il suffisait, suivant le journal de M. Yves Guyot, que les gardiens de la paix *fissent circuler* les filles de débauche et qu'on poursuivît le racolage en police correctionnelle. Par qui? Par les agents du service des mœurs. Mais M. Yves Guyot a demandé la suppression de la police des mœurs, « cette plaie sociale ». Le premier venu, en y réfléchissant, comprendra qu'il est pratiquement et juridiquement impossible d'atteindre le racolage par la voie judiciaire. Cela n'a pas besoin d'être démontré. Il est probable que M. Yves Guyot n'avait pas lui-même grande confiance dans l'efficacité de ce moyen qu'il préconisait, car, depuis lors, dans le même journal et reprenant sa plume d'ex-agent des mœurs, il reconnaissait enfin le fait des scandales publics, dont il avait d'abord trouvé commode de nier l'existence, et il conseillait, pour y mettre fin, l'emploi d'un autre procédé : la suppression des filles publiques isolées, munies d'une carte et circulant sur la voie publique. Dans son désir de trouver un expédient, afin de ne pas rester court devant les reproches qu'il s'était attirés, l'adversaire quand même de la police des mœurs avait oublié que cette mesure, qui condamne la prostituée à se séquestrer dans son logis avec la certitude d'y mourir de faim faute de..... clients, fut ordonnée par M. Mangin, préfet de police, le 14 avril 1830 (1), et qu'il y eut impossibilité absolue de l'exécuter. Un nouvel arrêté fut pris à ce sujet le 7 septembre 1830 (2).

Quelques jours auparavant, *la Lanterne* avait découvert quelque chose de mieux. Dans un article sans signature qui, comme on va le voir, méritait d'être remarqué et qui pourtant passa inaperçu, *la Lanterne* (3) proposa *la concentration*

(1) V. l'appendice.
(2) *Ibid.*
(3) *La Lanterne* du 26 août 1880.

de la prostitution dans les jardins publics et les squares, lesquels resteraient à cet effet ouverts pendant la nuit. Mais l'hiver? L'auteur de cette combinaison (est-ce M. Yves Guyot?) n'a pas prévu l'objection à laquelle il lui serait d'ailleurs facile de répondre en restant dans le même ordre d'idées, par l'indication des passages, des théâtres, des musées, peut-être des églises. On croit rêver en voyant se produire de pareilles énormités. Il faut les lire pour y croire.

Voici l'article, qui est intitulé : *Les jardins publics:*

« Nous avons beau chercher les raisons de ces mesures (la fermeture des jardins publics pendant la nuit), nous n'en trouvons pas, et nous en trouvons, au contraire, une quantité pour qu'on laisse les jardins et les squares ouverts toute la nuit. Cette proposition paraîtra audacieuse à nos esprits courbés sous les habitudes de la réglementation. Elle est cependant simple.

« Qu'y a-t-il à voler dans les jardins et dans les squares? Les chaises? Mais il y en a dans les Champs-Élysées. Disparaissent-elles? Non. Ce n'est pas le motif. Mais, disent les témoins pudibonds : Et la morale publique? Si on laisse les jardins ouverts, n'y aura-t-il pas des abus?... des hommes et des femmes !...

« Cet argument ne tient pas. A partir d'une certaine heure, on sait parfaitement que tous les pères et mères de famille sont rentrés. Restent donc seuls les amateurs de *flirtation* (1). Ils y feront ce qu'ils voudront. C'est le système employé à Londres, où on laisse tous les parcs ouverts.

(1) Cette interprétation inexacte et risquée du mot *flirtation* n'est pas faite pour satisfaire l'Association Britannique du *Rappel*.

Les Anglais qui ne veulent pas voir ce qui s'y passe aux heures indues n'y vont pas. *Ce système aurait l'avantage de supprimer tous ces scandales, qui viennent beaucoup plus du bruit qu'on fait autour d'eux que du fait lui-même. Il aurait l'avantage de débarrasser les quartiers habités, les rues fréquentées.*

« Quant à ceux qui iraient, tant pis ; quelques gardiens et quelques rondes de sergents de ville suffiraient pour empêcher tout désordre apparent ; et c'est là le but de la police, sur lequel on se méprend toujours. Elle n'a pas à moraliser les citoyens. Elle n'a qu'une mission : *empêcher que les mauvaises mœurs des uns gênent les autres.* »

Je m'abstiens de commentaires. Lorsqu'on en arrive à voir indiquer de pareilles solutions pour un problème dont s'est occupé l'opinion publique, la question est jugée et il convient de se hâter de clore le débat. J'ai hâte d'ailleurs d'en finir avec ces inepties. J'ai raconté la campagne contre le service des mœurs ; j'en ai montré les conséquences désastreuses en invoquant des témoignages identiques émanant de journaux qui n'ont entre eux aucun lien politique ; il ne restait plus qu'à rechercher si l'auteur de tant d'attaques et de critiques violentes et injustifiées reconnaissait qu'il s'était trompé, et s'il se préoccupait de remédier au mal qu'il avait causé.

Sur ce point, je me suis trouvé en face des tergiversations qu'on vient de lire et qui, si elles ne méritent pas l'examen, font clairement voir de quel côté dans cette lutte, où la préfecture de police défendait l'ordre, la morale et la santé publiques, se trouvaient la compétence et la sincérité.

Il eût été plus franc et plus habile, de la part des adversaires de la police des mœurs, de proclamer eux-mêmes l'extension incontestable qu'a prise la débauche publique, de constater, sur ce point, l'amoindrissement de l'action de police et de s'en réjouir comme d'un premier pas fait pour atteindre l'objectif poursuivi par les rêveurs enrôlés dans la campagne contre le service des mœurs, mademoiselle J.-E. Butler en tête : la liberté de la prostitution, la liberté du trottoir, menant tout droit à la régénération morale des prostituées !

Tout se tient en matière de police. Ce n'était pas sans raison que *le Siècle* signalait « les vauriens » qui, en même temps que les prostituées, encombraient certaines rues. Il faut toujours s'attendre à voir le nombre et la turbulence des souteneurs, des rôdeurs mal intentionnés et de tous les individus qui vivent dans les milieux de débauche se développer au même degré que la prostitution. Mais le côté le plus inquiétant du tableau que nous venons d'entrevoir, celui qui s'impose, en première ligne, à l'attention et à l'intervention de l'autorité, c'est la corruption de l'enfance, soit qu'elle serve d'intermédiaire pour des propositions de débauche, soit qu'elle descende sur le trottoir afin de s'y livrer à des actes de racolage pour son propre compte. Jusqu'à présent, et sauf quelques incidents de ce genre, réprimés aussitôt qu'ils s'étaient produits, ce spectacle douloureux avait été épargné à la population parisienne. Le préfet de police, M. Andrieux, s'en est ému, et les instructions qu'il a données à cette occasion aux commissaires de police et à la police municipale (1), instructions qui ont été publiées et auxquelles on ne peut qu'applaudir, témoignent de sa ferme volonté de faire cesser ces scandales. Il n'est pas douteux que la préfecture de police ne s'en tiendra pas à ce point spécial, et que la crainte de nouvelles attaques et de nouvelles critiques ne l'empêchera pas de réprimer, comme c'est son devoir, la prostitution clandestine et de soumettre étroitement les prostituées inscrites aux mesures de surveillance et de contrôle sanitaire que leurs habitudes exigent.

Après la crise qu'il a traversée et avec la tâche qui l'attend, le service des mœurs a besoin d'être fortifié à tous les points de vue comme effectif et surtout sous le rapport des appuis hiérarchiques auxquels il a droit dans l'accomplissement régulier de sa mission. La nécessité de ce dernier point n'est plus à démontrer. On parle de faire à l'organisation de la police des mœurs d'un pays voisin d'utiles emprunts. On raconte qu'il est question de donner aux agents de ce service un signe distinctif

(1) Circulaire du 2 septembre 1880 (voir l'Appendice).

destiné à faciliter l'accomplissement de leur mission. Les préoccupations de cet ordre ne sont pas nouvelles. La difficulté n'est pas dans la possession de l'insigne ni dans sa nature : carte, médaille ou brassard, mais dans la question de savoir comment l'agent pourra, au milieu des embarras et des complications de la pratique, l'exhiber d'une façon opportune. Trop tôt, c'est tomber dans la surveillance ostensible dont on se joue, qu'il est facile de dérouter et dont l'inefficacité manifeste devient ridicule. Trop tard, c'est-à-dire au milieu de la lutte ou d'un conflit, alors que ce n'est pas chose si aisée à faire qu'on paraît se le figurer. Avec ou sans brassards, les agents des mœurs, s'il y a dans la presse des excitations à la rébellion à leur égard, auront à surmonter des résistances qui entraveront leur action. Il ne faut pas se faire d'illusion sur ce point.

Ce qui a plus d'importance et ce qui mérite à un haut degré de fixer l'attention, c'est l'annonce faite, à diverses reprises, par plusieurs journaux, que le gouvernement présentera, dans la prochaine session de la Chambre, un projet de loi spécial sur la prostitution.

En temps normal, alors qu'on n'avait pas usé et abusé de la question des mœurs comme d'un tremplin pour atteindre la notoriété qui conduit à la vie publique, et qu'il ne s'était pas produit sur cette question les complications considérables que l'on a vues, la conception d'un projet de loi de cette nature était déjà considérée comme une œuvre difficile entre toutes, maintes fois tentée (1), et qu'on avait toujours prudemment renoncé à poursuivre.

En pareille matière, le fond, la forme, les détails inévitables à prévoir, les impérieuses nécessités de la pratique, avec laquelle il faut absolument compter, sont faits, cela se conçoit, pour embarrasser les législateurs. Aussi, depuis près d'un siècle, s'en sont-ils tenus à la ratification légale d'anciens règlements, interprétés et sanctionnés, au besoin, par la Cour suprême et dont l'application a toujours produit de bons résultats.

Lors de l'examen par le Sénat, dans les premiers jours de mai 1877, de la pétition présentée par M. Caise, publiciste et membre de la Fédération britannique continentale et générale, pour l'abolition de la prostitution, pétition qui avait pour objet la suppression de la police des mœurs, le rapporteur de la commission chargée d'examiner la pétition de M. Caise s'exprima ainsi :

« La question posée à nouveau par M. Albert Caise ne semble pas à votre commission de nature à être résolue dans son état actuel par une réponse qui engage l'inter-

(1) Voir l'Appendice.

vention du Sénat. *Il existe toute une législation sur la matière depuis 1789 jusqu'à nos jours, à laquelle il est prudent de ne toucher qu'avec une extrême réserve, car le temps et l'expérience en ont démontré l'efficacité.*

« Si l'on objecte qu'elle porte atteinte à la liberté individuelle, nous répondrons, sous l'égide de l'autorité de M. Dupin, que ce serait exagérer le principe que de le pousser jusqu'à entraver l'existence légitime des autres garanties sociales. »

La commission proposa purement et simplement l'ordre du jour, qui fut voté.

Dans l'état actuel des choses et étant données les exigences, les objections, les résistances et les critiques auxquelles il faut s'attendre sur ce point, ce qui ne permettra pas de s'en tenir à une formule brève d'une portée générale, procédé qui ne changerait rien d'ailleurs à la situation présente, la difficulté de résoudre ce problème prend les proportions d'une insurmontable difficulté. On ne peut l'aborder qu'en étant résolument décidé à sanctionner, sans équivoque possible, les mesures propres à assurer la surveillance, la répression et le contrôle sanitaire des prostituées.

Ce n'est pas tout. La question, une fois soulevée, ne pourra être abandonnée ni même ajournée. Il faudra qu'elle soit résolue sur l'heure et de façon à fournir à l'administration de police tous les moyens de remplir sa mission à cet égard, ou qu'on se résigne à s'avouer vaincu par la débauche publique et à lui laisser le champ libre.

Cette perspective est faite pour donner à réfléchir.

Dans d'aussi graves conjonctures, le gouvernement et les Chambres voudront-ils et pourront-ils en finir, sur ce point, avec des embarras sans cesse renaissants, par des dispositions légales précises, complètes et pratiquement réalisables ?

Cette solution, que nul n'a plus de raisons de désirer que la préfecture de police, mettrait fin au scandale de voir comprendre dans « les revendications légitimes », par un accouplement de mots qui révolte la conscience publique, ce qu'on ose aujourd'hui demander et poursuivre : la *Liberté de la prostitution*.

Si l'on recule devant les difficultés que présente l'élaboration d'une loi nouvelle, il importerait que l'administration supérieure affirmât hautement sa détermination de maintenir la réglementation actuelle, comme réunissant les conditions de légalité et d'efficacité nécessaires, et que les agents du service des mœurs, attentivement contrôlés, fussent énergiquement soutenus contre la rébellion, et protégés et défendus contre la diffamation et l'injure lorsqu'ils auraient agi en conformité d'instructions à eux données par le préfet de police ou en son nom.

On entrevoit bien quelque chose de mieux et

de plus simple : ce serait, et il y aurait d'autant plus de raison pour agir ainsi qu'on a épuisé sur ce thème tous les prétextes à déclamations, que le silence se fît enfin sur les opérations du service des mœurs, sauf par la presse et par le public, à transmettre au préfet de police ou, au besoin, au ministre de l'intérieur, son supérieur hiérarchique, les réclamations des intéressés et les observations sur les abus réels ou apparents que l'on aurait eu occasion de relever dans l'application des mesures prises à l'égard des femmes de débauche.

Mais je me laisse aller à faire de l'utopie. La vérité brutale et décevante, dont il faudra probablement se résigner à prendre son parti, peut se résumer par cette boutade que j'ai trouvée dans *le Gaulois* et que j'ai déjà citée : on restera dans le *statu quo;* on conservera la police des mœurs; on s'en servira et on continuera de crier contre elle (1). Soit. On a crié, on crie et on criera contre *tous* les agents de *tous* les services de police.

Cette injustice, qui tient à la nature humaine

---

(1) Un exemple, amusant cette fois, des exagérations où peut conduire le parti pris contre la police des mœurs est celui-ci :

Un individu se disant agent des mœurs commet une escroquerie.

En enregistrant ce fait, *la Lanterne* du 12 septembre 1880 l'accompagnait sérieusement de la réflexion suivante :

« Si la police des mœurs n'existait pas, on n'aurait pas à enregistrer des faits de cette nature. » De là, à demander la suppression de *tout* pour enlever d'un seul coup toutes les facilités d'escroquerie, il n'y a qu'un pas.

et à la difficulté des choses, peut, à la rigueur, se supporter lorsqu'elle se produit occasionnellement sans arrière-pensées et sans parti pris. Mais, dans sa campagne contre la préfecture de police, *la Lanterne* a inauguré et largement pratiqué un système de dénigrement continu, de clameurs insultantes sous des formes et avec des procédés qui dépassaient, et de beaucoup, les limites permises. Elle y revient encore fréquemment et elle a fait école.

Cette perspective soulève une grave question. Trouvera-t-on toujours des hommes d'un passé irréprochable et d'une aptitude constatée qui, pour un morceau de pain et l'espoir lointain d'une pension, consentiront à remplir un devoir de sauvegarde sociale dont l'accomplissement ne leur attire que des haines et des insultes publiques ?

Une pareille question, qui s'étend au recrutement, à tous les degrés, du personnel de l'administration de police, vaut la peine qu'on s'y arrête. Nous aurons occasion de l'examiner dans le chapitre suivant.

CHAPITRE IX

LE PERSONNEL DE LA PRÉFECTURE DE POLICE.

Jugement porté sur la campagne contre le service des mœurs et la préfecture de police. — M. Ranc. — Critiques dirigées contre le personnel. — M. Clémenceau signale la nécessité de réorganiser le fonctionnement de la préfecture de police. — Examen de cette question. — L'épuration. — Les mises à la retraite. — Comment elles ont été interprétées. — L'épuration légitime. — Le recrutement du personnel. — Les épreuves qu'il a traversées. — L'injustice de l'opinion publique devenant une cause de désorganisation. — Préjugés contre lesquels il y a urgence de réagir.

J'arrive à la fin de la démonstration que j'ai entreprise. Je crois avoir établi que la police des mœurs a été systématiquement et injustement attaquée, et qu'après avoir fait tant de bruit et causé tant de scandales, les manœuvres employées contre ce service n'ont eu d'autre résultat que de compromettre l'ordre et la santé publique.

Faut-il invoquer sur ce point un dernier témoignage? En voici un qui n'est pas dépourvu d'autorité :

Un homme très intelligent, doué d'un grand sens pratique, M. Ranc, de *la République Fran-*

çaise, lequel excelle à tarabuster spirituellement ses adversaires et même ses amis, lorsqu'ils disent ou font des sottises, a porté, sur la campagne dirigée d'abord contre le service des mœurs, puis contre la préfecture de police, le jugement suivant :

« Il a été beaucoup parlé depuis quelques mois de la préfecture de police. On a dit d'excellentes choses ; d'autres moins bonnes. Quelques-uns, bardés pourtant d'intentions exquises, ont discuté un peu à tort et à travers. La campagne de *la Lanterne*, réduite à ses points essentiels, a été menée de main d'ouvrier(1). Là, on ne s'est pas payé de mots ; on savait ce qu'on voulait ; on a marché droit à un but nettement délimité et on a réussi. Je n'en dirai pas autant à ceux qui ont livré bataille à la police des mœurs. Ceux-là, pour avoir trop demandé, n'ont rien obtenu. Au lieu de se borner à signaler les réformes nécessaires, ils ont réclamé la suppression totale du service. Au fond, ils s'insurgeaient contre le mot de police des mœurs, qui est vilain. A y regarder de près, la question de police des mœurs n'est autre qu'une affaire de voirie. Il faut assurer la propreté de la rue, moralement et matériellement. De là, découle la légitimité d'un service qui, pour avoir quelquefois donné lieu à des abus criants et qu'il aurait fallu réprimer sur l'heure, n'en est pas moins nécessaire. Ceux qui veulent supprimer toute réglementation en parlent bien à leur aise. Si on les écou-

---

(1) M. Ranc, qui sait la valeur des mots et qui a l'art des nuances, ne dit pas, *de main de maître*. A son expression d'*ouvrier*, je réponds : œuvre d'ouvrier soit, œuvre d'un démolisseur, non pas de celui qui dépense honnêtement et ouvertement sa force en labeur méritoire et dans la vigueur de son coup de pioche, mais de l'homme qui, cachant son visage, use sans scrupule de moyens condamnables pour arriver à produire un écroulement.

LE PERSONNEL, L'ÉPURATION.

tait, si on lâchait la bride à la prostitution, ils seraient les premiers à pousser de beaux cris. Je me rappelle en 1872, au conseil municipal, avoir entendu un de mes collègues, premièrement, dresser un âpre réquisitoire contre les procédés arbitraires des agents; deuxièmement, et dans la même séance, se plaindre avec amertume à M. Ansart, chef de la police municipale, de ce que sa femme et sa fille ne pouvaient sortir de chez elles sans être coudoyées par des prostituées.

« Je le répète, le service des mœurs n'est en réalité qu'un service de voierie. Si on le supprimait, on le rétablirait le lendemain sous un autre nom. Changez le personnel s'il est mauvais; surveillez-le surtout d'un œil vigilant; que la moindre faute soit exemplairement châtiée, et laissez clamer dans le désert les prêcheuses anglaises et américaines qui, au nom de leur virginité, revendiquent la liberté de la prostitution. »

(*République Française* du 14 avril 1879.)

M. Ranc a dit là beaucoup de choses en peu de mots. On pourrait conclure de certains passages de son article qu'il n'a pas désapprouvé la campagne contre la préfecture de police. Dans tous les cas, il limite son appréciation aux « points essentiels » de cette campagne, et cette expression s'applique probblement aux attaques dirigées contre la police municipale considérée comme attribution politique.

En 1872, à l'occasion de la discussion du budget des dépenses de la préfecture de police, M. Ranc, alors conseiller municipal, critiqua sous ce rapport le rôle que jouait, suivant lui, la police municipale, qu'il considérait comme une dépendance de la police politique et dont il demandait la concentration au ministère de l'intérieur.

Quant à la suppression du service des mœurs, il n'en est point partisan et il le proclame carrément en donnant ses motifs, qui sont indiscutables.

Une pareille déclaration n'a pas dû se produire sans être remarquée par le journal *la Lanterne*, qui s'est pourtant abstenu de la relever. Ce fait est bon à noter.

Nous en avons fini avec la question du service des mœurs. Voyons maintenant quels ont été les résultats de l'assaut donné, non plus à une branche de service qu'il s'agirait de réformer, ou de supprimer, mais à l'institution de police dans son ensemble, à la préfecture de police elle-même, dont M. Yves Guyot, sous le masque du « Vieux petit employé », a demandé également la suppression ; on a vu en quels termes et par quels moyens d'exécution.

Il n'y a pas à s'y arrêter. L'existence de cette grande administration de police n'est pas menacée. Lors de l'interpellation adressée à son sujet à M. de Marcère, alors ministre de l'intérieur (mars 1879), par M. Clémenceau, il ne fut, en aucune façon, question de la supprimer. M. Clémenceau déclara nettement, au contraire, que ce n'était pas l'institution même de la préfecture de police que visaient ses critiques, mais bien son personnel. Il s'exprima ainsi :

« Le personnel qui nous a été légué, *dans les différentes administrations*, par les gouvernements monarchiques qui se sont succédé dans ce pays, a besoin d'être remanié dans sa composition, remanié dans sa doctrine, si vous me permettez le mot, remanié dans sa méthode d'action.

« Eh bien, s'il y a une administration où cette nécessité de modifications profondes dans le personnel se fasse énergiquement sentir, c'est assurément la préfecture de police. Et, par une contradiction bizarre, c'est précisément la préfecture de police qui a été abandonnée à elle-même.

« Cela est d'autant plus grave que, dans la préfecture de police, *le personnel, c'est la doctrine*; *le personnel, c'est la méthode d'action.* »

M. Clémenceau compléta l'expression de sa pensée par cette question :

« Je suis en droit de vous demander compte de ce que vous avez fait de la préfecture de police..., non pas de la préfecture de police telle qu'elle devra être réorganisée dans un avenir prochain, avec le concours de toutes les fractions de la majorité de cette Chambre, car vous admettez avec moi, je pense, qu'aujourd'hui avec le télégraphe et les chemins de fer, avec la presse telle qu'elle est organisée, on ne peut plus continuer à faire de la police comme au temps de Vidocq, mais de la préfecture de police telle qu'elle est sortie de l'arrêté des consuls de messidor an VIII, modifié par le décret de 1859.

« Vous l'avez reçue de vos prédécesseurs organisée contre le parti républicain. Qu'en avez-vous fait? *Vous aviez le droit, vous aviez le devoir de l'organiser au profit du parti républicain.* »

Je n'ai pas voulu écourter cette citation ou l'interrompre par des réserves sur le passage où il est parlé de la police « faite encore comme au temps de Vidocq, et sans tenir compte de la télégraphie, des chemins de fer et de la presse. » Le discours de M. Clémenceau aurait gagné à la suppression de cette critique injuste qui alourdissait sa phrase et retardait sa péroraison, sans en augmenter la signification et la portée.

Est-il possible d'admettre que, l'eût-elle voulu, une administration de police, quotidiennement aux prises avec les mille exigences de la sûreté publique à Paris, ait pu vivre, durer, agir, remplir ses devoirs sans adapter son fonctionnement aux transformations successives des moyens de transport et de correspondance et aux développements des ressources de publicité ?

La légende de Vidocq appartient à un passé oublié depuis longtemps et qui n'avait rien du temps présent. Les chemins de fer et la télégraphie ne sont plus d'hier. J'ajoute, et, en faisant cette déclaration, je ne me dissimule pas qu'elle ne rencontrera guère que de l'incrédulité, j'ajoute, parce que je sais, pratiquement, que cela est vrai, que ces progrès de la science et du journalisme, auxquels est venue s'ajouter une *indépendance* générale vis-à-vis des réglementations nécessaires, ont rendu la tâche de la police beaucoup plus difficile à accomplir qu'autrefois et lui créent même, dans un grand nombre de cas, des impossibilités d'une action efficace, impossibilités que le public, qui ne voit jamais que l'un des côtés des progrès, ne soupçonne pas et avec lesquelles il faudra compter un jour.

Mais j'ai hâte de revenir aux paroles de M. Clémenceau. Elles dissipent bien des obscurités. La réponse de M. de Marcère, qu'on va lire plus loin, achèvera de faire la lumière. C'est grâce à cet incident qu'on peut arriver à comprendre comment M. Yves Guyot a obtenu pour son parti pris de dénigrement violent et tenace de la préfecture de police une sorte de sanction apparente, et qu'il a pu, avec impunité, poursuivre de ses diffamations quotidiennes les chefs de service, grands et petits, de cette administration.

On pouvait se rendre compte que des calomnies sans portée réelle, mais multipliées, violentes dans les termes, avaient, par ce côté-là même, offert de l'intérêt au public, qui, au début, avait pu se montrer incrédule, mais qui devait finir par se laisser convaincre lorsqu'il vit qu'on ne répondait pas au diffamateur.

Ce qui avait paru plus inexplicable ou surtout accablant pour les diffamés, c'est que des personnages officiels et un grand nombre de membres du Sénat et de la Chambre, sachant les dessous des choses et l'envers de la presse, les arrière-pensées et les considérations auxquelles elle obéit dans son œuvre de combat, avaient pris intérêt à la campagne entamée par *la Lanterne*, sans même en réprouver l'allure et la forme, et s'étaient associés, par des récriminations et des démarches personnelles, à ces manifestations.

Le rédacteur de *la Lanterne*, plein de prudence sous des apparences d'audace, avait bien jugé la situation. Il avait compris qu'à la condition d'avoir toujours soin de mêler à ses propos diffamatoires le reproche, fondé ou non, cela importait peu, de bonapartisme, il pouvait, sans risque, prendre à partie les chefs de service de la préfecture de police et le personnel sous leurs ordres, les calomnier dans leurs attributions et leurs actes, satisfaire ses rancunes et servir celles de ses auxiliaires, des déserteurs du devoir dont il exploitait les convoitises et encourageait les calculs.

La diffamation, dans ces conditions, était sans péril. Elle servait, tout à la fois, les rancunes et les ambitions de son auteur, lui créait une spécialité (1) qui lui donnait du relief, et procurait au journal *la Lanterne* le bénéfice d'un notable accroissement de tirage.

Aux reproches qu'on a lus plus haut et que lui adressait M. Clémenceau, le ministre de l'intérieur avait répondu :

---

(1) Le 31 mars 1879, M. Yves Guyot dans une lettre adressée au directeur de *la Lanterne* et rappelant sa condamnation de 1877 écrivait : « Je ne me suis pas trop mal trouvé de ma condamnation, *elle m'a fait une spécialité* que je n'avais point cherchée, mais que je ne répudie point. »

« Depuis lors (depuis l'enquête dirigée contre le parti bonapartiste), ce qu'on appelle d'un *vilain mot,* que je voudrais vois bannir de notre langage politique, ce qu'on appelle *l'épuration,* qui prend dans le langage des partis un mauvais air de *proscription,* eh bien, *l'épuration de ce personnel a été faite successivement* dans des conditions qui nes ont pas encore suffisantes, mais qui enfin sont considérables. »

Donc, ce que le gouvernement voulait accomplir, ce que demandaient la majorité parlementaire, le conseil municipal de Paris, et les journaux républicains de toute nuance, c'était l'*épuration du personnel.* Il semblait que, pour ce qui concernait la préfecture de police, cette épuration était ce que M. A. Gigot avait été insensiblement amené à faire dans une large proportion, jusqu'au moment où, effrayé peut-être du vide qui se produisait autour de lui, il avait hésité et voulu au moins sauver quelques-uns des vieux serviteurs de l'administration.

Or, presque toutes, on pourrait même dire toutes les mesures prises dans ces circonstances par M. A. Gigot ont porté sur des fonctionnaires ayant trente années de service ou, dans tous tous les cas, des droits à l'obtention d'une pension de retraite qui leur a été accordée ; elles ont compris, au premier rang, les fonctionnaires *attaqués* par *la Lanterne.* On s'est débarrassé d'une difficulté en se donnant ainsi, sans effort d'initiative et d'examen, l'apparence d'avoir accompli cette tâche délicate, difficile et grave de la véritable épuration que réclamai M. Clémenceau et dont M. de Marcère annonçait l'exécution en la signalant tout à la fois comme considérable, mais insuffisante.

Le journal *la Lanterne* a publié, avec commentaires, les noms des *épurés*. Il n'y a donc pas de doute à avoir sur ce point que ce sont les exigences de l'épuration qui ont pesé sur les décisions à prendre. Ce sont elles qui ont fait infliger à d'honnêtes fonctionnaires, expérimentés, précieux pour le service à ce point de vue, vieillis dans une administration où ils avaient fait honorablement leur devoir dans les bons comme dans les mauvais jours, de voir, par leur mise à la retraite, brusquement prononcée d'office, sanctionner injustement les calomnies et les attaques imméritées dont ils avaient été l'objet, alors qu'il eût été plus équitable et plus vrai d'attribuer à leur retraite son véritable motif : l'épuration au point de vue politique.

Grâce à ce regrettable procédé d'exécution, aux conséquences duquel on n'a certainement pas songé au moment de la crise, M. Yves Guyot a pu faire imprimer dans son journal et répéter fréquemment, lorsqu'il revient avec un orgueil, mal fondé, sur les hauts faits de sa campagne contre le service des mœurs et la préfecture de police, les noms des retraités, et proclamer inexactement devant le public, indifférent ou abusé, qu'il les avait fait chasser pour leurs méfaits.

LE PERSONNEL, L'ÉPURATION.

Le mal est accompli et il est irréparable. Ces explications pourront peut-être atténuer les douloureuses mortifications qu'il a causées.

Laissons maintenant cette question épuisée et, avant d'aborder les difficultés qui se rattachent au recrutement en matière de personnel, examinons de près, en l'opposant aux détails pratiques du fonctionnement administratif, la nécessité si énergiquement signalée par M. Clémenceau du remaniement, disons le mot, de l'épuration du personnel de la préfecture de police.

Si impropre que soit l'expression, elle est aujourd'hui admise et consacrée, et personne ne se méprend sur sa signification.

Je ne fais aucune difficulté pour déclarer, tout d'abord, que je considère comme une trahison l'acte du fonctionnaire, de l'employé du gouvernement, quel qu'il soit, qui, tout en restant le salarié et le serviteur de ce gouvernement, le dénigre ou propage ouvertement les dénigrements pratiqués à son égard, qui apporte dans l'accomplissement de son concours, de sa mission, de son travail, des arrière-pensées hostiles, des tendances, des procédés de nature à porter préjudice à l'autorité et au prestige de l'administration dont il est le représentant, l'auxiliaire, l'instrument. Je comprends qu'envers cet agent infidèle, devenu par cela même un véritable ennemi, et, après sérieuse constatation des faits, on use de mesures de sévérité impitoyable.

C'est le cas de l'*épuration* légitime et indispensable. Celle-là, comme l'a si bien dit M. le préfet de police Andrieux, ne s'occupe pas de la religion du passé « lorsqu'elle n'a pas de culte extérieur ». C'est un programme loyal qui défie la critique. Je reconnais qu'il doit être parfois délicat et difficile à exécuter. Il y a encore une autre *épuration* tout aussi correcte et qui s'impose en bonne administration : celle des paresseux, des incapables, des non-valeurs.

Mais ce n'est pas de ces deux genres d'épuration dont parlait M. Clémenceau en signalant la nécessité d'apporter dans le personnel de la préfecture de police de profondes modifications qu'il motivait sur ce fait, vrai, dans une certaine mesure, nous allons voir comment, qu'à la préfecture de police *le personnel était la doctrine et la méthode d'action.*

Il est évident que, dans une administration comme la préfecture de police, où la vie professionnelle est pour tous écrasante, tant elle est laborieuse, active et remplie, où le préfet, dont l'intervention et le haut contrôle s'exercent sur les grandes questions, lesquelles ne sont jamais tranchées sans lui, est cependant contraint, par la force des choses, de se faire suppléer par ses collaborateurs pour l'expédition des affaires urgentes, des affaires secondaires et, pour la masse des affaires ordinaires, les principaux chefs de service sont appelés à faire acte de doctrine et qu'ils ont leur part d'action.

Comment pourrait-il en être autrement sans préjudice pour l'intérêt public et la sûreté de tous? Qu'arriverait-il si, dans les cas d'urgence, si nombreux et si graves en matière de police, la décision à prendre et qui doit être immédiate, dépendait absolument de l'intervention personnelle et directe du préfet, absorbé par d'autres soins aussi impérieux, aussi urgents, ou absent par nécessité de service? Il s'agit, par exemple, de prévenir un crime, de conjurer une catastrophe, de faire exécuter un mandat de justice, de faire séquestrer un fou furieux, de faire soigner un malade, que l'administration de l'assistance publique repousse en s'appuyant sur ses règlements et sur l'absence de droits légaux aux secours, de secourir un enfant abandonné. Il faut agir sans délai sous peine d'encourir de lourdes responsabilités. Le chef du service que cela concerne, et qui a les notions légales et de pratique nécessaires, pourvoit sans retard. Il rendra compte au préfet qui jugera, ratifiera ou rectifiera s'il y a lieu.

Pour que les choses puissent se passer ainsi, et l'on ne voit pas qu'il soit possible de les organiser autrement, il importe que les chefs de service puisent dans leurs études, leur apprentissage spécial.

leur expérience, une doctrine qui dirige et justifie leur action.

Mais, sauf en ce qui regarde le service du cabinet du préfet, leur doctrine et leur méthode d'action ne constituent que de l'expérience en matière de police administrative ou judiciaire, et elles n'ont rien, absolument rien, de commun avec la politique. Qu'on se reporte à l'exposé détaillé au point d'être fastidieux, que j'ai fait au chapitre Ier des attributions de la préfecture de police, et l'on reconnaîtra que celles du secrétariat général et des deux grandes divisions administratives ne comportent aucune ingérence dans ce qui, même de loin, est du domaine de la politique. Toutes ces attributions reposent étroitement sur le droit commun, et les changements dans la forme et les tendances des gouvernements n'y apportent et n'y peuvent apporter aucune modification.

Je veux prévoir toutes les objections. On ne manquera pas, je le sais, de rappeler que la 1re division comprend le service des prisons de la Seine et, dès lors, la maison de correction de Sainte-Pélagie, où il existe, sous les diverses dénominations de Pavillon des Princes ou de Pavillon de l'Est, un quartier spécial pour les délits commis par la voie de la presse. Puis-je dire, en passant, que cette classification spéciale, qui assujettit de véritables écrivains à des contacts et même à une sorte de promiscuité avec des hommes de paille ou des personnalités qu'ils méprisent, offre un prétexte à toutes les critiques et qu'elle est une source de récriminations contre l'administration de la part de ceux-là mêmes qui en profitent, ou au moins de la plupart d'entre eux? Il serait donc bien désirable que la nouvelle loi sur la presse mît fin à cet état de choses en substituant l'amende à la prison pour les délits de presse, ou en déterminant, d'une manière précise, s'il doit être exceptionnel, le régime pénitentiaire applicable aux condamnés pour faits de ce genre. La détention au Pavillon de l'Est ne ressemble pas à l'emprisonnement ordinaire. On dirait plutôt des arrêts forcés subis en hôtel garni. Soit, répondra-t-on ; mais, en attendant, l'application de ces ménagements, dont le point de départ est dans la politique, est du domaine du chef de la 1ʳᵉ division. C'est encore là une erreur. Tout ce qui touche aux détenus politiques, aux condamnés pour délits de presse, rentre dans le ressort du cabinet du préfet, auquel incombent les informations, les surveillances et les mesures diverses intéressant, à un titre quelconque, la sûreté du gouvernement. En fait, le préfet de police dirige lui-même les travaux de son cabinet applicables à la politique. Au besoin, il est suppléé dans la direction de ce service par son chef du cabinet, sorte de confident intime et d'*alter ego*, qui n'a d'*autre doctrine et d'autre méthode d'action* que celle du préfet. C'est sur ce point seul qu'il peut exister une doctrine et une méthode d'action susceptibles de variations inspirées par les préoccupations de l'ordre politique, dont beaucoup se rattachent à la question de sûreté générale.

Reste l'exécution des ordres donnés par le préfet ou en son nom par le chef du cabinet et les chefs de divisions au chef de la police municipale. Les ordres donnés s'exécutent; il n'y a pas de place pour la doctrine en pareilles conditions. Quant à la méthode d'action, elle varie forcément suivant les possibilités de l'exécution. On a vu les autres attributions du chef de la police municipale, lequel est chargé d'assurer l'ordre et la sûreté publique. Ce service est une sorte de fonctionnement militaire, par cela même soumis à la discipline et à l'obéissance, qui demande de l'énergie, de l'activité, de la vigilance, l'habitude du commandement d'un grand nombre d'hommes, la connaissance de la ville, de sa population, de ses besoins, de ses préoccupations, et dont le chef, logé près du préfet, en communication constante avec lui, est sans cesse en éveil et toujours prêt à se porter partout où sa présence peut être nécessaire : incendies, écroulements, inondations, accidents ou incidents graves.

On chercherait vainement dans cette situation dépendante à tous les points de vue les possibilités et les raisons d'être de l'application d'une doctrine et d'une méthode d'action personnelles qu'il y aurait aujourd'hui un intérêt politique à modifier.

Que deviennent, en présence de cet état des choses, les exigences de remaniement du personnel en vue de pourvoir à ce que les collaborateurs du préfet de police n'aient *ni doctrine, ni méthode d'action ?* Ces exigences n'ont rien qui les motive, mais, sous leur forme vague, on distingue nettement un de ces prétextes qui s'acceptent sans examen et qui, dans une circonstance donnée, permettent d'opérer largement l'épuration.

J'ai dit, en commençant ce travail, que l'administration de la police était une œuvre ingrate. J'aurais pu ajouter que, si on n'y prend garde, elle deviendra impossible à accomplir.

Il est grand temps d'y songer. M. Andrieux, et ce devrait être pour lui un titre notable à la reconnaissance de la population parisienne, parle et agit de façon à prouver qu'il s'en préoccupe.

J'entends dire : « On défend l'institution, et ceux qui l'attaquent ne réussissent pas à la détruire. »

Ce n'est pas l'institution qui est en péril et qu'il faut défendre, ce sont les hommes qui la servent, sous peine de n'en plus trouver.

Il serait superflu de rappeler ici les considérations que j'ai exposées sur cette sorte d'ostracisme moral, injuste, absurde, mais réel, qui pèse sur la préfecture de police. Passons donc et voyons comment se recrute son personnel, quels en sont la composition et le caractère et où il puise son abnégation, son zèle et le dévouement qu'il apporte à faire son devoir.

Malgré les injustices de l'opinion, la carrière du fonctionnariat offre, dans notre pays, de tels attraits pour les gens modestes, trop pauvres pour aborder les carrières libérales et qui redoutent les hasards des entreprises aventureuses, qu'il s'est, jusqu'à présent, trouvé des candidats devant lesquels, faute de relations et de protections, resteraient fermées les portes des grandes administrations considérées et privilégiées, qui sollicitent et obtiennent des emplois et des fonctions de la préfecture de police. Voilà pour l'état-major des bureaux, des services spéciaux, des commissariats de police et pour leurs employés. Sur le terrain du service actif, il y a les inspecteurs de police et les gardiens de la paix publique, une véritable armée. Leur rôle est pénible et dangereux, mais comme pour ces agents, de même que pour les fonctionnaires et employés de tous grades, il permet de compter sur la ressource, précieuse pour l'avenir, d'une pension de retraite après de longs services, on a pu, jusqu'à ce jour, trouver, pour le remplir, d'anciens soldats, honnêtes, disciplinés, dévoués et courageux.

En moyenne, pour les *épurés*, la durée du concours d'activité était de trente années. Elle remontait donc, pour la presque totalité des fonctionnaires, employés et agents de la préfecture de police, en exercice, au moment de la campagne dont je viens de retracer les phases et de montrer les conséquences, au commencement de l'année 1848. Énumérons rapidement les événements politiques qui se sont succédé depuis lors :

La révolution de février 1848, c'est-à-dire la chute du gouvernement de Louis-Philippe et la proclamation de la République ;

Les événements du 15 mai suivant ;

L'insurrection de juin ;

La présidence du général Cavaignac ;

Celle du prince Louis-Napoléon ;

Le coup d'État et les événements de décembre 1851 ;

La proclamation de l'Empire ;

Le 4 septembre 1870, comprenant la chute de l'Empire et la nouvelle proclamation de la République ;

Le siège ;

Les événements du 31 octobre ;

Le 18 mars 1871 ;

La Commune ;

La présidence de M. Thiers ;

Celle du maréchal de Mac-Mahon ;

La levée de l'état de siège (4 avril 1876);

Le 16 mai 1877 ;

Les élections d'octobre 1877 ;

La présidence de M. Grévy.

Le personnel de la préfecture de police a traversé tous ces événements sans s'écarter de l'obéissance qu'il devait à ses chefs, et en accomplissant son devoir de défenseur de l'ordre et de la sûreté publique, abstraction faite de toute arrière-pensée politique, sous des préfets ou des délégués (1) qui se nommaient: Gabriel Delessert, Caussidière, Sobrier, Trouvé-Chauvel, Ducoux, colonel Rebillot, Carlier, de Maupas, Blot (Sylvain), Joachim Piétri, Boittelle, Giuseppe Piétri, de Kératry, Cresson, Choppin, général Valentin, Léon Renault, Félix Voisin, Albert Gigot, Andrieux, dans lesquels a dû se personnifier exclusivement, au point de vue politique, ce que M. Clémenceau appelle la *doctrine et la méthode d'action*. Il a toujours obéi à ses chefs, sans compter avec les sacrifices et les périls ; il n'a jamais, dans les circonstances les plus critiques, manqué du dévouement professionnel dont les obligations demeuraient les mêmes malgré les changements de gouvernements, et il a payé largement, sous diverses formes, son tribut de victimes et d'épreuves cruelles à nos crises sociales et à nos désastres nationaux.

(1) Les délégués à la préfecture de police furent MM. Sobrier, Sylvain Blot, Choppin.

Pendant ces périodes diverses, alors que se succédaient des régimes politiques différents, on n'a pas procédé à ces mesures d'épuration qu'on préconise aujourd'hui ; on s'est borné à faire arriver aux emplois, surtout dans les régions modestes, grâce aux vacances normales, des hommes dont le seul titre à leur nomination était d'appartenir à la nuance d'opinion devenue prépondérante ou surtout d'être les clients et les protégés de personnages du parti triomphant. Ces favorisés, le plus souvent, avaient espéré mieux, et leur déception les transformait en mécontents de la pire espèce et même en réels ennemis pour le parti qui les avait pourvus. On ne trouvait pas toujours chez eux des dispositions laborieuses, les aptitudes professionnelles, la soumission aux règles disciplinaires. Le plus grand nombre quittait vite la place, en s'étonnant de voir le personnel ancien continuer sa tâche avec l'abnégation de *parias* résignés.

Cette résignation ne pourra toujours durer.

Il n'y a pas de service de police possible lorsque, dans des journaux qui s'en font une spécialité, les agents de tous les degrés sont traînés quotidiennement et nominativement dans la fange par des *racontars* calomnieux, lorsque leurs démarches et leurs actes professionnels, les plus légitimes, sont travestis ou divulgués au profit des malfaiteurs et au préjudice des informations judiciaires. Dans ces conditions, ce n'est plus seulement contre des préjugés malveillants que les agents ont à lutter tous les jours, à toute heure, dans l'accomplissement de leurs devoirs comme dans les relations de tous genres de leur vie privée, c'est contre un courant de colères bestiales, sans cesse excitées et qui se traduisent, un jour, par un coup mortel donné à quelque honnête agent veillant à la sûreté de tous.

Il est vrai de dire que ce jour-là, lorsqu'il y a mort d'homme, les mêmes journaux, qui, inconsciemment, je le reconnais, ont attisé contre lui les haines dont il est tombé victime, s'emploient activement à provoquer une souscription pour venir en aide à la famille de l'assassiné. Cela n'est qu'une réparation insuffisante. Mieux vaudrait, devant une catastrophe de ce genre, prendre et tenir l'engagement d'apprendre à tous et de recommander le respect dû aux agents de l'autorité publique.

Sur un terrain moins émouvant, les attaques, par la voie de la presse, lorsqu'elles prennent pour texte des faits insignifiants, des imperfections de service de peu d'importance dues à une négligence, à un fait d'ébriété qu'on excuserait ou, s'il ne s'agissait pas d'un agent, qu'on punirait par des mesures disciplinaires graduées, arrivent parfois à donner aux incidents un relief, une gravité relative, et à amener la révocation ou le renvoi d'un serviteur jusqu'alors irréprochable, d'un ancien soldat qui poursuivait, pour lui et pour les siens, l'obtention d'une modique pension de retraite.

Ce n'est pas tout encore. A force de discréditer les agents en fonctions, les procédés de diffamation qu'on pratique à leur égard ont atteint ce résultat désastreux que l'inspecteur de police révoqué à l'occasion d'un fait véniel pour tout autre qu'un agent de l'autorité, ou démissionnaire par fatigue ou par découragement, voit se fermer devant lui les portes de l'atelier, l'accès du travail ou des plus modestes emplois. C'est le lépreux de notre temps. Par des considérations de haute et louable philanthropie, on accueille; que dis-je, on recherche les libérés de condamnations, et on repousse de partout, parce qu'il a appartenu à un service de police, l'agent démissionnaire ou révoqué.

Tout cela, on en conviendra, n'est pas fait pour attirer des candidatures.

En examinant l'organisation du service de la police municipale, j'ai indiqué des causes, d'une autre nature, qui menacent également de tarir les sources du recrutement des services actifs de la préfecture de police.

Qu'arriverait-il, de nos jours, si, s'ajoutant à toutes ces difficultés, le programme, dit de l'épuration, c'est-à-dire du renouvellement complet du personnel, devait se poursuivre?

Le procédé des mises à la retraite, qui n'est, en pareil cas, qu'une voie détournée, souvent nuisible au travail et toujours préjudiciable au point de vue budgétaire, serait vite épuisé (1).

Poussé par les mêmes exigences et par des convoitises, dont le nombre irait toujours croissant, égaré par des accusations intéressées, il faudrait alors, abordant de front la question, révoquer ou, comme on dit maintenant par un adoucissement de formule, relever de fonctions, sans cause et sans liquidation de retraite, suivant les fluctuations de la politique, les chefs de service, les employés, les agents.

Au bout de très peu de temps, cet état de choses rendrait impossible un recrutement sérieux. On se détournerait de ces emplois précaires où l'espoir d'une pension à obtenir un jour ne serait plus qu'un leurre. On y entrerait encore, mais en passant et pour attendre mieux. A des fonctions qui demandent un apprentissage, de l'esprit de suite, de l'aptitude, du zèle, du dévouement, on

(1) Cette considération n'a pas échappé au journal *la Lanterne*. Dans son numéro du 2 août 1880, il annonce, sous sa responsabilité, qu'il serait question de mettre à la retraite tous les employés et agents de la préfecture de police qui auraient atteint 25 ans de service. Le journal de M. Yves Guyot ne doit pas ignorer que la mise à la retraite avant le temps fixé par les règlements, ne donne droit à l'obtention d'une pension que dans les cas de maladies ou d'infirmités occasionnées par le service, ou bien par suppression d'emploi. Cette combinaison de mise à la retraite généralisée ne serait donc et ne pourrait être qu'une révocation. Qu'on se figure l'action de pareils articles sur un personnel perpétuellement attaqué.

apporterait de l'inexpérience, de la tiédeur, de la timidité, de l'inertie ou, ce qui serait pis, les allures violentes des gens inexpérimentés que grise l'exercice d'une autorité quelconque et qui n'ont pas à compter avec le lendemain.

Au lieu d'un personnel stable, compétent, posé, sur lequel on peut s'appuyer avec confiance, on n'aurait qu'un défilé de candidatures inaptes et découragées avant l'heure du travail et de l'épreuve.

En matière d'administration publique ordinaire, ce serait le chaos. Pour la préfecture de police, cela amènerait un écroulement complet. Entendons-nous : l'institution de la police pourrait conserver les apparences de la vie, et son chef commanderait encore à de nombreux émargeurs du budget, mais il n'aurait plus, pour mettre en pratique sa *doctrine* et réaliser son *action*, les vrais serviteurs qu'il lui faut, des hommes dont l'abnégation égale l'énergie, capables, dévoués et disciplinés.

Qu'on ne s'y trompe point, les mesures à prendre dans un pareil état de choses ne se limitent pas à ce fait de raffermir l'institution de police si ébranlée, d'en rassurer les agents, de les protéger et de les défendre. Il y a un intérêt social et politique à réagir, de toutes les façons, contre le préjugé injuste et monstrueux sous l'influence duquel le public, qui ne s'aperçoit pas de l'énormité de son ingratitude et de son imprévoyance, pousse ses manifestations de cet ordre à ce point de s'exposer à décourager les fonctionnaires et agents à qui incombe la lourde mission de veiller sur son repos, ses biens et sa vie.

Les difficultés que rencontrera l'autorité supérieure pour l'exécution de cette double tâche s'accroissent de jour en jour. Si un gouvernement peut l'accomplir sans être suspecté de préoccupations autres que celles qui ont en vue la sécurité de tous, c'est certainement le gouvernement républicain. Ne puise-t-il pas dans son origine, dans son caractère, une autorité et une force incontestées et sans rivales ?

L'intérêt de la chose publique, l'intérêt de tous et de chacun exigent le respect des lois, le maintien de l'ordre et l'application des mesures de surveillance et de protection nécessaires pour assurer la sûreté générale.

Les fonctionnaires, les agents de l'autorité qui, même dans les rangs les plus obscurs, se dévouent, consciencieusement et honnêtement, à cette œuvre méritoire, ne doivent pas seulement être respectés, ils devraient être exceptionnellement honorés.

CHAPITRE X

DES PROJETS DE LOI AYANT POUR OBJET LA RÉGLEMENTATION DE LA PROSTITUTION.
APPENDICE

L'examen approfondi des obstacles, de principe et de fait, que rencontrerait le législateur le jour où il entreprendrait d'édicter ouvertement des dispositions précises et pratiques pour la réglementation de la prostitution publique, n'entre pas dans le cadre de ce travail.

Il me suffisait, pour ne rien omettre d'essentiel, d'indiquer ces obstacles dont l'étude et la démonstration spéciales comporteraient des développements considérables.

Je me suis donc borné à les signaler en peu de mots, mais, en même temps, et, dans mon désir de renseigner complètement le lecteur, j'ai tenu à mettre sous ses yeux quelques-uns des nombreux projets inspirés, à diverses époques, à des légistes, à des administrateurs, à des médecins par l'intérêt social qui s'attache à la question de la police des mœurs, par les controverses qu'elle a soulevées et par le bruit qu'on a fait autour d'elle.

Deux de ces projets émanent de l'administration de police sous la Restauration ; les originaux ont été détruits par les incendies de 1871, j'en ai retrouvé les copies dans mes notes; un est l'œuvre de Parent-Duchatelet rajeunie par M. le docteur Jeannel(1). Le quatrième a été formulé dans un rapport adressé à la conférence Molé-Tocqueville par M. André Sabatier, avocat. Ce dernier projet présente un caractère particulier en ce sens qu'il a été conçu pendant la période où se poursuivaient, avec l'ardeur que l'on sait, la campagne de *la Lanterne* contre le service des mœurs de la préfecture de police, et les efforts du même genre de la Fédération britannique pour l'abolition de la réglementation de la prostitution, et que cette double circonstance a dû, forcément, amener son auteur à tenir compte des difficultés actuelles qui exigent et entravent tout à la fois la solution de la question.

Au moment de reproduire purement et simplement ces projets, et en les relisant, je me demande si leur publication, sans commentaires, n'offre pas cet inconvénient de faire croire, au grand nombre des personnes étrangères aux côtés pratiques des nécessités absolues auxquelles doit

---

(1) *De la prostitution dans les grandes villes au dix-neuvième siècle*, par J. Jeannel. Baillière et fils. Paris, 1868, p. 171.

pourvoir le service de la police des mœurs, qu'il est facile d'édicter une loi sur la prostitution.

Il faut, pour juger sainement la portée des dispositions légales projetées et des possibilités de leur mise à exécution, ne pas perdre de vue qu'il s'agit de faire face à de nombreuses obligations de la nature la plus grave ; d'organiser et de sanctionner dans tous leurs détails, et ils sont multiples et complexes, la surveillance, le contrôle sanitaire, la discipline et la répression de la prostitution, et que, dans le ressort de la préfecture de police, plus que partout ailleurs, cette organisation doit pourvoir à des exigences portant sur des questions délicates et de l'ordre le plus relevé, aussi bien que sur des faits et des pratiques qu'on n'aborde point sans dégoût, et qu'il faut cependant se résoudre à régler dans l'intérêt de la morale, de l'ordre et de la santé publique.

Jusqu'à ce jour, et dans tous les pays de l'Europe, le service des mœurs n'a fait l'objet que de règlements de police puisant leur force et leur autorité légale dans des lois d'un caractère général qui ont constitué les pouvoirs et les attributions des municipalités. On vient de voir que telle est à l'heure présente la situation de la France. Elle est la même à cet égard dans les diverses contrées européennes. Les lois anglaises ne visent en apparence que la propagation des *maladies contagieuses*. J'ai montré qu'elles ont poussé, sur ce point, la réserve jusqu'à dissimuler, en la reléguant au second plan, la désignation précise des affections dont elles voulaient restreindre la contagion.

Ce n'est pas seulement l'énorme difficulté que présente l'élaboration d'une loi spéciale en pareille matière qui a imposé l'emploi d'une forme indirecte pour la consécration légale des règlements relatifs à la prostitution, c'est, en première ligne, parce qu'il a répugné, à bon droit, aux législateurs d'accorder dans nos codes, à cette plaie sociale, une mention qui en consacrerait officiellement la tolérance.

Ces considérations ont une haute valeur. N'est-il pas permis de s'étonner de ce qu'elles n'ont pas été comprises, qu'elles n'aient pas suffi pour imposer silence aux injustes reproches d'arbitraire dirigés contre l'administration de police, alors qu'elle remplit l'un de ses principaux devoirs, celui de sauvegarder les mœurs et la santé publique, et de les préserver de tous les désastres qu'engendre la prostitution, et qu'on songe aujourd'hui, après une pratique de plusieurs siècles, à invoquer, dans ces conditions, les principes de la liberté individuelle en faveur de créatures que leurs habitudes scandaleuses et leur abjection mettent en dehors de la société et des lois de droit commun qui la régissent ?

Ceci dit, revenons à nos citations. Les deux

premiers projets qui, remarquons-le en passant, ne font aucune part au contrôle sanitaire et aux nécessités de traitement, bien qu'il y soit parlé du Dispensaire de salubrité, sont inexécutables, je n'hésite pas à le déclarer, convaincu que je suis que l'expérience me donnerait raison.

Que fait le projet Parent-Duchâtelet et Jeannel?

Il reconnaît, avant tout, ce que je viens d'exposer plus haut, à savoir que toute la réglementation de la prostitution, sans exception et en y comprenant les mesures d'arrestation et de punition disciplinaire, est exclusivement une œuvre de police, à laquelle, par cela même, il est absolument impraticable, par mille raisons, d'associer l'action du pouvoir judiciaire.

Ce projet, qui qualifie très justement de discrétionnaire et non pas d'arbitraire l'étendue de l'autorité du chef de police en pareil cas, peut se résumer par la consécration spéciale et manifeste du pouvoir du préfet de police à l'égard des prostituées.

Admettons-le comme voté et promulgué; qu'en résulterait-il?

Y aurait-il quelque chose de changé au point de vue légal?

Ce vote ferait-il taire les critiques, cesser les attaques qui se produisent aujourd'hui et dont le véritable mobile paraît être en dehors de la question même?

Je dis non, et je suis sûr d'être d'accord sur ce point avec les adversaires passionnés du service des mœurs.

Le principal de ces adversaires, en France, M. Yves Guyot, après avoir bataillé sur des détails, proposé des mesures d'exécution qui n'auraient été que des modifications réglementaires et qui n'atteignaient pas, dans ce cas, le principe de l'autorité du préfet de police sur ce point, n'a-t-il pas proposé et proclamé le programme adopté par le congrès de la Fédération britannique, continentale et générale tenu à Gênes (1), programme que j'ai reproduit dans un précédent chapitre et qu'on aurait pu remplacer par ces quatre mots : liberté de la prostitution?

La plupart de mes observations relatives au projet Parent-Duchatelet et Jeannel s'appliquent au projet Sabatier, lequel offre cependant l'avantage d'être dicté par la préoccupation de donner satisfaction aux nécessités de la surveillance administrative et sanitaire des prostituées, et aussi aux critiques formulées par les auteurs de la campagne contre le service des mœurs.

Mais, par ce côté-là même, et tout en faisant un effort sincère et raisonné pour rendre possible la réalisation pratique de sa conception, M. Sabatier n'en aboutit pas moins à l'intervention de

---

(1) Voir chapitre V.

la justice pour des faits où il lui est impossible de se produire justement, utilement, dans la mesure délicate, nuancée à l'infini, qu'exige, non pas seulement l'intérêt de la morale et de la santé publiques, mais l'intérêt des prostituées elles-mêmes, l'intérêt qui s'attache à leur relèvement dans un temps donné, l'intérêt qui touche à l'honneur de leurs familles.

Dans l'état actuel des choses, les femmes adonnées à la prostitution publique ne subissent qu'une intervention de police qui, bien que très efficace à tous les points de vue qu'elle a mission de garantir, s'opère d'une façon rapide et discrète.

Avec l'intervention judiciaire, qui, quoi qu'on fasse et en admettant, ce que je nie, qu'elle puisse atteindre tous les faits sur lesquels elle doit s'exercer si l'on veut procéder sérieusement et atteindre le but poursuivi : la suppression des scandales extérieurs de la prostitution, entraînera des délais, des formes, des mesures, des transfèrements, des comparutions, des prolongations de détention ayant, en fait, tous les inconvénients graves d'une répression avec publicité, on arrivera à une flétrissure indélébile.

Un homonyme de M. A. Sabatier, peut-être un parent, avocat comme lui, a écrit un livre très intéressant, qui a paru en 1828, et qui est intitulé : *Histoire de la législation sur les femmes publiques et les lieux de débauche.*

J'extrais de ce livre le passage suivant :

« Les attributions de la police en matière de prostitution, quelque étendues qu'elles puissent être, sont dans la nature des choses, parce que son exercice comporte un certain degré d'arbitraire qui se plie aux besoins des localités et *qui permet de suivre avec promptitude la marche des événements imprévus.* »

C'est un grand point que cette promptitude qui s'impose par l'exercice d'un pouvoir discrétionnaire, qui seul d'ailleurs la rend possible.

J'insiste, en terminant, sur ce point, que l'arbitraire, ou plutôt les procédés discrétionnaires de la police dans les cas dont il s'agit, ne sont que l'exercice régulier du pouvoir qui lui est légalement attribué.

APPENDICE

Projet de loi sans date (probablement de 1820 ou 1822).

Article 1ᵉʳ.

La prostitution est un délit.

Art. 2.

La répression de ce délit est confiée :
    A Paris, au préfet de police ;
    Aux maires dans les autres communes.

Art. 3.

Le délit de prostitution publique est établi : soit par provocation directe sur la voie publique, ou de toute autre manière publique ;
Soit par la notoriété ;
Soit par enquête sur plainte ou dénonciation.

Art. 4.

La prostitution constatée par des actes de provocation publique sera punie des peines portées en l'art. 330 du Code pénal (3 mois à 1 an).

Art. 5.

La prostitution constatée par la notoriété sera punie des peines portées en l'art. 334 du même Code (6 mois à 2 ans).

Art. 6.

Celle constatée par enquête sera punie des peines portées en l'article précédent.

Art. 7.

Dans le cas où la personne accusée par plainte ou dénonciation privée demandera à faire la preuve contraire, les procès-verbaux d'enquêtes contradictoires seront renvoyés au tribunal correctionnel d'arrondissement pour être statué (huis clos).

Art. 8.

Dans les cas de récidive, l'art. 58 du Code pénal recevra son application (1).

Art. 9.

Si, après avoir été condamnée, une femme de débauche est réclamée par sa famille, elle sera mise en liberté.

En cas de récidive, la réclamation ne sera plus admise.

Art. 10.

Les aubergistes, hôteliers, maîtres de maisons garnies ou logeurs, chez lesquels seront logées des femmes de débauche et qui n'en feront point la déclaration à la police locale, seront punis d'une amende de 50 à 200 francs, encore bien qu'ils aient inscrit ces femmes sur le registre prescrit par l'art. 475 du Code pénal.

Art. 11.

Tout individu habitant une maison dont il est propriétaire ou principal locataire qui n'aura pas fait à la police la déclaration d'une femme de débauche logée dans ladite maison, sera puni des mêmes peines.

Art. 12.

S'il n'habite point la maison dont il est propriétaire ou

---

(1) V. les dispositions du Code sur la récidive.

principal locataire, il n'encourra que les peines de simple police.

En cas de récidive, l'article précédent recevra son exécution.

Art. 13.

Il est défendu à tout propriétaire, principal locataire ou locataire de maison de prêter tout ou partie de sa maison ou de son habitation à des femmes de débauche, sous les peines portées en l'art. 334 du Code pénal.

Art. 14.

Le Dispensaire de salubrité établi à Paris pour les femmes de débauche est assimilé aux établissements sanitaires d'utilité publique.

Art. 15.

Les règlements qui les constituent sont confirmés.

Art. 16.

Le compte du Dispensaire est annuellement fourni par le préfet de police au ministre de l'intérieur.

Autre projet (de la même époque).

Article 1er.

La prostitution publique est un délit.

Art. 2.

La répression de la prostitution publique avec provocation, soit sur la voie publique, soit de toute autre manière publique, est confiée à Paris au préfet de police, etc., etc.

Art. 3.

La répression de la prostitution publique sans provocation publique appartient aux tribunaux correctionnels.

Art. 4.

La prostitution publique sans provocation publique est constatée :

Soit par des procès-verbaux de notoriété;

Soit par enquête sur plainte ou dénonciation particulière.

Dans ce dernier cas, la femme accusée pourra être admise à faire la preuve contraire.

(*Le surplus comme à l'autre projet.*)

RÉPRESSION DE LA PROSTITUTION

Projet de loi préparé par Parent-Duchatelet (modifié par M. le docteur Jeannel).

Article 1er.

La répression de la prostitution, soit avec provocation sur la voie publique, soit de toute autre manière, est confiée au chef de la police.

Art. 2.

Un pouvoir discrétionnaire est confié à ce magistrat sur tous les individus qui s'adonnent à la prostitution publique.

Art. 3.

La prostitution publique est constatée, soit par le témoignage de deux agents au moins, soit par notoriété, soit par enquête sur plainte et dénonciation.

Art. 4.

Le chef de la police pourra faire, à l'égard de ceux qui par métier favorisent la prostitution, ainsi qu'à l'égard des logeurs, des aubergistes, des propriétaires ou principaux locataires, tous les règlements qu'il jugera convenables pour la répression de la prostitution.

Art. 5.

Le chef de police pourra faire les règlements qu'il jugera convenables pour les visites corporelles imposées aux prostituées dans l'intérêt de la santé publique.

Dans l'ouvrage considérable qu'il a publié sur la prostitution (1), M. le docteur Jeannel apprécie ce projet de loi de la manière suivante : « Il me semble qu'une pareille loi d'un caractère purement répressif, et *qui sous-entend la tolérance sans l'énoncer, ne serait pas déshonorante pour la nation qui l'adopterait*, et je ne crois pas que dans l'état de civilisation où nous sommes parvenus, il soit possible de prendre une détermination plus sage. »

Un des adversaires de la réglementation administrative de la prostitution, membre de la Fédération britannique, je crois, et qui, dans tous les cas, a pris part à ses travaux, M. le docteur A. Desprès, alors chirurgien de l'hôpital de Lourcine, publia en 1870, dans le journal l'*Opinion médicale et scientifique*, un article intitulé : *Délit punissable, moyens d'arrêter la propagation de la syphilis*, dans lequel, après avoir dit que le Dispensaire de la préfecture de police et l'infirmerie de la prison de Saint-Lazare « ne remédiait à rien ou à presque rien » sous ce rapport, il ajoutait que les mesures privées à l'égard des prostituées ne lui paraissaient conformes ni au droit ni à l'équité ; *qu'il fallait chercher dans un ordre d'idées plus élevées que des mesures policières*, le remède contre ce fléau

(1) *De la prostitution dans les grandes villes au dix-neuvième siècle.* Ouvrage déjà cité.

séculaire appelé la syphilis, et il concluait en demandant la répression judiciaire contre la communication du mal vénérien. »

Il est difficile d'imaginer des mesures plus impraticables que celles préconisées par M. le docteur Desprès.

Voici quelques-unes des dispositions légales qu'il proposait :

> Tout individu qui aura communiqué, en connaissance de cause, un mal contagieux à autrui, est passible d'une peine de six mois à deux ans de prison, sans préjudice de séparation de corps s'il s'agit d'époux.
> En cas de récidive, les circonstances atténuantes ne seront pas admises.
> Quiconque aura transmis, sans le savoir, par imprudence, le mal contagieux, est simplement condamnable en dommages-intérêts.
> Le tribunal pourra ordonner toutefois sur-le-champ que les malades dangereux et incapables de comprendre le danger qu'ils portent seront soignés dans un hôpital, d'où ils ne sortiront qu'après constatation médicale de la guérison de tous les accidents contagieux.
> Tout docteur en médecine, officier de santé ou pharmacien chargé de soigner, ayant droit ou non, un individu atteint de mal contagieux qui n'aura pas averti sur ordonnance le malade du danger où il est de transmettre son mal, pourra être déclaré civilement responsable.
> Toute maîtresse de maison de tolérance qui aura chez elle une fille malade est condamnable en dommages-intérêts à l'égard des victimes de la contagion dont elle est la cause, même involontaire.

CONFÉRENCE MOLÉ-TOCQUEVILLE
(1879-1880)

Projet de loi.

Article 1er.

La prostituée est la femme ou fille qui, habituellement et notoirement, fait trafic de son corps.

Art. 2.

Toute prostituée pourra être inscrite au registre de la police municipale; l'inscription sera volontaire ou judiciaire.

Art. 3.

L'inscription volontaire de la femme mariée pourra être suspendue sur réclamation du mari, si ce dernier justifie qu'il peut exercer une salutaire influence sur sa femme. A défaut, par le mari, d'avoir obtenu cette suspension de l'administration, un recours lui sera ouvert devant l'autorité judiciaire. Si, dans un délai que fixera chaque décision, aucun fait de prostitution n'est relevé contre la femme, l'inscription sera annulée, sinon elle deviendra définitive.

Art. 4.

Toute femme poursuivie aux fins d'inscription sera traduite devant la chambre de conseil des tribunaux d'arrondissement, qui statueront, en dernier ressort, sur les pièces de l'instruction et les dépositions des témoins.

Toute femme pourra être assistée d'un avocat, si elle en fait la demande.

Art. 5.

La femme ou fille inscrite sera soumise aux règlements de police et de salubrité que les corps municipaux sont autorisés à établir.

Les règlements devront être soumis au conseil de préfecture qui les rendra exécutoires par son approbation.

En cas de refus, le conseil d'État sera saisi du recours de l'autorité municipale.

Art. 6.

L'administration pourra détenir jusqu'à sa guérison toute prostituée infectée d'un mal vénérien.

Art. 7.

L'administration pourra infliger, pour les contraventions aux règlements municipaux à titre disciplinaire, un emprisonnement de deux mois au plus.

Art. 8.

Dans les cas graves et prévus aux règlements, l'emprisonnement pourra être élevé à un an; les tribunaux correctionnels seront saisis de l'application de cette peine.

Art. 9.

Les mineures ne seront jamais inscrites; le fait par elles de s'être prostituées entraînera la détention dans une maison de correction jusqu'à leur majorité.

Art. 10.

Les tribunaux appelés à statuer sur l'inscription pourront surseoir à prononcer l'inscription si des circonstances graves, précises, concordantes, témoignent du désir sincère de la femme de tenter un retour au bien; l'effet de l'instruction sera réservé.

Art. 11.

Toute femme pourra réclamer sa radiation de l'administration, et, en cas de refus de celle-ci, de l'autorité judiciaire; la femme devra justifier qu'elle ne se livre plus à la prostitution depuis un temps appréciable, qu'elle a vécu de moyens avouables.

APPENDICE.

Arrêté du Préfet de Police.

Paris, 14 avril 1830.

Nous, conseiller d'État, Préfet de police,

Considérant que s'il n'est pas possible d'extirper la prostitution, il est indispensable d'en régler l'exercice de manière à ce qu'elle cesse d'offenser la pudeur publique, d'exciter les hommes à la débauche et de les exposer à être dépouillés et maltraités;

Avons arrêté ce qui suit:

Art. 1er.

Il est expressément défendu aux filles publiques de se présenter sur la voie publique pour y exciter directement ou indirectement à la débauche.

Il leur est également interdit de paraître, dans aucun temps et sous aucun prétexte, dans les passages, dans les jardins publics et sur les boulevards.

Art. 2.

Les filles publiques ne pourront se livrer à la prostitution que dans les maisons de tolérance.

Art. 3.

Les filles isolées, c'est-à-dire celles qui n'habitent pas dans les maisons de tolérance, ne pourront se rendre dans ces maisons qu'après l'allumage des réverbères. Elles devront s'y rendre directement, être vêtues simplement, avec décence, et s'abstenir de tout stationnement, de toute promenade et de toute provocation.

Art. 4.

Elles ne pourront, dans une même soirée, quitter une maison de tolérance pour se rendre dans une autre.

Art. 5.

Les filles isolées devront avoir quitté les maisons de tolérance et être rentrées chez elles à onze heures du soir.

Art. 6.

Les filles qui se présenteront sur la voie publique de manière à se faire reconnaître, ou qui paraîtront dans les lieux qui leur sont interdits, seront immédiatement arrêtées.

Il en sera de même des filles qui se rendant, après l'allumage des réverbères, dans les maisons de tolérance, auront dévié du chemin qui y conduit directement; passeront d'une maison de tolérance dans une autre et de celles qui seront trouvées sur la voie publique avant l'allumage des réverbères ou après onze heures du soir.

Art. 7.

Les maisons de tolérance pourront être indiquées par une lanterne, et dans les premiers temps par une femme âgée qui se tiendra sur la porte.

Art. 8.

Les maîtresses de maisons pourront, selon les circonstances et les localités, être autorisées à tenir un café ou un estaminet.

Art. 9.

Le secrétaire général, les chefs de la deuxième division (1) et de la police municipale sont chargés de l'exécution du présent arrêté.

Le conseiller d'État, préfet de police.

Signé : Mangin.

---

(1) La deuxième division comprenait alors le service des mœurs dans ses attributions.

Arrêté du préfet de police.

Paris, le 7 septembre 1830.

Nous, conseiller d'État, préfet de police, considérant qu'il est urgent de réprimer les désordres graves causés sur la voie publique par les prostituées;

Arrêtons ce qui suit:

Art. 1ᵉʳ.

Il est défendu aux filles publiques de paraître sur la voie publique, de manière à s'y faire remarquer, avant l'heure de l'allumage des réverbères, et d'y rester après onze heures du soir.

Leur mise devra être décente.

Art. 2.

Défense expresse leur est faite de provoquer à la débauche.

Art. 3.

Elles ne pourront stationner à leur porte, ni se mettre à leurs fenêtres, à quelque heure et sous quelque prétexte que ce soit.

Art. 4.

Il leur est défendu de stationner sur la voie publique, d'y former des groupes, d'y circuler en réunion ou d'aller et venir dans un espace trop resserré.

Art. 5.

Les jardins et abords du Palais-Royal, des Tuileries, du Luxembourg et du Jardin du roi leur sont interdits.

Art. 6.

Il leur est également défendu de fréquenter les rues et lieux déserts et obscurs, ainsi que les cabarets et autres établissements publics ou maisons particulières où l'on favoriserait clandestinement la prostitution.

Art. 7.

Les filles publiques s'abstiendront, lorsqu'elles seront dans leurs domiciles, de tout ce qui pourrait donner lieu aux plaintes des voisins et des passants.

Art. 8.

Celles qui contreviendront aux dispositions qui précèdent seront arrêtées et sévèrement punies.

Art. 9.

Toute maîtresse de maison sera responsable des infractions au présent règlement qu'elle aurait pu empêcher.

Art. 10.

Le secrétaire général et les chefs de la deuxième division (1) et de la police municipale sont chargés de l'exécution du présent.

Le conseiller d'État, préfet de police.

Signé : A. GIROD (de l'Ain).

Circulaire.

A MM. les commissaires de police de Paris.

Paris, le 24 mars 1837.

Messieurs, la surveillance qu'exige la prostitution publique dans une ville qui renferme autant d'éléments de désordre que la capitale révèle souvent des faits qui, bien que contraires aux bonnes mœurs, ne peuvent cependant être considérés comme des actes de prostitution, ni donner lieu aux mesures dont ces derniers sont ordinairement l'objet.

Ainsi, il arrive quelquefois que des femmes mariées,

(1) Même observation que pour l'arrêté précédent.

APPENDICE.

que des jeunes filles qui n'ont pas encore perdu tout sentiment d'honnêteté, aveuglées par une passion criminelle ou dominées par l'intérêt, s'abandonnent à des hommes qui, familiers avec ces sortes d'aventures, les conduisent, le plus souvent à leur insu, dans les asiles ouverts à la débauche.

Vous concevez, Messieurs, que quelque répréhensibles qu'elles soient, on ne peut assimiler ces femmes, ces jeunes filles aux créatures éhontées qui, véritables prostituées, vont provoquer les passants au milieu des rues et les entraînent dans des repaires où elles supposent que l'action de la police ne pourra les atteindre, lorsque même elles ne poussent pas l'audace jusqu'à la braver dans les maisons soumises à sa surveillance immédiate.

Malgré les différences qui les distinguent, les unes et les autres ont été jusqu'à présent consignées dans les postes, pour être mises ensuite à votre disposition, soit le jour même, soit le lendemain de leur arrestation.

Cette manière de procéder présente de graves inconvénients et il est indispensable de la modifier.

J'ai pensé qu'il convenait d'adopter des mesures qui, sans rien faire perdre à l'autorité du droit qu'elle a de porter ses investigations sur tous les faits contraires au bon ordre, concilient néanmoins les ménagements que réclame une faiblesse passagère avec la juste sévérité que doit éprouver la dépravation scandaleuse.

L'administration doit avoir à cœur de réparer, sans retard, les erreurs dans lesquelles les agents d'exécution peuvent tomber et d'éviter des retards qui auraient les plus fâcheuses conséquences s'il s'agissait d'une femme mariée ou d'une jeune fille dont l'absence prolongée révèlerait un écart qu'il vaudrait mieux ensevelir dans l'oubli que de livrer au grand jour, sans profit pour la morale et au risque de compromettre la tranquillité des familles.

Ces considérations m'ont déterminé à vous tracer une marche dans l'observation de laquelle je vous recommande la plus ponctuelle exactitude, afin que mes intentions soient partout remplies avec une entière conformité.

A l'avenir, toutes femmes non reconnues pour être inscrites, qui seront arrêtées sur la voie publique pour faits contraires aux bonnes mœurs, et celles qu'on trouvera dans les maisons de tolérance ou dans les lieux clandestins de prostitution, seront immédiatement conduites à votre bureau par les agents qui auront procédé à l'arrestation lorsque vous ne l'aurez pas vous-même fait opérer.

Vous devrez les interroger sans retard et faire transférer directement à ma préfecture celles qui ne pourraient pas se faire reconnaître et réclamer d'une manière valable, ou dont vous reconnaîtriez la nécessité de faire constater l'état sanitaire.

Quant aux femmes qui mériteraient un examen particulier, et dont la position vous paraîtrait réclamer des ménagements, vous vous hâterez de faire prendre ou de prendre vous-même, suivant l'occasion, les renseignements propres à vous éclairer et à vous dicter le parti que vous aurez à prendre à leur égard. Dans le cas même où les circonstances l'exigeraient, vous pourriez m'en référer directement.

Vous ferez les dispositions nécessaires pour qu'en votre absence on puisse promptement vous avertir ou s'adresser à celui de vos collègues avec qui vous alternez pour les services extraordinaires.

Quant aux femmes que les rondes de nuit ou les patrouilles ramassent à des heures indues sur la voie publique, il continuera à être procédé vis-à-vis d'elles comme par le passé.

Les agents de la police municipale et ceux du service actif du Dispensaire ont reçu des ordres conformes à ces instructions.

Je ne saurais trop appeler votre attention sur l'objet de cette circulaire et vous engager à vous bien pénétrer des considérations qui l'ont dictée et sur lesquelles je n'insisterai pas davantage, confiant que je suis dans votre discernement, dans votre prudence et le zèle dont vous êtes animés.

Recevez, Messieurs, l'assurance de ma parfaite considération.

Le conseiller d'État, préfet de police.
Signé : Gabriel DELESSERT.

Instructions.

Paris, 1er septembre 1842.

Mesures à prendre immédiatement.

1° Ordonner, d'une manière impérative et absolue, aux maîtresses de maisons de tolérance de ne permettre aux femmes en circulation d'autre costume qu'un costume bourgeois, décent et point apparent, à l'exclusion de tout costume à couleur voyante et de grande parure.

Les filles prises revêtues de coiffures contraires à cette décision seront envoyées à Saint-Lazare avec le costume qui sera gardé au vestiaire jusqu'à leur sortie.

De sévères punitions devront m'être proposées contre les maîtresses de maisons lorsqu'il y aura infraction à cette défense.

2° Réduire les filles en circulation dans la proportion suivante :

Les maisons qui ont six pensionnaires et au-dessus pourront avoir une fille en circulation et une domestique sur la porte.

Les maisons n'ayant que cinq pensionnaires et au-dessous n'auront qu'une domestique sur la porte, mais aucune fille quelconque en circulation.

Quant aux filles en circulation, il leur sera ordonné d'étendre leur parcours et éviter d'aller et venir sur un espace trop restreint à portée de la maison.

Le conseiller d'État, préfet de police.
Signé : Gabriel DELESSERT.

Circulaire.

A MM. les commissaires de police de la ville de Paris.

Paris, le 16 janvier 1879.

Messieurs, le respect de la liberté individuelle est un des devoirs les plus impérieux des fonctionnaires d'un gouvernement républicain. Vous êtes, chaque jour, dans l'exercice de la magistrature qui vous est confiée, les gardiens et les arbitres de cette liberté, et vous devez veiller soigneusement à ce qu'elle ne subisse d'autres restrictions que celles qui sont indispensables au maintien de la sécurité publique.

Je me suis préoccupé du grand nombre des arrestations qui s'opèrent à Paris et de la prolongation des détentions préventives qui résultent, dans certains cas, des retards apportés à la transmission des procès-verbaux de constatation à l'autorité judiciaire.

J'ai cru pouvoir remédier à cet état de choses par un ensemble de mesures pour la réalisation desquelles je compte sur votre concours le plus actif et le plus dévoué.

L'arrestation d'un inculpé et sa détention préventive ont pour objet de l'empêcher de se soustraire à la justice, de faciliter la marche de l'instruction et de s'assurer de la conservation des preuves et de l'intégrité des témoignages.

« Elle a été, disait le rapport de la loi du 20 mai 1863, reconnue inévitable par tous les peuples civilisés, même par ceux chez lesquels l'amour de la liberté a été porté jusqu'à l'abus. C'est un sacrifice demandé par l'intérêt général à l'intérêt privé. »

Néanmoins et même dans le cas où elle paraît tout à fait indispensable, la détention préventive n'en reste pas moins une atteinte passagère, mais grave, au principe de la liberté individuelle.

Si en théorie la détention préventive n'est pas une peine, elle en a toute la réalité. Comme la peine, elle frappe cruellement le citoyen dans sa personne, dans sa fortune, dans sa réputation.

Je n'ignore pas que la multiplicité des affaires à Paris, les retards occasionnés par les distances, l'organisation même des services, tant administratifs que judiciaires, rendent bien souvent difficile l'exécution littérale de quelques-unes des dispositions édictées pour la garantie de la liberté individuelle (1).

Désireux cependant d'assurer l'observation, aussi complète que possible, des règles tracées par le législateur en vue de protéger la liberté individuelle, je me suis attaché à rechercher les moyens de simplifier les formes, d'abréger les délais, en conservant néanmoins toutes les garanties qui peuvent assurer l'action de la justice.

J'ai l'espoir que ce résultat pourra être obtenu au moyen des modifications suivantes apportées dans le service des commissariats, de l'administration centrale et du transport des inculpés.

§ 1. *Service des commissariats.*

A partir du 1ᵉʳ février prochain, les commissariats de police de la ville de Paris seront ouverts de neuf heures du matin à six heures du soir, et de 8 heures à 10 heures du soir.

Il est bien entendu que, comme cela a lieu aujourd'hui, le commissaire de police de service pour deux quartiers, à partir de six heures du soir, devra se tenir *toujours* à la disposition du public et de l'administration en cas d'urgence. Toute instruction d'affaire commencée avant les heures de suspension du service devra être suivie sans interruption de façon que les inculpés puissent *toujours* être envoyés à la préfecture par les voitures cellulaires de minuit.

(1) Lois des 17 juillet 1836, 16 mai 1863 et du 14 juillet 1865.

Une statistique sérieuse a permis d'établir que les trois quarts environ du nombre des individus arrêtés chaque jour, dans le département de la Seine, se composent de vagabonds, de mendiants, de particuliers poursuivis pour rupture de ban, outrages, rébellion, ivresse manifeste.

Pour tous ces individus, il n'y a pas lieu à perquisition, un procès-verbal sommaire suffisant à la constatation des faits et à l'envoi de l'inculpé.

Beaucoup d'entre eux, surtout ceux qui sont qualifiés de vagabonds, pourraient, dans bien des cas, être mis en liberté si le commissaire de police avait le moyen de se renseigner sur leur compte et de s'assurer s'ils ont un domicile certain.

C'est dans le but de vous fournir ces moyens de prompte information que je viens de prendre des mesures qui vous permettront de faire vérifier d'*urgence*, par le service des sommiers judiciaires, les antécédents des inculpés, et d'obtenir, par le service de la police municipale, la constatation du domicile.

Munis de ces renseignements, je ne doute pas que vous ne puissiez mettre en liberté provisoire, et à la charge par eux de se représenter à toute réquisition de la justice, bien des individus qui, jusqu'ici, ont été envoyés au dépôt, souvent à regret et par simple mesure de précaution.

En conséquence, vous ne devrez pas hésiter, à partir du 1er février prochain, à employer la voie télégraphique (1) pour réclamer, soit à l'administration centrale la vérification aux sommiers judiciaires, soit directement à la police municipale la constatation du domicile des inculpés.

Pour simplifier cette correspondance, vous adopterez

---

(1) L'emploi du télégraphe ne sera pas nécessaire pour les quartiers Saint-Germain l'Auxerrois, des Halles, Saint-Thierry, Notre-Dame, la Monnaie, auxquels la proximité de la préfecture de police donne toute facilité de communication avec l'administration.

les formules dont je vous transmets les modèles ci-joints. Dans tous les cas de délits peu graves commis par un individu dont le domicile est connu; alors que l'instruction n'offre par elle-même aucune difficulté sérieuse, que le bon ordre et la sécurité publique ne sont pas menacés par l'inculpé et que sa comparution devant la justice paraît assurée, vous devez le laisser en liberté.

Il ne restera plus alors à envoyer au dépôt que les inculpés de crimes ou de délits graves, les mendiants ou les vagabonds pour lesquels la détention préventive sera la triste mais nécessaire condition de la répression sociale (1).

Le travail, urgent me paraît ainsi devoir être notablement simplifié.

En ce qui touche les affaires exigeant une information suivie de perquisitions; après avoir entendu plaignants et témoins, après avoir interrogé les inculpés; si ces affaires nécessaires nécessitent de longues écritures, vous pourrez scinder la procédure; vous enverrez alors avec l'inculpé la plainte, l'interrogatoire, l'indication sommaire de la perquisition, ce qui suffira pour saisir le juge et lui permettre d'apprécier l'opportunité de placer l'inculpé sous mandat de dépôt ou de le mettre en liberté provisoire. Vous transmettrez ensuite au fur et à mesure, au deuxième bureau de la première division, les actes et les scellés complétant l'affaire.

Il y aura lieu de procéder de même chaque fois que vous vous trouverez en présence de complices et de ce qu'on appelle « une bande ».

Lorsque vous serez saisis d'une affaire de nature à nécessiter un travail de plusieurs jours; après avoir dirigé l'inculpé sur le dépôt, en vertu d'un ordre d'envoi sous forme de fiche, dont vous trouverez ci-joint un modèle,

---

(1) Ces instructions, pour les cas de rebellion et d'injures envers les agents, avaient, dans la pratique, de graves inconvénients. Elles ont été modifiées par une circulaire de M. Andrieux, en date du 12 juin 1879. Voir cette circulaire.

vous vous transporterez sans retard au parquet où vous communiquerez la procédure à M. le procureur de la république qui pourra désigner un juge d'instruction, lequel appréciera s'il y a lieu de vous confier, par voie de commission rogatoire, la continuation de la procédure.

Vous ne perdrez jamais de vue que chaque fois que votre intervention sera requise dans une affaire offrant un caractère grave ou délicat, et que vous aurez des doutes sérieux sur la nécessité d'une arrestation, vous devrez, à toute heure de jour ou de nuit, m'aviser *directement* et me demander, au besoin, des instructions.

§ 2. *Service de l'administration centrale.*

Dans le but de seconder votre action d'une manière efficace, il importe que les vérifications réclamées aux divers bureaux de l'administration centrale puissent être effectuées dans des délais correspondant aux heures d'ouverture de vos bureaux.

A cet effet je me propose d'établir, à partir du 1er février prochain, un service de permanence répondant à tous les besoins, fonctionnant simultanément à la section des sommiers judiciaires et au deuxième bureau de la première division, appelé à centraliser les procès-verbaux relatifs aux individus envoyés au dépôt.

Le service de permanence commencera à neuf heures du matin et cessera à neuf heures du soir (1).

Il résultera évidemment des modifications ainsi introduites dans l'organisation générale de plusieurs services de l'administration un surcroît de travail de nature à motiver, d'une part, une augmentation de personnel, d'autre part, des indemnités pécuniaires. Je me propose de signaler à l'attention bienveillante du conseil municipal les besoins qui seront la conséquence de ces nouvelles

---

(1) Ces mesures, dont l'importance était hors de proportion avec les nécessités pratiques auxquelles elles s'appliquaient et qu'on pouvait satisfaire par des procédés plus simples, ont été abandonnées.

dispositions, et je ne doute pas de son empressement à me seconder dans une œuvre qui intéresse à un si haut degré la sécurité et la liberté des citoyens.

§ 3. *Service du transport des inculpés.*

Jusqu'à présent, les inculpés ont été transportés au dépôt par des voitures arrivant à la préfecture de police: 1° entre une heure et deux heures du matin ; 2° entre une heure et deux heures de l'après-midi ; 3° entre sept et huit heures du soir.

Il me paraîtrait utile de compléter ce service à l'aide d'une nouvelle voiture amenant les inculpés entre quatre et cinq heures du soir, ce qui permettrait de soumettre les procès-verbaux au parquet avant six heures du soir. Des instructions ultérieures vous seront adressées à ce sujet lorsque je me serai entendu avec M. le Procureur de la république.

Mais, indépendamment de ces moyens, vous devrez toujours favoriser le transport en voiture, à toute heure et à leurs frais, des inculpés qui en manifesteraient le désir. Dans ce cas, si vous ne pouvez employer le personnel de votre commissariat, vous réclamerez, par la voie télégraphique, le concours de la police municipale qui mettra immédiatement à votre disposition les agents nécessaires.

Je ne saurais trop vous recommander de consacrer tous vos soins à la prompte expédition des affaires relatives aux enfants amenés devant vous pour quelque cause que ce soit.

Il est, en effet, du plus grand intérêt que ces enfants ne passent pas la nuit au dépôt ; pour cela, il convient que les procès-verbaux qui les concernent puissent être transmis sans aucun délai à l'autorité judiciaire lorsqu'elle sera appelée à statuer à leur égard, et que, de son côté, mon administration puisse agir immédiatement s'il n'y a pas lieu à une action judiciaire.

Enfin, j'appelle toute votre attention sur la nécessité d'observer avec la plus rigoureuse exactitude les instructions contenues dans le règlement du 15 octobre 1878, concernant les diverses opérations de la police des mœurs.

§ 4.

Lorsque, à propos des opérations nécessitant une information plus ou moins longue, je vous ai réservé la faculté de scinder votre procédure, il ne m'a pas échappé que l'organisation actuelle de la maison de dépôt établie près la préfecture de police ne répondait pas aux exigences de cette nouvelle situation.

En effet, tel qu'il existe aujourd'hui, le dépôt près la préfecture de police, non plus que les corps de garde ou les postes de police, n'a pas le caractère d'arrêt, où, aux termes des articles 603 et 604 du code d'instruction criminelle, on peut écrouer et retenir les prévenus sous mandats de dépôt ou d'arrêt.

D'un autre côté, l'envoi à la maison d'arrêt de Mazas des inculpés à l'égard desquels l'information n'est pas complète présenterait de très sérieuses difficultés pour la rapidité même de cette information.

Pour supprimer ces derniers obstacles, je demanderai à M. le ministre de l'intérieur de vouloir bien donner à l'un des quartiers du dépôt près la préfecture de police le caractère de maison d'arrêt.

Cet établissement prendrait, en conséquence, à l'avenir, la dénomination de « maison de dépôt et d'arrêt. »

Cette modification vous donnerait des facilités réelles pour terminer vos informations, lorsque, porteurs d'une délégation judiciaire, vous aurez, soit des confrontations à faire, soit des renseignements à recueillir, soit enfin des pièces à régulariser.

Je suis convaincu, Messieurs, qu'animés comme moi de l'ardent désir de garantir et de protéger le principe de la liberté individuelle, vous vous conformerez rigoureusement aux instructions qui précèdent.

Je vous prie de m'accuser réception de la présente circulaire.

Recevez, Messieurs, l'assurance de ma parfaite considération.

Le préfet de police,

Signé : Albert Gigot.

Circulaire.

A MM. les commissaires de la ville de Paris.

Paris, 12 juin 1879.

Messieurs, par sa circulaire du 16 janvier dernier, mon honorable prédécesseur, justement préoccupé d'assurer le respect de la liberté individuelle, vous adressait les instructions suivantes :

« Dans tous les cas de délits peu graves commis par un individu dont le domicile est connu, alors que l'instruction n'offre par elle-même aucune difficulté sérieuse ; que le bon ordre et la sécurité publique ne sont pas menacés par l'inculpé et que sa comparution devant la justice paraît assurée, vous devez le laisser en liberté. Il ne restera plus alors à envoyer au dépôt que les inculpés de crimes ou de délits graves, les mendiants ou les vagabonds pour lesquels la détention préventive sera la triste, mais nécessaire condition de la répression sociale. »

J'entends maintenir ces prescriptions qui font le plus grand honneur à l'esprit libéral et éclairé de leur auteur.

Toutefois il convient d'y apporter une exception quand il s'agit des délits de rébellion ou d'outrage aux agents.

Depuis la circulaire du 16 janvier dernier, les auteurs de ces délits ont été, le plus souvent, relâchés après l'interrogation du commissaire de police quand ils ont établi qu'ils avaient un domicile.

Il en est résulté que les agents ont hésité à arrêter

ceux qui les outragent, et que lorsqu'ils ont procédé à l'arrestation, la mise en liberté ordonnée par le commissaire de police a paru être un blâme infligé à l'agent, blâme d'autant plus sensible que la mise en liberté avait d'ordinaire pour témoin la foule qui avait suivi au commissariat l'individu arrêté, après avoir assisté aux actes de violence ou entendu les paroles outrageantes dont il s'était rendu coupable.

Je considère que le bon ordre et la sécurité publique sont intéressés à ce que les délits de rébellion ou d'outrage soient promptement et sévèrement réprimés.

En conséquence, et à moins que les faits ne vous paraissent dénués de toute gravité, je vous invite à en envoyer les auteurs au dépôt, sans vous laisser arrêter par les considérations de domicile ou de condition sociale.

Recevez, Messieurs, l'assurance de ma parfaite considération.

Le député, préfet de police,

Signé : ANDRIEUX.

Circulaire.

A MM. les commissaires de police de Paris.

Paris, le 15 janvier 1880.

Messieurs, vos bureaux étant fermés au public à partir de 10 heures du soir, il en résulte que les citoyens arrêtés après cette heure passent au poste de police une nuit entière alors que, dans certains cas, vous eussiez pu prescrire leur mise en liberté provisoire.

Dans le but de remédier à cet état de choses et désireux d'assurer, dans la plus large mesure possible, le respect de la liberté individuelle, j'ai décidé qu'à l'avenir vous feriez à tour de rôle, dans tous les postes de votre arrondissement, à partir de minuit, une ronde à l'effet de statuer sur les arrestations opérées après dix heures du soir.

Vous trouverez, ci-inclus, un tableau de roulement pour l'exécution de ce nouveau service que je vous recommande de faire avec une grande ponctualité et pour lequel il vous est alloué une indemnité de déplacement de quatre francs.

Vous voudrez bien m'accuser réception de la présente.

Recevez, Messieurs, l'assurance de ma parfaite considération.

Le député, préfet de police.

Signé : ANDRIEUX.

Circulaire.

A MM. les commissaires de police de la ville de Paris.

Paris, le 2 septembre 1880.

Messieurs, j'appelle votre attention sur les filles de mauvaises mœurs qui offrent en vente des fleurs aux passants.

Ces offres sont faites, le plus souvent, par de très jeunes filles, même par des enfants, et n'ont d'autre but que de dissimuler des propositions honteuses.

Je vous rappelle, messieurs, que le fait d'offrir sur la voie publique des marchandises aux passants constitue une contravention aux dispositions, trop oubliées, de l'ordonnance de police du 28 décembre 1859, laquelle porte :
« Il est défendu de circuler sur la voie publique, en quête d'acheteur avec des marchandises ou denrées de quelque nature que ce soit, exposées en vente sur des appareils quelconques, ou par tout autre moyen.

« Sont réputés quête d'acheteur le stationnement sur la voie publique quelque courte qu'en soit la durée, l'offre de vente et la vente. »

Je charge M. le chef de la police municipale de donner des instructions aux agents placés sous ses ordres pour qu'ils conduisent les contrevenants dans vos bureaux, où vous statuerez à leur égard conformément à l'ordonnance de police précitée.

Mais vous ne vous bornerez pas à constater la contravention de simple police. Vous rechercherez si elle n'a pas été accompagnée de faits constituant l'outrage public à la pudeur; vous examinerez aussi la situation du contrevenant, au point de vue du domicile et des moyens d'existence, afin de relever, s'il y a lieu, le délit de vagabondage et de me mettre à même d'ordonner les mesures administratives qui y sont applicables.

Enfin, quand vous serez en présence de filles mineures, vous rechercherez, avec le plus grand soin, si elles sont exploitées et poussées à ce honteux métier, soit par leurs parents, soit par des souteneurs, et vous m'adresserez, avec vos procès-verbaux, tous les renseignements de nature à me permettre de déférer ces derniers à la justice pour excitation de mineures à la débauche.

Veuillez m'accuser réception de la présente circulaire.

Recevez, Messieurs, l'assurance de ma parfaite considération.

Le député, préfet de police.

Signé: ANDRIEUX.

FIN

TABLE DES MATIÈRES

Avant-propos.. v
CHAPITRE PREMIER. — La préfecture de police, ses pouvoirs, son organisation, son action. — L'œuvre de police. — Tableau de Paris à ce point de vue. — Origines de la préfecture de police. — Sa création. — L'arrêté du 12 messidor an VIII. — Extension des pouvoirs des préfets de police. — La direction de la sûreté générale. — Liste des préfets de police. — La préfecture de police pendant le siège. — Organisation intérieure. — Le secrétariat particulier. — Le cabinet, ses bureaux, ses attributions. — Le secrétariat général, ses attributions. — Comptabilité, personnel, matériel, archives. — La 1re division, ses attributions. — Les crimes et délits. — La prostitution. — Le chantage. — Les prisons de la Seine. — La surveillance légale. — La 2e division, ses attributions. — Les commissaires de police, leurs attributions. — La police en 1770. — La police municipale, son organisation, son personnel, son recrutement. — Les officiers de paix. — Les brigades centrales, le service actif de la sûreté, des mœurs, des garnis, des jeux, des voitures, des halles, des recherches. — Les services spéciaux. — L'action actuelle de la préfecture de police en matière de sûreté publique.. 1
CHAPITRE II. — Les ennemis, les adversaires, les défenseurs de la préfecture de police. — Le mot de Victor Hugo sur la police. — La vieille police. — La police politique. — Les rancunes et les vengeances des malfaiteurs. — Les escrocs, les filles de débauche. — Les romans sur la police. — Le démembrement des attributions de police. — Les cas de rébellion et d'injures. — Injustice envers la police. — Les avantages et les inconvénients du reportage. — Les débuts dans le journalisme. — Le service des mœurs servant de prétexte à la campagne contre la préfecture de police.. 81
CHAPITRE III. — Le service des mœurs. — L'attribution, dite le service des mœurs. — La prostitution. — Examen des pouvoirs légaux de la préfecture de police à ce sujet. — Le droit

ancien. — Le proxénétisme. — L'art. 334 du Code pénal. — Propriétaires, logeurs, cabaretiers spéculant sur la prostitution. — Réglementation ancienne. — Ordonnances de 1778 et 1780. — État de la réglementation en 1789. — Ratification sur ce point du droit ancien par le droit nouveau. — Art. 484 du Code pénal. — Art. 75 de la Constitution de l'an VIII. — Le décret du 19 septembre 1870. — Mesures dont les prostituées sont l'objet. — L'inscription. — La radiation. — Intervention du public et de la presse en faveur des femmes arrêtées pour prostitution.. 101

CHAPITRE IV. — LA CAMPAGNE DANS LA PRESSE. — La presse. — Sa puissance. — Ses services. — Ses inconvénients. — Le contrôle par la presse. — La campagne dans la presse contre la préfecture de police.

1re *phase*. — Levée de l'état de siège. — Les incidents de Lyon. Leur retentissement dans la presse. — L'incident du boulevard Haussmann. — L'incident Rousseil. — Poursuites judiciaires.

2e *phase*. — Les articles du journal *les Droits de l'homme*. — Réunions publiques pour l'examen de la question des mœurs. — L'intervention de madame J. Butler et de l'Association du *Rappel*. — Le *Radical* remplace la *Lanterne*. — L'incident de la rue Grange-Batelière. — M. F. Voisin quitte la préfecture de police où il est remplacé par M. A. Gigot.

3e *phase*. — L'incident de la rue d'Aboukir. — Émotion dans la presse à ce sujet. — Lettres d'un ex-agent des mœurs. — De la fausseté des accusations portées contre le service des mœurs. — Du rôle que doit avoir l'administration en pareil cas. — Exemples d'arrestations critiquées et parfaitement justifiées. — L'incident du boulevard Richard-Lenoir. — Un honnête homme arrêté comme voleur. — Lettres d'un médecin. — Ses erreurs, ses diffamations. — Lettre adressée à la *Lanterne* par le chef de la première division. — La campagne prend pour objectif la préfecture de police. — Lettres « d'un vieux petit employé ». — Le journal *la Lanterne* est poursuivi. — Incident concernant le service de sûreté. — L'enquête. — Les attaques nocturnes. — La vérité sur ce point. — La démission des membres de la commission d'enquête. — La retraite de M. Ansart. — Le remplacement de M. A. Gigot par M. Andrieux. — La démission de M. de Marcère. — Le discours de M. Andrieux au personnel de la préfecture de police.. 131

CHAPITRE V. — LE CONTINGENT ÉTRANGER DANS LA CAMPAGNE CONTRE LA POLICE DES MŒURS. — DES LOIS ANGLAISES SUR LA PROSTITUTION ET LA CONTAGION VÉNÉRIENNE. — De l'intervention des étrangers dans les attaques dirigées à Paris, contre la police des mœurs. — Des lois anglaises sur les maladies contagieuses. — Dans quelles conditions elles ont été édictées. — Organisation d'associations pour et contre ces lois. — Association du *Rappel*. — Agitation. — Meetings. — Brochures. — Inexactitude des renseignements colportés en Angleterre par la police parisienne des mœurs. — Motions pour le rappel des lois repoussées par la Chambre des communes. — Reprise de l'agitation. — Nouveaux rejets de bills pour le rappel en 1875 et 1876. — L'association du rappel envoie en France ses principaux adhérents. — Lettres de madame Butler écrites en 1870. — Une visite de madame Butler en 1874. — Les brochures de madame de Gasparin. — Le congrès de Genève. — Conférences à Paris. — Extraits de discours. — La fédération britannique. — La réponse de M. Morin, conseiller municipal, aux déclamations de madame Butler. — La fédération britannique, continentale et générale envoie une adresse au conseil municipal de Paris. — La propagande faite par la fédération britannique. — Le congrès de Genève. — Madame Butler revient à Paris, nouvelles conférences. — Le congrès de Liège. — Le congrès de Gênes. — La résolution qu'il a proclamée. — État des choses en Angleterre. — Qu'adviendra-t-il des actes ? — Signification qu'aurait le rappel de ces lois............ 283

CHAPITRE VI. — LA QUESTION DU SERVICE DES MŒURS DEVANT LE CONSEIL MUNICIPAL. — La question est soulevée en 1872 par M. Ranc. — Il conteste la légalité des pouvoirs de la préfecture de police à l'égard de la prostitution. — Tableau de ce service en 1871. — En 1872, un conseiller municipal, M. Arrault, reproche à la préfecture de police d'être insuffisante dans son action. — 1875, le conseil municipal prend l'initiative d'une décision qui augmente le traitement des médecins du dispensaire de salubrité. — 1876, MM. Yves Guyot et Sigismond Lacroix demandent au conseil municipal la suppression du service des mœurs. — Rapport de M. Manet. — M. Beudant défend la légalité des pouvoirs du préfet de police sur ce point. — M. Voisin, préfet de police, intervient dans le même sens. — Discussion à ce sujet. — M. Morin indique comme solution une proposition de loi sur la prostitution. — Délibération motivée du conseil qui nomme une commission de 12 membres chargés d'étudier le service des mœurs. — Annulation de cette délibération. — Le conseil constitue à nouveau la commission ayant pour mission l'étude des questions relatives à la police des mœurs. — Cette commission poursuit ses travaux...... 351

CHAPITRE VII. — LA QUESTION DEVANT L'ADMINISTRATION. — Mécanisme et fonctionnement du service des mœurs. — Motifs pour lesquels les gardiens de la paix n'y prennent pas part. — Instructions données aux agents des mœurs. — Règlement du 16 novembre 1843. — Modifications qu'on y a apportées. — Examen des instructions réglementaires. — Rôle du commissaire interrogateur. — Chef de bureau. — Création de commissions spéciales.................. 384

CHAPITRE VIII. — LES CONSÉQUENCES DE LA CAMPAGNE. — Développement et aggravation de la prostitution. — Diminution du nombre des filles inscrites. — Elles se montrent plus indisciplinées. — Accroissement du chiffre des disparitions. — Diminution du nombre des arrestations d'insoumises. — Réduction des chiffres des visites médicales et des inscriptions. — Entraves apportées au service des agents des mœurs. — Menaces écrites. — Lettres singulières. — Plaintes du public. — Tableau de la situation fait par la presse. — Le préfet de police mis en demeure de remédier au scandale causé par les prostituées. — Moyen indiqué par la *Lanterne*. — La débauche publique concentrée pendant la nuit dans les jardins et squares. — Corruption de l'enfance. — Nécessité de fortifier le service des mœurs. — Question des insignes à donner aux agents de ce service. — Annonce de la préparation d'un projet de loi sur la prostitution. — Difficultés à prévoir à cet égard............. 412

CHAPITRE IX. — LE PERSONNEL DE LA PRÉFECTURE DE POLICE. — Jugement porté sur la campagne contre le service des mœurs et la préfecture de police. — M. Ranc. — Critiques dirigées contre le personnel. — M. Clémenceau signale la nécessité de réorganiser le fonctionnement de la préfecture de police. — Examen de cette question. — L'épuration. — Les mises à la retraite. — Comment elles ont été interprétées. — L'épuration légitime. — Le recrutement du personnel. — Les épreuves qu'il a traversées. — L'injustice de l'opinion publique devenant une cause de désorganisation. — Préjugés contre lesquels il y a urgence de réagir................. 439

CHAPITRE X. — DES PROJETS DE LOI AYANT POUR OBJET LA RÉGLEMENTATION DE LA PROSTITUTION. — Appendice..... 465

APPENDICE............................... 473

FIN DE LA TABLE.

ERRATA

Page 8, renvoi n° 1, *lisez :* 1874 *au lieu de :* 1884.
— 9, ligne 24 — *de* personnel *au lieu de : du* personnel.
— 21, ligne 12, *lisez :* dans *des* rez-de-chaussée *au lieu de :* un.
— 160, ligne 17, *lisez :* façon *au lieu de :* facon.

www.ingramcontent.com/pod-product-compliance
Lightning Source LLC
Chambersburg PA
CBHW071714230426
43670CB00008B/1004